EL VÍNCULO

LA CONEXIÓN EXISTENTE ENTRE NOSOTROS

Si este libro le ha interesado y desea que lo mantengamos in-
formado de nuestras publicaciones, escríbanos indicándonos
cuáles son los temas de su interés (Astrología, Autoayuda,
Esoterismo, Qigong, Naturismo, Espiritualidad, Terapias Energéticas, Psicología práctica, Tradición...) y gustosamente lo
complaceremos.

Puede contactar con nosotros en
comunicación@editorialsirio.com

2ª edición: noviembre 2011

Título original: THE BOND: CONNECTING THROUGH THE SPACE BETWEEN US
Traducido del inglés por Elsa Gómez Belastegui

©   de la edición original
    2011, Lynne McTaggart

    Editado en español según acuerdo con el autor a través de
    Baror International Inc., Armonk, New York, U.S.A.

©   de la presente edición

EDITORIAL SIRIO, S.A.	EDITORIAL SIRIO	ED. SIRIO ARGENTINA
C/ Rosa de los Vientos, 64	Nirvana Libros S.A. de C.V.	C/ Paracas 59
Pol. Ind. El Viso	Camino a Minas, 501	1275- Capital Federal
29006-Málaga	Bodega nº 8,	Buenos Aires
España	Col. Lomas de Becerra	(Argentina)
	Del.: Alvaro Obregón	
	México D.F., 01280	

www.editorialsirio.com
E-Mail: sirio@editorialsirio.com

I.S.B.N.: 978-84-7808-784-6
Depósito Legal: B-38.072-2011

Impreso en los talleres gráficos de Romanya/Valls
Verdaguer 1, 08786-Capellades (Barcelona)

Printed in Spain

Lynne McTaggart

EL VÍNCULO

LA CONEXIÓN EXISTENTE ENTRE NOSOTROS

editorial Sirio, s.a.

Para Bryan

Se estaba destruyendo todo, pero me daba la sensación de que había empezado a nacer algo nuevo: una especie de [...] responsabilidad del hombre para con el hombre [...]. Volver a traer eso a la tierra como una especie de monumento, y que cada individuo sintiera su presencia detrás de sí y eso le hiciera cambiar.

Arthur Miller, *Todos eran mis hijos*

PRÓLOGO

Era una fría mañana de sábado, y me encontraba sentada en un auditorio, en medio de la corriente, viendo actuar a una de mis hijas en el ensayo general de la obra que habían preparado aquel año en la clase de teatro. Es una actriz con talento, y en las audiciones le habían dado el papel principal, pero unas semanas antes del ensayo general la habían relegado a un segundo plano, asignándole un papel de poca importancia. Yo no había conseguido entender el motivo del cambio —y mi hija se negaba a hablar de ello— hasta que a una de sus amigas se le escapó que, aprovechando la llegada de un director nuevo, otra niña de trece años había mentido en cuanto a su experiencia como actriz para convencerlo de que era ella quien debía representar el papel que le habían dado a mi hija; otra niña que, casualmente, era su mejor amiga.[1]

Cuando luego, al encontrarme con su madre, que era otra de las espectadoras, intenté con mucho tacto sacar el tema, me cortó a mitad de la frase y se encogió de hombros: «¡Así es la vida, ¿no?!», me respondió sin darle importancia.

Me quedé perpleja, pero tuve que admitir que, hasta cierto punto, no le faltaba razón. Sin duda, esa es la vida para la que nosotros los adultos nos hemos programado. La competitividad constituye el propio entramado social de los países más modernos y desarrollados; es el motor de nuestra economía, y se la ha aceptado como la base de la mayoría de nuestras relaciones laborales o de vecindario, e incluso de las que mantenemos con nuestros amigos más íntimos. Considerando que la idea de ser el primero, sin importar cómo, ha calado hasta lo más hondo de nuestro léxico —y así lo demuestran expresiones como: «En la guerra y en el amor, todo vale», «La supervivencia del más fuerte», «El ganador absoluto», o «Va todo al ganador»—, no es de extrañar que las tácticas despiadadamente competitivas se hayan filtrado en las relaciones sociales de nuestros hijos, derivándose en transgresiones tanto leves como graves.

Empecé a pensar en la relación social que había en nuestra vecindad, y me pregunté hasta qué punto estaba determinada por lo que los psicólogos llaman «conciencia de la posición relativa»: «¿Cuántos hijos tenéis?», «¿Qué automóvil has comprado?», «Cuántas veces os habéis ido de vacaciones este año?», «¿En qué universidad va a estudiar tu hijo?», «¿Qué nota media ha sacado tu hija?»…; lo que quieres averiguar, en otras palabras, es dónde encajas tú en la escala social. Incluso los más cultos y educados tenemos momentos como el del inversor de Wall Street Patrick Bateman, de la película *American Psycho*, que, al ver la exquisita tarjeta de visita de su colega, piensa alarmado: «¡Dios mío!, tiene hasta una filigrana».

De todos modos, desde una perspectiva científica, no tenía para mí ningún sentido la idea de que la competencia fuera una necesidad humana fundamental. Parte de mi trabajo es escribir sobre la ciencia de vanguardia, y los últimos descubrimientos que se han hecho en toda una diversidad de disciplinas —desde la neurociencia y la biología hasta la física cuántica— ponen de manifiesto que el impulso más básico de la naturaleza no es la competencia, como sostenía la teoría evolutiva clásica, sino la integración de la totalidad. Numerosas investigaciones de las que había sido testigo recientemente demostraban que todos los seres vivos, incluidos los seres humanos, tenemos la necesidad instintiva de conectarnos, prácticamente por encima de cualquier otro impulso e incluso arriesgando la vida para ello. Sin embargo, el paradigma actual que nos ha transmitido la ciencia tradicional, la idea que tenemos del universo en el que vivimos, es el de un lugar de escasez, poblado por entidades separadas que deben enfrentarse entre sí para poder sobrevivir; y simplemente hemos asumido todos que «¡así es la vida!».

Además, por mucho que esa hubiera sido nuestra concepción de la vida, indudablemente no era la que tenía el animal más próximo a nosotros, nuestro perro *Ollie*; en el vecindario de *Ollie*, no había nada semejante a una competencia despiadada. Él no demuestra demasiado interés por los seres humanos, pero es siempre cordial con todos los perros que se encuentra cuando lo sacamos de paseo, y tiene la costumbre de esconder huesos debajo de la valla para *T-bone*, la pequeña affenspincher de nuestro vecino; de hecho, guarda para ella los huesos más grandes. La relación que mantiene *Ollie* con *T-bone* echa por tierra todas las descripciones biológicas actuales sobre el imperativo de actuar con egoísmo. Teniendo en cuenta que *Ollie* está castrado, cortejar a *T-bone* no va a proporcionarle ningún beneficio en sentido genético, no hay posibilidad de extender el linaje, pero, aun así, cuando *T-bone* viene a jugar con él, *Ollie* se lanza al cubo de la basura y consigue sacar un trozo de pollo, por ejemplo, para agasajarla, y después le brinda acceso sin restricciones a su plato de la comida, sus orejas de cerdo y sus juguetes. Aunque *T-bone* es más pequeña que él, cuando juegan juntos *Ollie* suele dejarla ganar, simplemente para que siga jugando contenta.

Empecé a hacerme varias preguntas elementales: ¿tiene que ser así? ¿Es necesario que seamos tan competitivos? ¿Es algo inherente a la biología animal y humana? ¿Cómo hemos llegado a ser de esta manera? Y si no somos así realmente, ¿cómo somos?

Desde aquel ensayo general, he estado pensando que, en cierto momento, hicimos pedazos el contrato social y nos olvidamos de cómo vivir unidos; en cierto momento, olvidamos cómo *ser*.

No tiene por qué ser así. Al empezar a recopilar material para este libro y a estudiar los últimos descubrimientos de una larga lista de disciplinas —biología general, física, zoología, psicología, botánica, antropología, astronomía, cronobiología e historia cultural—, comprendí aún con mayor claridad que las vidas que hemos elegido llevar no se corresponden con quienes en verdad somos. Descubrí otras sociedades que viven de forma muy diferente a la nuestra y que tienen una visión del mundo mucho más acorde con los hallazgos de la nueva ciencia. Son culturas que conciben el universo como un todo indivisible, y esta creencia central ha engendrado en ellas una forma de contemplar el mundo y de interactuar con él radicalmente distinta. Creen en la relación de cada ser humano con todo lo que existe en la vida, incluso con la Tierra misma. Nosotros vemos las cosas, mientras que ellos ven el aglutinante que hay entre ellas, lo que las mantiene unidas. Lo esencial para estas sociedades no es el individuo, sino la relación entre los individuos, que, para ellos, es algo en sí mismo.

Estas sociedades han entendido que la naturaleza esencial de la humanidad es la unión —la comunión—, y como consecuencia son más felices, tienen un índice de divorcios más bajo, menos niños con problemas, tasas menores de criminalidad y violencia, y una comunidad más fuerte.

Han elegido una forma mejor de vivir, una manera más auténtica de ser —que es, a mi entender, la forma de vida para la cual también tú y yo estamos hechos—, y son así porque han acogido una descripción de las cosas, una concepción del mundo, de quiénes somos y de por qué estamos aquí muy distinta de la que propugna nuestra cultura, y especialmente la ciencia vigente.

Escribí este libro para demostrarte que vivimos en función de una serie de normas obsoletas. Quiero mostrarte que la descripción científica de quiénes somos ha cambiado drásticamente, y que debemos cambiar con ella si queremos sobrevivir. El impulso competitivo, que constituye en la actualidad una parte fundamental de la definición que hacemos de nosotros mismos y que forma una corriente subterránea en las vidas de todos nosotros, es la misma disposición mental que ha creado todas y cada una de las crisis globales que actualmente amenazan con destruirnos. Si somos capaces de recuperar la integridad en nuestras relaciones, yo diría que empezaremos a sanar nuestro mundo.

Tengo la esperanza de que leer *El vínculo* hará de tu vecindario un lugar mejor de lo que es ahora, un lugar donde las comparaciones constantes y el usurpar papeles no formen parte de las reglas del juego.

Quiero dejar claro que este libro no es de ningún modo una apología del comunismo ni del socialismo, ni tampoco un nuevo modelo político ni económico. Me gustan las libertades de la democracia, supongo que exactamente igual que a ti, aunque no los recientes excesos del modelo económico que la democracia ha engendrado, y, después de haber vivido muchos años en el Reino Unido, he sido testigo directa de las deficiencias que caracterizaron a sus anteriores políticas de carácter más socialista. Las ideas que se exponen en este libro no tienen como fin desacreditar ni la ciencia como profesión ni los descubrimientos de los grandes genios de esta disciplina, tales como Isaac Newton o Charles Darwin; no soy en modo alguno creacionista. No obstante, la ciencia es un incansable proceso de descubrimiento, y no hay un solo científico que pueda concluir el relato, puesto que, a medida que se hacen nuevos hallazgos, van surgiendo nuevos capítulos que corrigen, o incluso sustituyen, las versiones anteriores. Actualmente estamos experimentando una revisión radical de las ideas que hasta ahora teníamos acerca de nosotros mismos y de nuestro mundo, y muchas de las teorías que considerábamos sagradas, incluida la teoría original de la evolución, se van redefiniendo a medida que contamos con más información sobre la naturaleza de este mundo nuestro.

Confío en poder ofreceros el primer conjunto de directrices sobre cómo vivir de acuerdo con esta nueva narración científica. Mi objetivo es exponer una manera nueva de ver el mundo desde una perspectiva más amplia, una manera diferente de relacionarnos con otros seres humanos, un nuevo sentido de lo que es la comunidad, un propósito distinto y auténtico…, algo un poco mejor que envidiar la tarjeta de visita con filigrana que exhibe nuestro vecino.

Intento demostrarte lo fácil que es vivir con integridad, y cómo pequeños cambios pueden revolucionar tu vida y la vida de todos los que te rodean.

No tiene que ser necesariamente *así*. No tiene por qué serlo ni siquiera un día más.

Lynne McTaggart,
diciembre de 2010

INTRODUCCIÓN

Tenemos la sensación de que algo ha tocado a su fin. Desde el comienzo del milenio, los comentaristas de todos los ámbitos han intentado afinar al máximo sobre la significación colectiva de la crisis que en estos tiempos nos acosa aparentemente sin descanso: la crisis bancaria, la crisis terrorista, la crisis de la deuda, la crisis climática, la crisis energética, la crisis de alimentos, la crisis ecológica, provocadas por el ser humano y por otros factores.

«El mundo, tal como hasta ahora lo conocemos, está cayendo en picado», comentaba un corredor de Bolsa de Wall Street a los periodistas en septiembre de 2008, después de la quiebra de Lehman Brothers y de que Morgan Stanley amenazara con seguir su ejemplo. Es el «fin del capitalismo tal como lo hemos conocido hasta ahora», declaró el productor cinematográfico Michael Moore cuando los gigantes del automóvil norteamericanos Ford y General Motors se declararon en quiebra. «La dependencia norteamericana de los combustibles fósiles ha llegado a su fin», anunció el presidente Barack Obama tras la explosión de la plataforma petrolífera Deepwater Horizon. «Es el fin de la naturaleza», escribió Bill McKibben en su libro del mismo título; «Es el fin del petróleo», afirmó el periodista Paul Roberts en el suyo, del mismo título también, y «dado que es el fin del petróleo, es el fin de los alimentos», declaró luego Roberts en una continuación de su libro. Y para quienes creen en el calendario maya de La Cuenta Larga y en el significado apocalíptico de 2012, es el principio del fin del mundo.

Pero las crisis que nos asedian desde numerosos frentes son síntoma de un problema más profundo y con repercusiones potencialmente mucho más serias que las de cualquier cataclismo aislado; son simplemente la medida de la colosal disparidad que existe entre la definición que hacemos de quiénes somos y nuestra esencia verdadera. Durante cientos de años hemos actuado en contra de la naturaleza, pues el hecho de haber ignorado nuestra conectividad esencial nos ha hecho considerarnos separados de nuestro mundo; no obstante, hemos llegado a un punto en que ya no podemos seguir fundamentando nuestra vida en esa falsa idea de quiénes somos en realidad. Lo que está llegando a su fin es el cuento que nos han contado hasta ahora sobre quiénes somos y cómo deberíamos vivir.

Con este libro, quiero cumplir una misión muy audaz, que es la de revolucionar la forma en que vives tu vida. Esta obra va a reescribir el cuento científico que te han contado sobre quién eres, ya que la versión en uso nos ha reducido a nuestro mínimo común denominador. En este momento, vives en contra de tu naturaleza más verdadera, y yo confío en poder ayudarte a recuperar un derecho que es tuyo e inalienable y que no solo la sociedad moderna sino más fundamentalmente la ciencia moderna han saboteado. Deseo hacerte despertar a quien realmente eres; quiero ni más ni menos que devolverte a tu auténtico ser.

El *leitmotiv* de nuestro cuento actual es el héroe que se enfrenta a todo. Damos por hecho que el viaje de nuestra vida ha de ser una lucha, y, como consecuencia, mantenemos una vigilancia constante, preparados siempre para batallar contra cada uno de los gigantes que, en casa, en el trabajo o entre los conocidos y amigos, se crucen en nuestro camino. Por más agradable que sea nuestra vida, la gran mayoría mantenemos una postura de actuación *contra mundi*, y encontramos en todo una batalla que combatir: contra los compañeros de trabajo que intentan usurparnos el puesto o la promoción, los estudiantes que elevan la curva sobre la base de la cual se nos evaluará, quienes nos quitan el asiento en el metro, las tiendas que nos cobran de más, los vecinos que conducen un Mercedes cuando nosotros conducimos un Renault, o incluso el marido o la esposa que tienen la temeridad de empeñarse en mantener una opinión diferente a la nuestra.

Esta idea de que operamos *contra* el mundo tiene su origen en el concepto básico que todos tenemos de que este ser nuestro, esto a lo que llamamos «yo», existe como una entidad separada, como una creación de código genético única que vive aislada de todo cuanto existe.

La declaración más categórica que hacemos sobre la condición humana es la de nuestra soledad; el hecho central de nuestra existencia es el sentimiento de estar separados del mundo. Consideramos un hecho más que evidente que somos seres aislados e independientes que sobrevivimos a nuestros dramas individuales mientras todo lo demás —otros átomos y otras células, otros seres vivos, las masas de tierra, los planetas e incluso el aire que respiramos— existe clara y completamente separado de nosotros.

Pese a que nuestra vida se origina por la unión de dos entidades, la ciencia nos cuenta que, a partir de ese instante, estamos esencialmente desamparados: el mundo es irrefutablemente «el otro», que sigue adelante impasible, con o sin nosotros; nuestros corazones, creemos, laten final y dolorosamente solos.

La concepción de la vida que nos ofrece el paradigma del individualismo competitivo es la de una heroica lucha por dominar los elementos hostiles y hacernos con una porción de los recursos, estrictamente limitados. No hay suficiente para todos —nos han contado—, y como puede que los demás sean más competentes que nosotros, tenemos que dejarnos la piel para apropiarnos de lo necesario antes que ellos.

Son una multitud de influencias —religiosas, políticas, económicas, científicas y filosóficas— las que han escrito el relato por el que regimos nuestras vidas. Sin embargo, la mayoría de las ideas incuestionables que tenemos sobre el universo y lo que significa ser humano se derivan de tres revoluciones: la revolución científica, la Ilustración y las dos revoluciones industriales de los siglos XVIII y XIX, respectivamente, que transformaron las condiciones culturales y socioeconómicas de Occidente dando lugar al mundo desarrollado moderno. Estos movimientos crearon en buena medida nuestro sentimiento de individualidad al modificar drásticamente la idea del universo que hasta entonces tenía el ser humano, y que pasó, de ser un todo armonioso, benévolo e interconectado, a una amalgama de cosas separadas y sin relación entre sí que competían unas con otras por la supervivencia.

La revolución científica inició una infatigable marcha hacia la atomización, pues los científicos estaban convencidos de que podrían comprender la totalidad del universo estudiando por separado sus componentes individuales.

En 1687 se publicó la obra *Philosophiae Naturalis Principia Mathematica*, en la que Isaac Newton, el padre de la física moderna, describía un universo donde toda la materia se movía de acuerdo con ciertas leyes fijas, y dentro de un tiempo y un espacio geométrico tridimensionales. Sus leyes del movimiento y de la gravedad representan el universo esencialmente como una máquina, como una gran maquinaria de relojería cuyas piezas, separadas unas de otras, puede tenerse la total certeza de que mantendrán siempre un comportamiento predecible. Una vez que las leyes newtonianas demostraron que la trayectoria que seguía prácticamente todo, desde los objetos más simples hasta los planetas, podía reducirse a una ecuación matemática, empezó a considerarse que el mundo tenía un funcionamiento predecible y mecanicista. Pero, además, estas leyes demostraron que las cosas existían aisladas, independientes unas de otras, completas en sí mismas, cada una con sus límites intactos. Los nuestros son el vello de la piel; allí donde este termina, empieza el resto del universo.

El filósofo francés René Descartes explicó la esencial separación del ser humano con respecto a su universo en una filosofía que desterró de la naturaleza cualquier clase de inteligencia holística, y atribuyó a la materia una cualidad mecanicista y corpuscular. Incluso nuestros cuerpos materiales quedan fuera de nuestro yo consciente: no son sino una máquina bien engrasada y altamente fiable.

El paradigma newtoniano del mundo como máquina resultó reforzado con la aparición de la que más repercusiones tendría de todas: la máquina de vapor. El vapor y el desarrollo de máquinas herramienta no solo transformaron la producción de alimentos, combustibles, calefacción, manufacturas y transporte, sino que afectaron profundamente a los seres humanos al separarlos del mundo natural. La vida, en todos sus aspectos, se descompuso en secuencias regulares. El trabajo venía dictado por una línea de montaje, y los trabajadores pasaron a ser un diente de engranaje más en la gran rueda de la producción. El tiempo quedó parcelado en minutos, en lugar de ser regido por las estaciones de la siembra y la cosecha, y marcado por una máquina de fichar. La gran mayoría de la gente que trabajaba en fábricas empezó a regirse por el ritmo de la máquina, y no por los de la naturaleza.

La segunda revolución industrial, en el siglo xix, supuso la introducción de tecnología moderna, gracias a la aparición del acero y la manufactura del petróleo, lo cual conduciría a un ascenso de la clase media, que a su vez prepararía el camino al capitalismo moderno así como la promoción del individuo y sus intereses. El filósofo escocés Adam Smith publicó en 1776 *La riqueza de las naciones*, considerada uno de los pilares filosóficos de la teoría económica, en la que argumenta que la «mano invisible» del mercado, creada por la natural oferta y demanda y por la competencia entre los individuos movidos por el interés propio, era la forma más natural y saludable de atender las necesidades de la sociedad en su conjunto. Creía, como es bien sabido, que lo mejor que podemos hacer por los demás es ceder a los impulsos de nuestra naturaleza fundamentalmente egoísta y tratar de ser el número uno: «Al perseguir su propio interés, es frecuente que [el individuo] favorezca mucho más eficientemente el interés de la sociedad que cuando intenta favorecerlo».[1]

Sin duda, el descubrimiento científico que más ha calado en nuestra actual concepción del mundo es la teoría de la evolución a través de la selección natural, de Charles Darwin. Cuando trataba de organizar sus ideas para *El origen de las especies*, el joven Darwin resultó profundamente influido por las preocupaciones del reverendo Thomas Robert Malthus relativas a la explosión demográfica y al carácter limitado de los recursos naturales.[2] Llegó a la conclusión de que, teniendo en cuenta que no había suficiente para todos, la vida debía evolucionar mediante lo que él llamó «la lucha por la existencia». «Dado que se producen más individuos de los que pueden sobrevivir —escribió en *El origen de las especies*—, tiene que haber en cada caso una lucha por la existencia, ya sea de un individuo contra otro de su misma especie o contra individuos de especies distintas, ya sea contra las condiciones físicas de la vida».[3]

Darwin trató de dejar bien claro que este *eslogan* de la «lucha por la existencia» no era literal sino enormemente elástico y lo abarcaba todo, desde la búsqueda de agua por parte de las raíces de los árboles hasta la dependencia mutua de los miembros de una manada de lobos. Fue en realidad el filósofo británico Herbert Spencer quien primero acuñó la frase «la supervivencia del más apto», después de leer con entusiasmo *El origen de las especies*. Tras cierta persuasión, Darwin acabó por aceptar dicha frase,[4] y añadió al libro en determinado momento el subtítulo *O la preservación de las razas favorecidas en la lucha por la vida*.

Malthus había proporcionado a Darwin una metáfora clave que le permitió explicar el mecanismo que actuaba tras el impulso de la naturaleza por propagarse y prosperar, y, como consecuencia inadvertida, Darwin lanzó al mundo una metáfora que llegó a representar a la experiencia humana: la de la vida como guerra; es decir, un individuo o una población prosperan solo a expensas de otro o de otra. A pesar del uso tan liberal del término por parte de Darwin, el significado más estricto de la metáfora cuajó casi de inmediato, ofreciendo un marco científico a los diversos movimientos sociales y económicos emergentes en aquel tiempo. La mayoría de las interpretaciones de la obra de Darwin que se hicieron a continuación, incluso en vida de este, fomentaron la concepción de que la vida suponía en todos sus aspectos una batalla contra la escasez de recursos, en la que únicamente los más fuertes y resueltos conseguían sobrevivir.

El biólogo inglés Thomas Huxley —el Richard Dawkins de su época—, apodado *el bulldog de Darwin* por su papel de vociferante portavoz de este, extendió generosamente la idea de la competencia despiadada, en la creencia de que esa competencia era la responsable de la evolución de las culturas, de las ideas e incluso de la mente humana. Huxley estaba convencido de que constituía el orden natural de los seres humanos poner los propios intereses por encima del de todos los demás.[5]

Gracias a la reciente invención de los cables telegráficos y a los avances de la imprenta, esta interpretación de la teoría de Darwin se extendió rápidamente por todo el planeta. «La supervivencia del más fuerte» encajaba a la perfección con la clase de preclara competencia mercantil que propugnaba Smith, pero, además del capitalismo occidental, la teoría de la selección natural se utilizó también para justificar la Revolución rusa y el «blanqueamiento» de la cultura indígena de Latinoamérica con sangre europea.[6] Algunos escritores, tales como el autor de origen ruso Ayn Rand, hicieron uso de la ficción para instigar, de forma apenas encubierta, la polémica y aplaudir el proceso por el que cada uno de nosotros intenta tragar la bocanada más grande de un oxígeno estrictamente limitado.

La representación metafórica de la vida como una carrera para alcanzar la línea de meta se ha empleado como justificación intelectual de casi todos los aspectos de la industrializada sociedad moderna, que considera que la competitividad es el mecanismo perfecto para sacudir a la sociedad y separar dentro de ella a los económica, política y socialmente débiles de los fuertes. Los ganadores tienen entonces el derecho a quedarse con todo, porque la raza humana en su totalidad se beneficiará de ello.

La última influencia importante de nuestra moderna definición científica de quiénes somos se produjo en 1953, cuando los biólogos moleculares James Watson y Francis Crick dijeron haber desvelado el «secreto de la vida» al desentrañar el ácido desoxirribonucleico (ADN), es decir, el código genético contenido en el núcleo de las células. A raíz de ello, muchos científicos llegaron a creer que dentro de la doble hélice enroscada residía el diseño de la vida entera de cada individuo. Cada una de las células, equipada con la partida completa de genes, viviría su futuro programado, mientras nosotros, rehenes de nuestro destino genético, nos encontraríamos impotentes para hacer nada salvo observar cómo se desarrollaba el drama de nuestra vida. Al igual que se había hecho con cualquier otro tipo de materia, el ser humano también se había atomizado, quedando reducido, en cierto sentido, a una ecuación matemática.

Los intérpretes actuales de Darwin, los neodarwinistas, han entretejido la competencia y la lucha con las últimas teorías sobre nuestra constitución biológica, proponiendo que cada parte de nosotros actúa de un modo egoísta a fin de sobrevivir; nuestros genes —e incluso nuestras ideas— compiten con otras asociaciones de genes y de ideas por la dominación y la longevidad.[7] En fin, hay científicos que atribuyen a los genes el poder de controlar todos los aspectos de nuestra vida, y consideran que el cuerpo es un mero derivado accidental de un propósito evolucionista muy superior.[8]

La teoría evolutiva moderna ha eliminado hasta el más leve sentido de diseño moral o de benevolencia por parte de la naturaleza: esta no tiene ni el menor interés en la cooperación ni en la participación, sino que quiere solo a los ganadores, del tipo que sean. La idea de un todo armonioso y lleno de significado ha sido reemplazada por una fuerza evolutiva que sigue su curso a ciegas, y en la que los seres humanos ya no desempeñan un papel consciente.

Muchos psicólogos sostienen que la competitividad es innata en el ser humano, que es un instinto biológico natural tan inherente a nosotros como nuestro instinto básico de supervivencia. Una vez que dejamos de luchar por la comida, el agua, un cobijo y una pareja, sigue diciendo la teoría, empezamos a competir por premios más efímeros, como el poder, el estatus y, en tiempos más recientes, la fama.

Como consecuencia, durante más de trescientos años nuestra concepción del mundo ha estado moldeada por el cuento que describe cómo unos seres aislados compiten por la supervivencia en un planeta solitario de un universo indiferente. La vida, tal como la define la ciencia moderna, es esencialmente predatoria, interesada y solitaria.

Estas metáforas —la concepción mecanicista del universo o la idea de que somos seres depredadores «con uñas y dientes teñidos de rojo»*— han penetrado en nuestra conciencia e impregnan nuestro día a día. El paradigma del vivir cotidiano se ha construido a partir de la premisa de que la competición es la tarjeta de visita de la existencia. Cada fórmula moderna que empleamos se deriva de la interpretación que hemos hecho de la vida como lucha individual y solitaria, como una competición, en la que cada uno va a lo suyo, como parte inherente del hecho de vivir. El modelo económico de Occidente está enteramente basado en la idea de que la competencia dentro de una economía de libre mercado es esencial para conseguir excelencia y prosperidad. En nuestras relaciones, ensalzamos el derecho que inherentemente tenemos a la felicidad individual y a la expresión propia por encima de todo lo demás. Educamos a nuestros hijos alentándolos a competir contra sus compañeros y a destacar entre ellos. La moneda de cambio de la mayoría de los vecindarios modernos en los que hay dos automóviles en el garaje es la comparación y el arte de llevar siempre la delantera. El mundo, tal como Woody Allen lo definía en una ocasión, «es una gran cafetería».

El espíritu individualista de la época moderna y el convencimiento de que el ganador tiene derecho a todo son los responsables de la crisis a la que actualmente se enfrenta nuestra sociedad, y, sobre todo, de los excesos del sector financiero, empeñado en aumentar año tras año sus beneficios a cualquier precio. Antes de que se le encarcelara por su participación en las innumerables actividades fraudulentas de la empresa de energía Enron, el presidente de la corporación, Jeffrey Skilling, solía alardear de que su libro favorito era *El gen egoísta*, del neodarwinista Richard Hawkins, y, de su plantilla de trabajadores, despedía periódicamente a todos aquellos que obtuvieran resultados inferiores al 90% de lo que se consideraba deseable, como forma de mejorar la «aptitud» general de la manada.[9] Este tipo de actitud mental es la responsable del engaño descarado que florece en todos los sectores de la sociedad:

---

* Verso de un poema inglés, *In Memoriam A.H.H.*, escrito por Alfred Tennyson en 1849. Aunque publicado diez años antes de que Charles Darwin hiciera pública su teoría de la evolución, la frase «Nature, red in tooth and claw» del canto 56 pronto fue adoptada por muchos, que vieron en ella una evocación del proceso de selección natural. Posteriormente, la han empleado tanto los defensores como los detractores de la teoría de Darwin. (N. de la T.)

desde el fraude estudiantil —dado que es bien sabido que el 50% de los estudiantes universitarios copian en los exámenes— hasta el fraude empresarial, incluso en aquellos sectores dirigidos al interés público. Se cree actualmente que, en la literatura médica, casi tres cuartas partes de los informes que se publican sobre investigaciones farmacéuticas están escritos en realidad por empresas de relaciones públicas que las compañías farmacéuticas contratan, y que se encargan de ocultar por rutina los graves, e incluso potencialmente letales, efectos secundarios de los medicamentos.[10]

El peligro que inherentemente supone nuestra actual concepción del mundo ha quedado bien patente en aquellos momentos en los que esta se ha llevado a su conclusión extrema y se ha utilizado como justificación de comportamientos sociopáticos, desde el asesinato en masa durante el Tercer Reich y la eugenesia del siglo XX hasta las limpiezas étnicas y los asesinatos en serie de los tiempos modernos. Eric Harris, por ejemplo, lucía una camiseta en la que estaban estampadas las palabras «Selección natural» cuando el 20 de abril de 1999 Dylan Klebolt y él, armados con bombas de propano, un surtido de cócteles molotov, una pistola ametralladora Intratec TEC-DC9 semiautomática, una carabina semiautomática Hi-point 995 de calibre 9 mm, una escopeta de bombeo Savage 67-H y otra de cañones recortados Stevens 311D, entraron a paso lento en el Instituto Columbine y abrieron fuego.[11]

Aunque nuestra newtoniana posición de superioridad nos ha permitido adquirir un dominio tecnológico de nuestras vidas, hechos tales como el colapso mundial de nuestro modelo económico en 2008, la actual crisis ecológica, la amenazante escasez de agua y de alimentos y el agotamiento de las fuentes petrolíferas ponen de manifiesto las limitaciones extremas de dicha predisposición mental, que actualmente amenaza a nuestro planeta con la destrucción. En el nivel personal, nos ha dejado a la mayoría de nosotros un sentimiento de vacío, como si algo muy profundo —nuestra humanidad misma— hubiera acabado pisoteado en la lucha cotidiana que libramos contra el mundo.

Necesitamos urgentemente un «cuento» nuevo por el que regir nuestras vidas.

Durante los últimos quince años, desde el momento en que empecé a cavilar sobre el significado de los vanguardistas descubrimientos hechos en el campo de la física y de otras ramas de la ciencia,[12] me ha impresionado comprobar cuánto de la teoría científica y, consiguientemente, de nuestro modelo de cómo funciona todo ha quedado reducido finalmente a nada. Cada nuevo hallazgo de la ciencia desbanca una más de las ideas que tan calurosamente hemos albergado acerca de quiénes somos. Actualmente ha empezado a emerger un relato científico nuevo, que desafía muchas de nuestras suposiciones newtonianas y darwinianas, incluida nuestra premisa más básica: la noción de que las cosas son entidades separadas que compiten por la supervivencia. Las últimas pruebas de la física cuántica nos presentan la extraordinaria posibilidad de que toda vida exista en una dinámica relación de cooperación. Los físicos cuánticos reconocen actualmente que el universo no es una colección de cosas separadas que se abren paso a empujones en un espacio vacío, sino que toda materia existe en una vasta red cuántica de conexión, y un ser vivo es, en su aspecto más elemental, un sistema de energía que participa con su entorno en una constante transferencia de información. Se ha comprendido por fin que, más que un grupo de átomos y moléculas individuales e independientes, los objetos y los seres vivos son procesos dinámicos y proteicos, en los que ciertas partes de una cosa y ciertas partes de otra intercambian continuamente sus posiciones.

Pero esta revolución no se limita al campo de la física. En biología y en ciencias sociales se han hecho descubrimientos que han alterado profundamente nuestra concepción de la relación que existe entre los seres vivos y su entorno. Tanto los biólogos como los psicólogos y sociólogos de vanguardia han encontrado pruebas de que los seres humanos son mucho menos individuales de lo que hasta ahora pensábamos. Entre las más minúsculas partículas de nuestro ser, entre nuestro cuerpo y nuestro medio ambiente, entre cada uno de nosotros y aquellos con quienes tenemos contacto, y entre los miembros de cada grupo de la sociedad existe un *vínculo*, una conexión tan integral y profunda que no es posible ya demarcar con exactitud dónde termina una cosa y empieza otra. En esencia, el mundo opera no a través de la actividad de las cosas individuales, sino en la conexión que hay entre ellas…, en cierto modo, *en el espacio que hay entre las cosas.*

El aspecto más esencial de la vida no es la cosa aislada, ya se trate de una partícula subatómica o de un ser vivo hecho y derecho, sino la relación en sí: el *vínculo* inseparable e irreducible. En esa conexión, en ese espacio intermedio, reside la clave de la vida de todo organismo, desde las partículas subatómicas hasta las sociedades a gran escala, y también la clave de un futuro viable para la humanidad.

Estos descubrimientos dan a entender que la idea de que el ser humano es una entidad individual claramente diferenciada de otras entidades es una falacia; no hay nada —desde nuestras partículas subatómicas hasta nuestro ser entero— que podamos definir con la menor certeza como un cuerpo totalmente separado que pueda aislarse y cercarse. El «individuo» es simplemente la suma de un número infinito de partes definidas con poca precisión, y las partes que hasta ahora hemos considerado concretas y diferenciadas se desplazan y se transforman a cada instante. En todos los sentidos, las cosas individuales viven una vida inextricablemente apegada y vinculada a «otra». El impulso más básico de la naturaleza no es una lucha por la dominación, sino un constante e irreprimible instinto de totalidad.

Estas nuevas revelaciones que nos llegan desde la vanguardia de la ciencia representan un proceso inverso al de la atomización que comenzó con la Ilustración. El nuevo relato que hoy se escribe por toda la faz de la Tierra demuestra que hemos empezado a recuperar nuestra concepción holística de nosotros mismos como seres inextricablemente vinculados a todo cuanto nos rodea.

Estos descubrimientos tienen no solo profundas implicaciones sobre cómo elegimos definirnos a nosotros mismos, sino también sobre cómo deberíamos vivir nuestra vida. Indican que todas las creaciones de la sociedad, empeñadas como están en la competencia y la individualidad, son contrarias a nuestro ser más fundamental…, que el impulso de cooperación y asociación, y no el de dominación, es fundamental para la física de la vida y la constitución biológica de todos los seres vivos. Dan a entender que la mayoría de los que habitamos el mundo desarrollado moderno no vivimos en armonía con nuestra naturaleza verdadera. El hecho de que a cada instante influyamos en toda la materia circundante y ella influya en nosotros, de que estemos unidos por un vínculo constante y en eterna evolución, exige que cambiemos drásticamente nuestra forma de relacionarnos con nosotros mismos y con el resto de los seres vivos.

Necesitamos nuevas normas por las que regirnos. Necesitamos otra forma de *ser*.

Este libro ofrece la posibilidad de vivir de acuerdo con una metáfora nueva. Rechaza la tesis central de la ciencia ortodoxa de que la materia, incluso la subatómica, existe aislada y está completa en sí misma, y sugiere que la danza de la vida no es un *solo*, sino un *dueto*…, que cada parte de nosotros está conectada con un vínculo esencial e irreducible. Reconoce que cada uno de nosotros se halla tan íntimamente interconectado con nuestro mundo que solo podremos vivir auténticamente cuando vivamos de acuerdo con un relato diferente.

Es necesario que adoptemos una nueva definición de lo que significa ser humano, y es necesario que contemplemos nuestro universo con una mirada nueva. Aplicar los recientes descubrimientos a todos los aspectos de nuestra vida supone ni más ni menos que hacernos a nosotros mismos de nuevo.

El vínculo propone, por último, un futuro alternativo en el que un nuevo paradigma del vivir en asociación y conexión reemplace a la metáfora de la batalla. Confío en que habré sido capaz de ofrecerte una concepción enteramente nueva de quién eres y del lugar que ocupas en el mundo, no como dueño ni competidor suyo, sino como socio cooperativo.

Esta nueva concepción empieza por comprender algo tan impactante, dado el alcance de sus implicaciones, como que nada en este mundo está separado. De hecho, en el sentido más básico, no existe algo como «una cosa».

Primera parte

EL SUPERORGANISMO

La enfermedad de nuestro tiempo es a mi entender esta maldición de que todo se haya ido volviendo cada vez más banal, cada vez menos importante.

Norman Mailer, *Los desnudos y los muertos*

1

INCANSABLEMENTE EN BUSCA DE *LA COSA*

Sobre una mesa de trabajo del tamaño de dos todoterrenos, en la Universidad de California, en Berkeley, Graham Fleming y sus colegas del Departamento de Química han montado el equivalente científico de una máquina de *pinball*. Los numerosos láseres de precisión, que, como en un latido, emiten luz en fracciones de tiempo de una milbillonésima de segundo, están situados en varios puntos estratégicos y enfocados en una pista de obstáculos hechos de espejo y lentes de aumento, cuyo foco de atención es una diminuta y solitaria caja negra. Una vez que las máquinas están conectadas, la luz láser que generan estos artefactos ultrarrápidos sale despedida precipitadamente de cada espejo y cada lente antes de incidir en el interior de la caja e iluminar su contenido: una diminuta muestra de la bacteria verde del azufre. Supuestamente, la luz de los láseres imita a la del sol, ya que esta bacteria es, a todos los efectos, una planta, con su misma extraordinaria capacidad fotosintética de convertir la luz solar en energía dentro de sus células.

A base de descubrir paso a paso el procedimiento por el cual un ser vivo rudimentario aprovecha la luz del sol y la convierte en energía que luego almacena, Fleming, un británico de sesenta años, espera resolver el principal misterio de las plantas: su implacable eficiencia. El misterio no es solo que la planta sea capaz de llevar a cabo semejante hazaña, sino que lo haga utilizando por completo hasta el último fotón que llega a ella.

Ni la más sofisticada máquina de la tierra puede siquiera emular la producción de energía que realiza una planta; en toda y cada una de las actividades artificiales vagamente equiparables, el almacenamiento inicial de energía disminuye en más de un 20% durante el proceso de transformar un tipo de energía en otro. Si los seres humanos pudieran aprender a captar y a transformar la energía solar por un método incluso remotamente aproximado al que utilizan las plantas, tendríamos la garantía de que las necesidades energéticas de la humanidad estarían cubiertas para siempre.

El otro aspecto del misterio es más elemental: cómo un sistema vivo tan sencillo como es un vegetal puede generar el oxígeno y los hidratos de carbono del mundo mediante una reacción activada por la electricidad que él mismo crea, esencialmente a partir de la luz.

La clave para estudiar este proceso tan extraordinario reside en seguir la trayectoria que describe la energía del electrón dentro de la estructura proteica de la célula, conectando los paneles solares exteriores de la bacteria, o clorosomas —los recolectores de la luz solar—, con el centro de reacción situado en el corazón de las células, un diminuto crisol donde tiene lugar el milagro de la conversión.

El experimento de Fleming dura una minúscula fracción del tiempo que se tarda en parpadear. En cuanto la luz que emiten los láseres «golpea» la proteína, excita los electrones, y la energía resultante necesita encontrar entonces la ruta más directa, a lo largo de la diminuta pista de la estructura proteica, para llegar a los centros de reacción. Se trata de una tarea compleja y potencialmente demasiado laboriosa, según la física convencional, puesto que son muchos los posibles caminos y destinos finales que la energía del electrón debe buscar a fondo y descartar uno a uno.

Pero lo que Fleming descubrió no es ni más ni menos que una gigantesca grieta en el gran edificio de la biología comúnmente aceptada.

En lugar de un solo camino, la energía llega a su destino probando varias rutas simultáneamente, y solo una vez hecha la conexión final y alcanzado el final del trayecto, investigará cuál es la vía más eficaz —es decir, retroactivamente— y seguirá ese único camino. Parece como si la ruta óptima se eligiera *en retrospectiva*, después de haber agotado todas las posibilidades. Es como si una persona que estuviera perdida en un laberinto hubiera probado todos los posibles caminos al mismo tiempo, y, tras encontrar finalmente el camino correcto para llegar a la salida, eliminara por completo cualquier rastro de sus ensayos.

El descubrimiento de Fleming es una inesperada respuesta a su línea de investigación: la planta es tan eficiente porque la energía que generan sus electrones mensajeros es capaz de ocupar más de una posición al mismo tiempo.

Fleming está haciendo en la actualidad algunas de las primeras incursiones tentativas en lo que se ha dado en llamar «biología cuántica», consiguiendo las primeras pruebas de que la vida en la Tierra está regida por las leyes de la física cuántica. Su experimento es necesariamente burdo; sustituye por luz de láser la verdadera luz solar y se lleva a cabo a temperaturas de 70° Kelvin (o -202° C), un ambiente excesivamente frío para que la mayoría de las plantas puedan sobrevivir.

No obstante, su experiencia en el campo de la física, además del de la química, le permite comprender la significación de aquello que acaba de presenciar. Como descubrieron el físico danés Niels Bohr y su brillante discípulo alemán Werner Heisenberg, fundadores de la teoría cuántica en la primera mitad del siglo XX, las partículas subatómicas, tales como los electrones y los fotones, no son todavía nada por sí mismas. Los átomos no son pequeños sistemas solares hechos de bolas de billar, sino más bien una desordenada nubecilla de probabilidades. Existen en muchos sitios simultáneamente, en estado de *potencial puro*, o como los físicos se refieren a ello, de «superposición», que es la suma de todas las probabilidades. Una partícula subatómica como las que se encuentran en la bacteria que ha estudiado Fleming experimenta esencialmente con un camino y con otro al mismo tiempo antes de elegir el sendero óptimo para llegar al lugar de la reacción.

Una de las conclusiones de su teoría, que se conoce como la interpretación de Copenhague —en honor de la ciudad donde por primera vez elaboraron esforzadamente las ineludibles conclusiones de sus descubrimientos matemáticos—, es la idea de la *indeterminación*: el hecho de que nunca es posible saberlo todo acerca de una partícula subatómica. Si se mide, por ejemplo, dónde está, no se puede averiguar también adónde va o a qué velocidad. Bohr y Heisenberg reconocieron que una partícula cuántica puede existir a la vez como partícula, como elemento helado con forma de bala y como «función de onda», es decir, una gran región difuminada de espacio y de tiempo, en cualquiera de cuyos rincones puede estar situada la partícula.

En estado cuántico, una partícula existe como una colección de todos los posibles «sí mismos» futuros al mismo tiempo, o como una cadena de muñecas de papel interminablemente replicadas. Un electrón existe «probablemente» hasta que los científicos lo inmovilizan y lo miden, momento en el que sus múltiples «sí mismos» se colapsan y el electrón se asienta en un solo estado de ser.

Si llegan a verificarse los resultados del experimento de Fleming —y actualmente hay quienes ya lo han llevado a cabo con plantas reales a temperatura ambiente—, esto significaría que el proceso más fundamental del universo, el proceso responsable de que haya vida en la Tierra, estaría regido por un mecanismo que no es en realidad *una cosa* en absoluto, al menos atendiendo a nuestra definición habitual de lo que es una *cosa*. La transferencia de electrones durante la fotosíntesis es imposible de determinar ni de localizar con precisión.[1] El experimento de Fleming pone además al descubierto una posibilidad de mucho mayor alcance: la de que toda la vida sea creada y sustentada por algo tan efímero que quizá ni siquiera seamos capaces de identificar lo que es en realidad, y mucho menos todavía de localizar con exactitud dónde se encuentra.

Pese a sus implicaciones revolucionarias, el descubrimiento de Graham Fleming no ha resultado especialmente revelador para los físicos cuánticos. Muchos, dentro de esta disciplina, andan buscando sin éxito *la cosa*: la cosa más pequeña y que crea todas las demás cosas del mundo. Todas las suposiciones modernas acerca de nuestro universo físico se basan en la creencia de que la vida está compuesta de cosas, que a su vez están hechas de cosas más pequeñas, y de que a base de descubrir y nombrar las pequeñas podemos llegar a entender las grandes.

A partir del momento en que un físico musulmán llamado Ibn al-Haytham desarrolló el método científico hace más de mil años, los científicos han intentado por todos los medios desmontar el universo, como si de una gran radio se tratara, a fin de examinar sus piezas. Durante los últimos cien años aproximadamente, han estado ocupados intentando localizar el más diminuto de los bloques que lo constituyen. En 1909 el neozelandés Ernest Rutherford, premio nobel de Química, y sus colegas de la Universidad de Manchester crearon el modelo Rutherford del átomo, un minúsculo sistema solar de electrones bien ordenados, tras descubrir lo que en un principio se creyó que era su *sol* y una de las unidades más pequeñas del mundo: el núcleo. Pero el modelo de Rutherford recibió un ligero batacazo cuando un colega de la Universidad de Cambridge, el físico británico James Chadwick, fue más allá todavía y descubrió una partícula aún más pequeña dentro del núcleo: el neutrón.

Chadwick postuló que los constituyentes de un átomo, es decir, los protones, electrones y neutrones, son las unidades más fundamentales de nuestro mundo; hasta que se descubrió que, como en una muñeca rusa, dentro de estas partículas residen otras aún más pequeñas.

En 1969 la ciencia se congratuló brevemente al poder aislar los que, a su entender, eran los elementos más fundamentales del universo, cuando de repente se descubrió el quark; y esto duró hasta que se descubrió o se postuló toda una sopa de letras de otras partículas en las décadas siguientes: los muones y tautones, positrones y gravitones, partículas con fuerza y partículas sin fuerza, partículas upsilon, tau neutrino, y las más recientemente descubiertas, skyrmiones y goldstinos, y pomerones y luxones, además de las «partículas combinadas» de interacción fuerte, como los hadrones, e incluso partículas hipotéticas nacidas de las teorías de la supersimetría.

Para poner orden entre todas estas entidades, los físicos crearon el modelo estándar —la piedra Rosetta de la física de partículas moderna—,* que divide todos estos cientos de variedades de partículas y sus complicadísimas interacciones en tres familias, con sus interacciones y características fundamentales: seis tipos de quarks, seis de leptones y una variedad de bosones, o partículas «portadoras de fuerza», que incluyen la más diminuta unidad de luz —el fotón—; los gluones, algo a lo que se llama bosones de gauge de interacción débil, y por último los gravitones y el bosón de Higgs, estas dos últimas clasificaciones supuestamente existentes, pero nunca vistas en realidad.

Pero por más elegante que resulte el modelo estándar como teoría, que permite a los científicos reducir todas estas docenas de partículas a taquigrafía matemática, lo cierto es que los físicos siguen sin ser capaces de aislar una sola estructura y afirmar con certeza que esa es la más pequeña moneda de cambio del cosmos, la entidad individual final de la que nuestro universo se deriva. En realidad, actualmente se considera que la mayoría de las innumerables partículas que se han descubierto después de la II Guerra Mundial no son elementales, sino combinaciones de otras partículas, y, de hecho, los físicos admiten hoy día que tal vez sea imposible demostrar jamás que estas partículas puedan seguir dividiéndose en sus partes constituyentes.

Los físicos *suponen* que ciertas partículas son más elementales que otras —que los quarks son más elementales que, por ejemplo, los nucleones o los piones—; no obstante, como se lamentaba en una ocasión el físico de partículas norteamericano Steven Weinberg, galardonado con el Premio Nobel: «No podemos llegar a ninguna conclusión definitiva sobre la elementalidad de los quarks y de los gluones en sí».[2]

Aquello con lo que los científicos se han conformado, la teoría del modelo estándar, es una difusa aproximación, que podría tener tanto que ver con la verdad final de la vida como tiene que ver un ciborg con un ser humano. Es probable que el modelo estándar demuestre ser solo una vaga aproximación, base potencial de alguna teoría más

---

* La piedra Rosetta es parte de una antigua estela egipcia de granodiorita donde aparece un texto grabado, que proveyó la clave para el entendimiento moderno de los jeroglíficos egipcios. (N. de la T.)

fundamental que pueda revelarse una vez que los científicos hayan inventado aceleradores de partículas de mayor energía, momento en el que quizá descubramos que la más pequeña de estas partículas no es en realidad la más pequeña de las muñecas rusas sino sencillamente otra muñeca distinta con más muñecas en su interior.

Una de las razones por las que está resultando tan difícil localizar la pieza más pequeña del universo tal vez sea el simple hecho de que, al final, nada existe de modo independiente. Aunque consideramos que la materia es discreta y definible, el hecho es que no hay posibilidad de compartimentarla en nada definitivo, pues incluso la más ínfima estructura de materia podría resultar imposible de separar de sus vecinas, imposible de cercar, de delimitar con precisión tan absoluta como para poder decir dónde empieza y dónde termina. Cuando se trata de elementos más pequeños que un átomo, no podemos sacar en claro si esa partícula subatómica existe sola o si es una combinación de elementos.

Cuanto más se aproxima la mirada del científico, más descubre hasta qué punto depende todo, y es en última instancia inseparable, de todo lo demás. Werner Heisenberg se refirió a este hecho como «el más importante descubrimiento experimental de los últimos cincuenta años». Añadió, además, que incluso «el preguntarse de qué están compuestas las partículas ha dejado de tener ningún sentido racional. Un protón, por ejemplo, podría estar constituido por neutrón y pión, o lambdahyperón y kaón, o por dos núcleos y un antinucleón; sería más sencillo decir que un protón consiste de materia continua, pues todas estas afirmaciones son igualmente correctas o igualmente falsas. *La diferencia, por tanto, entre partículas elementales y compuestas básicamente ha desaparecido*».[3] Lo cierto es que el término mismo «partícula», con su connotación de una realidad separada y corpórea, es un nombre inapropiado. Cuando los físicos de partículas llegan a la capa última de la materia, en realidad allí no hay nada. Aunque el modelo de Rutherford siga enseñándose en la asignatura de física impartida en los centros de enseñanza secundaria y los átomos sigan considerándose una agrupación de pequeñas bolas de billar de comportamiento ejemplar que describen pequeñas órbitas bien ordenadas alrededor de un núcleo central, las partículas subatómicas se parecen mucho más a una diminuta fusión de energía, a una ráfaga difuminada e incorpórea de vibrante nada.

Vlatko Vedral, catedrático de física cuántica de la Universidad de Oxford, recalcó en una ocasión que es más correcto decir que una partícula es una excitación de una onda, una excitación de energía, una pequeña fusión de energía dentro de un campo de energía mayor, muy semejante a la forma en que existe un nudo en un trozo de cuerda. Steven Weinberg añade: «No podremos dar una respuesta definitiva a la pregunta de qué partículas son elementales hasta que tengamos una teoría definitiva de la fuerza y de la materia. Cuando la tengamos, tal vez descubramos que las estructuras elementales de la física no son partículas en modo alguno».[4]

Aunque clasifiquemos todo lo que existe en el universo como si de elementos separados e individuales se tratara, la individualidad, en el nivel más rudimentario, no existe.

El mundo está en deuda con el delicado sistema inmunitario de Werner Heisenberg y con la propensión de su cuerpo a experimentar alarmantes subidas de los niveles de estamina. A causa de un fuerte ataque de fiebre de heno en mayo de 1925, Heisenberg se trasladó a la isla principal del pequeño archipiélago rocoso de Heligoland, próximo a la costa noroccidental de Alemania, llamada «Tierra sagrada», en honor de su clima inusitadamente templado —un fenómeno del todo anormal en el mar del Norte—, y que eligió por su ausencia prácticamente absoluta de polen, debido a lo inhóspito del terreno. Una vez que empezó a respirar bien, Heisenberg pudo también estudiar tranquilamente los innumerables enigmas que planteaban los nuevos descubrimientos acerca de la estructura de la materia. Niels Bohr y él habían mantenido largas conversaciones sobre la incompatibilidad entre las nuevas ideas y la teoría física vigente mientras paseaban por las montañas cercanas a la casa de Bohr, en Copenhague, y Heisenberg había pasado muchas horas intentando reconciliarlas. Ahora, sin otra distracción, en aquella isla sin árboles, elaboró por fin las precisas y elegantes ecuaciones de la mecánica cuántica matricial, poniendo fin para siempre jamás a la necesidad de meter con calzador los nuevos descubrimientos sobre las entidades cuánticas dentro de la mecánica clásica.

Las ideas de Heisenberg se reducían a un simple truismo: el de que cualquier teoría sobre el universo físico debería basarse solo en lo que puede observarse de hecho en los experimentos. Él eliminó todas las suposiciones que se habían hecho hasta entonces sobre los bits subatómicos, tales como la noción de que orbitan como planetas alrededor del sol. En lugar de trabajar con dígitos individuales, empezó a jugar con agrupaciones de números para representar el espectro de estados abiertos a una entidad subatómica, y de esta manera encontró finalmente el modo matemático de representar el extraño crepúsculo de la partícula cuántica.

A su regreso al continente, Heisenberg les mostró su trabajo a Bohr y a su otro mentor, el físico Max Born, que le ayudaron a formularlo y crear así la primera teoría coherente de física cuántica.

Las ecuaciones de Heisenberg, por lo demás tan exitosas, habían dejado sin resolver un hecho extraño: no eran conmutables. A diferencia de lo que sucede en álgebra normal, $x + y$ no era equivalente a $y + x$. Un año más tarde pasó a formular el principio de incertidumbre, o *Ungenauigkeit* en su alemán natal, que en esencia postulaba la escandalosa proposición de que la materia es en última instancia imposible de conocer. Confinándose a la pureza de las matemáticas, había hallado un modo de demostrar lo que empezaba a resultarles obvio a Bohr y a él. Habían descubierto algo tan contrario a la intuición y tan insólito acerca del mundo físico que muchos físicos modernos, imbuidos de física newtoniana, siguen resistiéndose a aceptar: que no existe algo como «una cosa», que no hay una realidad sólida subyacente, sino únicamente *el espacio intermedio*, las relaciones indivisibles entre las cosas.

Desde que se estableció la física cuántica, los físicos se han visto obligados a seguir inventando teorías —la teoría de las cuerdas, la teoría de los mundos múltiples…— porque, de lo contrario, a pesar de los trabajos de matemáticas, su lógica sigue resultando confusa. No obstante, los físicos cuánticos modernos han demostrado lo que Heisenberg había intuido desde un principio: que la materia no es sino relación; x + y representan, en un sentido, el impenetrable vínculo que existe entre dos cosas indeterminadas que no tienen existencia independiente, o como Heisenberg, con su vena filosófica, afirmó sin rodeos tras intentar infructuosamente ir más allá de la incertidumbre en el mundo cuántico: «No podemos conocer, por principio, el presente en todos sus detalles».[5]

Heisenberg pasó a redefinir sus teorías en lo que se conocería como la «teoría del campo cuántico». Descubrió que la capa más fundamental del ser, nuestras partículas subatómicas, no solo no son nada definible sino que, además, no se mantienen iguales en ningún momento. Las cosas pequeñas que constituyen las grandes cosas del universo no permanecen idénticas, sino que cambian de continuo; todas las partículas subatómicas intercambian constantemente información con su entorno y se reorganizan según un patrón dinámico. El universo contiene un número indeterminado de vibrantes haces de energía que de continuo pasan esa energía adelante y atrás, como en un interminable partido de baloncesto con un mar cuántico de luz. En realidad, ni siquiera están presentes en todo momento, sino que entran y salen de la existencia a cada momento; aparecen brevemente y un instante después desaparecen de nuevo en el campo de energía subyacente.

Todas las partículas elementales interactúan a través de lo que se considera partículas cuánticas temporales o «virtuales», combinándose y aniquilándose unas a otras en menos de un instante. Además, cada tipo de partícula tiene su sombra en forma de antimateria o antipartícula, que se comporta exactamente del mismo modo que su variedad «positiva» correspondiente, exceptuando el hecho de que tiene la carga opuesta. Esto significa que por cada quark, hay un antiquark, y por cada electrón, un positrón; y si en algún caso se encuentran, simplemente se combinan, haciendo que la apariencia superficial de una entidad se convierta en energía indeterminada, no específica.

Los pases hacia delante y hacia atrás que realizan las partículas virtuales, semejantes a dos personas que se turnaran continuamente para ingresar y retirar la misma cantidad de dinero de una cuenta bancaria, se conocen colectivamente como el *campo de punto cero*. El campo recibe este nombre, «punto cero», porque incluso a temperaturas de cero absoluto, cuando toda la materia debería teóricamente dejar de moverse, estas minúsculas fluctuaciones todavía se pueden detectar. Incluso en el lugar más frío del universo, la materia subatómica nunca descansa, sino que continúa ejecutando este pequeño tango de energía.[6]

Los componentes más básicos de la naturaleza son haces de energía imposibles de distinguir del campo que los rodea. Atendiendo a la teoría del campo cuántico, la entidad individual es transitoria e insustancial, y las partículas no pueden separarse del espacio vacío que hay alrededor de ellas. Aunque aparentemente seas la misma persona en un momento y en otro, con cada aliento que tomas eres un lote de energía enteramente nuevo.

Más que un conjunto de cosas separadas que se empujan unas a otras en un espacio vacío, sería mejor decir que la materia fundamental es sencillamente una relación entre dos cosas indeterminadas: la energía de una partícula que se intercambia por la energía de otra, y también por la del campo de fondo. De hecho, nos referimos por «materia» al vínculo existente entre estas minúsculas partículas y el campo de fondo que todo lo crea. Toda materia depende de una conexión con este fundamental campo de energía para conseguir dar la sensación de sustancia sólida y estable.

Hal E. Puthoff, director del Instituto de Estudios Avanzados de Austin, en Texas, y sus colegas han demostrado que este continuo ir y venir, este constante intercambio de toda la materia subatómica con el campo de punto cero, es el responsable de la estabilidad del átomo de hidrógeno, lo cual significa que es también el responsable de la estabilidad de toda la materia restante.[7] Sin este intercambio constante de energía con el campo de punto cero, los electrones que habitan en el interior de los átomos de las cosas girarían en espiral fuera de control y saldrían despedidos, estrellándose contra el núcleo del átomo, y toda la materia simplemente implosionaría.

Puthoff mostró asimismo que esta relación crea la sensación que tenemos de que un objeto tiene masa, o densidad.[8] En un histórico artículo, él y sus colegas argumentaron que la inercia —la tendencia que tienen los objetos a quedarse quietos y lo reacios que son a ponerse en movimiento, y luego, una vez que se empiezan a mover, lo reacios que son a detenerse— es una simple «fuerza de arrastre», o resistencia a dejarse acelerar por el campo de punto cero. Cuanto mayor es el objeto, más partículas contiene, y más agarre presenta el campo sobre él. El «arrastre» de ese objeto da entonces la apariencia de masa, pero, a ojos de estos físicos, la masa no es más que energía que se aferra a otra energía. Cada vez que empujas un objeto o que este intenta moverse, el campo de punto cero se aferra con fuerza a la interacción entre las partículas, o vibración energética de esa masa, dando así la ilusoria sensación de ser una forma corpórea.

A lo que esto se traduce esencialmente es a que todo lo que consideramos un objeto, independientemente de lo grande o pesado que sea, es en esencia una colección de cargas eléctricas que interactúan con otra energía distinta. La propiedad más básica de la materia, el hecho de producir la sensación de que es un «algo» sólido, se debe sola y enteramente al vínculo existente entre las partículas subatómicas y el mar de energía que hay de fondo.[9] Una «partícula» subatómica no es sino la búsqueda de una conexión en el espacio que existe entre una gran red de energía y un pequeño nudo de energía. Tú y todo cuanto te rodea sois sencillamente una suma de energía cargada que tiene una relación en el presente.

Hemos comprendido también que a estos pequeños nudos de energía les gusta operar principalmente como colectivo indivisible. Otra extraña cualidad de la física cuántica es la *no localidad*, también llamada «enredo» cuántico, con su poética connotación de estar condenado a la indivisibilidad, igual que dos amantes desventurados a quienes el destino obliga a separarse pero que permanecen mental y emocionalmente entrelazados para siempre. Niels Bohr descubrió que, una vez que partículas subatómicas tales como los electrones o los protones entran en contacto, permanecen alerta y se influencian una a la otra instantáneamente y sin razón aparente, por encima del tiempo y de la distancia, y a pesar de la ausencia de fuerza o energía, es decir, a pesar de todo aquello que los físicos consideran necesario para que una cosa afecte a otra.

Cuando las partículas están enredadas, las acciones de una influirán siempre en la otra, ya sea en el mismo sentido o en sentido opuesto, sin importar qué distancia haya entre ellas; son como los gemelos siameses, imposibles de separar. Una vez que han establecido contacto, la medida de una partícula subatómica afecta al instante la posición de la segunda. Las dos partículas subatómicas continúan comunicándose, y lo que quiera que le suceda a una de ellas será idéntico, u opuesto, a lo que le suceda a la otra.

Las partículas enredadas entran a menudo en un estado de «coherencia» en el que pierden su individualidad y se comportan como una onda gigante. Aunque las entidades subatómicas individuales sí mantienen cierta individualidad —como los músicos de una orquesta—, todo intento de separarlas es ya inútil, pues cualquier cosa que le suceda a una de ellas siempre afectará al conjunto, y cualquier acción que realice una de ellas estará dirigida por el grupo. Se hallan tan inextricablemente conectadas que ni siquiera es posible distinguirlas. Los físicos de vanguardia tienen pruebas de que las emisiones de partículas subatómicas por parte de los seres vivos, incluidos los seres humanos, son altamente coherentes, lo cual sugiere que nuestra propia constitución subatómica consiste en partículas que existen solo como colectividad, imposibles de distinguir unas de otras.

Hasta su muerte en 2008, el sobrio semblante de John Archibald Wheeler, no muy distinto de un Richard Nixon que hubiera perdido el pelo, nunca dejó traslucir su casi temerariamente especulativa vida interior. Fue Wheeler, otro protegido de Niels Bohr, quien desarrolló la teoría de la fisión nuclear, y también la idea de que tal vez el uranio-235 podría hacer una bomba atómica viable, mucho antes de que esa fuera la misión del Proyecto Manhattan en Los Álamos durante la II Guerra Mundial. Fue asimismo Wheeler quien descubrió que el espacio-tiempo de Einstein da lugar a una borboteante espuma cuántica, y quien, con su talento para los giros idiomáticos, acuñó términos como «agujero negro» y «agujero de gusano». Wheeler actuó como uno de los principales animadores de Einstein al promover la teoría general de la relatividad, y, como colaborador suyo, intentó sin éxito derivar de ella una teoría del campo unificado. Sin embargo, Wheeler siguió creyendo que el universo podía unificarse, presentarse como una línea de matemáticas e incluso, en última instancia, reducirse enteramente a información. Hacia el final de su vida, pronunció la pegadiza frase «*it from bit*», que equivale a decir que los objetos físicos emergen de los bits de información. «Toda partícula —dijo—, todo campo de fuerza, incluso el *continuum* espacio-tiempo en sí se deriva de respuestas de "sí o no", de elecciones binarias, de bits».[10]

La más atrevida de las especulaciones de Wheeler intentaba comprender el mayor misterio que planteaba la física cuántica. Sus pioneros habían demostrado en sus experimentos que lo único que parecía transformar el algo potencial de una partícula subatómica en algo sólido y mensurable era la participación de un observador. En cuanto los científicos miraban de cerca la partícula y la medían, la entidad subatómica que existía hasta ese momento como potencial puro se «colapsaba» en un estado particular.

El hecho de que una partícula subatómica se asiente en un único estado sólido solamente cuando se la mide u observa sugiere, para muchos científicos, la asombrosa posibilidad de que el papel del científico —o el papel de la conciencia viva— sea de algún modo lo que por sí mismo torna los más minúsculos elementos de la vida en algo real, lo cual implica que el universo es una empresa conjunta entre la conciencia que observa y lo observado, o lo que es lo mismo, que se requiere la presencia del observador para hacer realidad aquello que se observa.

Wheeler quiso comprobar este concepto con una variación del famoso experimento cuántico de la doble rendija, basado en un experimento clásico, hecho con luz, que llevó a cabo el físico británico Thomas Young en el siglo XIX. En el experimento de Young, se envía un haz de luz pura a través de un solo agujero, o rendija, hecho en un trozo de cartón, y luego esa luz pasa por una segunda pantalla con dos agujeros, antes de llegar finalmente a una tercera pantalla en blanco. La luz que pasa a través de los dos agujeros forma un diseño de piel de cebra en el que se alternan las bandas oscuras y claras sobre la pantalla en blanco final. Si la luz fuera simplemente una serie de partículas, dos de las manchas más brillantes aparecerían directamente detrás de los dos agujeros de la segunda pantalla, como un diseño de partículas individuales, pero la porción más brillante del diseño se encuentra a mitad de camino entre los dos agujeros, causada por la amplitud combinada de aquellas ondas que más interfieren una con otra. Cuando dos ondas alcanzan el pico o el valle al mismo tiempo, y se chocan una contra otra, la señal combinada de la onda superpuesta se intensifica, y la luz se hace más brillante, mientras que si una alcanza el pico máximo cuando la otra alcanza el valle máximo, ocurre lo contrario, y se anulan una a otra causando una oscuridad absoluta. Después de observar este fenómeno, Young fue el primero en darse cuenta de que la luz que pasa a través de los dos agujeros se expande en olas que se superponen.

En una variación moderna del experimento se envían fotones individuales a través de la doble rendija utilizando un instrumento llamado interferómetro. Estos fotones individuales producen también diseños de cebra sobre la pantalla, demostrando que incluso las unidades individuales de luz viajan a modo de onda difuminada con una gran esfera de influencia. Los físicos han sostenido el experimento de Young como prueba de que entidades cuánticas como los fotones actúan a la manera de una onda y viajan a través de las dos rendijas a la vez. Dado que se necesitan al menos dos ondas para crear tales diseños de interferencia, la implicación del experimento es que el fotón, por alguna razón misteriosa, es capaz de viajar a través de las dos rendijas al mismo tiempo y de interferir consigo mismo cuando se reúne.

Pero este experimento tiene una trampa: cuando el instrumento experimental tiene un detector de partículas cuya labor es localizar por cuál de las dos rendijas pasó el fotón, el resultado es muy diferente. En lugar de ser como una onda, el fotón actúa como una partícula, y se detecta claramente que viaja a través de una de las dos rendijas; en lugar de crear entonces sobre la pantalla un diseño de interferencia, crea un diseño de partícula definido.

Así pues, cuando el detector de partículas se pone en funcionamiento, asume el papel de observador, y, una vez «observado», el fotón actúa como una partícula sólida y no como una onda difuminada y sin solidificar; se colapsa en una sola entidad, atraviesa solo una de las rendijas y permite rastrear su trayectoria.

En 1978, cuando Wheeler cavilaba sobre el significado de su experimento —que parecía poner el énfasis en si los fotones se detectaban o no—, se preguntó si tendría importancia el momento en sí de la observación o medición del protón.

Cuando los científicos quieren poner a prueba una hipótesis, a veces llevan a cabo un experimento de «pensamiento», o, en honor a las raíces alemanas de la práctica, un *Gedankenexperiment*. Imaginan en sus cabezas un experimento y lo llevan a cabo en el lenguaje puro de las matemáticas; así, el experimento demuestra funcionar, o no, en virtud de las matemáticas solamente, no de la vida real. Para comprobar el tiempo relativo de su experimento del fotón, Wheeler ideó un famoso experimento de pensamiento llamado experimento de elección demorada, en el que un detector de partículas se demora para que la trayectoria del fotón se detecte solo después de que haya atravesado las rendijas.

Imagina un fotón que ya ha pasado por las rendijas y viaja hacia las paredes posteriores. Puede tomar tres posibles rutas: la rendija izquierda, la rendija derecha o ambas al mismo tiempo; y en esta fase todavía no sabemos qué ruta ha tomado.

¿Qué ocurriría si, como imaginó Wheeler, el instrumento pudiera incluir una pantalla detectora móvil, que llegados a este punto pudiera bien quitarse o bien dejarse en su lugar? Una vez que quitamos la pantalla, se revelan dos telescopios, cada uno enfocado en una de las rendijas, telescopios que serían capaces de ver y registrar un pequeño destello de luz en el instante en que el fotón atraviesa una de las rendijas, y, por tanto, de detectar el camino que sigue el fotón, a través de una rendija o de la otra.

En este experimento, el observador ha «demorado su elección» de si quiere o no observar la trayectoria del fotón (por medio de los telescopios) hasta después de que el fotón supuestamente haya tomado la decisión de pasar por una rendija, por la otra o por ambas.

Según los cálculos de Wheeler, la ruta que siguen los fotones depende enteramente de si son observados o no. Si quitamos la pantalla y los telescopios registran el camino que toma el fotón —incluso después de haber pasado por las rendijas dobles—, logramos un diseño de distribución consecuente con lo que obtendríamos si las partículas pasaran por una o por otra de las rendijas, pero no por las dos, mientras que si dejamos la pantalla, los fotones permanecen en estado de superposición y atraviesan ambas rendijas.

El aspecto más destacable de este experimento es que el tiempo relativo es irrelevante: incluso después de que todo haya ocurrido y el fotón haya pasado por una o por las dos rendijas, la presencia o la ausencia de la pantalla —es decir, la presencia o la ausencia de la observación— es lo que determina el resultado final.[11]

El experimento de Wheeler implica que la observación, incluso después del hecho, determina el resultado final; es el observador el que controla por entero si aquello que observa se hace realidad en cualquier momento dado.

En palabras de su discípulo, el físico Richard Feynman, el papel del observador es crucial en la física cuántica; es el «misterio que no podemos eludir». El propio experimento de Wheeler fue un misterio hasta 2007, año en que Jean-François Roch y sus colegas de la Ecole Normale Supérieure de Cachan, en Francia, encontraron con éxito un modo de llevar a cabo el experimento de «elección demorada» y demostrar las ideas que Wheeler había imaginado treinta años atrás.[12]

Como Wheeler señaló en 2006, dos años antes de morir, «somos partícipes en hacer realidad no solo lo que está aquí en este momento, sino también aquello que nos queda lejos en el tiempo y en el espacio».[13] En su fértil imaginación, incluso concibió el universo entero como una sola onda gigante que necesitara de la observación para hacerse realidad.

A partir de estas pruebas, tenemos que hacernos una pregunta fundamental: si las entidades cuánticas, que son imposibles de separar una de otra, dirigen todos los procesos básicos de nuestra vida, ¿hay algo que exista de hecho como *cosa* sola?

En el mundo subatómico la materia no se puede entender en aislamiento, sino únicamente dentro de una compleja red de relaciones, eternamente indivisibles. La vida existe gracias a una dualidad fundamental, a una multiplicidad de influencia y de ser, a una asociación cooperativa. En su aspecto más elemental, la materia física no solo no es todavía *una cosa*, sino que continúa siendo algo indeterminado hasta que nuestra conciencia se involucra en ella; en el instante en que miramos un electrón o lo medimos, ayudamos a determinar su estado final.

La relación más irreducible de todas podría ser la que existe entre la materia y la conciencia que la observa; lo que finalmente da realidad a cualquier cosa es el vínculo alquímico entre el observador y lo observado. No hay un «nosotros» y «ellos», sino únicamente un «nosotros» que existe en transformación constante. Con cada aliento que tomamos, estamos cocreando nuestro mundo.

No podemos descubrir las partes más fundamentales de nuestro universo, por más que nos esforcemos, porque existen solo en relación con las partes restantes. Los físicos cuánticos siguen inútilmente a la caza de «la cosa», a pesar de que, por el simple hecho de buscarla, la modifiquen. La vida está establecida, no dentro de una cosa, sino en el vínculo, en el espacio que hay entre dos cosas: entre partículas subatómicas, entre partículas y el campo de fondo, y entre mente, o conciencia, y materia. De hecho, los biólogos han descubierto que esa es precisamente la manera en que también nosotros nos hacemos lo que somos. Tú y yo somos ni más ni menos que creaciones de nuestras interacciones con el universo.

2

EL PROGRAMADOR
MAESTRO

Para Randy Jirtle, el genoma humano era simplemente un ordenador defectuoso. Jirtle, catedrático de oncología de la Universidad de Duke,* había empezado su larga trayectoria académica trabajando con ordenadores, realizando proezas en el complejo mundo de las matemáticas como parte de su licenciatura en ingeniería nuclear. Después de graduarse, desechó sus planes iniciales de trabajar con energía y reactores nucleares y acabó especializándose en la biología de las radiaciones ionizantes —o en los efectos biológicos que, en cierto sentido, tenía la energía nuclear cuando algo fallaba—. Pero pese a dedicarse ahora a los organismos vivos, le parecía estar trabajando de nuevo con equipos de computación y programas informáticos. Le parecía obvio que el gen era el equipo físico de computación, el *hardware*, pero se preguntaba por qué este fallaba con tanta frecuencia, y también dónde estaba localizado exactamente el *software*, el programa maestro que lo controlaba todo.

El fallo del *software* tenía que ver con la impronta, con el hecho de que toda una parte del ADN de cada par de cromosomas quede

---

* En Durham, Carolina del Norte. (N. de la T.)

silenciado de por vida. La impronta genómica ha desconcertado a muchos genetistas, pues parece violar las precisas leyes de la herencia descritas por Gregor Mendel, un monje del siglo XIX que desarrolló los fundamentos de la genética moderna. Aunque un organismo hereda dos conjuntos de genes de cada progenitor, según Mendel, el más fuerte y apto es el gen *dominante*, que ayuda a moldear la apariencia del organismo, mientras que la otra mitad, el gen *recesivo*, el debilucho que no llega a los cuarenta kilos, se queda en silencio, apabullado por el gen dominante. La razón que la naturaleza parecía tener para que recibamos dos copias genómicas tanto del padre como de la madre era la de asegurar una salvaguarda añadida que impidiera cualquier mutación; sin embargo, al silenciar uno u otro gen, la naturaleza parecía renunciar a la vez a dicha ventaja.

El hecho de determinar cuál de los dos genes se activaba y cuál no, arguyó Jirtle, guardaba mayor relación con cuál era el progenitor del que procedía que con ninguna tendencia innata a ser el gen dominante. En el ámbito del gen, la vida es una guerra constante entre los sexos. Como su propio trabajo revela, el gen silenciado parecía ser inherentemente débil, blanco idóneo del cáncer o de otra enfermedad; era como si el ADN se hubiera construido con una placa de circuito deliberadamente programada para implosionar.

Durante toda una década, Jirtle le había dado vueltas a este asunto y a su relación con el hecho de que ciertos sistemas del cuerpo humano desarrollen cáncer súbitamente. Su laboratorio era célebre por sus investigaciones del factor de crecimiento insulínico 2 (IGF-2), una sustancia corporal que detiene la apoptosis, o muerte celular, allanándole el camino al cáncer, que no es sino un crecimiento celular desbocado. Jirtle había estudiado exhaustivamente en ratones un supresor de tumores llamado IGF-2R, que escudriñaba en busca del IGF-2 y conseguía reducirlo, suprimiendo en último término el cáncer de hígado. Su equipo acabó descubriendo que una alternancia *exógena* al gen era la responsable de que el IGF-2R se activara. Pero ¿cuáles eran exactamente las condiciones biológicas que pulsaban el interruptor? Si era capaz de dar con los interruptores que activaban y desactivaban ciertas enfermedades, quizá podría modificar el proceso de impronta, y desconectar por último el mecanismo autodestructor del ordenador.

Jirtle tuvo ocasión de explorar la cuestión más a fondo en el año 2000, cuando recibió una carta de Rob Waterland en la que este solicita una subvención para su proyecto de posdoctorado. Waterland, que acababa de doctorarse en nutrición humana por la Universidad de Cornell, quería explorar si los cambios dietéticos representaban uno de los principales controles de la activación, y estaba impresionado por la iniciativa de Jirtle de ir más allá del gen y emprender la búsqueda de la terminal maestra. A Wateland le fascinaban principalmente las pruebas científicas que mostraban cómo los hijos de mujeres que habían carecido de ciertos nutrientes durante el embarazo eran más susceptibles de enfermar y de padecer trastornos neurológicos. La investigación epidemiológica había revelado que aquellas poblaciones que habían estado expuestas a hambrunas en un estadio prenatal tenían menor peso al nacer y unos índices de enfermedades degenerativas superiores a lo normal, entre ellas la diabetes, las enfermedades coronarias y el cáncer.

Waterland estaba asimismo intrigado por la evidencia de que los efectos de las hambrunas se mantenían durante generaciones. La gente que había pasado hambre mientras se hallaba en el vientre materno engendraba hijos más pequeños de lo normal, que a su vez tenían nietos más pequeños, incluso si los hijos y los nietos habían recibido una nutrición adecuada a lo largo de toda su vida. Unas condiciones medioambientales adversas afectaban, al parecer, al menos a dos generaciones seguidas.[1]

Se preguntó entonces qué ocurriría si se intentaba el proceso inverso. Si se *mejoraba* la dieta de la madre embarazada, ¿podría desactivarse la expresión de los genes programados para la enfermedad y revertir así el destino genético?

Jirtle aceptó trabajar con Waterland, con la condición de que eligieran con mucho cuidado el modelo de especie que iban a investigar. Cuando los científicos quieren estudiar un problema genético, necesitan examinar una aberración fácilmente identificable bajo condiciones exageradas, de modo que buscan uno de esos caprichos del destino genéticos. Ambos decidieron, cada uno por su lado, que la anomalía perfecta para sus propósitos era la variante amarilla del gen agoutí (A^{vy}). Los ratones agoutí, como se los conoce, poseen un defecto genético en este gen, que codifica la molécula determinante del color de pelo, ordenando a los folículos pilosos que produzcan una capa amarilla en lugar de la habitual capa marrón. Los ratones que tienen el gen agoutí defectuoso están asimismo destinados a no poder moverse apenas, pues, además de tener un color dorado, son a menudo inmensamente obesos y tienen tendencia a desarrollar diabetes y cáncer.

A Waterland le había inspirado un estudio llevado a cabo por el Centro Nacional de Investigaciones Toxicológicas (CNIT) que demostraba que introducir en la dieta de los ratones hembras agoutí un suplemento de una variedad de vitaminas B podía anular los defectos genéticos y producir un número mayor de crías normales. El estudio había especulado que un mecanismo que estaba «por encima del gen» había sido el responsable, pero los investigadores no habían identificado exactamente cómo actuaba, o qué parte del ADN de la madre experimentaba la modificación y permitía obtener este feliz resultado.[2] Waterman planeaba utilizar su modelo y su protocolo, pero separar luego el ADN de las crías de ratón para ver qué revelaba.

Después de que el Instituto Dannon le concediera una beca de investigación de dos años, Waterland y Jirtle tomaron, del grupo de ratones agoutí empleados en el estudio original realizado por el CNIT, unos cuantos pares aptos para procrear, y al cabo de seis meses tenían cada uno diez camadas de ratones, y controles del experimento. A la mitad de las hembras agoutí se las había alimentado con un suplemento de vitaminas B antes de que se quedaran preñadas, durante la gestación y también durante la lactancia, mientras que la otra mitad había recibido comida normal para ratones.

Aislar el código genético de un solo animal es un proceso enormemente laborioso que puede suponer toda una semana de trabajo. Waterland empezó por tomar un minúsculo fragmento de tejido del rabo de cada uno de sus animales del experimento, a continuación lo modificaba por medio de un proceso, lo mezclaba con una sopa tóxica de sustancias químicas para separar el código genético, y luego lo sometía a cambios radicales de temperatura de 40° C. La alternancia de frío y calor provocaba una reacción en cadena que replicaba rápidamente el ADN, de forma parecida a una fotocopiadora que fuera arrojando copias sin fin. Después de otra serie de procesos químicos, el genotipo era finalmente lo bastante visible como para fotografiarlo. Una vez que hubo llevado a cabo esta laboriosa secuencia con todos sus ratones, Waterland descubrió una diferencia obvia en un aspecto del código de aquellos cuyas madres habían recibido el suplemento.

El código genético para la fabricación de proteínas se presenta en cuatro versiones, denominadas por la ciencia, con inusual simplicidad, A, T, G y C, que representan las bases de los nucleótidos: adenina, timina, guanina y citosina, respectivamente. Lo que se vio es que, en una enorme cantidad de crías de los ratones a los que se les habían suministrado las vitaminas B, las C se habían trasformado en T; es decir que los suplementos de vitamina B habían activado, en cierto modo, un gen diferente.

Los cambios en la expresión del gen eran también físicamente obvios. Las madres que habían recibido la dieta enriquecida tenían un porcentaje más alto de crías de color marrón, normal, que eran asimismo menos susceptibles de contraer en la edad adulta enfermedades degenerativas como la diabetes o el cáncer. A diferencia de sus madres, la siguiente generación de ratones tuvo una vida de duración normal.[3] Los suplementos dietéticos habían anulado drásticamente el destino genético de las crías al desactivar la expresión del gen agoutí. Esta fue la primera prueba de que existía una clara relación causal entre el medio ambiente de la madre del animal y las alteraciones permanentes en un aspecto del código genético de sus crías. Como Jirtle, un tanto aturdido, anunció cuando publicó su estudio: «Aquí es donde el medio ambiente interactúa con la genómica».[4] Con su pequeña partida de ratones, Jirtle y Waterland habían demostrado que unas sencillas modificaciones medioambientales en la vida de un ser vivo podían ser responsables de su destino genético.

«De esta, o nos hacemos famosos o nos van a hacer pedazos», le había dicho Jirtle en broma a Waterland cuando la revista *Molecular and Cellular Biology* presentó su estudio en la portada del ejemplar de agosto de 2003, acompañado de una fotografía en la que aparecía un surtido de crías de ratón amarillas, y de crías delgadas y marrones trepando a una montaña de brócoli y col rizada. Jirtle se dio cuenta de lo que estaban a punto de lanzar sobre la comunidad científica: no solo habían puesto patas arriba la creencia científica sobre genética de todo un siglo, y columna vertebral de la biología moderna, sino que habían redimido además a Lamarck, un científico inconformista tan desprestigiado que durante más de un siglo su nombre había sido sinónimo de disparate.

* * *

Más de cincuenta años antes de que Darwin desarrollara sus ideas sobre la selección natural y escribiera *El origen de las especies*, el botánico y zoólogo francés Jean Baptiste Lamarck había pasado veinte años estudiando los invertebrados (término que él acuñó) y la flora galos; publicó en 1802 el *Recherche sur L'Organisation des Corps Vivants* (Estudio de la constitución de los cuerpos vivos) y, más adelante, su obra maestra, los dos volúmenes de *La Philosophie Zoologique* (La filosofía zoológica), primer libro en exponer una teoría de la evolución coherente y bien desarrollada.[5] Lamarck describía la vida como una cadena evolutiva de ser, y Darwin estudió con entusiasmo sus teorías cuando era alumno de Oxford. Sin embargo, Lamarck creía también en la herencia de las «características adquiridas». Estaba convencido de que el medio ambiente es el responsable de los cambios que se producen en los animales, y que esos cambios podía heredarlos la generación siguiente.

Darwin concibió la evolución de las especies esencialmente como una ocurrencia fortuita, caprichosa. Su teoría de la selección natural se basa enteramente en tres supuestos básicos: que todos los organismos descienden de un antecesor común, que las nuevas características de las especies evolucionan por mutación aleatoria y que dichas características persisten solamente si ayudan a la especie a sobrevivir. Creía que las mutaciones ocurrían en organismos individuales fundamentalmente como si se tratara de un de error de copia, que se transmitía a los descendientes, y cualquier cambio permanente que resultara de esas mutaciones duraría dentro de la especie solo si el error genético en cuestión proporcionaba a los miembros de la especie alguna ventaja para la supervivencia; no obstante, cualquier cambio significativo de una especie a otra ocurría a pasitos infinitamente pequeños a lo largo de períodos de tiempo muy largos. Desde esta perspectiva, como memorablemente expresó Richard Dawkins, la naturaleza es un «relojero ciego» y la evolución, un despiadado proceso de discriminación que separa a los ganadores de los perdedores.

Lamarck, por su parte, concebía la evolución como una empresa cooperativa entre un organismo y su medio ambiente. Él creía en la «herencia de las características adquiridas»; en que un organismo que adquiría ciertas características a lo largo de su vida *en respuesta a los desafíos medioambientales* transmitiría dichas características a sus descendientes. Concluía afirmando que un organismo respondía a la necesidad de evolucionar, y que esta necesidad provocaría adaptaciones favorables. Como Darwin, Lamarck teorizó que la «transmutación de las especies», como denominó a la evolución de una especie que se transformaba en otra, sucedía muy lentamente, en el transcurso de miles de millones de años. A diferencia de la síntesis evolutiva moderna, que pone el acento en una tirada de dados de carácter genético, la concepción del mundo lamarckiana representa el mundo natural como una asociación dinámica, como una simbiosis, y el cambio evolutivo como una solución conjunta para restablecer el equilibrio y la armonía cuando un organismo se desalinea de su medio ambiente.

Aunque las ideas de Lamarck fueron en un principio recibidas con gran entusiasmo, en un determinado momento se rechazaron de plano; murió en la miseria y su cuerpo fue sepultado en una fosa de cal viva. El calificativo «lamarckiano» entró en el léxico científico como término despectivo con el que referirse a cualquier idea que sugiriera que los factores medioambientales podían alterar el código genético, o que un organismo de cualquier clase tenía, no se sabe cómo, la inteligencia para influir en el diseño fundamental del cuerpo.

Tuvo que pasar más de un siglo antes de que el trabajo de Lamarck se reexaminara. Cuando un embriólogo británico, y catedrático de la Universidad de Cambridge, llamado Conrad Waddington intentaba averiguar cómo se formaban los tubos neurales de los anfibios, llegó a la convicción de que la respuesta se hallaba en la disciplina, aún en ciernes, de la genética. En los años treinta del siglo XX, este era un pensamiento herético, puesto que no se entendía plenamente el funcionamiento de los genes y, por supuesto, no se consideraba que pudieran ser portadores del diseño hereditario de nada que no fueran las características físicas básicas.

Para seguir trabajando en su teoría clandestina, Waddington viajó a la costa oeste de Norteamérica. En la Escuela de Tecnología de California, el gran genetista americano Thomas Hunt Morgan había creado un laboratorio enteramente dedicado a la *Drosophila melanogaster*, la mosca común de la fruta, que demostraría ser, bajo la autoridad del trabajo de Morgan, el organismo modelo de estudio para las generaciones venideras. Una vez instalado en el laboratorio de California, Waddington empezó a analizar a conciencia cómo afectaban una serie de pequeñas mutaciones al desarrollo del ala posterior de la *Drosophila*, exponiendo para ello las moscas embrionarias al éter.

Aunque Waddington había supuesto en un principio que su investigación demostraría la preeminencia del código genético, acabó por descubrir que unas condiciones anormales durante los estadios más tempranos de la mosca le hacían desarrollar un extraño par de alas traseras. Después de que numerosas generaciones de moscas hubieran estado expuestas al éter, el investigador hizo otro notable descubrimiento: el desarrollo alterado del ala trasera, un cambio inducido puramente por factores medioambientales, seguía reproduciéndose en las ocho generaciones siguientes de moscas, incluso aunque no se las expusiera a este líquido volátil.[6]

Waddington acuñó a continuación el término «paisaje epigenético» para dar a entender que el medio ambiente ayuda a completar la expresión genética. Empleó este término, «epigenético», que significa «por encima del gen», porque esta influencia parecía ocurrir fuera del gen en sí. Desarrolló también su teoría de la *asimilación genética*, que propone que la respuesta de un animal a su medio ambiente, sobre todo a los factores estresantes, no solo afecta a su desarrollo, sino que se convierte en parte de su herencia; es decir, que las características adquiridas resultantes crean cambios que luego asimila la especie entera, produciéndose así cambios aún más fundamentales en las siguientes generaciones.[7] Waddington fue el primero en demostrar que Lamarck, y no Darwin, estaba en lo cierto con respecto a una cuestión: el desarrollo de un ser vivo parecía depender de la naturaleza y de sus conexiones con los factores exógenos a él, y era esa *conexión*, y no simplemente el código genético, lo que se transmitía a las generaciones subsiguientes.

La prueba más fundamental que tenemos de nuestra propia diferenciación está en el hecho de que nuestro cuerpo sea único, distinto de todos los demás. Nuestro concepto de «yo» nace también de la creencia de que nuestro organismo se crea a través de un proceso exclusivo y enteramente autosuficiente que tiene lugar dentro de sus límites; creemos que la personalidad, las características físicas y, en definitiva, la suma total de lo que nos define está elaborado a partir del diseño singular de ADN contenido en su interior, y, aunque concedemos cierta relevancia al efecto que puede tener el estrés emocional en nuestro desarrollo psíquico personal, y al que puede tener la dieta en ciertos aspectos de nuestra salud, damos por sentado que el barro del que estamos hechos adopta una forma permanente, y luego se seca y se consolida principalmente por un proceso que sale del gen y, a través de las células, llega a nuestros órganos. El transcurso de nuestras vidas, bueno o malo, no se considera que pueda modificar ni nuestro diseño genético ni el que heredarán de nosotros nuestros hijos, si no es por mutaciones aleatorias que se produzcan a lo largo de cientos de generaciones.

Desde que el filósofo natural (y máximo enemigo de Newton) Robert Hooke atisbó a través de un primitivo microscopio en el año 1660 y descubrió lo que parecían ser unidades independientes dentro de un trozo de corcho, los biólogos han considerado que la célula es la sala de máquinas del cuerpo humano. De hecho, la palabra «célula» —al igual que la inglesa *cell*— proviene del término *cella* latino, que significaba «habitáculo», y que Hooke utilizó para referirse a las celdas del corcho por su parecido con las celdas monásticas, con sus mitocondrias —la máquina en sí— y el núcleo, es decir, la base de operaciones. De todos modos, hicieron falta tres siglos de observación científica del interior de esta minúscula subsección de una célula para descubrir lo que se consideraría el ingeniero principal del cuerpo.

Una vez que Watson y Crick desentrañaron la estructura de la molécula del ADN —el código genético contenido en el núcleo celular—, se consideró que el ADN era el arquitecto, el constructor y el señor feudal del cuerpo, que elaboraba un diseño para toda la vida y luego lo utilizaba para liderar y supervisar las innumerables actividades dinámicas del organismo. Todo esto estaba supuestamente organizado por medio de un proceso directo y mecanicista de activación y desactivación selectiva de ciertos genes, los peldaños de la escalera en caracol de la doble hélice. Estos nucleótidos, o instrucciones genéticas, hacen copias de sí mismos, que en forma de moléculas mensajeras de ácido ribonucleico (ARN) eligen de entre un alfabeto de aminoácidos las «palabras» genéticas que crean una de las aproximadamente 150.000 proteínas específicas del cuerpo para llevar a cabo sus miríadas de funciones.

Desde el principio, Watson y Crick establecieron una serie de normas a las que denominaron «dogma central» de la microbiología, diríase que para subrayar que debían ser aceptadas como artículo de fe. El primer mandamiento era que la transferencia de información celular se ordenaba en una sola dirección, pasando del ADN al mensajero ARN y, a través de este, a la combinación de aminoácidos para la síntesis de proteínas. Cualquier propuesta que hiciera la más leve sugerencia de que este proceso podía revertirse —que los agentes exógenos podían influir en las proteínas que constituyen a los organismos vivos y que dichas proteínas podían afectar al ARN y, en última instancia, al ADN— se desacreditaba, tachándose de fantasías lamarckianas.[8] Sin embargo, el dogma central demostró su insuficiencia al intentar explicar cómo «sabe» exactamente esta larga cadena de instrucciones genéticas cuándo orquestar un determinado proceso y qué es exactamente lo que da la señal. Hasta hace muy poco tiempo los científicos han sostenido que la actividad del gen es un proceso hermético, que sucede con independencia del medio ambiente.

Como demostraba definitivamente el estudio de Jirtle y Waterland, los genes, lejos de ser los controladores centrales, existen de un modo muy semejante al de las partículas subatómicas, es decir, como puro potencial, que puede ser activado o no por señales externas al cuerpo. En la actualidad, las investigaciones dan a entender que la información fluye de hecho en la dirección contraria, es decir, de fuera hacia dentro: una señal medioambiental del tipo que fuere alerta al organismo de que se necesita un determinado producto proteínico, y es la señal medioambiental externa la que activa la expresión genética concreta. El imponente e intrincado conjunto de influencias medioambientales a las que estamos expuestos a lo largo de nuestra vida determina de hecho la expresión final de cada gen de nuestro cuerpo. Los genes se activan, se desactivan o se modifican debido a las circunstancias y al medio ambiente: lo que comemos, la gente de la que nos rodeamos y cómo vivimos.

* * *

Imagina una gigantesca industria manufacturera que cuenta con una oficina central y un sinfín de centros de energía que se utilizan para accionar el resto de la fábrica, tan grandes y sofisticados que en ellos tienen lugar miles de procesos químicos y eléctricos simultáneos. Imagina luego que hay 40 billones de estas extraordinarias industrias manufactureras una al lado de otra, intercambiando recursos, y empezarás a comprender la dinámica vida de los 100 billones de células que hay en el cuerpo.

Cada una de estas células es un cuerpo para sí misma, capaz de llevar a cabo, en un espacio de diez micrómetros, todas las diversas actividades —respiración, consumo, replicación, excreción— en las que el organismo participa como un todo. Aun así, independientemente de lo adepta que sea a las funciones múltiples, de su agudeza de atención a los cambios y de la rapidez con que consiga adaptarse, ni una sola célula es capaz de realizar ninguna función sin recibir antes una señal del exterior de sus límites. De hecho, como han empezado a comprender los científicos, el interruptor que activa o desactiva los genes yace fuera del cuerpo.

El citoplasma, la masa informe y gelatinosa que constituye todas las células del cuerpo, está rodeado de una membrana plasmática semipermeable, formada por una triple capa de moléculas de tipo lípido que contienen una variedad de moléculas de proteína que actúan como pequeñas puertas giratorias por las que otras moléculas entran o salen de la célula. Que una molécula consiga o no traspasar la membrana plasmática depende enteramente de esas proteínas porteras, llamadas *receptoras* porque funcionan a modo de antenas, captando las señales externas de otras moléculas y enviando a su vez señales a las proteínas *efectoras* para modificar el comportamiento de la célula.

La membrana contiene cientos de miles de estos interruptores proteicos que tienen la capacidad de regular el funcionamiento de la célula mediante la activación o desactivación de un gen; pero, como descubrió Jirtle, lo que pulsa el interruptor de encendido es una señal medioambiental —del aire, del agua o de los alimentos que consumimos, de las toxinas a las que estamos expuestos o incluso de la gente de la que nos rodeamos—. Esto tiene un efecto, a su vez, en la metilación de la doble hélice, que es exquisitamente sensible al medio, sobre todo en las primeras etapas de la vida. Durante este proceso, el grupo metilo, un cuarteto de átomos, se apega a un gen específico y le envía un mensaje para silenciarlo, reducir su expresión y, de algún modo, alterar su función.

La ciencia solía considerar esta configuración, denominada con frecuencia «epigenoma», como responsable únicamente de la diferenciación celular, asegurándose de que, aunque todas las células contienen idéntico ADN, unas se conviertan en nariz y otras, en brazo. Sin embargo, como demostró el estudio de los ratones agoutí, el epigenoma tiene también el potencial de funcionar como interfaz entre el exterior y el interior del cuerpo, esto es, como intérprete del gen, al que traduce las señales medioambientales. Las vitaminas B empleadas en el estudio de Jirtle y Waterland actuaban como donantes de metilo, haciendo que los grupos metilo se aferraran con mayor frecuencia al gen agoutí de los embriones de ratón mientras estaban en el útero materno, desactivando así su expresión, que provocaría el fraudulento color dorado y la futura enfermedad. Este envío de señales tiene lugar, no dentro del gen, sino *encima del* gen, y no modifica la secuencia genética ni interfiere en modo alguno con las cuatro «letras» del código genético. Esto significa que las incontables influencias exteriores al cuerpo son un importante controlador del gen y de si este se activa o no.

En el sentido más básico, una célula de cualquier persona o animal es imposible de distinguir de otra. Podrías tomar una de mis 40 billones de células e implantarla con éxito en tu cuerpo,[10] pues una célula no tiene individualidad a menos que interactúe con su entorno. Las influencias externas determinarán la expresión de una célula y cómo reacciona dentro de su mundo, si se amoldará y asimilará a sus compañeras o si será para ellas una proscrita. Como apuntó el biólogo Bruce Lipton en su revolucionario libro *The Biology of Belief*, el verdadero cerebro de una célula es su membrana.[11]

No es el núcleo, sino que son las influencias externas que se filtran a través de la pared celular las que controlan la célula y, por consiguiente, el comportamiento y la salud del organismo entero. Los cambios epigenéticos y la expresión o el silenciamiento finales de un gen ocurren como resultado de los factores estresantes del entorno. La dieta, la calidad del aire y del agua, el clima emocional de tu familia, el estado de tus relaciones y tu sentimiento de plenitud en la vida —la suma total de cómo vives tu vida y de cómo vivieron la suya tus antecesores— son lo que mayor influencia tiene en la expresión de tus genes. Todos los factores que intervienen en nuestras existencias conspiran para crear la persona física que somos.

Los descubrimientos en el campo de la epigenética representan la apostasía suprema al dogma central de Watson y Crick de que los genes determinan cómo respondemos a nuestro entorno. Como demostró el experimento de Jirtle y Waterland, ocurre precisamente lo contrario: nuestro entorno determina cómo responderán nuestros genes; el medio ambiente *exterior* determina el medio ambiente *interior*. Estamos constituidos por una delicada interacción de sustancias, que se hallan dentro y fuera de nuestras fronteras físicas. Existe un vínculo entre el diseño que contienen nuestras células y todo aquello con lo que nos conectamos en el mundo a lo largo de nuestras vidas. Como en el caso de las partículas subatómicas, nuestro cuerpo físico no es una unidad discreta, sino el resultado final de una relación.

El estudio de los ratones que realizaron Jirtle y Waterland desató un tumulto de investigaciones. Cinco años después de su publicación, el número de artículos que se publicaban sobre epigenética había aumentado cuarenta veces, sobre todo el de aquellos que trataban de enfermedades hereditarias; y a la vanguardia de esta investigación estaba un equipo de la Universidad McGill, en Montreal, dirigido por Moshe Szyf, catedrático israelí de farmacología y terapéutica. El laboratorio de Szyf tiene cinco patentes de productos de ADN y otra patente pendiente, todas ellas de fórmulas de ADN que él espera que cambien la historia médica. Cree que es posible encontrar una cura para el cáncer dentro del epigenoma humano manipulando el proceso de metilación para hacer que el interruptor de encendido que regula los genes cancerosos se apague de modo permanente.

Szyf ha descubierto que una destacada particularidad del cáncer es la aberración de los patrones de metilación, que hace que los genes necesarios para un crecimiento celular acelerado, una invasión y una metástasis queden fuera de control.[12] Aunque otros investigadores piensan que esta enfermedad nace de un exceso de metilación alrededor del gen, Szyf cree que el problema se deriva tanto de un exceso como de un defecto; una metilación excesiva en el cáncer de mama, por ejemplo, silencia los genes necesarios para regular el crecimiento celular, y una insuficiente tiende a activar los genes que contribuyen a una metástasis acelerada. Las patentes de Szyf abarcan, por tanto, productos que regularán el proceso de metilación en los individuos que padecen cáncer, proceso que él ha sido capaz de demostrar con líneas celulares de cáncer humano en su laboratorio.[13]

El trabajo de Szyf se opone abiertamente al pensamiento vigente sobre epigenética. Muchos científicos que exploraban este nuevo campo habían dado por hecho en un principio que los cambios epigenéticos operaban de forma algo parecida al efecto mariposa de la teoría del caos, con su sensible dependencia de las condiciones iniciales; es decir, los pequeños cambios que tuvieron lugar en tu entorno cuando eras un bebé provocarán grandes cambios en la expresión genética, pero luego se mantendrán constantes durante toda tu vida. Sin embargo, el trabajo que Szyf ha llevado a cabo en su laboratorio demuestra algo muy distinto.

En una serie de estudios hechos a animales demostró que numerosas clases de respuestas al estrés, deliberadamente programadas en animales diversos al imponérseles ciertas condiciones de vida a edad temprana, podían desprogramarse y erradicarse del organismo simplemente cambiando esas condiciones por otras en un momento más avanzado de sus vidas. En uno de los estudios, Szyf fue capaz de revertir las anormalidades manifestadas en crías de rata a causa de una carencia de cuidados maternos poniéndolas al cuidado de madres adoptivas que las trataron con normalidad. En la actualidad parece que las condiciones epigenéticas son fluidas, es decir, totalmente reversibles en la edad adulta.[14]

Es posible que una enfermedad como el cáncer de mama tenga también su génesis en el vínculo existente entre el mundo interior y el exterior. De entre todas las formas que presenta esta dolencia, una historia familiar de cáncer de mama suele considerarse como una de las más claras indicaciones de que una mujer tiene probabilidades de desarrollar la enfermedad. Recientemente algunos médicos han aconsejado a mujeres sanas portadoras de cierto gen que se sometan a una mastectomía, sencilla o doble, para impedir el desarrollo del cáncer.

Sin embargo, varios epidemiólogos del Centro Médico de la Universidad de Rochester, en Nueva York, pusieron en entredicho esta práctica después de examinar los datos resultantes de uno de los más controvertidos estudios de mujeres que se hayan realizado en la historia de

Norteamérica, la Iniciativa para la Salud de la Mujer (Women's Health Initiative, WHI), promovida por el Instituto Nacional de la Salud. Este estudio, que se encuentra entre los más prolongados que hayan hecho un seguimiento de la salud de las mujeres durante varias décadas, esperaba confirmar la inocuidad y los beneficios de la terapia de reemplazo hormonal, así como de otros tratamientos y prácticas. Pero cinco años después de haber iniciado el estudio del reemplazo hormonal, el Consejo de Vigilancia de Datos e Inocuidad del WHI tomó por sorpresa al mundo entero al pedir que se detuviera de inmediato el uso de esta terapia, pues se había visto que las 16.000 participantes que habían estado tomando hormonas corrían mucho mayor riesgo de desarrollar cáncer de mama o de ovarios, un ataque de apoplejía o enfermedades cardíacas.[15]

Para los científicos de Rochester, el estudio WHI representaba una auténtica mina de datos para comparar el cáncer hereditario y el inducido por factores medioambientales. Cuando registraron los datos en busca de detalles sobre las mujeres que habían desarrollado cáncer de mama, naturalmente estaban convencidos de que descubrirían una incidencia de cáncer mucho mayor entre aquellas que presentaban una historia familiar de esta enfermedad. Sin embargo, los datos mostraban que la incidencia era muy parecida entre todas las mujeres que habían seguido la terapia de reemplazo hormonal, tanto si había cáncer de mama en su historia genética como si no; las particularidades de la constitución genética de una mujer, o el hecho de que tuviera una historia de cáncer, no parecían influir.[16] En este caso, el factor estresante medioambiental, es decir, la ingesta regular de hormonas artificiales, era el principal desencadenante.

Otro tipo de *vínculo* con igual capacidad de afectar a la expresión genética es la calidad de nuestras relaciones sociales. Moshe Szyf examinó y comparó los cerebros de víctimas de suicidio, deliberadamente escogidas por haber vivido una infancia de abusos o de abandono, con las de pacientes que habían muerto por causas ordinarias; y, aunque la secuencia genética era idéntica en ambos tipos de cerebros, aparecieron fascinantes diferencias en las marcas epigenéticas de los genes alojados en el cerebro de aquellos que se habían suicidado.[17] Szyf no podía concluir categóricamente que el abuso en la infancia fuera la causa definitiva tanto de las marcas epigenéticas como, finalmente, de la depresión suicida, pero la evidencia circunstancial resultaba de lo más convincente.[18] Sus hallazgos encontraron eco en el trabajo realizado recientemente en el Centro de Salud Mental y Tratamiento de Adicciones de Toronto, en Canadá, con pacientes de esquizofrenia y trastorno bipolar. Se descubrió que en estos pacientes se habían producido alteraciones en la envoltura exterior del ADN neuronal, lo cual parece demostrar, una vez más, que la enfermedad mental no depende de una historia genética heredada, sino que tiene una causa medioambiental.[19]

El vínculo que establecemos entre nuestro mundo interior y exterior es tan poderoso que puede tener también un efecto positivo, compensando una mala mano genética. Li-Huei Tsai, neurocientífica, y directora del Instituto Picower para el Aprendizaje y la Memoria, dependiente del Instituto de Tecnología de Massachusetts, investiga la arquitectura neuronal que hace posible la memoria, con la esperanza de que su trabajo le permita encontrar la manera de impedir la degeneración del cerebro. En 1997 Tsai empezó a explorar si los cambios epigenéticos podían mejorar la memoria, sobre todo en un mamífero con lesiones cerebrales genéticamente inducidas.

Tsai y su equipo criaron selectivamente a un grupo de ratones que padecían cierta expresión genética llamada p25, que produce degeneración neuronal y, finalmente, una condición afín a la enfermedad de Alzheimer. Los animales que presentan esta configuración genética tienen serios problemas de aprendizaje y de memoria. A muy corto plazo, después de la atrofia cerebral y de una progresiva pérdida de neuronas, estos ratones se vuelven locos rápidamente. Impresionada por ciertos estudios que demostraban que un medio ambiente rico podía mejorar la capacidad de aprendizaje, Tsai decidió comprobar si esto podía aplicarse a un animal que ya hubiera sufrido la degeneración cerebral.

En la primera prueba, cada vez que los ratones entraban en un determinado compartimento de la jaula para llevar a cabo una tarea específica, recibían una suave descarga eléctrica. En la segunda, los ratones tenían que localizar una plataforma que ya habían visto antes, pero que ahora se hallaba oculta bajo una capa de agua turbia; como ya no podían ver la plataforma, dependían por entero de la memoria para saber dónde estaba situada.

De ordinario, el condicionante del miedo experimentado en la prueba de la descarga eléctrica produce un recuerdo perdurable del incidente; una vez que un niño se quema la mano al acercarla a la cocina, en el futuro tiende a acordarse de mantenerse alejado de una llama de gas. Pero los ratones de Tsai fracasaron en ambas pruebas; el cerebro se les había atrofiado hasta tal punto que no eran capaces de aprender de una experiencia desagradable ni de rescatar de la memoria dónde podía estar situado un objeto.

Para realizar la siguiente serie de pruebas, Tsai colocó a su población de ratones en un medio preparado para la acción, que contenía una cinta ergométrica, juguetes de distintas formas y texturas que se cambiaban a diario, y un nuevo grupo de ratones. Después de que estos hubieran permanecido un tiempo en el nuevo entorno, los investigadores les hicieron volver a pasar por las dos tareas anteriores, y esta vez los ratones demostraron capacidad para recordar el compartimento de la descarga eléctrica y también el lugar en el que estaba situada la plataforma. Cuando Tsai y sus colegas estudiaron posteriormente los cerebros de estos animales, descubrieron que la estimulación medioambiental había modificado las marcas químicas epigenéticas y los grupos metilo llamados acetilación de histonas, lo cual en última instancia anulaba la expresión del gen de Alzheimer genéticamente modificado.[20]

Los experimentos con ratones revelaron que, incluso tratándose de algo tan complejo como un deterioro de la memoria inducido genéticamente, los genes no son determinantes definitivos. En este caso, el vínculo entre los animales y su estimulante entorno tuvo el poder de anular sus deficiencias genéticas.

Larry Feig y su equipo de investigación de la Escuela Sackler de Ciencias Biomédicas de la Universidad de Tufts, en Medford, Massachusetts, llevaron a cabo un experimento similar con un grupo de ratones portadores de un gen Ras-GRF-2 silenciado, lo cual afecta también a la memoria y al aprendizaje. Pero esta vez el equipo se centró en las crías que se engendraron durante el intervalo de dos meses que la madre vivió en el «parque temático» y gozó de una capacidad de aprendizaje normal. Según la teoría genética, las crías hubieran debido heredar el gen Ras-GRF-2 silenciado, máxime cuando se criaron en un ambiente normal de laboratorio, y no en el estimulante parque temático, pero, sorprendentemente, demostraron tener memoria y capacidad de aprendizaje normales, a pesar de no haber gozado ellos mismos de estimulación adicional y de que deberían haber heredado el gen desactivado. Las condiciones medioambientales de su madre habían anulado su destino genético.[21]

Al igual que el estudio de los ratones agoutí, el trabajo de Feig parece dar a entender que es el vínculo existente entre el ser vivo y su mundo, y no simplemente el código genético, lo que finalmente se transmite a las generaciones siguientes. Una dieta y un entorno positivos representan una herencia mucho más potente para sus descendientes que unos «buenos genes».

Lo contrario ocurre también: podemos heredar asimismo los efectos del entorno negativo de nuestros padres. Lars Olov Bygren, especialista en salud preventiva en el Instituto Karolinska de Estocolmo, examinó a casi un centenar de individuos nacidos en el municipio de Overkalix, en la provincia de Norrbotten, el pequeño condado que ocupa la parte más septentrional de Suecia. Bygren sabía que esta área aislada y escasamente poblada había tenido cosechas impredecibles a lo largo del siglo XIX. En 1800 y en 1821, por ejemplo, la cosecha se había arruinado por completo y sus habitantes habían sufrido una espantosa hambruna, mientras que en 1802 y 1822 la cosecha había sido tan abundante que las gentes de Norrbotten, que habían pasado hambre uno o dos años antes, se dieron un festín que duró meses. Bygren se preguntaba qué efectos tendrían a largo plazo estos ciclos alimenticios de auge y caída en la prole de los habitantes de Norrbotten, y, tras investigar los registros históricos y agrícolas, pudo determinar que aquellos hombres y mujeres que habían comido con glotonería durante un solo invierno habían tenido hijos y nietos cuyas vidas habían sido particularmente cortas.[22]

Para comprobar la veracidad de estas conclusiones, Bygren emprendió junto con el genetista británico Marcus Pembrey, de la Escuela Universitaria de Londres, un gran estudio epidemiológico del condado de Avon, en Gran Bretaña. De entre la población de más de 14.000 personas que fueron objeto del estudio, los investigadores vieron que 166 hombres habían empezado a fumar antes de los once años, es decir, justo antes de la edad en la que los muchachos entran en la pubertad y empiezan a producir esperma. Cuando Pembrey y Bygren examinaron el historial de los niños que formaban parte del estudio, descubrieron que a la edad de nueve años los hijos de los fumadores tempranos tenían un índice de masa corporal notablemente más alto que los hijos de padres que no habían empezado tan pronto.[23] El grupo de Avon descubrió también que las madres que habían ganado demasiado peso durante el embarazo predisponían a sus hijos a futuros problemas cardíacos.[24] En un momento tan clave de la vida, un solo factor medioambiental estresante puede tener un enorme impacto en la salud futura de los descendientes.

Uno de los detonadores medioambientales más decisivos puede ser la calidad del vínculo que tengamos con un grupo social. Los psicólogos de la Northwestern University de Chicago han examinado los efectos que tiene el agrupamiento social en personas con una predisposición genéticamente heredada a la depresión. La verdadera depresión clínica, como la mayoría de las enfermedades de nuestros días, se considera que es debida principalmente a una mala tirada de dados. La estructura entera del tratamiento estándar para la depresión se basa en la teoría de que esta es fruto de un desequilibrio químico que tiene lugar en el cerebro y que se considera fundamentalmente de carácter hereditario.

El principal componente genético de la depresión recurrente tiene que ver con el gen transportador de la serotonina, que se presenta en dos variedades distintas, el alelo corto y el alelo largo. El alelo corto representa al que se lleva la peor parte: en esta variación, el interruptor de encendido abre la puerta a la depresión, y todo aquel que sea portador de este gen y se vea obligado a pasar por una serie de situaciones de tensión en su vida será indiscutible candidato a una depresión grave.

El equipo de la Northwestern University forma parte de un nuevo campo llamado neurociencia cultural, que examina la salud mental de todo un país o grupo social. Una de las distinciones fundamentales en cualquier cultura se basa en lo que uno piensa de sí mismo con respecto a otros miembros de su sociedad, y si se considera esencialmente «individualista» (un lobo solitario) o «colectivista» (un pequeño engranaje de un gran todo).[25] El equipo examinó la salud en relación con los valores culturales de una muestra representativa de países de casi todos los continentes del mundo, centrándose en el grado en el que cada país fomenta el carácter individual o de grupo.

Resumiendo, vieron que los occidentales se definen a sí mismos por su individualidad y los orientales, por el grado en que son aceptados dentro de un grupo. «Quienes pertenecen a culturas altamente individualistas, como la de Estados Unidos o Europa occidental, tienden a valorar más la singularidad que la armonía, la expresión que el común acuerdo, y a definirse a sí mismos como únicos o diferentes del grupo», dijo Joan Chiao, el líder del equipo.

En las sociedades colectivistas, como las del este de Asia, se da por el contrario mucho más valor a la armonía social que a la individualidad, y la cultura alienta comportamientos y prácticas que fomentan la interdependencia y cohesión del grupo.

El equipo de Chiao hizo a continuación un descubrimiento inesperado: cuanto más unida está una población, mayor es el porcentaje de gente portadora del gen que favorece la depresión. Asia oriental, especialmente, tiene un número absolutamente desproporcionado de portadores del alelo corto; al menos un 80% de la población es genéticamente susceptible de sufrir una depresión. Atendiendo a la actual teoría genética de la depresión, en correspondencia con esto, deberían darse entre estas poblaciones unos índices de depresión consiguientemente muy elevados, y sin embargo Chiao descubrió lo contrario: entre estas poblaciones altamente susceptibles de padecer la enfermedad, la tasa de depresión era de hecho significativamente más baja que en Europa occidental o Norteamérica.

En estas culturas eminentemente colectivistas, la expectativa de recibir apoyo social parecía proteger a la gente de cualquier factor medioambiental estresante que pudiera haber desatado la depresión.[26] Esto significaba que incluso la depresión genéticamente heredada se podía controlar con un interruptor social.

A mediados de 1980, John Cairns, genetista de origen británico y profesor de la Escuela de Salud Pública de la Universidad de Harvard, llevó a cabo un experimento que daría pie a uno de los más dilatados debates de la biología moderna. El plan del experimento era muy simple: situar ciertas bacterias en un lugar reducido. Cairns seleccionó bacterias a las que un defecto genético imposibilitaba para digerir la lactosa, es decir, el azúcar que está presente en la leche, y luego las introdujo en una serie de placas de Petri que contenían cultivos cuya única fuente de alimento era la lactosa.* Al encontrarse sin ningún alimento digerible, las bacterias se verían expuestas a una lenta muerte por inanición.

Atendiendo a la ciencia ortodoxa y a la concepción neodarwinista de la selección natural, las bacterias no serían capaces de colonizar; sin una fuente de alimento que permitiera efectuar los procesos metabólicos, no podrían llevar a cabo una reproducción normal. Sin embargo, Cairns encontró en cada placa de Petri un abundante número de colonias florecientes.

Cuando investigó dichas colonias en busca de cambios genéticos, descubrió que solo había cambiado un tipo de genes: los que impedían el metabolismo de la lactosa. Las modificaciones habían sido idénticas, exclusivamente en esos genes, en todas las nuevas colonias de cada una de las placas de Petri. Cairns se había asegurado de que ninguna de las bacterias originales contuviera una mutación de la digestión de la lactosa antes del experimento. Por algún mecanismo desconocido, en el último momento las bacterias habían activado mutaciones en respuesta directa a la crisis medioambiental extrema, y esas mutaciones les habían salvado la vida. Las bacterias habían desafiado el dogma central: habían

---

* La placa de Petri es un recipiente redondo, de fondo bajo, con una cubierta de la misma forma que la placa, pero de mayor diámetro, para que se pueda colocar encima y cerrar el recipiente. Se utiliza en los laboratorios principalmente para el cultivo de bacterias y otros microorganismos, y se suele cubrir el fondo con distintos medios de cultivo según el microorganismo que se quiera cultivar. (N. de la T.)

evolucionado resueltamente, no al azar, a fin de restablecer el equilibrio y la armonía en su medio ambiente. No se sabe cómo, las condiciones medioambientales extremas habían provocado cambios en los genes, haciendo posible que las bacterias digirieran el único alimento que tenían a su disposición.

En 1988 Cairns publicó sus hallazgos en la prestigiosa revista *Nature* bajo el jocoso título de «El origen de los mutantes», un irrespetuoso gesto hacia Darwin.[27] Él proponía que las células de cualquier organismo tenían la capacidad de orquestar su propia «mutación dirigida», adaptándose rápidamente a un entorno cambiante. Aunque Cairns, descubridor de la estructura y la replicación del genoma *E. coli*, era tenido en gran consideración por sus colegas, la afirmación lamarckiana de que el medio ambiente cambia los genes desató una protesta en la literatura médica que se prolongó a lo largo de toda una década, y la revista norteamericana *Science* desechó su trabajo por considerarlo una auténtica «herejía».[28]

Cuando otros investigadores estudiaron el caso más de cerca, descubrieron que, bajo condiciones de estrés medioambiental, una enzima especial contenida en la célula bacteriana se activa, iniciando un enfebrecido proceso de replicación del ADN celular con toda una serie de errores aleatorios, mecanismo que actualmente se conoce como *hipermutación somática*. Si cualquiera de estos genes mutados es capaz de codificar una proteína con la clave para superar el problema medioambiental, ocurre lo impensable: la bacteria anula el gen problemático original de su ADN y lo reemplaza con un gen nuevo.[29] Este es probablemente el proceso mediante el cual las bacterias consiguen muy a menudo burlar con astucia a los antibióticos. Aunque Darwin describiera la mutación como un accidente, un hecho fortuito ocurrido durante el proceso de reproducción, Cairns y otros científicos después de él han demostrado que el medio ambiente provoca cambios constantes en un organismo, no solamente por medios epigenéticos, sino directamente *cambiando los genes*.

Los científicos han refinado las primitivas ideas de Cairns tras descubrir que la información fluye entre los genes, el resto del cuerpo y el medio ambiente de una manera dinámica e interactiva. «La concepción mecanicista tradicional sostenía que la estructura de las moléculas biológicas determinaba la acción de las células ateniéndose a algún tipo de modelo lineal», dice James Shapiro, catedrático del Departamento de Bioquímica y Biología molecular de la Universidad de Chicago. Los genes cambian, afirma Saphiro, no por accidente, sino a través de la ingeniería genética natural, o «evolución adaptativa», como ahora se la denomina, un constante proceso dinámico de adaptación entre un organismo y su entorno.[30] «Hoy sabemos que las moléculas biológicas cambian de estructura al interactuar con otras moléculas, y que dichos cambios estructurales contienen información sobre el medio ambiente exterior y las condiciones que hay en el interior de la célula.»[31]

Todas las recientes investigaciones sobre mutación adaptativa y la epigenética proyectan una larga sombra sobre la idea de que la enfermedad depende únicamente de tener «buenos» o «malos» genes. No solo son los factores medioambientales los que controlan los interruptores de activación y desactivación de la expresión genética, sino que toda una numerosa variedad de dolencias —cáncer, defectos heredados, demencia, suicidio, esquizofrenia, depresión y otras enfermedades mentales— parecen estar provocadas por influencias exógenas a nuestro cuerpo. La dieta, una fuerte red social y sólidos lazos comunitarios, el trabajo hecho con determinación, la estimulación mental y un medio ambiente sin toxinas ni polución pueden ser mucho más importantes que los genes con los que hemos nacido a la hora de determinar la persona que somos y la salud que tenemos.

Las implicaciones del estudio de los ratones que Jirtle y Waterland llevaron a cabo se extiende más allá de la salud y la enfermedad. Con un pequeño estudio echaron por tierra definitivamente la estructura central de la biología molecular y los supuestos mecanicistas acerca del funcionamiento básico de los seres vivos, incluida la primacía de la información genética. No puede considerarse ya que los genes sean la única fuerza motriz de la naturaleza, si una influencia externa es capaz de desbaratar por completo la programación. Otros estudios, como los de Bygren y Pembrey, demostraron además que en una sola generación pueden aparecer rasgos nuevos —para bien o para mal— dependiendo de la naturaleza de la relación existente entre el progenitor y su medio ambiente. El vínculo que existe entre un ser vivo y su mundo, las relaciones que tenemos con los demás y con nuestro entorno, es la fuerza que más poderosamente influye en la herencia. Esta información pone patas arriba el concepto ortodoxo de la evolución, que, en lugar de un azaroso accidente, es un proceso cooperativo, un constante y delicadamente sintonizado esfuerzo por encontrar la armonía entre el ser vivo y su mundo.

La epigenética y la evolución adaptativa ponen además de manifiesto un detalle asombroso de cómo adoptamos nuestra forma física. La relación que existe entre el ser vivo y su entorno es una conversación en curso que actúa en ambas direcciones. Aunque gran parte de esa conversación se establece a una edad temprana de nuestras vidas, es dinámica, fluida e incluso reversible; se trata de una relación para toda la vida. Somos un equilibrio entre las influencias internas y externas, entre la programación temprana y la tardía, que constantemente se transforman por la influencia de cada momento.

Estos nuevos descubrimientos plantean la inquietante pregunta de dónde exactamente terminas «tú» y dónde empieza el resto del universo. Si interiorizas todas las interacciones que tienes con el universo y cambias con ella —cada bocado que comes, cada persona que conoces, cada lugar que visitas—, ¿qué significa exactamente ser tú? ¿Cómo puede considerársete autónomo?

Lo que consideramos el *yo* no es más que una manifestación física de nuestra experiencia, la suma de nuestro vínculo con el universo. La interacción que mantenemos con el mundo es una conversación, no un monólogo: así como el observador cambia aquello que observa, aquello que es observado cambia al observador; y como ahora empezamos a comprender, estas influencias no se limitan a aquellos que se hallan en nuestro entorno inmediato, y ni siquiera a la Tierra, sino que se extienden a los más lejanos confines del cosmos.

3

EL *ZEITGEBER*

En 1922, Alexander Chizhevsky, un joven científico bielorruso, desveló al mundo una disparatada teoría: que todas las convulsiones de la historia del ser humano, tales como la agitación social, la guerra y la revolución, habían sido causadas por la actividad del sol. Estas extraordinarias afirmaciones, contenidas en su primer libro, *Physical Factors of Historical Process*, fueron recibidas con desdén casi universal, y, durante un tiempo, este introspectivo y pálido joven de veinticinco años, descendiente de un tenor de la corte y una dama de la nobleza y que estaba ya marcado a los ojos de sus conciudadanos debido a su origen aristocrático, se convirtió en el hazmerreír del recién instalado Partido Bolchevique, que despectivamente lo apodó «el adorador del sol». Después de todo, Chizhevsky sugería en esencia que todos los tumultuosos acontecimientos que habían desembocado en la liberación de Rusia del corrupto gobierno zarista nada tenían que ver con una ideología ni con la motivación de los obreros de un país, sino con la existencia de manchas en el sol.

Como consecuencia, Chizhevsky cayó en desgracia entre los miembros de la elite científica y así se mantuvo durante años, pese a estar apadrinado por el ganador del Premio Nobel, escritor y activista político Maxim Gorky. No obstante, Chizhevsky, científico al estilo Da Vinci, prosiguió obstinadamente con su investigación, intentando establecer conexiones entre la biología, la física, la geología y el clima espacial que les resultaban invisibles a la mayoría de sus colegas. Examinó incansablemente los registros de todas las batallas, revueltas, insurrecciones, revoluciones y guerras, y las comparó con la actividad de las manchas solares a lo largo de casi dos mil años y en setenta y un países, incluido el suyo. Y la teoría cuadraba: más de tres cuartas partes de los casos de agitación humana de la historia, incluida la revolución Rusa de 1917, habían tenido lugar durante un máximo solar, es decir, durante el período en que el sol presenta mayor número de manchas dentro de cualquier ciclo solar. El único aspecto que quedaba por resolver era a qué mecanismo se debía esa conexión cósmica, pero Chizhevsky tenía una teoría: podría ser que, en esa dependencia nuestra del pulso cósmico del sol, mediaran los iones, o una carga excesiva, del aire.

Chizhevsky podría haber estado influenciado por un físico francés llamado Jean-Jacques d'Ortous de Mairan, que descubrió que una de sus plantas plegaba sus hojas y se «iba a dormir» a la misma hora todas las noches, incluso cuando la colocaba en completa oscuridad. De Mairan tenía justo delante el mecanismo al que se debía tan extraña actividad, pero en aquel tiempo no era capaz de verlo. Aunque había escrito un libro acerca de la aurora boreal, rechazó la idea de que la actividad y el magnetismo solares pudieran ser los responsables del horario regular de su planta. Dos siglos más tarde, Chizhevsky entendió de inmediato la conexión.

A pesar de que finalmente el gobierno soviético proporcionó al bielorruso un laboratorio propio, en buena parte como pago por haber ayudado a comprender la ionización del aire, hubo alguien que mantuvo un singular rechazo hacia sus teorías, y ese hombre fue Josef Stalin, que en 1942 exigió al científico que se retractara de sus afirmaciones acerca de la influencia del sol en los seres humanos, dado que cualquier prueba de que la revolución se había derivado de algo que no fuera la natural progresión del esfuerzo realizado por la clase obrera podía significar la ruina del Partido Comunista.

Cuando Chizhevsky se negó, fue deportado a un gulag de los montes Urales. Allí pasó ocho años encarcelado, y, tras su liberación en Kazajistán, otros ocho de rehabilitación, al cabo de los cuales su salud, ya frágil, se había deteriorado tanto que solo vivió el tiempo suficiente para limpiar su reputación. Un año después de su muerte, a mediados de la década de los sesenta, cuando la Academia de Ciencias de la Unión Soviética abrió sus archivos, se revelaron plenamente el alcance y la previsión incomparables de su trabajo. Se convirtió así en un héroe póstumo, y se creó en su nombre un centro científico que conserva, en lugar de honor, la «araña de luces» de Chizhevsky, un primitivo ionizador del aire.

No obstante, hicieron falta varios años y el trabajo de muchos otros científicos de todo el mundo para determinar qué era exactamente lo que Chizhevsky se traía entre manos.[1] En Estados Unidos el economista Edward Dewey fue uno de los pocos en adoptar el trabajo de Chizhevsky, principalmente como explicación a los ciclos económicos de auge y caída, en un infructuoso esfuerzo por evitar que se culpara al presidente Herbert Hoover de la Gran Depresión. Pero no fue hasta la década de los setenta, gracias al trabajo del biólogo y físico Franz Halberg y de su colega de toda una vida, la física belga Germaine Cornélissen, cuando la corriente científica dominante empezó finalmente a comprender hasta qué punto dependemos de la volátil actividad del sol.

Halberg y Cornélissen son «cazadores» de ciclos, ambos expertos en lo que llaman «cronomas», patrones que se repiten en biología. Halberg, actualmente un hombre ya nonagenario, ha dedicado su vida laboral a estudiar el efecto que ejercen las influencias medioambientales externas en los seres vivos. En 1972 incorporó a Cornélissen, una joven posgraduada en aquellos momentos, precisamente porque su tesis doctoral había tratado sobre el análisis de series temporales, que intenta detectar los patrones que rigen aquellos sucesos que se repiten a intervalos regulares. Halberg ya había descubierto que prácticamente todos nuestros procesos biológicos operan de acuerdo con un horario predecible.[2] Fue él quien acuñó el término «circadiano» (con los vocablos latinos *circa*, «alrededor de», y *dies*, «día») para referirse a los ritmos biológicos diarios, tales como el ciclo del dormir y el despertar, así como el término «cronobiología», es decir, los ciclos recurrentes de la función biológica. Fundó también la más respetada institución dedicada al estudio de este fenómeno, los Laboratorios Cronobiológicos de la Universidad de Minnesota, que gozan actualmente de reconocimiento mundial.

Allá donde miren, Halberg y Cornélissen ven nuevos ciclos y periodicidades. Durante años de meticulosa investigación, la pareja descubrió que los procesos biológicos de todo ser vivo tienen no solo ritmos diarios, sino también ciclos semanales, bisemanales e incluso anuales; el pulso y la tensión arterial, la temperatura corporal y la coagulación sanguínea, la circulación de los linfocitos y los ciclos hormonales, la variabilidad del ritmo cardíaco y la mayoría de las funciones del cuerpo humano experimentan un flujo y reflujo atendiendo a un horario relativamente predecible. Halberg ha demostrado que el nivel de tensión arterial parece alcanzar su punto más alto entre el mediodía y las cuatro de la tarde,[3] e incluso un tratamiento médico tal como la quimioterapia varía en efectividad dependiendo de la hora del día en que se administre.[4]

Después de cavilar durante años sobre cuál sería el mecanismo al que se atenían estos ciclos *dentro* de los organismos, y sobre si podían existir «genes temporales» activados por influencias externas, Halberg coincidió finalmente con la conclusión a la que Chizhevsky había llegado muchos años antes: que el sincronizador de muchos de estos procesos no era un factor endógeno, sino, como algunos de sus colegas lo llamaron, un *zeitgeber* —término que en su alemán natal significa «dador de tiempo»—, una especie de señal medioambiental *externa* que activaba, arrastraba o sincronizaba los ritmos biológicos de todos los organismos vivos. Aunque el mismo Halberg detestaba el término por su imprecisión —ya que muchos ritmos parecían ser ligeramente irregulares—, no fue hasta después de haber cumplido los ochenta cuando encontró pruebas de que el *zeitgeber* residía en el espacio exterior,[5] y de que el interruptor maestro no era la luz, sino, como Chizhevsky había predicho, los campos magnéticos solares.

Halberg se dio cuenta de que el descubrimiento de Chizhevsky iba más allá de los ciclos y periodicidades, pues este hombre había desvelado una soberana verdad acerca de la condición humana: no estamos completamente a cargo de nuestro destino, y en especial de nuestro destino biológico. La esfera de influencia de nuestra biología no acaba en nuestro entorno inmediato, y ni siquiera en la Tierra en sí, sino que se extiende a la totalidad del cosmos. Como muchos colegas suyos del mundo entero han confirmado actualmente, el metrónomo de todo ser vivo, el que establece el ritmo de nuestros sistemas reguladores básicos y nos mantiene en un estado de saludable equilibrio, es el sol. Es tan poderoso este *zeitgeber* cósmico que tal vez influya hasta en nuestra estatura física, nuestra longevidad, estabilidad mental, propensión a la violencia, y, posiblemente, incluso en lo que consideramos que es nuestra motivación individual y única. Nuestro vínculo medioambiental supremo, que nos moldea y moldea nuestras vidas, es con una estrella que está a 150 millones de kilómetros de nosotros.

La Tierra es en esencia un gigantesco imán, y su Polo Norte y Sur son los dos polos del imán, rodeados por un campo magnético con forma de rosquilla; y este campo ambiental geomagnético, o magnetosfera, experimenta cambios continuos, debido a las condiciones meteorológicas, a cualquier cambio geológico de la Tierra e incluso al bamboleo que experimenta el planeta durante su rotación diaria, pero, sobre todo, debido a los cambios extremos del clima espacial, causados especialmente por la feroz actividad del sol.

Esta benigna estrella, responsable de toda la vida que existe en la Tierra, es en esencia una aglutinación de hidrógeno y helio, inimaginablemente ardientes, de un tamaño semejante al de un millón de Tierras y atravesada por una capa de campos magnéticos inestables. No es de extrañar que esta combinación mercurial tenga como resultado erupciones periódicas de tipo volcánico, que expelen gas al espacio a modo de vórtices de campos concentrados —las oscuras masas informes que hay en la superficie del sol a las que llamamos manchas solares—, periódicamente apartados unos de otros y reconectados después con una nueva disposición. A pesar de esta combinación potencialmente anárquica, el sol lleva a cabo su actividad de acuerdo con una programación bastante predecible: los ciclos del astro rey constan de aproximadamente once años, durante los cuales las manchas solares van acrecentándose, luego se descargan, y empiezan a decrecer.

Durante la fase de progresión, a medida que las manchas solares se acrecientan, el sol comienza a lanzar violentamente sus explosiones gaseosas en dirección a nosotros: erupciones solares, protones de alta energía como auténticos proyectiles, eyecciones en masa de la corona solar —el equivalente a 1.000 millones de toneladas de gas y de campos magnéticos con la fuerza de miles de millones de bombas atómicas—, todos ellos aerotransportados, y algunos dirigidos a la Tierra por el gas electrificado del viento solar, viajando a una velocidad de unos 8 millones de kilómetros por hora. Esta actividad causa en el espacio tormentas geomagnéticas extremas, que, en momentos de intensa actividad solar, tienen un poderoso efecto sobre el campo magnético de nuestro planeta. Durante cualquier ciclo solar de once años, es de esperar que experimentemos el equivalente a dos años de tormentas geomagnéticas lo bastante violentas como para desestabilizar sectores de la corriente eléctrica del planeta, interrumpir los sistemas de comunicación de alta tecnología, y desorientar a las naves espaciales y a los sistemas de navegación por satélite.

Hasta hace poco, los científicos habían desechado la idea de que el leve campo magnético de la Tierra (mil veces más débil que el clásico imán en forma de herradura que utilizan los colegiales) tuviera algún efecto sobre los procesos biológicos básicos, máxime cuando todos los seres vivos que habitan en ella se encuentran hoy día continuamente expuestos a campos electromagnéticos y geomagnéticos mucho más fuertes, dada la total dependencia de la tecnología que caracteriza la vida moderna. Pero los últimos descubrimientos han revelado que los seres vivos tienen una pequeña ventana, a través de la cual los campos geomagnéticos y electromagnéticos sutiles, tales como los que genera la Tierra, y no los de tipo artificial producidos por la tecnología, ejercen un profundo efecto en todos los procesos celulares de los seres vivos.[6] Los cambios que se producen en esta débil carga, y sobre todo aquellos que tienen frecuencias extremadamente bajas (de menos de 100 Hz), ejercen una profunda influencia en prácticamente todos los procesos biológicos de los seres vivos, especialmente en los dos principales motores del cuerpo: el corazón y el cerebro.

No debería sorprendernos que sea así, comenta Cornélissen. «Sabemos cuándo se acerca una tormenta geomagnética gracias a las redes eléctricas que hay en nosotros —dice—. Los circuitos eléctricos reaccionan a la tormenta, como lo hacen el corazón, el cerebro y el sistema nervioso; de hecho, el corazón es el mayor sistema eléctrico del cuerpo.» Desde su punto de vista, un ser humano es simplemente un sistema satelital más, propenso a desestabilizarse o incluso a salirse por completo de su órbita a causa de una tormenta eléctrica que tenga lugar en el espacio.[7]

Los campos magnéticos nacen de un flujo de iones, los electrones y átomos con carga. Cuando las fuerzas magnéticas cambian de dirección, como ocurre a menudo en la superficie del sol, se modifica también la dirección del flujo de los átomos y las partículas. Todos los seres vivos, incluidos los humanos, están hechos de la misma materia básica, y, como intuía Chizhevsky, cualquier carga de fuerza magnética alterará nuestro propio flujo atómico y subatómico interno.

A lo que más directamente parece afectar la actividad magnética de la Tierra es a las membranas plasmáticas y los canales de calcio, canales iónicos, que son vitales para regular los sistemas enzimáticos del interior de la célula. El campo geomagnético de nuestro planeta, en concreto, parece apuntar al sistema nervioso simpático (a los nervios que nacen en el pecho y, en la espalda, en la región lumbar y la médula espinal), que incluye el instinto de luchar o salir huyendo.

De todos los sistemas del cuerpo, el que se ve más afectado por los cambios de las condiciones geomagnéticas solares es el corazón; tanto es así que, en personas susceptibles, una tormenta geomagnética puede provocar un ataque cardíaco.[8] Los corazones sanos tienen un alto grado de variación en cuanto al ritmo cardíaco, pero una abundante actividad geomagnética hace que decrezca esa variabilidad,[9] lo cual, a su vez, incrementa el riesgo de enfermedades coronarias y ataques cardíacos. Cuando aumenta la actividad geomagnética, la sangre se espesa mucho, alcanzando a veces el doble de su densidad original, y el flujo sanguíneo se ralentiza, circunstancia propicia para un ataque al corazón.[10] Los índices de ataques al corazón y de muerte cardiovascular se elevan cada vez que hay un incremento de la actividad geomagnética del ciclo solar;[11] coincide el mayor número de muertes por ataque cardíaco con el día en que se produce una tormenta geomagnética.[12] En uno de sus estudios, Halberg investigó el índice de ataques que habían tenido lugar en Minnesota a lo largo de una serie de años, y descubrió un incremento del 5% durante los momentos de máxima actividad solar.[13] El ritmo cardíaco parece resultar afectado también por los grandes cambios del viento solar, amplificándose especialmente cuando este cambia de velocidad a lo largo de un período de siete días.[14]

Como para compensar la persecución de Chizhevsky por parte de la Unión Soviética, Rusia ha estado a la vanguardia de las investigaciones que han estudiado el efecto de la actividad geomagnética solar en el cuerpo, inicialmente para determinar los efectos del clima espacial en los cosmonautas mientras están en el espacio. Los científicos soviéticos descubrieron que el riesgo de que sufrieran un paro cardíaco aumentaba durante una tormenta magnética.[15] Cornélissen descubrió también que el ritmo cardíaco más sano (es decir, el más variado) de los voluntarios con los que trabajaban en la Tierra coincidía con los momentos de menor actividad solar,[16] mientras que ciertas frecuencias se amortiguaban y la variabilidad del ritmo cardíaco disminuía durante las tormentas magnéticas.

Además de sus efectos sobre el corazón, el sol ejerce una profunda influencia en el otro centro eléctrico del cuerpo: el cerebro y el sistema nervioso. Los científicos del antiguo bloque soviético han descubierto que, incluso en voluntarios sanos, la actividad eléctrica del cerebro se desestabiliza notablemente durante los días magnéticamente tormentosos.[17] La actividad solar corrompe asimismo las propias señales del sistema nervioso, lo que significa que algunas partes están sobreactivadas y otras, en cambio, no responden.[18] Los científicos de la Academia

Nacional de Ciencias de Azerbaiyán, en su capital, Bakú, demostraron que las grandes alteraciones de la actividad geomagnética parecen perturbar el equilibrio del sistema eléctrico de comunicación del cerebro, sobreexcitando ciertas partes del sistema nervioso autónomo y haciendo disminuir la actividad de otras.[19]

Cuando el sol explota, en cierto sentido nosotros explotamos también. La actividad geomagnética del espacio trastorna nuestro equilibrio energético, afectando profundamente a nuestra estabilidad mental. Durante una tormenta magnética, en las personas que sufren una perturbación mental esta se intensifica; cuanto mayor es la actividad geomagnética, más se incrementan los trastornos psiquiátricos en general, más alto es el número de pacientes hospitalizados por problemas nerviosos y mayor es el número de intentos de suicidio.[20] Un ortopeda norteamericano llamado Robert O. Becker, que había llevado a cabo numerosos experimentos sobre los efectos que los campos electromagnéticos tenían en la salud, descubrió una relación entre las violentas tormentas solares y los ingresos en hospitales psiquiátricos.[21]

Hace varios años Halberg y Cornélissen colaboraron con varios neurocientíficos para determinar si el autismo podría estar influenciado por factores geomagnéticos. Hasta entonces no se había detectado que el autismo experimentara ninguna variación de carácter estacional; es decir, no había más niños que desarrollaran un comportamiento autista en invierno que, por ejemplo, en primavera. Sin embargo, cuando Halberg y sus colegas compararon el incidente del autismo con la actividad solar, descubrieron una relación muy clara entre los ciclos geomagnéticos de 1, 9 años de duración y la incapacidad de los niños para establecer un vínculo con su madre, pues las influencias solares eran tan fuertes que afectaban al amor maternal.[22]

Algunas investigaciones, sobre todo las realizadas por la Universidad Laurentiana de Sudbury, Canadá, han demostrado que los ataques epilépticos bien son resultado de la agitación geomagnética, o bien se ven exacerbados por ella;[23] y la muerte súbita por epilepsia y el síndrome de muerte súbita infantil se han relacionado con los altos niveles de actividad geomagnética igualmente.[24] En uno de los estudios, los investigadores comprobaron que dicha actividad afectaba al campo geomagnético de la Tierra con mucha más fuerza precisamente aquellos días en que los pacientes sufrían ataques epilépticos.[25]

La especialidad de Cornélissen son los ciclos invisibles, relacionados con el viento solar y con la posición del sol durante un cambio de estación, durante los equinoccios, por ejemplo, cuando el sol aparece en el mismo plano que el ecuador terrestre, y el día y la noche tienen una duración aproximadamente igual. Ha encontrado toda una serie de signaturas del ciclo solar en las enfermedades mentales y la epilepsia: esta última es más pronunciada durante el equinoccio vernal (de primavera), y los suicidios y la depresión siguen un ciclo de 1, 3 años, que se corresponde con el ciclo del viento solar y de los campos magnéticos interplanetarios. Incluso el número de accidentes de tráfico asciende y desciende con regularidad al compás de las estaciones solares.[26]

Hay otra prueba que ha alentado su investigación, y es el estudio que realizaron varios científicos en la Universidad de Melbourne en el que comparaban todas las estadísticas de suicidios de Australia entre 1968 y 2002 con el índice diario de actividad geomagnética de dichos años. Descubrieron que había en las cifras una fascinante diferencia entre uno y otro sexo: se producían pronunciadas fluctuaciones estacionales en correspondencia con la actividad solar en las épocas en que los hombres eran más proclives a suicidarse, pero las mujeres parecían tener una mayor conexión solar y era mucho más probable que se quitaran la vida en épocas de fuertes erupciones solares (que ocurren cada cinco meses) o de viento solar.[27]

Incluso las estadísticas básicas de nuestra constitución en el momento de nacer —nuestro peso, altura y circunferencia de la cabeza, del pecho y del abdomen— cree Halberg que están vinculadas a los ciclos solares de Hale (el ciclo completo del sol, actualmente de alrededor de veintidós años):* cuanto mayor sea la actividad solar en torno al instante del nacimiento, más grande será el recién nacido.

---

* George Ellery Hale une las manchas solares y los campos magnéticos para dar una comprensión moderna de la aparición de las manchas solares. Hale sugirió que el período de ciclo de mancha solar es de veintidós años, pues cubre dos inversiones del campo del dipolo magnético solar. (N. de la T.)

Como doctor en medicina, el mayor interés que tiene Halberg en la cronobiología es de carácter médico. Desde su punto de vista, nuestra aparente impotencia frente a un *zeitgeber* exterior es una fuente de consuelo, pues, si es posible predecir patrones como estos, podemos crear un comportamiento compensatorio. Se sabe, por ejemplo, que en momentos de perturbación geomagnética aumentan las infecciones cardíacas que siguen a un ataque al corazón, de modo que a los pacientes con riesgo de sufrirlas se les puede administrar un antibiótico como medida preventiva.[28]

Con este fin, Halberg y Cornélissen crearon BIOCOS (BIOsfera y COSmos), un amplio proyecto multidisciplinar cuyo propósito es actuar como sistema de prevención temprana, mediante el seguimiento de ciertas variables fisiológicas causadas en personas susceptibles a la influencia del sol y de los planetas. Por ejemplo, el Proyecto Ambulante Fénix para el Control de la Tensión Arterial, en las Ciudades Gemelas de Minnesota, tiene como fin ofrecer a los voluntarios un monitor de la tensión arterial de carácter ambulante para que quienes tengan la tensión alta puedan comprobar el efecto arterial de aquellos momentos de máxima actividad solar. El proyecto se centra específicamente en el ritmo cardíaco de variabilidad reducida y en un fenómeno denominado *CHAT* (*Circadian Hyper-Amplitude Tension*), o hiperamplitud tensional circadiana, es decir, una variación drástica de la tensión arterial durante una parte del día. Cuando los niveles de actividad geomagnética son altos, se aconseja a quienes padecen problemas cardíacos que no hagan esfuerzos súbitos. BIOCOS planea investigar también las técnicas que podrían servir de protección frente a las alteraciones geomagnéticas.

Pese a su satisfacción por todos estos progresos, Halberg lamenta que hará falta que transcurran todavía muchos años, muchos más de los que él pueda llegar a vivir, para que la medicina norteamericana acepte la idea de que el clima del espacio influye poderosamente en nuestra biología. Rusia es uno de los muy pocos países que se han tomado de verdad en serio este tipo de medicina preventiva. En la Universidad Técnica de Georgia, por ejemplo, tres pares de bobinas de Helmholtz crean en una sala un potente campo magnético, y Yuri Gurfinkel y sus colegas tienen la intención de utilizar dicho escenario para pacientes con problemas cardiovasculares, sobre todo para aquellos que se encuentran en cuidados intensivos. Las bobinas actuarán como una enérgica forma de medicina preventiva, ofreciendo una protección compensatoria contra lo que Gurfinkel considera que es un agente letal mucho más agresivo que la dieta, el estilo de vida o incluso los genes.[29] Al crear estos sistemas de prevención temprana y protección geomagnética, los científicos reconocen abiertamente que nuestra salud física, e incluso nuestra estatura y complexión, dependen totalmente de los caprichos solares; y no solo esto, sino que se ha revelado también cuánto depende nuestro comportamiento del vínculo que tenemos con el sol.

En el ocaso de su vida, Halberg ha dirigido su interés a determinar si hay algo de verdad en la afirmación que hizo Chizhevsky de que el sol ejerce una influencia en los caprichos del corazón humano. Cornélissen y él recibieron un regalo del cielo, concretado en los datos sobre la actividad que los testigos de Jehová habían llevado a cabo en el mundo entero durante prácticamente cincuenta años, un minucioso registro de las horas que cada miembro de las ciento tres localidades geográficas había dedicado a catequizar en nombre de sus iglesias. Dado que todo miembro de los testigos de Jehová está moralmente obligado a reclutar nuevos miembros, el registro de su actividad proporcionó a Halberg y Cornélissen una oportunidad única para estudiar si los efectos estaban de algún modo relacionados con la actividad solar.

Cuando trasladaron los datos a un gráfico, vieron que aparecía un gigantesco pico y valle en el reclutamiento logrado durante un período de veintiún años, que se correspondía directamente con el pico y valle del ciclo solar de Hale, de la misma duración. Cuando luego estudiaron los datos con más atención, comparando la actividad de las congregaciones eclesiásticas de las diferentes localidades con la actividad solar registrada en las latitudes correspondientes, descubrieron que también estas guardaban relación con las subidas y bajadas de la actividad geomagnética. Este estudio ofrece pruebas convincentes de que esta actividad afecta a ciertas áreas del cerebro que participan en la motivación, al igual que a las funciones físicas, así como a las medidas y el desarrollo corporales.[30]

Otros investigadores se han sentido inspirados por el ejemplo de Halberg y han vuelto sobre la cuestión de si la tendencia de una población a gastar o a ahorrar está asimismo influenciada por el sol, como había afirmado Dewey durante la Gran Depresión. Las investigaciones anteriores habían puesto de manifiesto que las tormentas geomagnéticas afectan profundamente al estado de ánimo de la gente, lo cual está relacionado con los juicios y las decisiones que entrañan algún riesgo. Naturalmente, si hay un área en la que los bancos tengan un interés directo es la del potencial efecto del sol sobre el mercado de valores, ya que si una institución prestataria puede predecir cuál es exactamente el momento de hacer una apuesta segura, se hará de oro. Para examinar esto más a fondo, el Banco de Atlanta se unió recientemente al Boston College para estudiar los hábitos de compra y venta de los norteamericanos durante los ciclos geomagnéticos. Descubrieron que durante las tormentas geomagnéticas la gente era propensa a vender acciones; tendía a malinterpretar su propia respuesta física negativa a la actividad solar y a entenderla como prueba externa de un clima económico negativo. Como consecuencia, crecía notablemente la demanda de valores seguros, haciendo que las cotizaciones de las empresas más arriesgadas cayeran, o tuvieran una subida mucho más lenta de la que habrían alcanzado en otra situación.

Después de examinar los ciclos estacionales del mercado y otros tipos de factores medioambientales y conductuales que influyen en él, el equipo de investigación del Banco de Atlanta llegó a la conclusión de que las tormentas geomagnéticas tienen un efecto negativo en el rendimiento del mercado bursátil durante la semana posterior a la tormenta, y esto en todos los índices bursátiles de Estados Unidos. Los períodos de calma solar, por el contrario, dan prueba de un rendimiento sustancialmente más elevado.[31]

La Asociación de Analistas de Seguridad Técnica de San Francisco fue todavía más lejos y quiso determinar si la actividad solar rige el auge industrial y las súbitas crisis financieras, sobre todo cuando es bien sabido que un estado anímico colectivo determina si la gente se inclinará a comprar con frenesí o a vender a la baja. Los analistas descubrieron que las crisis financieras siguen un ciclo de cincuenta y seis años, que por su parte responde a un predecible ciclo del sol y la luna, cuando los ángulos (de 0 a 180°) entre ellos se repiten con un margen de error de 1°.[32]

Después de los atentados del 11 de septiembre de 2001, Halberg y un equipo internacional de BIOCOS compuesto por americanos y rusos centraron su atención en el terrorismo, comparando la actividad solar con el momento de los actos terroristas internacionales durante cuarenta años, de 1968 a 2008. Descubrieron que los momentos culminantes del terrorismo coincidían con los ciclos de viento solar y con los índices de actividad geomagnética de la Tierra.[33] Noventa años después de que Chizhevsky fuera deportado al gulag a causa de sus excéntricas teorías, Halberg trabajó en colaboración con los rusos para demostrar que aquel no iba mal encaminado, después de todo. Halberg y su equipo de colegas internacionales están convencidos en este momento de que la biología y el comportamiento no son totalmente individuales, y de que todos los seres vivos se hacen eco del cosmos en todos los aspectos de sus vidas.

En la madrugada del 29 de julio de 1976, un rollizo joven de veintiocho años con cara de angelote salió de su Ford Galaxy amarillo, sacó de una bolsa de papel un revólver Charter Arms Bulldog de calibre 44, se agachó y apuntó con él de improviso a Donna Lauria y Jody Valenti, dos adolescentes que estaban sentadas en el Oldsmobile de Jody, aparcado en Pelham Bay, después de pasar la noche en la discoteca Peachtree. Jody Valenti resultó herida, y Donna Lauria murió al instante.

La comisaría del distrito 8 del Departamento de Policía de Nueva York supuso que se trataba de un amante airado o de un intento fallido de asesinato entre bandas. No obstante, tras otros tres tiroteos en Queens en los meses de octubre, noviembre y enero siguientes, con balas que mostraban las mismas marcas inconfundibles, la policía se dio cuenta de que tenía ante sí a un asesino en serie.

Las fuerzas policiales y los medios de comunicación de la ciudad empezaron a catalogar similitudes en el modus operandi de los crímenes cometidos en los seis ataques siguientes, sobre todo después de que el Hijo de Sam, como apodaron al asesino los periódicos, diera ciertas pistas en dos cartas, una que dejó en la escena del crimen para el capitán de policía Joseph Borrelli, y la otra enviada más tarde al columnista del *New York Daily News* Jimmy Breslin, similitudes que continuaron revisando. El blanco de Sam eran parejas de jóvenes sentados en automóviles aparcados, y solo actuaba los fines de semana, de madrugada. Su territorio de caza eran los callejones de los enamorados, del Bronx y de Queens. Sam detestaba la fiebre de discoteca que vivía la ciudad, tras el enorme éxito que acababa de tener la película *Fiebre del sábado noche*, y su objetivo eran las parejas que salían de las discotecas. Parecía tener predilección por las jóvenes de melena oscura, lo cual provocó una oleada de cortes de pelo y pelucas rubias…, hasta que mató a una rubia dos días después del primer aniversario de los asesinatos. Pareció entonces que las preferencias de Sam eran tan azarosas que resultaba imposible controlar la situación. «Nadie está a salvo del Hijo de Sam», anunciaba en primera plana el *New York Post* del 1 de agosto. En uno de los veranos más calurosos que se recuerden, la gente se agazapaba tras las cortinas durante la noche, y nadie se atrevía a quedarse dentro de su automóvil después de aparcar.

Sobre lo que nada se dijo fue sobre un aspecto del modus operandi de Sam que se repetía con bastante regularidad: cinco de las ocho agresiones y todos los asesinatos salvo uno ocurrieron en una noche de luna llena o de luna nueva.

Después de que el asesino, David Berkowitz, fuera detenido, se confesara autor de los asesinatos y empezara a cumplir una condena de seis cadenas perpetuas, algunos miembros de la policía y escritores como Maury Terry, autor de *The Ultimate Evil*, llegaron al convencimiento de que Berkowitz posiblemente habría actuado en representación de alguna secta que eligiera a propósito la fecha de los asesinatos como parte de un ritual satánico.

Incluso en el caso de que hubiera actuado por su propia cuenta, a la mayoría de los policías no les habría sorprendido que lo hiciera en momentos determinados del ciclo lunar, ya que cualquier policía de barrio cree firmemente que tanto la luna llena como la nueva sacan lo peor de cada persona. Esos días, los agentes de la ley están preparados para hacer frente a un índice de criminalidad más alto y a llamadas telefónicas más abusivas de lo habitual; los centros psiquiátricos, para un número más elevado de ingresos; los hospitales, para un mayor número de accidentes, y los profesores, para tener que enfrentarse a clases mucho más rebeldes.

Existe la creencia generalizada de que el efecto de la luna desestabiliza a las personas y, a consecuencia de ello, la gente es más violenta en determinados momentos del ciclo lunar. Se cree que los homicidios, los accidentes de carretera, los envenenamientos accidentales, los suicidios y las visitas al departamento de urgencias de los centros médicos aumentan todos ellos durante la luna llena y la luna nueva. Un estudio realizado por Arnold Lieber, psicólogo de Miami que comparó el momento de los homicidios con la actividad lunar a lo largo de un período de quince años, reveló que el número de asesinatos cometidos en el condado de Dade crecía de forma asombrosamente pareja durante la luna llena y la luna nueva, y disminuía considerablemente durante el primer y el último cuarto.[34] De acuerdo con los datos registrados por el departamento de accidentes y urgencias de una ciudad británica entre los años 1997 y 1999, se cree que incluso los animales muerden con más frecuencia cuando hay luna llena.[35]

Supuestamente, los efectos psiquiátricos están regidos por el flujo y reflujo opuesto, es decir, los más altos se corresponden con la luna nueva y los más bajos, con la luna llena. En un estudio realizado en un hospital psiquiátrico a casi 19.000 pacientes durante once años, la incidencia de la psicosis alcanzaba la cota más alta durante la luna nueva y la más baja, durante la llena.[36] En cuanto a los suicidios, ocurría lo mismo: entre las llamadas de emergencia a los centros de prevención del suicidio registradas durante un período de dos años, el número más alto de llamadas de mujeres había tenido lugar durante la luna nueva, y no durante la luna llena.[37] Se cree que el llamado «síndrome lunar» afecta incluso al absentismo laboral, y varios estudios indican que el número de personas que van al médico durante la luna llena es mucho mayor que en cualquier otro momento.[38]

Sin embargo, no todos los estudios establecen una asociación tan clara y directa, y una de las razones es que los investigadores buscan datos que confirmen una relación simple (tal como los efectos solamente de la luna llena), mientras que la verdad puede que sea mucho más compleja.

Lo que hasta ahora se había creído era que cualquier influjo lunar se debía al efecto gravitatorio del sol y la luna, como es el caso de las mareas; y dado que nosotros estamos compuestos de agua en un 75%, es de esperar que la luna tenga en nosotros el mismo efecto que en el océano. No obstante, las mareas se pueden predecir, ocurren cada veinticuatro horas; en cambio, los efectos lunares se hacen evidentes solo una o dos veces al mes.

La explicación más plausible a este hecho, dice Cornélissen, es que se trate de un sutil efecto geomagnético, o de cierta influencia de la luna sobre la consolidada fuerza geomagnética del sol. Durante la luna llena, la Tierra está situada entre la luna y el sol; luego ambos entran en nuestro campo geomagnético. Y durante la luna nueva se intercambian los lugares: es la luna la que está situada entre el sol y la Tierra, alejada al máximo de nuestro campo geomagnético. Es probable que el emplazamiento de la luna amplifique o atenúe la fuerza geomagnética del sol y el campo geomagnético de la Tierra. También conviene recordar que el mes sinódico o lunar, de 29,5 días, es solo unos días más largo que el período de rotación total del sol.

Todo esto tiene sentido si consideramos la luna como un gigantesco imán que modifica la influencia geomagnética solar. De hecho, puede que sea físicamente un imán. Los estudios de las muestras de roca lunar traídas de los vuelos del *Apolo* demuestran la existencia de fuertes campos magnéticos en la roca;[39] y si la luna tiene una potente fuerza magnética, esto podría producir un cambio magnético cuando pasa por la cola geomagnética de la Tierra, como sucede cada luna nueva.

Pero el sol y la luna no son solo cuerpos celestes que ejercen un efecto en nuestra actividad física y mental. Hace varios años Jerry Mitrovica, físico de la Universidad de Toronto, y Alessandro Forte, del Instituto de

Física del Globo, de París, publicaron un artículo en la prestigiosa revista científica *Nature* que mostraba, mediante cálculos matemáticos y simulaciones, la relación existente entre los pequeños cambios que se producían en la forma de la Tierra y la rotación axial, y los efectos gravitatorios de otros planetas de nuestro sistema solar, sobre todo Júpiter y Saturno.[40]

El artículo era bastante técnico, pero, por debajo de la jerga científica, se estaban haciendo afirmaciones de gran trascendencia. «Podemos demostrar por primera vez que los cambios de forma de la Tierra, cuando van acompañados de los efectos gravitatorios de otros planetas, pueden producir grandes cambios en el clima terrestre», dijo Mitrovica, que trabaja para el Consejo de Investigación de Ciencias Naturales e Ingeniería de Canadá y para el Instituto Canadiense de Investigación Avanzada (Evolución de los Sistemas Terrestres).[41]

En su modelo matemático, Mitrovica demuestra que la órbita terrestre resulta afectada por la fuerza gravitatoria de Saturno y Júpiter. En algún momento de los últimos veinte millones de años, la Tierra encontró «resonancia» gravitatoria con las órbitas de ambos, afirma Mitrovica, lo cual influyó finalmente en el ángulo de inclinación del eje de la Tierra durante aquel período.

El tirón gravitatorio de cualquier planeta es extraordinariamente suave, y muchos científicos no creen que, por sí mismo, pueda tener un efecto en el campo geomagnético de la Tierra. Sin embargo, Halberg, Cornélissen y sus colegas están convencidos de que el tirón de un planeta puede tener efectos de tipo «marea», donde las fuerzas gravitatorias de varios planetas interactúan también con los campos magnéticos del sol y la luna, al igual que con el viento solar. Esto tendría un efecto acumulativo sobre la magnetosfera, lo cual en último término puede influir poderosamente tanto en el clima como en la biología. Los investigadores eslovacos han realizado varios estudios de estas «gigantescas mareas lunisolares» y han demostrado que la actividad geomagnética, lo mismo que la solar, guarda relación con la incidencia de enfermedades tales como la epilepsia.[42]

Pero el relato de los efectos planetarios puede que sea más complejo todavía: es posible que todos los planetas ejerzan efectos gravitatorios unos sobre otros, lo cual probablemente tendría un efecto no lineal, o caótico. Carl Murray, astrónomo del Queen Mary College, de la Universidad de Londres, ha llevado a cabo una investigación en la que se ha visto que las órbitas de los planetas son elípticas y que estos rotan sobre su eje con un determinado grado de inclinación debido a los efectos gravitatorios.[43] Puede establecerse asimismo un efecto de resonancia entre dos cuerpos celestes cuando los períodos de tiempo de sus rotaciones propias y alrededor del otro entran en una relación matemática regular. Por ejemplo, la luna tarda en rotar alrededor de la Tierra el mismo tiempo que en rotar sobre su propio eje. Es posible que otros cuerpos del sistema solar establezcan períodos de rotación regulares entre sí, es decir, que tarden en girar unos alrededor de otros quizá dos o tres veces el tiempo que tardan en girar sobre sí mismos. Aunque las relaciones entre los planetas solo pueden ralentizar o acelerar una rotación levemente, es posible que incluso el más sutil de los cambios tenga un gran efecto en el clima y la vida biológica; y estos tipos de gravitación se magnifican cuando varios cuerpos celestes quedan alineados, como ocurre con el sol, la luna y nuestro planeta durante un eclipse.

Además de los efectos caóticos de la gravedad, los campos electromagnéticos que crea cada cuerpo solar pueden interactuar unos con otros y afectar al sol, la luna y, por supuesto, la Tierra. En fin, hay científicos que creen que la influencia de los campos planetarios de esta última y de otros planetas provoca la actividad solar que da lugar a las manchas solares, y no al contrario, y que cuando la Tierra y el sol están dispuestos en un determinado ángulo con respecto a uno de los planetas mayores, como Saturno o Júpiter, también esto afectará a la formación de manchas solares o explosiones del plasma solar. Es sabido asimismo que el campo magnético interplanetario que existe entre la Tierra y el sol y la envoltura geomagnética de la Tierra interactúan más durante los equinoccios, en gran parte debido al giro de esta sobre su eje.

Los científicos saben desde hace mucho tiempo que cuando los planetas se sitúan a grandes ángulos unos de otros en relación con el sol (a 90 o 180°, por ejemplo), afectarán a la recepción de las señales de radio —es el mismo efecto, aunque en menor medida, que el causado por la inestabilidad de la actividad geomagnética solar—. Y estas interrelaciones sutiles podrían acabar teniendo, todas ellas, importantes efectos sobre la Tierra.

Puede que todo esto suene extraordinariamente denso y complejo, y un poco como una versión científica de la astrología, pero no es difícil de entender si cambiamos nuestra percepción de quiénes somos: parte de un inmenso sistema planetario. «Para entender el clima de la Tierra, está claro que necesitamos considerar la Tierra como el dinámico sistema deformante que es —dice Jerry Mitrovica—. Pero tenemos que comprender también, más de lo que creíamos necesario, qué lugar ocupa la Tierra en el sistema solar.»[44]

Hemos de entender y valorar como corresponde el hecho de que vivimos dentro de un vínculo cósmico de complejas interrelaciones continuamente cambiantes. Más que entidades discretas, los seres vivos y la Tierra en sí forman parte de un sistema energético que depende de otras fuerzas gravitatorias y geomagnéticas exógenas. Halberg se refiere a este efecto de un modo poético. El organismo vivo, dice, debe concebirse como «una dinamo y un imán, que viven en la Tierra, y un imán más grande, en la atmósfera del sol, […] [genera] tormentas magnéticas que provocan apagones en las ciudades y […] en los corazones humanos».[45]

Es imposible sobrestimar la importancia del descubrimiento de Chizhevsky y de las pruebas de Halberg. Si estamos esencialmente a merced de hasta el más leve movimiento del sol y de su actividad, el trabajo que han realizado no hace sino refutar radicalmente nuestra equivocada creencia de que somos dueños del universo —o incluso de nosotros mismos—. La Tierra, sus habitantes y los demás planetas que nos rodean existen dentro de una esfera de influencia colectiva, resonando al unísono. Nuestro verdadero *zeitgeber* es el efecto colectivo de todo el sistema solar.

En última instancia, es difícil considerar que nuestro universo sea sino un todo unificado. Podremos empezar a hacernos cargo de nuestro destino solo cuando consideremos el vínculo en toda su integridad, como un superorganismo, completamente interrelacionado.

En cierto modo, ya lo hacemos. Es de hecho a través de nuestra interdependencia como aprendemos a comprender nuestro mundo.

4

CIRCUITO COMPARTIDO

En 1991 Giacomo Rizzolatti, neurólogo y profesor de la Universidad de Parma, recibió un instrumento nuevo para su laboratorio, instrumento que, en cierto sentido, no era más que un nuevo juguete para sus monos. El trabajo que llevaba a cabo en aquellos momentos exigía gran cantidad de juego con su pequeño grupo base de macacos cola de cerdo, y el principal desafío al que su equipo debía hacer frente era, a su modo de ver, mantener a los monos constantemente entretenidos. Para ello, era fundamental el elemento sorpresa, y, con esto en mente, Rizzolatti hizo construir un aparato por valor de 60.000 dólares, que consistía en una caja negra dentro de la cual había una rueda giratoria impulsada por electricidad y cubierta en su mayor parte por un revestimiento esférico. Cuando el aparato se enchufara, la rueda giraría al azar hasta que uno de los premios colocados en una pequeña balda —un cubo, una pirámide, una esfera— se revelara de repente, momento en el cual el mecanismo entero se iluminaría, como acompañado por un redoble de tambor.

Se había adiestrado a los monos para que se quedaran quietos hasta que una luz de led se pusiera verde; entonces podrían hacerse libremente con el trofeo. El artilugio tenía que captar además la atención del mono para distraerlo del verdadero objetivo del ejercicio. Al animal se le había implantado en el cuero cabelludo un microelectrodo que, a su vez, estaba conectado a un osciloscopio —una pantalla que mostraba las ondas de las señales electrónicas— y un amplificador, a fin de registrar cada «disparo» de una misma neurona. Los dos tipos de instrumental captaban la actividad de la neurona desde dos perspectivas: como representación visual y también como sonido. El amplificador resultaba especialmente útil, ya que, al emitir un sonido cada vez que se producía una descarga neuronal, permitía a los científicos jugar con los monos al tiempo que tomaban nota de cada descarga de esa neurona sola.

Rizzolatti, cuya cabellera alborotada le daba la apariencia de un Einstein al estilo italiano, era especialista en el movimiento, en el sistema motor del cuerpo y su papel en la función cognitiva. Él y su equipo de estudiantes de posdoctorado —Vittorio Gallese, Leonardo Fogassi y Luciano Fadiga— junto con dos formidables colegas, el renombrado neurofisiólogo francés Marc Jeannerod y el biólogo británico Michael Arbib, en aquel tiempo profesor de ciencias informáticas en Estados Unidos, se reunían periódicamente en el laboratorio de Rizzolatti persiguiendo una meta en apariencia modesta: aislar en el cerebro la secuencia exacta a través de la cual un ser vivo transforma la información visual en acción. Trabajando con los monos, el equipo esperaba descubrir qué neuronas son las responsables de controlar la secuencia motora de acciones concretas de la mano y de la boca durante el brevísimo espacio de tiempo que media entre la visión de un objeto y el hecho de alargar la mano para tomarlo. Habían centrado su atención en el área promotora ventral de la corteza cerebral, la porción del cerebro que se encarga de formular y llevar a cabo las intenciones, con la certeza de que este órgano planeaba la acción antes de que el brazo decidiera estirarse y apoderarse de algo. A pesar de las apariencias, era una operación muy meticulosa, que exigía que el equipo de Rizzolatti tomara nota del disparo de la neurona cada vez que el mono trataba de alcanzar la comida.

El día que debían presentar a uno de los macacos la caja negra, como empezaron a llamarla, uno de los investigadores intentaba colocar cierto objeto dentro del centro esférico cuando de pronto sonó el pitido del amplificador, indicando que la neurona del mono que estaba sentado en la silla se había disparado. Rizzolatti sabía que la neurona en cuestión estaba implicada solo con el movimiento, pero como todavía no habían llegado a la parte del experimento en la que el mono tenía que tratar de alcanzar el objeto, tanto él como los demás investigadores ignoraron el efecto, dando por hecho que el mono había movido una mano o un dedo. Durante varios meses el pitido sonó durante la fase de montaje casi en todos los experimentos, y cada vez que ocurría, el equipo lo atribuía a un error del artefacto en sí o lo consideraba una indicación de que el mono estaba inquieto y movía el brazo con impaciencia o hacía un intento prematuro de apoderarse del premio.

Pero al cabo de unos meses Rizzolatti ya no pudo seguir ignorando aquel fenómeno tan extraño. Parecía imposible que el mono se moviera casi siempre, sin tener todavía ninguna motivación para hacerlo; de modo que decidió realizar nuevas pruebas para confirmar que el cuerpo del mono se movía realmente en cualquier sentido. Su equipo de colaboradores empezó a registrar las descargas de la corteza motora primaria, lo cual identificaría al instante el más leve movimiento, e hizo uso también de una electromiografía, que registra cada uno de los impulsos eléctricos que envían las neuronas motoras a los músculos específicos para provocar una contracción. Pero ninguno de los instrumentos dieron señales de que se hubiera producido ni el menor movimiento.

Rizzolatti se quedó atónito cuando por fin cayó en la cuenta de lo que debía de haber estado sucediendo: la *misma neurona exactamente* que se disparaba en el cerebro del mono cuando este hacía ademán de ir a apoderarse del objeto colocado en la caja negra se disparaba también cuando el mono *observaba* cómo tomaba el objeto en su mano el investigador.[1]

Rizzolatti decidió comprobar su hipótesis examinando otras neuronas que intervinieran en el movimiento, y, cuanto más buscaba estas extrañas neuronas imitadoras, más parecía encontrar. Más de las tres cuartas partes de las neuronas que se emplean para una función de movimiento específica realizaban una doble tarea, cuando el mono estaba simplemente sentado observando el mismo movimiento que él solía hacer, solo que llevado a cabo ahora por un ser humano.[2] A Rizzolatti le fascinó que el mono no necesitara una imagen refleja de sí mismo para interiorizar la actividad observada, y que sus neuronas se dispararan también al observar una acción realizada por un ser humano, perteneciente a una especie totalmente distinta.[3] No obstante, como comprobaría en las investigaciones siguientes, cuando se trataba de acciones e intenciones, estas neuronas imitadoras eran enormemente específicas. Una neurona determinada se disparaba cuando un investigador realizaba cierta acción con una intención clara y una meta que al mono le resultaban comprensibles, tal como tomar una manzana y llevársela a la boca, pero no se disparaba nada cuando el mono observaba una acción que no reconocía o que no podía asociar de ningún modo consigo mismo, como por ejemplo la de colocar la manzana en una taza;[4] parecía como si la intención tuviera que estar incluida en su propio repertorio de movimientos. Al parecer, además, estas neuronas eran audiovisuales; es decir, se activaban no solo por la visión de un movimiento sino también por su *sonido*, sobre todo cuando el mono no podía ver lo que estaba sucediendo.[5] Esto confirmó que el propósito de dichas neuronas era ayudar a comprender las intenciones de los demás, a fin de que los monos pudieran prever lo que probablemente ocurriría a continuación.

El efecto se producía no solo en la parte inferior de los lóbulos frontales, sino también en la corteza parietal posterior del cerebro, sección que se ocupa, por un lado, de dar sentido a la dispar información sensorial y, por otro, de distinguir el *yo* del no yo. Aunque el cerebro del mono debía haber sabido que la acción observada es diferente de la acción realizada, no actuaba como si lo supiera.

Rizzolatti pasó rápidamente a hacer su primera investigación con seres humanos, en colaboración con el neurólogo Scott Grafton, cuyo laboratorio, en la Universidad del Sur de California, contaba con el más avanzado instrumental del momento para la obtención de imágenes del cerebro. No fueron capaces de localizar «neuronas espejo» individuales con la misma precisión que en los experimentos con los monos, fundamentalmente porque los comités de examen ético jamás permitirían que se taladrara el cráneo humano y se le hicieran los agujeros necesarios para poder implantar los electrodos aislados, pero pudieron recurrir a la segunda opción: una técnica de obtención de imágenes cerebrales que mostraba la parte general del cerebro y el sistema de neuronas que resultaban activadas.

En la época de sus primeros experimentos, la única técnica con la que contaban estos científicos para la obtención de imágenes era la tomografía por emisión de positrones, que mostraba ciertas áreas de la actividad del cerebro pero sin mucha precisión. Con el paso del tiempo y la sofisticación progresiva de la tecnología para el diagnóstico cerebral por imagen, Rizzolatti podría finalmente hacer uso de la técnica de imágenes por resonancia magnética funcional (IRMF), que registra incluso los más minúsculos cambios que se producen en el flujo sanguíneo cerebral, y de la estimulación magnética transcraneal (EMT), que mide el tamaño de las descargas que tienen lugar en la corteza motora y que, por consiguiente, puede determinar la actividad neuronal con mucha mayor precisión.

Pero incluso con un equipo rudimentario, Rizzolatti descubrió en los seres humanos el mismo fenómeno que había observado en los monos: un sistema de actividad cerebral y neuroespinal idéntico, perfectamente orquestado y de un altísimo grado de especificación que entraba en funcionamiento tanto si los sujetos humanos realizaban una acción como si la observaban.[6]

El fenómeno de la imitación planteaba un gran misterio. En un principio Rizzolatti supuso que estas neuronas se disparaban con el propósito de que un ser vivo pudiera aprender a hacer algo rápidamente a fin de sobrevivir; pensó que tal vez formara parte del «aprendizaje hebbiano», que identificó Donald Hebb, quien propuso en 1949 la idea de que las neuronas se vuelven más eficientes y operan como una sola unidad cuando repetida y persistentemente se las estimula juntas. *Las neuronas que se disparan juntas se conectan entre sí.*

Rizzolatti se preguntaba también si la actividad estaría dirigida a ayudar al mono a aprender mediante la imitación. Pero ¿por qué habría de necesitar un mono adulto dichas neuronas como herramienta de aprendizaje? Todas las pruebas daban a entender que esta raza no aprendía a base de copiar.[7] Consultó a varios primatólogos, que descartaron la posibilidad: *los chimpancés imitan, los monos no.* Era muy breve el período de tiempo que los macacos recién nacidos tenían para aprender a fuerza de copiar gestos; y lo que es más, Rizzolatti sabía sobradamente que los seres humanos y los monos recién nacidos son capaces de copiar de inmediato complejos gestos faciales sin ninguna instrucción ni práctica.[8] El caso más citado es aquel en que la madre saca la lengua a su bebé recién nacido y este copia el gesto inmediatamente, a pesar de ser un acto que exige la delicada coordinación de una infinidad de secuencias neuronales. Sin embargo, incluso las crías de macaco recién nacidas son capaces de imitar el gesto de sacar la lengua.

Rizzolatti llegó a la conclusión de que el cerebro, tanto de los primates como de los seres humanos, no debía de hacer ninguna distinción entre la observación y la acción. *Para encontrar sentido al tumulto de experiencias que tienen lugar a nuestro alrededor, no podemos hacer otra cosa que pasar mentalmente por ellas nosotros mismos.* Entendemos las acciones de los demás solo cuando simulamos la experiencia entera desde una posición estratégica, es decir, *como si nos estuviera sucediendo a nosotros.*

Rizzolatti se dio cuenta de que habían descubierto algo fundamental sobre la neurobiología de la comprensión. Empezó a referirse al fenómeno como un «efecto espejo», puesto que las neuronas tenían un propósito dual: impulsar los músculos a la acción y tomar nota de la acción de otros.

Convencidos de que habían desvelado un importante medio que el cerebro utiliza para conectarse con el mundo exterior, él y su equipo redactaron un modesto artículo en el que detallaban un año de investigaciones y lo enviaron a la prestigiosa revista científica *Nature*, para que acto seguido esta lo rechazara por considerarlo de escaso interés para cualquier persona ajena a la neurociencia. A través de un contacto personal, Rizzolatti consiguió finalmente que el artículo se publicara en el

Journal of Experimental Brain Research.[9] Cinco años más tarde, cuando el artículo había dado la vuelta al mundo y se habían digerido todas sus implicaciones, la revista *Brain*, la publicación más importante sobre neurología, acogió con gusto una versión actualizada de la investigación original y la publicó de inmediato.[10]

Entre los estudiantes de posdoctorado que formaban el equipo de Rizzolatti, había un joven investigador alemán llamado Christian Keysers, que acababa de llegar al laboratorio italiano procedente de la Universidad escocesa de St. Andrews. Como Rizzolatti y Keysers descubrirían a continuación, los seres humanos utilizan las neuronas espejo para leer la emoción además de la acción. Las mismas secciones del cerebro que se activan cuando experimentamos toda la gama de las emociones humanas, de la alegría al dolor, se activan también cuando observamos la emoción en los demás.[11] Nos basta con observar la expresión facial o el lenguaje corporal de una persona para que un torrente de neuronas se pongan en movimiento.[12] Cuando vemos a alguien sonreír o hacer un gesto de disgusto, en lo que a nuestro cerebro se refiere somos nosotros los que estamos contentos o disgustados.[13]

En un estudio que le valdría la fama, Keysers examinó de cerca la actividad cerebral de un grupo de participantes mientras inhalaban olores repulsivos o agradables y, luego, mientras veían en una película cómo reaccionaban una serie de individuos a olores similares. Descubrió que la misma porción del cerebro, la ínsula anterior, se activaba en los participantes tanto si inhalaban los olores ellos mismos como si observaban la expresión facial de otra persona mientras reaccionaba al olor.[14]

La misión de las neuronas espejo no es solo averiguar *qué* hace una persona y *cómo* se siente al respecto, sino también *por qué* lo hace. Rizzolatti descubrió que las neuronas no se disparan si la meta de la acción no está clara. En un estudio, las neuronas espejo de un observador humano se encendieron al observar las acciones de un robot, pero únicamente cuando el robot realizaba una tarea bien definida,[15] no cuando repetía la misma tarea una y otra vez.

En la actualidad, se ha reconocido universalmente que el descubrimiento de Rizzolatti supone un asombroso avance en nuestra comprensión de cómo procesa el cerebro las acciones y emociones de otros. Menos reconocimiento han conseguido, sin embargo, las enormes implicaciones que el descubrimiento tiene para la biología de la percepción y la interacción social. Como su trabajo ha demostrado claramente, percibir el mundo no es un asunto individual que esté limitado a nuestras capacidades mentales, sino que es un proceso en el que participa un circuito neuronal compartido. Interiorizamos la experiencia de los demás a cada momento, de forma automática e inmediata, sin hacer el menor esfuerzo consciente, empleando una taquigrafía neuronal creada sobre la base de nuestra propia experiencia. En el acto mismo de conectar con alguien, incluso en el nivel más superficial, establecemos una relación de la mayor intimidad. Nuestra comprensión de las complejidades del mundo tiene lugar gracias a la fusión constante del observador con lo observado.

Keysers se ha dado cuenta de que siempre hay dos posiciones estratégicas en el acto de la percepción. «Durante la mayoría de nuestras interacciones, no hay un solo agente y un solo observador —escribió—, sino que ambos participantes son a la vez observador y agente, ambos son el origen y el objetivo del contagio social que el sistema de neuronas espejo transmite.»[16] Contemplar a alguien significa interiorizar al instante su punto de vista, lo cual quiere decir que el acto en sí de observar a otra persona nos hace establecer automáticamente un vínculo en el que, nosotros que somos el sujeto, nos fundimos con el objeto. Por decirlo de algún modo, para poder entender a otro individuo tenemos que fusionarnos temporalmente con él.

A pesar de la gran capacidad de nuestro cerebro en todos los demás aspectos, el método que empleamos para absorber lo que vemos a nuestro alrededor, y en especial la actividad de otros seres vivos, es muy poco, o nada, imaginativo. Cuando observamos la acción de otra persona, para encontrarle sentido tenemos que recrear la experiencia en nuestra cabeza y hacer *como si la estuviéramos realizando nosotros*. Traducimos las acciones, las sensaciones e incluso las emociones de los demás al lenguaje neuronal de nuestro propio cuerpo, como si se tratara de nuestra propia experiencia.[17] En nuestra cabeza se disparan las mismas neuronas, tanto si sentimos que algo nos roza la pierna como si vemos que algo le roza la pierna a otra persona, o incluso si observamos que alguien toca un objeto; cualquier tipo de contacto que veamos evoca las redes neuronales que participan en nuestra propia experiencia subjetiva de tener contacto con algo.[18]

Como en el caso de los monos, Rizzolatti se dio cuenta de que, para que una neurona espejo se activara, la actividad observada tenía que formar parte del propio repertorio motor del observador y derivarse de su experiencia. Por ejemplo, podemos conectar inmediatamente con un perro a través de nuestras neuronas espejo cuando lo vemos comiendo un suculento trozo de carne, pero no cuando lo oímos ladrar a otro perro. En este caso, sin la capacidad de sentir desde dentro la experiencia por medio de las neuronas espejo, el cerebro de un ser humano puede crear una experiencia solo aproximada, construyendo apresuradamente una burda simulación —de modo muy semejante a como lo haría un ordenador— de lo que es ladrar.

De hecho, las observaciones que hacemos de las actividades de otra persona las filtramos siempre a través de nuestra propia experiencia directa, incluso aunque se diferencie de la que está teniendo el individuo al que observamos. En una ocasión Keysers estudió la actividad cerebral de una persona que había nacido sin manos y que estaba observando cómo otra tomaba un vaso con la mano. En este caso, se activaron las regiones del cerebro y de la columna vertebral asociadas con los pies y los dedos de los pies, no las áreas asociadas con las manos. Este observador que no tenía manos entendía la acción a través del mismo proceso que él ponía en práctica para hacerse con un vaso: la acción de los pies.[19] Esto parece dar a entender que el acto de ver establece un vínculo…, una compleja mezcla de tus acciones y emociones y las mías.

Si pudieras meterte en tu cabeza y observar tu cerebro y tu sistema nervioso en el acto de relacionarte con alguien, tendrías muchas dificultades para saber a ciencia cierta cuáles de entre las instrucciones guardan relación contigo y cuáles con la otra persona. Quizá pienses que eres un observador objetivo, pero siempre miras a través de los ojos de otro. Los límites entre tú y el resto de la gente se hallan desdibujados, ya que estás regido por una compleja mezcla de disparos neuronales que se originan dentro y fuera de tu cabeza. Sin ningún esfuerzo consciente de tu parte, recreas internamente las acciones y emociones de otros pasándolas por el complejo filtro de tu experiencia personal. Si estás hablando conmigo, tus emociones destellan primero, pero a continuación yo añado al cóctel mi propia historia.

No solo copiamos el programa motriz de la acción concreta, sino que además replicamos todos los sentimientos físicos y emocionales asociados con ella, basándonos en nuestras experiencias pasadas, tales como si la actividad nos produjo tensión en los músculos o un cosquilleo en la piel. Si estamos viendo a un atleta entrenar y en el colegio nosotros detestábamos correr, nuestras emociones del pasado se vierten en esa mezcla que es nuestra observación. Entendemos la experiencia a través de nuestra relación con nuestra propia historia.

De hecho, cuanto más familiares nos resultan las acciones que observamos, más se disparan nuestras neuronas espejo. Cuando una bailarina profesional observa a otra danzar, por ejemplo, se activa una parte mucho mayor de su circuito espejo relacionado con ese tipo de movimientos que en una persona menos familiarizada con la danza.[20] Cada vez que miramos hacia fuera, tomamos la experiencia viva del mundo y le añadimos algo, como quien añade sus ingredientes favoritos a una receta nueva. Esto contribuye a una interpretación global de lo que acabamos de ver, puesto que, por un instante, observamos el mundo desde una perspectiva superior…, desde múltiples puntos estratégicos y, a la vez, a través de todo el tiempo que llevamos vivos.

Este sistema automático de rastreo es ejemplo de la preciosa economía del cuerpo, pues traducir lo que otros hacen y sienten a nuestros propios sentimientos y acciones nos permite entender al instante la experiencia de otra persona. Así es como probablemente intuimos la vida interior de otro y nos identificamos afectivamente con los actores de una obra de teatro o una película;[21] ver cómo una tarántula se sube lentamente al pecho de James Bond nos hace estremecernos, porque, en cierto modo, estamos experimentando las sensaciones físicas de que una tarántula se nos suba lentamente al pecho así como todas las emociones que lo acompañan.[22] El corazón nos late con fuerza cuando el malo persigue a nuestro héroe; hacemos un gesto de dolor si le disparan, y, si gana él, sentimos una gran alegría, *porque todo ello, en cierto sentido, nos está sucediendo a nosotros.*[23] Un grupo de científicos israelíes consiguieron reconstruir la secuencia correcta de las escenas de violencia de una sangrienta película de acción simplemente estudiando los registros de imágenes cerebrales de un grupo de participantes que la habían visto.[24]

Cuando le decimos a alguien: «Te acompaño en el sentimiento», de hecho es verdad, ya que las neuronas espejo asociadas con el dolor se disparan también cuando vemos que otra persona sufre o se hace daño. Se hizo un estudio en el que se pedía a los participantes cuyos patrones cerebrales se estaban examinando que imaginaran que se pinchaban con una aguja, y luego que observaran cómo alguien se pinchaba. Los científicos que realizaban el estudio descubrieron que se disparaban las mismas neuronas tanto si los participantes se imaginaban recibiendo un pinchazo como si presenciaban cómo alguien lo recibía.[25] Sin embargo, nuestra capacidad de sentir el dolor ajeno parece depender del contexto emocional del dolor.[26] Las neuronas que se disparan provocan nuestra reacción al dolor, no los aspectos físicos del dolor; es decir, simulamos la experiencia emocional, y no el daño físico real.[27]

Incluso cuando vemos sufrir a un enemigo, aunque quizá obtengamos de la situación cierta satisfacción perversa, nuestra primera respuesta es de pura conexión, al ponernos en su mismo estado emocional. «En un principio, tenemos que entender que el tipo en cuestión sufre —dice Rizzolatti—, y, para ello, sentimos exactamente el mismo dolor emocional que siente él.»[28] El acto de la percepción es un momento de unión absoluta, sin importar con quién.

Muchos psicólogos y neurocientíficos creen actualmente que las neuronas espejo representan los primeros indicios de empatía —la capacidad de ponernos en el lugar de otros—, y este parece ser un sistema de respuesta sintonizado a la perfección. Aquellos que se califican a sí mismos de personas compasivas suelen mostrar una mayor actividad de las neuronas espejo;[29] y a medida que crecemos en empatía, nuestro circuito de neuronas espejo crece en complejidad, lo cual nos da a entender que el motor de la empatía es la simulación encarnada.

Pero lo contrario también es cierto: cuanto mejor sintonizadas estén las neuronas espejo de una persona, más probabilidades hay de que demuestre empatía. El neurocientífico Antonio Damasio utilizó las imágenes cerebrales para determinar qué áreas del cerebro se iluminaban cuando se pedía a los participantes a quienes se sometía a estudio que pensaran en una de tres situaciones: una experiencia emocional de su pasado, una experiencia equivalente que hubiera tenido otra persona pero que los participantes imaginaran como si les estuviera ocurriendo a ellos y, por último, una experiencia no emocional de su pasado. Cuando un participante sentía una fuerte empatía hacia la experiencia del otro, se producía en él una activación cerebral equivalente a la que habría tenido lugar si él mismo hubiera pasado por la experiencia, mientras que cuando no era capaz de identificarse afectivamente con lo que había vivido la otra persona, solo se iluminaban porciones del cerebro que no guardaban relación con la situación real.[30]

* * *

El cerebro humano es un imitador incansable desde el momento que nace; su primer impulso es fundirse con el cerebro de nuestra madre. El neurólogo norteamericano Allan Schore, que ha realizado un trabajo fundamental en relación con la teoría del apego, cree que el sistema neuronal del recién nacido aprende del cerebro de su madre, pues este actúa a modo de patrón modelo de onda cerebral, enseñando al cerebro del bebé cuando dispararse y cuando conectarse, de la misma manera que le enseña a hablar o a utilizar la cuchara. Al cabo de un tiempo, dice Schore, «la corteza prefrontal de la madre se habrá convertido en la corteza prefrontal del niño».[31]

Los investigadores de la Universidad de Arizona encontraron pruebas de que los patrones cerebrales de una madre, tal como habían quedado registrados en un encefalograma, están codificados en el patrón del encefalograma de su hijo.[32] Como descubrió Joseph Chilton Pearce, escritor especializado en el desarrollo infantil y el funcionamiento de la mente, la madre y el bebé suelen experimentar un arrastre de ondas cerebrales, es decir, las ondas eléctricas de los dos cerebros «resuenan», y alcanzan el pico y el valle los dos al mismo tiempo cuando están juntos. Cuando están separados, las ondas cerebrales de uno y otro se hacen discordantes, y vuelven a resonar solo una vez que se reúnen.[33]

A lo largo de nuestra vida, nuestro cerebro encuentra ondas cerebrales contagiosas. Como explicaba en mi libro *The Intention Experiment* (*El experimento de la intención*), hay abundantes pruebas de que, en circunstancias muy diversas, sobre todo cuando dos personas hacen cosas juntas con un propósito común, las señales eléctricas de sus cerebros pronto se sincronizan,[34] de modo que las frecuencias, amplitudes, picos y valles de las ondas cerebrales empiezan a resonar formando un tándem.

A lo largo de los años, las investigaciones sobre esta cuestión han incluido distintas variaciones del par emisor y receptor, como por ejemplo mantenerlos aislados en habitaciones separadas y conectados cada uno de ellos a una diversidad de monitores fisiológicos, tales como encefalógrafos. Una de las partes, tras recibir un estímulo —una fotografía, una luz o una pequeña descarga eléctrica—, intenta transmitir la imagen mental del estímulo a su pareja. En un considerable número de casos, las ondas cerebrales del receptor empiezan a imitar a las del emisor cuando este recibe el estímulo, es decir, el cerebro del receptor capta y copia la experiencia de su pareja;[35] de hecho, la respuesta del receptor se produce en un lugar del cerebro idéntico al del cerebro del emisor.[36] Este tipo de conexión puede suceder instantáneamente, incluso entre dos desconocidos; el simple hecho de tener que formar pareja con alguien establece una sincronía en las mentes.[37]

Esta clase de arrastre no se limita al cerebro. En una notable serie de estudios, los investigadores del Instituto de Ciencias Noéticas de Petaluma, en California, descubrieron que, cuando un miembro de una pareja enviaba pensamientos e intenciones sanadores a su compañera enferma de cáncer, innumerables procesos fisiológicos —tales como las ondas cardíacas y cerebrales, la conducción de impulsos eléctricos desde las yemas de los dedos, el flujo sanguíneo y la respiración— empezaban a imitarse unos a otros en ambos miembros. Cuando se enviaba un pensamiento de amor, los dos cuerpos se hacían rápidamente uno.[38] Posteriores investigaciones llevadas a cabo en el mismo instituto demuestran que también registramos los estados emocionales de otras personas en la boca del estómago.[39]

El arrastre corporal de diversos tipos parece ocurrir incluso entre extraños, en circunstancias determinadas. El hecho de conectarse con otra persona de una manera íntima, como hace el terapeuta cuando envía energía sanadora a su paciente, hace que ambos cerebros se sincronicen;[40] incluso tocar a alguien con un sentimiento de aprecio y afecto puede hacer que las ondas cerebrales de esa persona resulten arrastradas por las nuestras.[41] La sincronía puede darse incluso cuando dos personas tienen un fuerte deseo de hacer daño, como han demostrado algunos estudios realizados a maestros de *qigong* en momentos de enfrentamiento físico y mental.[42]

Siempre que interactuamos íntimamente con alguien, ya sea para bien o para mal, el primer impulso de nuestros cerebros es imitarse el uno al otro.

Además de interiorizar la experiencia que tiene lugar fuera de nosotros, también percibimos el mundo a través de una invisible conversación constante con nuestro entorno. En 1970, durante una investigación para la cura del cáncer, un médico alemán llamado Fritz-Albert Popp se topó con el hecho de que todos los seres vivos, desde las plantas unicelulares hasta los seres humanos, emiten una minúscula corriente de fotones, o luz, a la que él denominó «emisiones biofotónicas». Popp comprendió de inmediato que un organismo vivo hace uso de esta tenue luz como medio para comunicarse dentro de sí y también con el mundo exterior.

Popp y otros cuarenta o cincuenta científicos del mundo entero han llevado a cabo más de treinta años de investigaciones sobre las emisiones biofotónicas, y sostienen que es esta tenue radiación, y no el

ADN o la bioquímica, la que verdaderamente dirige y orquesta todos los procesos celulares del cuerpo. Han descubierto que las emisiones biofotónicas residen en el ADN y activan ciertas frecuencias dentro de las moléculas de las células individuales.[43] La primera vez que tomaron estas medidas, Popp y sus colegas emplearon exactamente el mismo instrumental que se usa para contar las emisiones de luz, fotón a fotón, lo cual les permitió descubrir algo asombroso. Cuando se aplicaba una loción corporal en una parte del cuerpo, se producía un gran cambio en el número de emisiones de luz, no solo allí donde se había aplicado la crema, sino también en las partes del cuerpo más alejadas, y, lo que es más, la proporción del cambio era también correlativa en todos los lugares. Popp se dio cuenta de que había desvelado el principal canal de comunicación existente dentro de un organismo vivo, que utiliza la luz como medio de señalización instantánea, no local, sino global.

El científico descubrió también que estas emisiones de luz actúan como un sistema de comunicaciones *entre* los seres vivos. En experimentos realizados con cierto número de organismos, seres humanos incluidos, halló que los seres vivos individuales absorben unos de otros la luz que emiten, y devuelven patrones de interferencia de ondas, igual que si estuvieran manteniendo una conversación. Una vez que un organismo absorbe las ondas luminosas de otro, la luz del primero empieza a intercambiar información de modo sincronizado.[44] Parece ser que, además, los seres vivos mantienen una comunicación de información con su entorno —las bacterias con su medio nutricional, o el interior de un huevo con la cáscara—, y que estas «conversaciones» existen también entre individuos de distinta especie, aunque las más perceptibles y claras son aquellas que los miembros de una misma especie mantienen entre sí.[45]

Popp y su equipo de investigación se sorprendieron al descubrir que las emisiones de un organismo tienen diferencias mensurables durante el día y la noche, y se atienen además a patrones semanales y mensuales que reflejan la actividad solar.[46] De un modo independiente, confirmó la tesis central del trabajo de Franz Halberg: que un ser vivo lleva constantemente el compás del sol.

El trabajo de Popp demuestra que, con esta pequeñísima corriente de emisiones biofotónicas creamos un vínculo cuántico con el mundo. Cada instante del tiempo que estamos despiertos, tomamos la luz de algo.

Los trabajos de estos científicos —Graham Fleming, Randy Jirtle, Franz Halberg, Giacomo Rizzolatti y Fritz-Albert Popp—, que aparentemente guardan tan poca relación entre sí, suponen en conjunto una concepción profunda y herética de la naturaleza de los seres vivos, además de dejar bien claro que el concepto que tenemos de nosotros mismos como seres diferenciados de todo lo demás es una falacia.

Cuanto más se aproximan los científicos a la esencia de la vida, más se dan cuenta de que las partículas más esenciales del universo carecen por sí mismas de identidad diferenciada; de hecho, en la mayoría de las circunstancias, ocurre que hay dos o tres partículas tan inextricablemente conectadas entre sí que únicamente pueden concebirse como un colectivo.

En el nivel subatómico, intercambiamos constantemente luz y energía, hasta tal punto que no somos los mismos en un momento que en el momento siguiente. Somos un sistema dinámico, no solo a causa de los cambios internos, sino a causa también de la constante alteración que experimentamos debido a la relación siempre cambiante entre nosotros y los elementos del exterior.

Toda la naturaleza imita este impulso de conexión. El cuerpo físico, eso a lo que atribuimos principalmente nuestra individualidad, es producto de tal cantidad de complejas interacciones con su entorno que no se puede considerar que exista como entidad independiente. Desde el trascendental descubrimiento de Jirtle, todo un campo de la biología —la epigenética— se ha dedicado al estudio de cómo nos moldeamos desde dentro, pero en gran medida a causa de los agentes que actúan fuera de nosotros. Los científicos han empezado a caer en la cuenta de que la biología es un vínculo entre las fuerzas externas e internas, formado sobre todo de fuera hacia dentro, y es este vínculo —la sutil mezcla de influencias medioambientales que experimenta nuestra biología— lo que heredamos. Lo que dirige la evolución no es el gen individual, sino el vínculo que establecemos con nuestro mundo. Cualquier organismo es la suma total de sus conexiones con el medio ambiente en forma material.

A pesar de la concepción que tenemos de nosotros mismos, que nos hace considerarnos las entidades más influyentes del universo, situadas en el ápice mismo de la cadena de ser, la nueva ciencia de la cronobiología demuestra que nosotros y todos los demás seres vivos de la Tierra formamos parte de un vasto y complejo sistema de energía que depende del capricho de la actividad planetaria geomagnética del universo. Nuestro vínculo con el *zeitgeber* cósmico es en gran medida el responsable de nuestra salud, de nuestra estabilidad física y mental, y posiblemente de mucho de lo que consideramos nuestra motivación individual y única.

Los nuevos descubrimientos en el terreno de la neurología han revelado que nuestro impulso constante es el de fundirnos; para comprender la acción que tiene lugar fuera de nosotros, la recreamos en nuestro interior, de tal modo que el observador pasa por la experiencia de lo observado.[47] En cuanto nos relacionamos con el mundo, incluso los más introvertidos y antisociales de entre nosotros crean una conexión inmediata e involuntaria con él.

Estos descubrimientos son bastante inquietantes y plantean algunas preguntas básicas: si en esencia todo es simplemente un campo de energía que participa en un gigantesco intercambio y muda de forma a cada instante, ¿hay algo o alguien que podamos considerar que es un ser en sí mismo? En el fondo, en nuestro nivel más fundamental, ¿tenemos un yo identificable e inmutable? Si continuamente intercambio unas partes de mí y tomo otras prestadas, ¿exactamente dónde termina el mundo y dónde empiezo yo? ¿Cómo puedo decir con carácter definitivo que *yo* soy solo esto?

Andy Gardner, biólogo e investigador de la Universidad de Oxford, ha examinado si existe alguna sociedad tan avanzada y que tenga un funcionamiento tan armonioso que pueda calificarse de *superorganismo*, un solo organismo por derecho propio. Hasta el momento ha conseguido localizar dos tipos de comunidad: las hormigas y las abejas. Estos animales son hasta tal punto, y por encima de todo, miembros de un equipo que el conflicto ha quedado eliminado. Las abejas y las hormigas individuales actúan de continuo de forma desinteresada, y están dispuestas a sacrificarse, e incluso a morir si es preciso, para proteger a la colonia. En ese sentido, la comunidad entera está unida por un propósito común.

Cree Gardner que un superorganismo que tenga una organización social tan avanzada como la de las abejas o las hormigas es en verdad excepcional, y solo puede existir cuando el conflicto interno del grupo social prácticamente se haya eliminado. Por eso, comenta con ironía, «no podemos emplear este término para describir, por ejemplo, las sociedades humanas».[48]

Sin embargo, tanto si queremos admitirlo como si no, los seres humanos, al igual que todos los seres vivos, formamos parte de un vasto superorganismo intergaláctico. Todo, desde las partículas subatómicas hasta los organismos unicelulares, y desde estos hasta las estrellas más distantes de la galaxia, forma parte de un vínculo indivisible.

Incluso nuestro comportamiento social es más semejante al de las hormigas de lo que solemos admitir. A pesar de nuestra propensión a llevar siempre la delantera y a competir por ello, nuestro instinto más básico es en todo momento el de conectarnos. Los seres humanos, como las hormigas, han nacido con la apremiante necesidad de jugar en equipo.

Segunda parte

EL IMPULSO DE TOTALIDAD

*Antes de levantar un muro, me gusta saber
qué debo cercar y qué debo dejar fuera.*

Robert Frost, «Mending Wall»

5

NACIDOS PARA PERTENECER

El arquitecto Howard Roark, interpretado por un inconmovible Gary Cooper en la versión filmográfica del libro de Ayn Rand *The Fountainhead*, es uno de nuestros grandes héroes modernos —el modelo mismo del marginado lobo solitario—. Roark no titubea en dinamitar su proyecto urbanístico antes que permitir que su concepción se degenere a manos de «parásitos». En el juicio, armado solamente de sus inflexibles palabras, se defiende de los cargos de vandalismo que se le imputan haciendo un canto de alabanza del individuo: «El creador vive para su trabajo, y no necesita de otros hombres— anuncia Roark, girándose para mirar de frente al jurado—. No le reconozco a nadie el derecho a un solo minuto de mi vida, ni a ninguna parte de mi energía […] Da igual quién lo reclame, da igual cuántos sean o cuánto lo necesiten […], la integridad del trabajo creativo de un hombre es mucho más importante que cualquier acto de caridad.»[1]

Al final del libro, Roark triunfa, arreglándoselas inexplicablemente para eludir la condena a pesar de haber volado un edificio. Sale en libertad, y lo construye ahora a su manera…, además de quedarse con la chica. En la escena final, aparece a horcajadas sobre una plataforma en lo alto de su rascacielos, con su silueta destacando sobre el horizonte de Nueva York, un coloso, epítome del *Übermensch*, el superhombre, de Nietzsche…, o el candidato ideal para un ataque al corazón.

Aunque Ayn Rand defendió la supremacía del individuo a través de Roark, portavoz de su filosofía objetivista, el ideal liberal —vivir para uno mismo por encima de todo lo demás— es de hecho una condición peligrosamente tóxica. La idea de que cualquiera de nosotros puede triunfar en la vida con el puño en alto, amenazando al mundo, es una ficción, puesto que nuestra biología es el producto de nuestra fusión con el mundo que nos rodea, y el vínculo que establecemos con el mundo es espontáneo y forma parte intrínseca de quienes somos; de hecho, somos quienes somos debido únicamente a la conexión que tenemos con cuanto hay a nuestro alrededor.

Pero, además, un vínculo similar rige nuestro comportamiento social. También en nuestras relaciones creamos un superorganismo. Cada vez que interactuamos con otra persona o grupo de personas sentimos el impulso profundo y automático de conectar con ellas, y así lo manifestamos constantemente con nuestras acciones, emociones, opiniones y comportamiento. A fin de satisfacer nuestra necesidad más profunda, que es la de fundirnos con los demás, buscamos continuamente una sincronía.

A la mayoría se nos ha enseñado que el impulso más importante que tenemos es el de sobrevivir a toda costa. El filósofo alemán Friedrich Nietzsche postuló que el motor de toda motivación humana es la «voluntad de poder», que él consideraba más básica incluso que la voluntad de sobrevivir.[2] A su entender, la voluntad de poder era la fuerza fundamental que lo sostenía todo en el universo.

Sin embargo, como demuestra la ciencia más actual, nuestra necesidad de relación es más fundamental todavía. Más que la voluntad de poder, el impulso esencial de la vida es *la voluntad de conexión*. Nuestro instinto natural es fundirnos con el otro, apartarnos de la atomización de nuestra individualidad y acercarnos al holismo del grupo. Es la conexión profunda, y no la competición, la más esencial cualidad de la naturaleza humana; no fuimos hechos para llevar una vida de aislamiento y supervivencia autosuficiente, sino que los seres humanos necesitamos de la relación simplemente para sobrevivir, y nunca experimentamos mayor estrés ni padecemos enfermedades más graves que cuando estamos aislados de los demás y del sentimiento de conexión.

Ese impulso de buscar la conexión tiene, en cualquier sociedad, cuatro signaturas: la necesidad de *pertenecer*, la necesidad de *concordar*, la necesidad de *dar* y la necesidad de *turnarse*. Estos impulsos, arraigados en nuestra biología básica, se revelan en las conexiones que establecemos tanto con nuestros seres queridos como con cada persona con la que entramos en contacto.

La más fundamental de estas necesidades es la del sentimiento de pertenecer. La humanidad es esencialmente gregaria; donde mejor nos sentimos es en pequeños núcleos donde formamos parte de un todo. Tan primaria es la necesidad de pertenecer que el ostracismo es una de las situaciones más insoportables para el ser humano. Robert L. Bear, antiguo menonita, se refería a la práctica del «rechazo social» que se emplea en las comunidades amish como un «auténtico infierno».[3] Las adolescentes de los internados británicos destierran a aquellas que se vuelven demasiado arrogantes «a Coventry» (nadie habla con ellas durante un trimestre), considerándolo el castigo máximo para hacerlas ponerse en su sitio. Los aborígenes reservaban el inmenso poder de vida o muerte que entraña el ostracismo para casos extremos, ya que con frecuencia tenía consecuencias fatales. La necesidad humana tan primordial de no quedar separado, sino sencillamente tener un lugar, sobre todo entre las personas más próximas a nosotros, quizá sea tan perentoria para nuestra existencia que el hecho de satisfacerla o no puede llegar a ser una cuestión de vida o muerte.

En los últimos años del siglo XIX, el científico social francés Émile Durkheim se encontró ante un enigma muy singular: por qué unos grupos sociales tienen un índice de suicidios más alto que otros. La cuestión había despertado el interés de Durkheim —de ascendencia judía, y uno de los primeros académicos en utilizar el método científico para estudiar la sociedad— debido a su curiosidad por saber si las sociedades podían permanecer unidas y formar un todo coherente en una situación de creciente diversidad étnica y de mayoritario declive de la religión. Fue él quien acuñó el término «integración social», pues hasta en aquellos primeros tiempos de la sociología, entendía que la estructura de la sociedad podía ejercer un poderoso influjo en el individuo. Estaba interesado especialmente en las condiciones que hacían que la sociedad y el individuo estuvieran enfrentados, y en cómo podía esto predisponer a una persona a suicidarse; y su fascinación le llevó a realizar lo que llegaría a ser un clásico entre los estudios sobre el suicidio.[4]

Incluso hoy día este tema es para muchos científicos un asunto privado; se considera que las razones que tiene un individuo para quitarse la vida nada tienen que ver con la sociedad en la que vive, y la mayoría de los estudios que se han hecho, incluso después de los hallazgos de Durkheim, se han centrado en los motivos personales del suicidio. En su trabajo, Durkheim descubrió que las tasas de suicidio son más altas entre aquellos que carecen de fuertes apegos —personas sin hijos, solteras, viudas o divorciadas— que entre la gente casada o con hijos, lo cual no es de extrañar, ya que quienes cuentan en su vida con seres queridos tienen supuestamente a alguien por quien vivir.

Lo sorprendente, sin embargo, era la gran disparidad entre las estadísticas de suicidio de católicos y judíos y las de protestantes. La cruda realidad era que los protestantes se suicidaban con mucha mayor frecuencia que los católicos o los judíos. El hecho de que la fe católica prohíba tajantemente quitarse la vida, acto que considera un pecado tan imperdonable que quien lo perpetra queda condenado para la eternidad, podía explicar en parte la diferencia; no obstante, había que descartar parcialmente este factor, puesto que el índice de suicidio entre los judíos era igual de bajo. Durkheim concluyó que probablemente tenía que ver con que el control y el apego sociales tuvieran más fuerza en las sociedades católica y judía, dado que los países católicos y las comunidades judías mantienen, generalmente, lazos familiares y sociales más fuertes.

De todos modos, había discrepancias en su argumento. Quebec, en Canadá, una provincia de mayoría católica, presentaba una tasa de suicidios muy elevada, sobre todo entre la gente joven, aunque esto, desde el punto de vista de Durkheim, se debía a la decadencia de la religión comunal, que, como decía, era a su entender la urdimbre básica del entramado social.

Finalmente comprendió que el suicidio era una respuesta extrema a la ruptura del contrato social; dado que los seres necesitan sentirse fuertemente acogidos en el grupo, quienes se suicidan lo hacen porque, por alguna razón, no han conseguido integrarse en la sociedad. Los suicidas sufren, en palabras de Durkheim, de «una excesiva individuación», es decir, la gente se quita la vida porque se siente excluida; es el hecho de no encontrar su lugar en el grupo lo que los suicidas no pueden soportar. Antes de saltar, el suicida piensa esencialmente: «Adiós mundo cruel».

A Durkheim le bastó esta primera y rudimentaria investigación para darse cuenta de que la solución al suicidio individual residía en arreglar la relación de la persona con la sociedad, no a la persona en sí, y su visión sería corroborada en 2009, cuando Mary Daly y Daniel Wilson, del Banco de la Reserva Federal de San Francisco, con la colaboración de Norman Johnson, de la Oficina del Censo, examinaron las muertes por suicidio ocurridas en Estados Unidos a fin de averiguar si tenían alguna relación con los ingresos. Inicialmente, supusieron que encontrarían innumerables suicidios en la sección más baja de las franjas de ingresos de cualquier parte de Norteamérica.

A primera vista parecía que, cuanto menores fueran los ingresos de una persona, más probabilidades tendría de quitarse la vida; sin embargo, un análisis más detallado demostró lo precipitado de esta conclusión. Era cierto que los individuos comprendidos en el paréntesis más bajo, con unos ingresos familiares por debajo de 20.000 dólares en 1990 (el equivalente a unos 31.000 dólares en 2006), tenían muchas más probabilidades de suicidarse que aquellos que tenían ingresos superiores a 60.000 dólares; ahora bien, para cualquiera que ganara más de 20.000, los ingresos no tenían ningún efecto significativo sobre el riesgo de suicidio. El único caso en que los ingresos de una persona presentaban alguna importancia era cuando se comparaban con el nivel de ingresos de su país.

Curiosamente, las áreas más ricas de Norteamérica corrían el mayor riesgo de suicidios.

Daly, Wilson y Johnson examinaron también si dicha asociación tenía algo que ver con el alto coste de la vida y de la vivienda, la diferencia entre arrendatarios y propietarios, el coste de la vida en las distintas partes del estado, la reticencia a informar sobre los casos de suicidio o incluso la dificultad para acceder a los servicios de urgencias, pero ninguno de estos factores parecía influir en modo alguno en el riesgo de suicidio. El único factor que finalmente demostró tener alguna relevancia para el deseo de suicidarse era comparar los propios ingresos con los de las personas del entorno; y cuanto más rica fuera la gente del entorno, más probabilidades tenía uno de sentirse desgraciado.[5]

Hablando sin ambages, por cada 10% que tus vecinos ganen más que tú, las probabilidades de que te suicides crecen en un 7'5%.

El equipo investigador llegó a la conclusión de que el simple deseo de estar a la altura de los demás era la razón más fundada para hacerse daño a sí mismo. Y cuanto más alto estaba el listón, cuanto más adinerada era la vecindad, en pocas palabras, cuanto más elevada era la apuesta, más probabilidades tenían las personas que vivían en ella de sentirse en inferioridad de condiciones y, consiguientemente, de suicidarse.

La envidia de los ingresos ajenos también es frecuente en Europa. Los economistas Andrew Clark y Claudia Senik, de la Escuela de Economía de París, mostraron que también los europeos se juzgan constantemente a sí mismos de acuerdo con el lugar que ocupen en la escala económica en comparación con todos aquellos que hay a su alrededor. En la Encuesta Social Europea, realizada a 34.000 personas de veintitrés países, Clark y Senik descubrieron que tres cuartas partes de los participantes consideraban importante comparar sus propios ingresos con los de los demás.[6]

No obstante, cuanto más lo hacían, más infelices eran.

Los investigadores evaluaron los niveles de felicidad de acuerdo con las respuestas de los participantes a preguntas como si creían que tenían una vida cómoda, si se sentían optimistas, si habían estado deprimidos recientemente o si estaban satisfechos de sus vidas hasta el momento. Clark y Senik hicieron otro importante descubrimiento: se dieron cuenta de que en la mente de los participantes existía una clasificación de las diversas categorías a las que pertenecían las distintas personas con las que se los comparaba, y de qué comparaciones les tocaban la fibra más profunda.

Las que menos perjudicaban al sentimiento general de felicidad eran las comparaciones que se establecían con los compañeros de trabajo, mientras que la envidia de los ingresos de otros miembros de la familia resultó ser mucho más corrosiva. Las más perniciosas de todas, sin embargo, eran las comparaciones con los amigos cercanos; se llegó a ver que el daño que estas causaban era el doble de destructivo que la comparación más neutral con los colegas de trabajo.

El aspecto más fascinante del estudio realizado por Daly y la Encuesta Social Europea es que corroboraron científicamente el tópico de que el dinero —incluso una mejora económica colectiva— no da la felicidad. Parece ser que una mejora general del nivel de vida no tiene nada que ver con crear un estado de auténtica satisfacción, y, a la inversa, atendiendo a las declaraciones de los participantes, su felicidad tampoco guardaba relación alguna con ningún referente objetivo, tal como un incremento de la renta per cápita de una determinada área, ni tan siquiera con referentes personales, como las expectativas de lo que uno *debería* ganar; los únicos referentes importantes eran los que establecía la propia comunidad. En los estudios psicológicos se suele hacer referencia a esto como la paradoja de Easterlin; significa que no existe una medida objetiva del éxito, sino solo baremos individuales, formados por nuestras aspiraciones y expectativas y las de aquellas personas más próximas a nosotros. Dado que en la sociedad occidental moderna el éxito se define por los logros ostentosos de los individuos, siempre hay un criterio a mano —concretado en los bienes del vecino— con el que calibrar su fortuna, su estatus e incluso a sus hijos, en comparación con los nuestros.

Esto da a entender que nuestra necesidad más profunda es la de pertenecer a una comunidad, lo cual, en términos de nuestro tiempo, se traduce en evitar a toda costa llegar a ser un marginado económico. Tan importante es nuestro anhelo de conexión que la calidad del vínculo que establezcamos con el grupo es la clave más importante para tener salud.

En 1955 Len Syme, un joven sociólogo, becario en la Universidad de Yale, tomó una decisión que en su tiempo se consideró ingenua e imprudente, algo prácticamente sin precedentes ni en el campo de la sociología ni de la medicina: decidió estudiar la sociología de la salud. Syme sospechaba que los factores sociales guardaban relación con ciertas dolencias, tales como el cáncer, la artritis o las enfermedades cardíacas, que en aquel tiempo se consideraban principalmente debidas al estilo de vida, y con un origen dietético o medioambiental. El director de su tesis le pidió que reconsiderara la idea, pues no había nada escrito sobre el tema ni en el campo de la sociología ni en el de la medicina, ni probablemente lo habría jamás. No obstante, con inflexible tenacidad y una silenciosa determinación de oponerse a la autoridad, Syme se mantuvo firme, y llegó a ser con el tiempo el primer sociólogo en obtener un puesto de trabajo en el Departamento de Salud, Educación y Bienestar de Estados Unidos, un puesto que a sus superiores les resultaba tan extraño que no tenían ni idea de qué título atribuirle.

Tras un primer intento, en su mayor parte infructuoso, de averiguar por qué variaban los índices de enfermedades cardiovasculares en numerosos estados, Syme abandonó las herramientas estadísticas que había aprendido en la universidad y empezó a llevar a cabo lo que, de modo despectivo, en el mundo de la ciencia se llama una «expedición de pesca» —escudriñar los datos para encontrar una hipótesis—, que en este caso significaba buscar cualquier condición social que pudiera variar entre aquellos que habían sufrido un ataque cardíaco y aquellos que no.

Syme descubrió que los «culturalmente móviles», como empezó a llamarlos —aquellos que se habían trasladado geográficamente de una cultura social a otra muy diferente, y sobre todo de un trabajo agrícola a uno de oficina en la ciudad—, solían desarrollar una enfermedad cardíaca; y la conexión entre lo uno y lo otro se mantenía incluso después de haber eliminado otros factores, tales como fumar, la hipertensión y todos los demás factores de riesgo supuestamente decisivos de la enfermedad cardiovascular.[7]

La movilidad social –salir del propio núcleo y dejar de pertenecer– le hacía a uno enfermar.

Syme presentó sus hallazgos ante una sala llena de los más eminentes epidemiólogos cardiovasculares del mundo, que los rechazaron tajantemente. Después de pasar una temporada trabajando en los Institutos Nacionales de la Salud, donde estableció el primer departamento epidemiológico que financiara este tipo de investigaciones, Syme consiguió una cátedra de epidemiología en la Escuela de Salud Pública de Berkeley, con lo que se convirtió en el primer sociólogo en ocupar un puesto semejante. Allí trabajó en colaboración con Reuell Stallones, otro catedrático de Berkeley, poniendo a prueba su hipótesis de la migración, esta vez con una población perfecta: los japoneses que habían emigrado a Hawai y California.

Los estudiantes de epidemiología encuentran al pueblo japonés verdaderamente fascinante, tal es su aparente paradoja: tiene el índice de enfermedades cardíacas más bajo del mundo, a pesar de que fumar, uno de los mayores factores de riesgo, está prácticamente generalizado entre la población masculina. Las estadísticas de longevidad de Japón echan por tierra todas nuestras expectativas sobre lo que es necesario para disfrutar de una vida larga y sana. Es el país que mayor número de centenarios tiene; según los informes, hay en la actualidad 40.000 personas que han cumplido los cien años, y abundan entre ellas los fumadores.

A los epidemiólogos, las sociedades trasplantadas les resultan especialmente instructivas, pues les ofrecen la oportunidad de examinar cómo se transforma una comunidad determinada cuando ha de hacer frente a un radical cambio social, cultural o dietético. Syme y Stallones examinaron el riesgo de enfermedades cardíacas, además de los factores dietéticos y cualquier cambio social, en una muestra de 12.000 hombres, divididos en tres grupos: uno que había permanecido en Japón y dos que habían emigrado, uno a Hawai y otro al norte de California.

Stallones tenía interés en saber si los bajos índices de enfermedades cardíacas que presentaban los japoneses en su país era debido a una dieta baja en grasas, y si esos índices ascendían al adoptar la típica dieta americana de hamburguesas y patatas fritas. Syme, por su parte, estaba fascinado por el factor social: quería averiguar si el cambio de país y de cultura era un factor tan desestabilizador como para generar problemas cardíacos.

Los resultados frustraron las expectativas de ambos. La tasa de enfermedades cardíacas entre los hombres japoneses que habían emigrado a California era cinco veces superior a la de aquellos que se habían quedado en Japón, pero la de los que habían emigrado a Hawai estaba a medio camino entre la primera y la segunda, lo cual indicaba que la emigración no era causa automática de enfermedad cardiovascular. No obstante, dichos resultados parecían ser completamente independientes de cualquiera de los supuestos factores de riesgo habituales, tales como fumar, la hipertensión, la dieta o el nivel de colesterol; de hecho, la población japonesa a la que se estudió comprendía el más alto número de fumadores y los más bajos niveles de enfermedad cardíaca.

Sorprendentemente, los resultados parecían independientes también de cualquier cambio en la dieta. Comieran lo que comieran —ya fuera tofu y *sushi* o hamburguesas Big Mac—, no influía en su propensión a las enfermedades de corazón.

Para comprender los resultados, Syme contó con la colaboración de Michael Marmot, uno de sus alumnos de doctorado, que se encargó de examinar meticulosamente los datos. Marmot hizo un hallazgo —sobre el que posteriormente escribiría su tesis doctoral— que confirmaba y ampliaba la hipótesis de Syme: aunque los cambios de los hábitos dietéticos no influían en la incidencia de las enfermedades cardíacas, el tipo de sociedad que los trasplantados creaban para sí mismos sí lo hacía. Syme y Marmot clasificaron a la población trasplantada de acuerdo con el grado en que los individuos conservaran su tradicional cultura japonesa, incluidos los lazos sociales, y se vio que entre aquellos hombres que habían adoptado el estilo de vida americano se había producido un aumento de enfermedades cardíacas, mientras que los que habían conservado su cultura tradicional presentaban los niveles de enfermedades cardíacas más bajos.

El grupo de americanos de origen nipón más tradicional tenían un índice de ataques al corazón igual de bajo que el de los que seguían residiendo en Japón, mientras que entre aquellos que habían adoptado el estilo de vida emprendedor de Occidente la incidencia de ataques al corazón era entre tres y cinco veces mayor. Estas diferencias no podían atribuirse a ninguno de los factores de riesgo habituales, tales como la dieta.[8] Quienes disfrutaban de redes sociales y contaban con apoyo social estaban protegidos contra las enfermedades cardiovasculares a pesar de que fueran fumadores o sufrieran de hipertensión.[9]

Syme estaba tan intrigado a la vista de estos resultados que decidió viajar a Japón en busca del misterioso factor X de la salud inexpugnable. Entrevistó a cantidades ingentes de japoneses a fin de encontrar el singular rasgo que diferenciaba hasta tal punto la estructura social de Estados Unidos de la de Japón, y lo que descubrió, después de que los entrevistados lo repitieran en una entrevista tras otra, fue que los americanos eran gente solitaria: «Cualquiera puede darse cuenta de eso. Los americanos incluso caminan solos por la calle». Los japoneses, sobre todo en el sur del país, mantienen grupos sociales muy unidos que se apoyan mutuamente, incluso en el ámbito de los negocios. Hasta que se produjo la grave recesión económica de Japón en la década de los noventa, entrar a trabajar como empleado en una compañía nipona no se diferenciaba mucho de casarse y pasar a formar parte de una familia: era una relación para toda la vida.[10]

A su regreso a California, Syme reclutó para su equipo de investigación a otra de sus alumnas de doctorado, Lisa Berkman, a la que pidió que examinara qué importancia tenían las redes sociales y el apoyo social como protección frente a las enfermedades cardiovasculares. Berkman, tras escudriñar los datos recogidos durante nueve años por el Laboratorio de Población Humana, consiguió reunir las estadísticas de salud de la mayoría de los habitantes de Alameda County, y finalmente pudo demostrar que aquellos que se habían sentido solos y socialmente aislados tenían entre dos y tres veces más posibilidades de morir de una enfermedad coronaria u otras causas afines que aquellos que se habían sentido conectados con los demás. Estos resultados eran independientes de los factores de riesgo, tales como un alto nivel de colesterol, hipertensión, tabaquismo o una historia familiar que apuntara en dicha dirección.[11] Berkman se quedó fascinada al comprobar que nuestras respuestas biológicas al estrés, o los mecanismos de «luchar o salir huyendo» que nacen de los sistemas nervioso autónomo y endocrino se atenúan cuando está presente un compañero o creemos que recibiremos ayuda, o incluso cuando pensamos en el hecho de recibir ayuda. Hasta la conexión con un animal de compañía tiene un efecto protector. Aquellas personas mayores que tienen animales de compañía gozan de una tensión arterial más baja que las que no los tienen.[12]

El trabajo que Syme realizó en los primeros tiempos dio lugar a estudios de la población a largo plazo, incluido el estudio ya clásico del efecto que tiene la solidaridad en la salud, practicado a los residentes de Roseto, en Pensilvania. Steward Wolf oyó decir por casualidad a un médico, compañero de trabajo, que los habitantes de Roseto prácticamente no padecían enfermedades cardíacas, y esto los impulsó, a él y a su colega John G. Bruhn, a llevar a cabo un estudio de treinta años de duración en el que se compararon las condiciones sociales y dietéticas de esta población con las de otras comunidades vecinas.

Como descubrieron Wolf y Bruhn, la tasa de enfermedades cardíacas entre los habitantes de Roseto era la mitad que en las ciudades colindantes, aunque a primera vista no hubiera ninguna razón médica que avalara la buena salud de dicha localidad. Los rosetanos formaban un atribulado grupo de unas 2.000 personas, trasplantadas allí desde una sola ciudad italiana del mismo nombre. Cuando llegaron a América, muy pocos hablaban inglés. Durante años, ni siquiera habían tenido una iglesia católica propiamente dicha en la que rezar. Como trabajadores, los rosetanos se habían visto discriminados por los ciudadanos americanos de ascendencia galesa establecidos en la región, y obligados a realizar los trabajos más difíciles y peligrosos en las canteras, recibiendo no obstante una paga mucho menor que los no italianos. Si se consideran los factores de riesgo que pueden conducir a una enfermedad cardíaca, los rosetanos hubieran debido ir cayendo como moscas. Muchos de los hombres fumaban, y la mayoría tenían sobrepeso, dado que cocinaban los alimentos normalmente con manteca.

Wolf se dio cuenta de que aquel pequeño pueblo era un cubículo extraordinario, cuyos habitantes tenían un cohesivo sentimiento de comunidad cultural prácticamente único en Estados Unidos. Con la llegada de un sacerdote británico a la zona, el padre Pasquale de Nisco, la ciudad había florecido. Bajo su aliento constante, los rosetanos habían llenado el pueblo de flores, formado la banda municipal de Roseto y creado una diversidad de prósperas organizaciones sociales, desde grupos religiosos para todas las edades hasta incontables clubes seculares.

Una generación más tarde, la cohesión del pueblo se rompió. La juventud no continuó con el sentimiento de comunidad, y Roseto pronto empezó a parecerse a la típica ciudad americana: un conjunto de individuos aislados que intentan estar a la altura del vecino. Al comenzar la década de los sesenta, hubo por primera vez rosetanos que tuvieron que recurrir a las prestaciones sociales como medio de vida, y, al ir estableciéndose estos cambios en la sociedad local, el índice de ataques al corazón experimentó una escalada vertiginosa, equiparándose al promedio nacional. Uno de los primeros hombres en recibir el salario social se quejaba a Wolf diciéndole: «Usted no lo comprende, doctor; las cosas han cambiado. A la gente ya no le importa nada».[13]

Wolf y Bruhn se encontraron con una situación similar cuando examinaron un estudio que comparaba las estadísticas de ataques al corazón en Nevada y en Utah. Son estados limítrofes, con una mezcla étnica similar, y los dos presentan unas estadísticas de educación igualmente altas. Y, sin embargo, las estadísticas de estos dos estados en cuanto a los índices de mortalidad por ataque cardíaco se hallan en extremos opuestos. Nevada tiene una de las tasas de mortalidad más altas del país y Utah, una de las más bajas. En principio, esto parecía no tener sentido; aparentemente, Nevada debería haber sido el estado con la población más sana, ya que es un estado acomodado, cuyos ingresos familiares medios son entre un 15 y un 20% más elevados que los de Utah. Pero cuando Wolf y Bruhn examinaron los estudios con más detalle, descubrieron que la mayor diferencia entre un estado y otro radicaba en la estabilidad de su estructura social: la fuerte integración de la unidad familiar en un Utah predominantemente mormón frente al alto grado de disfunción y ruptura familiar de Nevada. Ambos investigadores llegaron a la conclusión de que el principal responsable del alto índice de mortalidad de Nevada era el debilitamiento del entramado social.[14]

Syme dedujo que la calidad de la conexión que uno tiene con su círculo geográfico inmediato es uno de los más potentes predictores de la salud y la enfermedad. Incluso ante situaciones de adversidad devastadora, el vínculo de un grupo unido puede proteger a la persona prácticamente de cualquier factor de riesgo: migración, dislocación, pobreza, deficiencias alimenticias e incluso alcoholismo. Los estudios de culturas indígenas demuestran también que unos fuertes lazos sociales actúan como amortiguador contra otros factores de alto riesgo, tales como una dieta extraña, o incluso una práctica religiosa extraña. Un grupo de investigadores que estudiaba a las poblaciones nativas de las Islas Salomón se encontró con que no existían en estos pueblos las enfermedades coronarias ni la hipertensión, ni siquiera después de haber adoptado la dieta y las prácticas religiosas occidentales. Esto sorprendió a los investigadores hasta que descubrieron un factor que se había mantenido intacto: los lazos sociales y el papel de cada individuo dentro de la familia.[15]

Paul Whelton y un equipo de investigadores de la Universidad Johns Hopkins, de Baltimore, se encontraron ante un fenómeno similar cuando estudiaban al pueblo indígena chino yi. Los esbeltos componentes de esta población agrícola, que se alimentan principalmente de arroz, otros cereales integrales y verduras, sufren muy pocos problemas cardíacos y tienen niveles de colesterol bajos, en comparación con el pueblo han, una tribu urbana. Sin embargo, cuando los yi emigran a áreas urbanas, experimentan una notable subida de la tensión arterial, que empieza a asemejarse a la de los han.

El hallazgo más importante con respecto al cambio de la vida rural a la vida urbana tiene que ver con el impacto que produce el consumo de alcohol. A los yi les gusta beber, y, en su entorno rural, el consumo de alcohol no tiene un efecto significativo en su salud; pero en cuanto se trasladan a la ciudad y se sienten desconectados del apoyo social, aumentan notablemente entre ellos los casos de hipertensión debidos al consumo de bebidas alcohólicas. Está claro que, aunque los yi mantienen la misma dieta cuando se trasladan a la ciudad, los cambios que experimenta su forma de vida y la dislocación de su comunidad social rural tienen un efecto devastador para su salud.[16]

Como han empezado a comprender las mentes médicas más vanguardistas, el origen de la mayoría de las enfermedades es el estrés; no el estrés provocado por acontecimientos pasajeros de la vida, tales como nuestra situación económica o sentimental, sino el estrés generado por nuestra respuesta global a la vida, por cuál sentimos que es nuestro lugar en el mundo y, sobre todo, por cuál sentimos que es nuestro lugar dentro del entorno más inmediato. Todas estas investigaciones parecen indicar que la necesidad de pertenecer es tan intrínseca a nosotros que la calidad del vínculo social nos es fundamental para la supervivencia. Una larga serie de trabajos de investigación han revelado que la raíz del estrés, y, en última instancia, de la enfermedad, es el sentimiento de aislamiento, y su aspecto más letal parece ser nuestra actual tendencia a vivir enfrentados unos a otros.

La actitud de sálvese quien pueda fomentada en Occidente, sobre todo en la sociedad norteamericana, puede tener resultados fatales, especialmente para nuestros corazones. Numerosos estudios demuestran que la gente como Roark,* egocéntrica, insolente y hostil hacia el mundo, tiene más posibilidades de morir de un ataque al corazón. El experto cardiólogo Dean Ornish ha hecho un descubrimiento extraordinario: ha comprobado que todos los habituales factores de riesgo que propician la enfermedad cardíaca —el tabaquismo, la obesidad, una vida sedentaria y una dieta alta en grasas— son responsables tan solo de la mitad de las enfermedades de corazón. Cada aspecto del estilo de vida que la comunidad médica considera factor de riesgo para las enfermedades cardiovasculares es mucho menos decisivo para que una persona sufra

---

* Howard Roark: protagonista de *The Fountainhead*, de Ayn Rand. (N. de la T.)

un ataque al corazón que el simple aislamiento, ya sea de otras personas, de los sentimientos propios o de un poder superior.[17] Desde este punto de vista, la enfermedad cardíaca puede considerarse especialmente una enfermedad de alienación emocional. Los adultos sanos que cuentan con buenas redes de apoyo presentan un nivel más bajo de colesterol en sangre y unos niveles más altos de función inmunitaria que aquellos que no cuentan con ningún apoyo emocional.[18]

Un reciente estudio que los investigadores de la Universidad de Columbia han realizado a 655 pacientes que habían sufrido un ataque de apoplejía descubrió que aquellos que vivían socialmente aislados tenían el doble de posibilidades de sufrir un segundo ataque en los cinco años siguientes que aquellos que tenían sólidas relaciones sociales. El aislamiento demostró ser el mayor factor de riesgo, más decisivo que padecer una enfermedad coronaria o que estar físicamente inactivo. De hecho, el riesgo que suponía para la salud el aislamiento social era comparable al de ser fumador y tener la tensión arterial alta o un exagerado sobrepeso.[19]

Un grupo de investigadores de la Universidad Brigham Young, de Utah, estaban tan intrigados por estas estadísticas que combinaron y analizaron los datos de 148 estudios en los que se relacionaba la interacción humana con sus efectos sobre la salud durante un período medio de siete años, y llegaron a la clara conclusión de que *las relaciones, del tipo que sean, buenas o malas, aumentan las probabilidades de supervivencia en un 50%.* El aislamiento era equivalente a fumar quince cigarrillos al día o a ser alcohólico, y resultaba ser dos veces más peligroso que la obesidad.[20] Y esta no era la realidad completa; posiblemente se subestimaron los beneficios que una buena relación suponía para los participantes, pues, como explicó Julianne Holt-Lunstad, principal autora del estudio: «Los datos simplemente muestran si los participantes están integrados en una red social, lo cual significa que los efectos de las relaciones negativas están incluidos junto con los efectos de las positivas».

Tener una fuerte individualización y una preocupación excesiva por uno mismo, al estilo de Howard Roark, es extremadamente peligroso para la salud. Incluso se han hecho estudios que demuestran que cuanto más emplea una persona la palabra «yo» y aquellas que hacen alusión al «yo» (mi, mío) en una conversación normal, más multiplica su riesgo de morir de una enfermedad cardíaca. En uno de los estudios se vio que, entre aquellos que habían sufrido un ataque al corazón, la frecuencia con que se referían a sí mismos era el mayor predictor de mortalidad..., más aún que la tensión arterial o los niveles de colesterol en sangre.[21]

El vínculo social nos protege, incluso en tiempos difíciles. Un muestreo de norteamericanos pertenecientes a la categoría de ingresos más baja no sufrió prácticamente depresión alguna a causa de sus circunstancias económicas, siempre que contara con el apoyo de su congregación manifestado durante su asistencia regular a la iglesia.[22] Incluso teniendo que luchar a diario por la supervivencia, eran capaces de salir adelante mientras no tuvieran que hacerlo solos. Otra investigación demuestra que cuando los hombres pierden su empleo tras el cierre de una empresa, uno de los factores que contribuyen a que sean capaces de sobrellevar el estrés del desempleo es contar con estrechas relaciones personales. De hecho, se ha visto que una estructura familiar sólida y un fuerte apoyo de la comunidad durante la infancia ofrecen protección frente a futuras enfermedades cardíacas y de otro tipo para toda la vida.[23]

Los psicólogos sociales de la Universidad de Exeter, en Gran Bretaña, han mostrado cómo el hecho de pertenecer a grupos sociales de cualquier tipo tiene un efecto extraordinariamente fortalecedor; es una de las mejores medicinas de la naturaleza. Su revolucionaria investigación muestra que el más importante predictor de la salud —más incluso que la dieta y el ejercicio— es el número de grupos a los que un individuo pertenece, sobre todo si mantiene sólidas relaciones dentro de ellos.[24] Cuanto mayor sea la participación en organizaciones voluntarias de carácter social, tales como grupos o asociaciones religiosos, menor será el riesgo de morir, por la causa que fuere.[25]

Incluso el contagio de enfermedades infecciosas parece tener mucho menos que ver con estar expuesto a ciertos gérmenes que con el estado de la vida social de la persona. Estar socialmente aislados nos hace más susceptibles a las infecciones, leves o graves. En un estudio realizado por el Departamento de Psicología de la Universidad Carnegie Mellon de Pittsburg se vio que aquellas personas que tenían el más amplio y diverso número de roles sociales gozaban de una inmunidad extraordinaria frente al resfriado común, en tanto que las menos sociables tenían el doble de posibilidades de resfriarse.[26]

«Hablando sin ambages —escribió el científico político de Harvard Robert D. Putnam en su libro *Bowling Alone*—, si no pertenece usted a ningún grupo pero decide unirse a alguno, habrá reducido a la mitad su riesgo de morir durante el próximo año.»[27]

Los *reality shows* televisivos, como *Operación Triunfo* o *Factor X* se ceban en nuestro deseo de formar parte de una red social. «El sentimiento de comunidad es en parte el responsable de que este tipo de programas tenga tal atractivo —dijo Beverly Skeggs, profesora de sociología en el Instituto Goldsmith, de la Universidad de Londres—. La gente se conecta con otra gente que tiene los mismos valores, que se comporta de la misma manera.»[28] Es tal nuestra avidez de conexión que estamos dispuestos a establecerla aunque sea con personas de la pequeña pantalla.

Sentir que pertenecemos tiene tal fuerza que puede incluso protegernos de la discriminación. Uno de los más famosos estudios de la relación del individuo con la dinámica de grupos en un ambiente autoritario es el experimento de la prisión de Stanford, llevado a cabo en 1971. Philip Zimbardo, profesor de psicología de la Universidad de Stanford, California, creó una falsa cárcel en la que a un grupo de hombres de clase media, a los que se seleccionó por considerarse que eran psicológicamente los más estables de entre los voluntarios que se habían presentado, se les asignaron al azar los papeles de guardianes y presos, mientras que Zimbardo asumió el rol de director de la prisión.

Muy pronto, el experimento se les fue de las manos. A los «presos» se les dio uniformes carcelarios, se leos llamaba solo por el número, se los obligaba a cumplir órdenes arbitrarias y se les infligían castigos igual de arbitrarios, todo ello a fin de emular los aspectos deshumanizadores de una cárcel. Los «guardianes» fueron volviéndose cada vez más exigentes y agresivos a la hora de establecer las normas y de hacer que se cumplieran, y acabaron por someter a los presos a tareas degradantes e incluso pornográficas, y los presos aceptaban el trato humillante, pese a saber que podían abandonar el experimento en el momento que lo desearan. El mismo Zimbardo se dejó absorber hasta tal punto por su papel de director de la cárcel que hizo falta que una espectadora —una estudiante que había ido a observar el experimento— le alertara de lo terriblemente que había degenerado la situación, tras lo cual Zimbardo puso fin al experimento mucho antes de lo pensado. Aquella mujer que le hizo darse cuenta de la verdad acabaría, con el tiempo, siendo su esposa.[29]

Este estudio tan fundamental se ha citado desde entonces en las clases de psicología como prueba indiscutible de que los grupos tienen un efecto automático al estilo de *El señor de las moscas*, y son capaces de hacer que la gente se despoje de su juicio moral e incluso de su humanidad. Se ha utilizado también como ejemplo de cómo los miembros de un grupo que se siente desamparado e impotente pronto pierden el sentido de identidad individual.

En 2002, dos psicólogos sociales británicos, Alexander Haslam, de la Universidad de Exeter, en Inglaterra, y Stephen Reicher, de la Universidad de St. Andrews, en Escocia, quisieron revisar estas ideas y recrearon para ello el experimento de la Universidad de Stanford. Con la financiación de la British Broadcasting Company (Compañía de Teledifusión Británica), BBC, (que lo emitiría luego por televisión bajo el título de *El experimento*), los dos psicólogos crearon una estudiada prisión y, como había hecho Zimbardo, de forma aleatoria asignaron a un grupo de hombres los papeles bien de presos, o bien de guardianes.

A lo largo de ocho días los experimentadores fueron testigos de una evolución verdaderamente impactante. Aunque al principio los presos se sentían desmoralizados, con el tiempo la dinámica del grupo fue cambiando. A medida que empezaron a desarrollar un sentimiento de identidad compartida, comenzaron también a funcionar con efectividad como colectivo y a disfrutar, además, de un estado de ánimo mejorado y cierto bienestar mental. Esta identidad compartida condujo asimismo a mejorar los perfiles de salud, y los presos experimentaron un descenso del cortisol, la hormona que el cuerpo segrega en situaciones de estrés.

Con el paso de los días, los presos fueron mostrándose cada vez más fuertes y felices, y desapareció en ellos el sentimiento inicial de impotencia. Los guardianes, por su parte, que no se habían unido como grupo, fueron sintiéndose cada vez más desalentados e impotentes, mostrando altos niveles de cortisol. Finalmente, los presos se amotinaron y la autoridad de los guardianes se quebró por completo.

Pese al acoso de los guardianes, el grupo de los presos consiguió mantenerse inmune a los malos tratos, con tal de que cada uno de sus miembros pudiera conectar con los demás que se encontraban en el mismo barco; de hecho, cuanto más se los oprimía como grupo, más fuertes se hacían.

La necesidad de ir más allá de los límites de quienes somos como individuos y de unirnos a un grupo es tan primordial e imprescindible para los seres humanos que esta es siempre la clave que decide si nos mantendremos sanos o enfermaremos, e incluso si viviremos o moriremos. Es algo más vital para nosotros que cualquier dieta o programa de ejercicios, ya que nos protege de las peores toxinas y de la mayor adversidad. Establecer un vínculo con un grupo es la necesidad más fundamental que tenemos, pues hace que aflore nuestro estado más auténtico.

Pero, además, experimentamos también la necesidad de unirnos en un nivel individual en nuestras relaciones. De todas las maneras posibles y con cada parte del cuerpo, nuestra necesidad de conectar se manifiesta asimismo de otra manera: en la necesidad de estar de acuerdo.

6

NACIDOS PARA CONCORDAR

El 23 de septiembre de 1954, al atardecer, el agente Alex Deeprose, del Departamento de Policía de Glasgow, recibió un aviso de alteración del orden en Southern Necropolis, el centenario cementerio de Glasgow de una extensión de ocho hectáreas, y a su llegada descubrió allí a cientos de niños de menos de catorce años —muchos de ellos no llegaban ni a los cuatro— armados con cuchillos de cocina y un surtido de palos afilados inspeccionando en detalle el cementerio y abriéndose paso con firme determinación entre sus 250.000 tumbas. Le contaron al agente que estaban allí para dar caza al vampiro que había secuestrado y devorado a dos niños del barrio. Muchos de los padres no solo aprobaban la acción parapolicial de sus hijos, sino que también ellos se habían movilizado.

Nadie era capaz de recordar de dónde había nacido el rumor ni cómo había empezado todo, pero en unas pocas horas se había extendido por tres colegios de primaria de la zona. Para las tres de la tarde, hora en que acababan las clases, prácticamente toda la población estudiantil de Gorbals y Hutchesontown, las dos áreas colindantes, había salido disparada hacia el gigantesco arco gótico de entrada a Southern Necrópolis. Durante varias horas los niños se habían arrastrado juntos sobre las lápidas medio desmoronadas, atentos a cualquier figura siniestra, alumbrados por la luz rojiza de las llamas que lanzaban a sus espaldas las chimeneas de los altos hornos. Edward Cusick, director del colegio de enseñanza primaria St. Bonaventure, se presentó esa misma noche para asegurar a aquellos padres angustiados que no se tenía noticia de que hubiera desaparecido ningún niño en Glasgow por aquellas fechas. Aun así, noche tras noche las patrullas infantiles regresaban al cementerio después de ponerse el sol para continuar la búsqueda.

Alarmados, profesores y directores de periódicos, así como algunos residentes presbiterianos, tratando de encontrar la fuente de esta leyenda urbana, se inclinaban a culpar de ello a la actual permisividad cinematográfica, pese a que el cine del barrio nunca había proyectado ninguna película de vampiros. Finalmente, pudo identificarse al verdadero culpable: los cómics americanos. La Asociación Nacional de Profesores de Escocia se sintió entonces obligada a organizar una exposición de ejemplos especialmente morbosos de la vertiente de terror dentro del género, *Cuentos desde la cripta* y *La cripta del terror*, como prueba de que estas publicaciones eran las culpables de haber exaltado la imaginación de la juventud escocesa. Poco después, el gobierno británico presentó una proposición de ley sobre publicaciones perniciosas para niños y jóvenes, que prohibía la importación de revistas y cómics para menores en los que figuraran «incidentes de naturaleza repulsiva o aterradora», ley que sigue vigente en la actualidad pero que realmente nunca se ha hecho cumplir.

Tam Smith, que tenía ocho años en aquella época, contaría al cabo del tiempo que aquellos niños, que vivían hacinados en los barrios de Gorbals, no tenían televisor, ni contaban con el dinero ni los medios para comprar tan exóticas publicaciones.[1] De hecho, la mayoría de los niños de Glasgow no tenían ni idea de lo que era en realidad un vampiro; la descripción que le habían hecho al agente de policía Deeprose era la de una criatura de más de dos metros de altura con gigantescos dientes de hierro. El único monstruo del que Tam jamás había oído hablar era el que se describía en un pasaje bíblico —Daniel, 7:7— que alguien le había leído; y otro monstruo que respondía a la misma descripción era el que aparecía en un poema que les había recitado en clase uno de sus profesores.

El incidente del vampiro de Gorbals es uno de los numerosos ejemplos de *enfermedad psicogénica*, o histeria colectiva, término que acuñó Hipócrates en el año 400 a. de C. para describir un inexplicable contagio colectivo de cierto comportamiento o emoción. En uno de los primeros casos documentados, Frau Troffea salió a un estrecho callejón de la ciudad de Estrasburgo, en Francia, un caluroso día de julio de 1518 y empezó a bailar. Una semana después, un centenar de personas se habían unido a ella, y al cabo de un mes el número de bailarines llegaba a 400. Las autoridades alsacianas se alarmaron y, convencidas de que «la mancha de mora roja con mora verde se quita», alquilaron locales y contrataron a flautistas, tamborileros y artistas profesionales de la danza en un intento de agotar a los bailarines de la ciudad. Al final del verano, después de que muchas docenas de bailarines hubieran muerto de un ataque al corazón, una embolia o de puro agotamiento, las autoridades metieron a los supervivientes en vagones y los enviaron a todos a un sanatorio psiquiátrico.

El contagio masivo estuvo también detrás de los juicios de Salem por brujería, que tuvieron lugar en 1692 después de que una niña de nueve años llamada Betty Parris y su prima Abigail Williams empezaran a quejarse de convulsiones inexplicables, condición que se extendió a las demás jóvenes de Salem, Massachusetts, y que condujo por último a que diecinueve personas murieran ahorcadas o lapidadas acusadas de brujería. Se consideró que la enfermedad psicogénica fue también la causa de un incidente al que dos psiquiatras se han referido como «the June Bug» (la chinche de junio), en el que cincuenta y nueve trabajadores de una fábrica norteamericana de confección textil, que se quejaban de haber sido atacados por un enjambre de insectos, mostraba señales muy reales de sarpullido, náuseas, mareos y desmayos.[2] En época más actual, en mayo de 2006, alrededor de trescientos adolescentes de catorce institutos portugueses se quejaron también de sarpullidos, mareos y dificultad para tomar aliento, lo cual hizo que algunos centros tuvieran que cerrar. Nunca se consiguió realmente aislar el supuesto virus, pero dio la casualidad de que uno de los personajes de *Morangos com açucar*, una popular serie juvenil portuguesa —equivalente a la norteamericana *Beverley Hills 90210*—,[3] en un episodio reciente presentaba exactamente los mismos síntomas. En nuestros días, el contagio social puede provocarlo incluso un culebrón.

Independientemente de cuál sea el incidente, los síntomas de la enfermedad psicogénica son los mismos: un comportamiento o síntoma físico que inexplicablemente se extiende de una persona a otra como un virus. Los psiquiatras consideran que se trata de incidentes que en origen tienen un indiscutible carácter mental, y los catalogan oficialmente como una colectiva «neurosis histérica de conversión», en apariencia generada por los objetos de preocupación social del momento. No obstante, la histeria colectiva es simplemente una versión extrema de otra faceta de nuestro vínculo social: la necesidad de encontrar concordancia. Debido a nuestro impulso natural a fundirnos con nuestros semejantes, tenemos la imperiosa necesidad de ser iguales que ellos, mental y físicamente.

Entablar relaciones no es sino apartarse de la atomización del «yo» y dirigirse hacia la conexión con la totalidad. Una de nuestras necesidades más primitivas, en toda relación social, ya sea individual o colectiva, es la de estar de acuerdo con el otro. Por muy escandalosa y desmandada que sea nuestra naturaleza, constantemente buscamos el equilibrio físico y psíquico con cada persona con la que establecemos contacto, incluso si eso significa imitar el deseo de otro de lanzarnos a la caza de vampiros. Esta necesidad nuestra se manifiesta en el impulso automático de *sincronizar* física, psicológica y emocionalmente con el otro, de ponernos en el mismo estado que el de cualquiera que sea la persona con la que nos encontramos. Pero esta necesidad de concordar no tiene ninguna base ni preferencia moral; el rápido ascenso del nazismo en Alemania es un claro ejemplo del contagio de un sistema de creencias, así como de la voluntad, por parte de un tanto por ciento muy elevado de la población, de suspender los valores humanos universales con tal de concordar con esas creencias. En su libro *Talking to the Enemy*, el antropólogo Scott Atran argumenta de un modo muy convincente que los terroristas suicidas actúan movidos por una imperiosa necesidad de ser aceptados por su grupo, y no tanto por razones religiosas. Asumen el «coste del compromiso» que conlleva la aceptación, y que depende de la enormidad del sacrificio que estén dispuestos a hacer.[4] «No matan y mueren por una causa —escribe Atran—; matan y mueren unos por otros».[5]

Según la investigación llevada a cabo por la psicóloga Elaine Hatfield y sus colegas de la Universidad de Hawai, cuando la gente interactúa experimenta automática e involuntariamente un mimetismo y una sincronía que engloban el cuerpo entero. El que escucha adopta rápidamente las expresiones faciales y la postura del que habla; copia incluso el ritmo de su discurso, la longitud de sus frases y las pausas que hace para tomar aliento. De hecho, para que una relación funcione, creen Hatfield y sus colegas que incluso las voces de las dos personas acaban asimilándose una a la otra.[6] En todo encuentro social nos volvemos expertos en el arte de la imitación, movidos por un propósito que va más allá del hecho en sí: la necesidad, siempre latente en nosotros, de establecer un vínculo.

William Condon, profesor de psicología en la Escuela Médica de la Universidad de Boston, pasó más de tres décadas observando con paciencia vídeos a cámara lenta, fotograma a fotograma, intentando entender qué les ocurre a los cuerpos de las personas cuando se hablan una a otra. Como descubrió, cada uno de nuestros movimientos está sincronizado a la perfección con nuestros patrones de habla; nuestros brazos, manos, hombros y cabeza siguen el ritmo de nuestro discurso, e incluso los ojos parpadean en sincronía. Todos estos movimientos pueden cambiar en cuestión de segundos con cada nueva consonante y vocal que emitimos, y son enteramente involuntarios. «No hay forma de escapar de esto, por mucho que uno se esfuerce», comenta el profesor.[7]

Pero lo más sorprendente de los vídeos de Condon es la reacción del que escucha una conversación: su cuerpo empieza a sincronizarse con los patrones del discurso del hablante al cabo de un espacio de tiempo mínimo (cuarenta y dos milisegundos, el equivalente a un fotograma de película que transcurra a una velocidad de veinticuatro fotogramas por segundo).[8] Los movimientos de los dedos, los brazos, los ojos y la cabeza se coordinan perfectamente con la voz del hablante, con su énfasis, tono y volumen; los dos cuerpos se balancean y gesticulan al unísono, como coreografiados en una compleja danza. El amplio movimiento de todo el brazo acompañará a una frase entera, mientras que los gestos más leves, hasta llegar al movimiento de un solo dedo, puntualizarán una palabra o un sonido para darle énfasis.

«Estamos casi en contacto auditivo —dice Condon—. Cuando te hablo, mis pensamientos se traducen a movimientos musculares, y luego a rutas aéreas que inciden en tu oído, y tu tímpano empieza a oscilar entonces en absoluta sincronía con mi voz. En esencia, no hay vacío alguno entre nosotros, ya que el sonido tarda apenas unos milisegundos en registrarse en el tronco encefálico; necesita catorce milisegundos para llegar al hemisferio izquierdo».

Condon atribuye este impulso a un motor auditivo reflejo dentro del sistema nervioso central, que «permite, o incluso *obliga*, a que los movimientos del que escucha se sincronicen con la voz del que habla en mucho menos tiempo del que requiere cualquier reacción consciente». Es posible, afirma, que incluso anticipemos de modo precognitivo el discurso del hablante antes de que este abra la boca.

La capacidad que tiene el oyente para enmarcar al hablante es innata; veinte minutos después de nacer, el recién nacido tiene la misma capacidad que el adulto para rastrear los sonidos del habla.[9] Y esto con respecto a cualquier tipo de discurso, incluso si este se emite en un idioma totalmente extraño para los padres de la criatura. Es en una fase más tardía de su desarrollo cuando los bebés se habitúan al sonido de su propio idioma.

En un intento de descubrir el origen de esta conexión invisible, Condon conectó a dos personas a un encefalógrafo para observar sus ondas cerebrales mientras estaban enfrascadas en una conversación. En aquella época el instrumental empleado era similar a los antiguos detectores de mentiras, cuyas plumas de grabación transcribían la actividad de las ondas cerebrales a un rollo de papel. Condon descubrió que, una vez tras otra, mientras la pareja hablaba, las plumas de grabación de las dos máquinas se movían con sincronía, como si las ondas emanaran de un mismo cerebro. Lo único que interrumpía este dueto perfectamente orquestado era la llegada de una tercera persona, momento en que los oyentes iniciaban un nuevo ritmo, sincronizándose con el intruso.[10] Condon acabó por darse cuenta de que las estructuras cerebrales, en múltiples niveles del sistema nervioso, hacen de mediadoras de esta microsincronía. Sencillamente, un sistema nervioso empieza a conducir al otro.[11]

Tras años de estudiar sus películas a cámara lenta, Condon llegó a la conclusión de que los seres humanos no son «entidades aisladas que se envían mensajes discretos» una a otra, sino que comparten una forma organizativa, tal como se expresa mediante el lenguaje y el movimiento.[12] Edward T. Hall, el famoso antropólogo norteamericano, lo explicó con otras palabras: «Básicamente, al interactuar, las personas se mueven juntas en una especie de danza [...] sin música u orquestación consciente».[13]

Hall, que había realizado también estudios similares, descubrió que existía una profunda sincronía en los grupos, y alentó a sus alumnos universitarios a que la investigaran mediante la filmación de la actividad grupal. En uno de los casos, uno de sus alumnos, que participaba en un proyecto del seminario, se escondió en un automóvil abandonado y fotografió a un grupo de niños que bailaban y saltaban en el patio de un colegio. Al principio, el juego de cada uno de ellos parecía estar ejecutado al azar; los niños jugaban solos, aunque una niña pequeña ocupaba una parte mucho mayor del patio que sus compañeros. A su regreso a la universidad, el estudiante ralentizó la grabación y la proyectó a diferentes velocidades, tal como Hall le había dicho que lo hiciera, y finalmente vio que los niños se movían en sincronía con un ritmo definido. «La niña más activa, la que más se movía, ¡era la directora, la orquestadora del ritmo del patio!», escribiría Hall.[14]

Lo que también le fascinó fue que el ritmo al que jugaban los niños le resultaba familiar. Le pidió a un amigo suyo, experto en música *rock*, que buscara una canción cuyo ritmo encajara con el de los movimientos de los niños. Cuando localizaron el tema musical y lo sincronizaron con el juego, Hall se dio cuenta de que los pequeños seguían a la perfección el ritmo de la música durante los cuatro minutos y medio que duraba el juego. Tanto es así que, cuando otros vieron la película, creyeron que los niños estaban de hecho escuchando la música en el patio mientras jugaban. «La corriente subyacente de movimiento sincronizado era lo que daba cohesión al grupo —escribió Hall—. Sin saberlo, todos se movían al ritmo que ellos mismos generaban [...] Tenían incluso una directora que se encargaba de mantener el ritmo continuamente.»[15]

La necesidad de copiar a otros tiene lugar prácticamente en todo nuestro comportamiento. En la actualidad sabemos que el contagio del bostezo ocurre en todas las especies, e incluso entre especies distintas. El primatólogo Frans de Waal asistió en una ocasión a una conferencia donde se proyectaba una película en la que se veía bostezar a caballos, leones y monos; al cabo de un rato todo el público de la sala bostezaba de forma sincronizada.[16] Incluso la risa se ha demostrado que es contagiosa. Las investigaciones de la Escuela Universitaria de Londres han revelado que toda una variedad de sonidos, desde la risa y los vítores hasta los chillidos y las arcadas, provocan respuestas en las regiones corticales promotoras del cerebro, que preparan a los músculos de la cara para que se configuren de maneras que se correspondan con el sonido. Lo sorprendente es que los sonidos placenteros producen el doble de respuesta en la corteza motora que los desagradables, lo cual nos da a entender que los sonidos positivos, tales como la risa, son más contagiosos que los negativos. El mecanismo cerebral por el que se copia la risa es automático; a todos nos resulta difícil controlar el impulso de sonreír o de reír cuando oímos que alguien ríe.[17]

Los miembros de prácticamente cualquier especie que participen de una actividad común no tardarán en sincronizar sus movimientos. Los caballos de carga, que tal vez al principio lleven un paso individualizado, pronto adoptan un mismo ritmo y empiezan a andar al paso, y cuando tienen que salvar algún obstáculo, lo hacen como si se hubieran convertido en un solo organismo, escribe De Waal. Cuenta la historia de *Isobel*, una perra husky de trineo que, a pesar de haberse quedado ciega, estaba tan sincronizada con la manada que, cuando tiraban de un trineo, era capaz de llevar el paso a la perfección.[18]

El propósito de la imitación es allanar el camino para que pueda darse una verdadera conexión emocional. «Cuando imitamos automáticamente las fugaces expresiones faciales, vocales y posturales de nuestros compañeros, a menudo llegamos a sentir "un pálido reflejo" de la emoción real que esas personas sienten —dice Hatfield—. Al asistir momento a momento a esa pequeña corriente de reacciones, somos capaces de "sentirnos" dentro de la vida emocional de otras personas.»[19] Y esto puede ser, por sí mismo, altamente contagioso.

Sigal Barsade, una joven de California, llegó a trabajar una mañana y se dio cuenta de que el estado de ánimo general de la oficina, de ordinario tenso y estresante, había cambiado por completo, aunque no era capaz de saber exactamente en qué radicaba la diferencia. La gerencia era la misma, no había ningún empleado nuevo, ni tampoco ningún cambio en la disposición del lugar en sí, pero aquella gente que hasta entonces apenas parecía haber reparado en ella apartaba ahora la vista del trabajo un instante y le sonreía. Los trabajadores, que solían pasarse el día entero pegados a la pantalla del ordenador, hacían descansos para charlar un rato junto a la máquina de café. Durante toda aquella gloriosa semana, sus compañeros de trabajo estuvieron más relajados y fueron más sociables de lo que ella jamás hubiera podido imaginar.

Al empezar la semana siguiente, el estado de ánimo colectivo había vuelto a la normalidad; era tenso, irritable y sombrío. Tampoco esta vez podía decirse que externamente hubiera cambiado nada, y, sin embargo, la oficina entera se mostraba totalmente distinta de la semana anterior. La única variación a la que Sigal Barsade podía atribuir este cambio era que hubiera vuelto de sus vacaciones una malhumorada compañera de trabajo. Aunque la mujer no trabajaba en colaboración directa con Sigal, su temperamento irritable y quejumbroso era tan palpable que había contagiado a todos los que trabajaban a su alrededor. Quizá las personas sean «inductoras de estados de ánimo», pensó la joven, y transmitan su estado de ánimo a todo aquel que se encuentran, que a su vez lo transmitirá a otros, formando una especie de «cadena de margaritas» interminable.[20]

La experiencia tuvo un gran impacto en Sigal Barsade, contribuyendo en gran medida a que tomara la decisión de hacer su tesis doctoral en la Escuela de Ciencias Empresariales Haas, de la Universidad de California, en Berkeley, sobre el comportamiento en las organizaciones. Lo que más le había impresionado de su experiencia con su malhumorada compañera de trabajo era hasta qué punto podía influir en las relaciones empresariales, en la toma de decisiones e incluso en los beneficios el contagio del estado de ánimo entre los empleados. Tras obtener el doctorado, aceptó un puesto de profesora adjunta en la Escuela de Administración de Empresas de la Universidad de Yale, donde decidió poner a prueba lo que había empezado a llamar «el efecto dominó» de la emoción, ideando para ello un ingenioso experimento.

Escogió al azar a 94 alumnos de la escuela universitaria, los clasificó en pequeños grupos de entre dos y cuatro alumnos y le pidió a cada participante que hiciera el papel de jefe de departamento en un comité de salarios cuya labor era repartir, de la mejor manera, ciertas sumas de dinero entre los empleados de la empresa a modo de bonificación. Cada jefe de sección debía hacer de abogado, intentando obtener la suma de dinero más alta posible para un candidato de su departamento al que hubiera elegido por ser digno merecedor de reconocimiento. No obstante, todas las bonificaciones dependían enteramente de que los miembros de cada grupo llegaran a un acuerdo en un plazo de tiempo estipulado.

Poco sabían los estudiantes que Barsade había introducido a un usurpador, «Rick», un estudiante de teatro al que se había adiestrado para que representara un estado de ánimo distinto, con un nivel de energía diferente, dentro de cada grupo. A Rick, que debía hablar en favor del mismo empleado en todos los grupos, se le había pedido, además, que hablara siempre el primero para ver si su estado de ánimo marcaba la pauta emocional de la reunión.

Los resultados, que Barsade grabó, fueron de lo más impactante. Aunque Rick había solicitado lo mismo de cada grupo en nombre de su candidato, el clima de cada uno de ellos era diferente, dependiendo del estado de ánimo que mostrara Rick: cuando exudaba pesimismo y negatividad, los miembros del grupo parecían estar menos dispuestos a cooperar entre sí; cuando se mostraba calmado y contento, los componentes del grupo tenían más probabilidades de vincularse y colaborar unos con otros de un modo productivo. Pero, además, el estado de ánimo colectivo, y el papel de Rick para crearlo, influían también poderosamente en el tono y el resultado de las negociaciones: cuanto más cooperativo era un equipo, más elevada resultaba la cuantía de cada bonificación.

El efecto no solo era insidioso, sino también completamente inconsciente, ya que ninguno de los participantes tenía ni la menor idea de que se estuviera manipulando artificiosamente su estado de ánimo. En los cuestionarios que Barsade les pidió que rellenaran a continuación, referentes a sus sentimientos antes y después del experimento, todos atribuyeron su propia eficiencia o ineficiencia dentro del grupo a otros factores, en ningún caso al estado de ánimo colectivo.

Barsade hizo otro fascinante descubrimiento con el que no contaba: vio que la emoción positiva era igual de contagiosa que la negativa, y esto le sorprendió principalmente porque todas las investigaciones anteriores sugerían que la emoción negativa era más contagiosa. También parecía haber poca diferencia entre que Rick actuara con mayor o menor energía, salvo en un aspecto: cuando se mostraba sutilmente optimista, su estado de ánimo era más contagioso que su sutil mal humor «de baja energía». De hecho, cuando resultaba más persuasivo era en los momentos en que mostraba un estado «de baja energía» positivo; entonces, el grupo le daba incluso más dinero del que había pedido. El extraordinario efecto que había tenido Rick en el estado de ánimo colectivo de cada grupo se extendió a todos los encuentros que tuvo en el campus universitario con miembros de los grupos durante los meses siguientes. Aquellos con quienes había actuado de un modo positivo le saludaban calurosamente, mientras que aquellos que habían formado parte de los grupos donde se había mostrado pesimista continuaron saludándole con hostilidad o con un silencio nada amistoso.

Barsade concluyó que ambos tipos de emoción, positiva y negativa, eran altamente contagiosos, pero que las emociones positivas estimulan a un grupo alentándolo a cooperar internamente y a hacer elecciones más positivas en la toma de decisiones, mientras que las negativas tienen el efecto exactamente contrario.[21] Sin optimismo colectivo, los seres humanos son pésimos negociadores y toman decisiones equivocadas.

Los resultados de la experiencia de Barsade fueron una sacudida para la comunidad empresarial, y su investigación empezó a citarse tan a menudo que acabó consiguiéndole una cátedra en la Escuela Empresarial Wharton, de la Universidad de Pensilvania. Con su ingenioso experimento había logrado demostrar claramente que las emociones son como virus, que no solo se transfieren de una persona a otra en un interminable e inconsciente círculo de contagio, sino que además afectan profundamente al resultado de las reuniones y negociaciones empresariales. Cualquier negocio podía hacer más dinero si desde el primer momento predominaba el buen humor, pues este se contagiaría constantemente a toda la plantilla de trabajadores en un «círculo virtuoso». Muchas empresas se hicieron conscientes de que una decisión de vital importancia podía depender del estado de ánimo de quienes aquel día participaran en una determinada reunión, y algunas de ellas empezaron a hacer uso de las lecciones implícitas en el estudio de Barsade. Así, organizaciones de *marketing* de distintos niveles, tales como Mary Kay Cosmetics o Neways, utilizan actualmente canciones, comidas «de recompensa» y reuniones a nivel nacional para infundir emociones positivas a sus trabajadores.

Como Barsade descubrió consiguientemente, el contagio emocional se produce con gran facilidad incluso en encuentros casuales. El mero hecho de compartir lo que fuere con otra persona crea un equilibrio del estado de ánimo, a lo cual ella empezó a llamar «conocimiento emocional colectivo» entre dos personas. «Cada vez que interactuamos con alguien, intercambiamos constantemente el estado de ánimo en una y otra dirección», afirma, y ese intercambio de estados de ánimo y acciones entre individuos, grupos y organizaciones enteras es «sistemático, sutil y continuo».[22]

Nuestra necesidad de conectarnos con otros está tan omnipresente que adoptamos con facilidad su humor, ya sea positivo o negativo. Por ejemplo, en un estudio tres grupos de participantes escucharon un discurso leído por un actor que usaba una inflexión feliz, infeliz o neutra. Cuando más tarde los participantes valoraron sus propias emociones, su humor era idéntico al que mostró el actor mientras leía el discurso. Y lo que es más, cuando se les pedía su opinión sobre el actor, este les gustaba menos a aquellos que habían escuchado el tono infeliz.[23]

Y no solo imitamos las emociones de los demás, sino que sentimos esas emociones en lo más profundo de nuestro cuerpo. Estamos tan sintonizados con el paisaje emocional que nos rodea que un entorno positivo o negativo afecta a nuestro cuerpo y a su capacidad de funcionamiento. Las células asesinas naturales —la primera línea de defensa del sistema inmunitario para combatir el cáncer y los innumerables virus— son enormemente reactivas al estrés de nuestras vidas, y sobre todo a los factores estresantes sociales.[24] Se ha observado cómo el número y la actividad de dichas células desciende abruptamente durante las discusiones e incluso los conflictos de poca importancia.[25]

Asimismo, se ha demostrado que el estrés social afecta al funcionamiento del eje hipotálamo-pituitaria-suprarrenal, uno de los principales reguladores de la capacidad de combatir las enfermedades. El psicólogo David Spiegel y sus colegas han encontrado un vínculo entre la discordia marital y los efectos negativos de los ritmos corporales de cortisol, que en la actualidad se consideran un factor de riesgo para la mortalidad temprana por cáncer.[26]

El fin último de cualquier interacción social es crear una fusión de uno mismo con la otra persona. Nuestra instantánea y automática imitación de los movimientos, figuras del lenguaje y emociones está diseñada para fortalecer el vínculo entre nosotros. Tanto si lo deseamos como si no, estamos constantemente sintonizados con el paisaje emocional que nos rodea. Esto significa, sin embargo, que nuestros pensamientos y gestos pueden no ser entera y exclusivamente nuestros, sino derivarse de la conexión que establecemos con los demás; de hecho, podemos incluso contagiarnos a distancia, y el contagio puede provenir de personas a las que quizá ni siquiera conozcamos.

En 1948, en un intento de descubrir las causas comunes de la enfermedad cardiovascular, un grupo de científicos de la Universidad de Boston tuvo la idea de observar detalladamente su desarrollo a lo largo del tiempo en un amplio grupo de participantes —en este caso, prácticamente de una ciudad entera—. Durante más de sesenta años, el Estudio Framingham del Corazón hizo un seguimiento de tres generaciones de buena parte de la población residente en esta localidad de Massachusetts, examinando a los participantes en todos los aspectos imaginables, de tal modo que su salud, estilo de vida y capital social quedaron al descubierto. Dado que el Estudio Framingham es una auténtica mina de información sobre la salud y los hábitos de una población entera, son muchos los investigadores que han examinado sus datos en busca de pistas sobre la influencia que ejerce la forma de vida en la salud y en los patrones psicológicos, y también sobre qué le sucede a la salud de la gente cuando vive sola o en grupo.

Para Nicholas Christakis, profesor de sociología y medicina en la Universidad de Harvard, y James Fowler, profesor de ciencias políticas y genética médica de la Universidad de California, en Davis, la población de Framingham representaba una extraordinaria oportunidad de estudiar el tema que a ambos les apasiona: cómo afecta a una persona su red social. En su trabajo anterior, Fowler había observado cómo se extiende entre la gente el comportamiento a la hora de votar, y Christakis había descubierto que la salud de uno de los esposos normalmente afecta a la salud del otro, pero ahora quería ver si esto sucedía no solo entre cónyuges, sino también entre amigos.

Como sociólogo, Christakis estudia cómo y por qué los «nodos» —seres humanos individuales— se agrupan, y cómo les afecta individualmente el hecho de formar esos grupos. A los sociólogos les encanta asociar estas densas interrelaciones y luego estudiar si los nodos obtienen algún valor añadido de la gente que constituye su red.

Cuando se analizan las redes sociales, el comportamiento del individuo no es lo primordial; lo que el sociólogo busca es el *efecto que tiene la relación de grupo* en el individuo.[27] Es la magnitud o la calidad de los lazos que se establecen, y no el comportamiento individual, lo que de verdad le interesa.

El diagrama de una red social es algo digno de verse: una intrincada red de líneas trazadas entre nodos individuales, bastante parecida al mapa de vuelos de una aerolínea, aunque una red social tan grande y completa como la del Estudio Framingham podría parecerse a un mapa en el que los vuelos conectaran entre sí todos los aeropuertos del mundo. En estos diagramas, los sociólogos buscan la *homofilia*, es decir, nuestra tendencia a elegir relacionarnos con aquellos que más se asemejan a nosotros. Buscan también los *componentes* de la red, pequeñas agrupaciones en las que cada miembro tiene al menos una conexión con otra persona del grupo. En cualquier red social, un aspecto del que los científicos son testigos una y otra vez es el de que «Dios los cría y ellos se juntan», o lo que es lo mismo: la similitud engendra conexión. En toda conexión social de cualquier clase o magnitud —las personas con las que nos casamos, los amigos que buscamos, los equipos de los que nos hacemos miembros, los grupos de información, de asesoramiento o de apoyo de los que esperamos obtener respuesta—, tendemos a escoger redes en las que haya personas con particularidades demográficas, comportamientos o características personales similares a los nuestros. Las conexiones más estrechas (y también las mayores divisiones) son aquellas que tienen lugar siguiendo las líneas raciales y étnicas, después de lo cual nos unimos o nos dividimos atendiendo a la edad, la religión, la educación, la ocupación y el sexo, más o menos por ese orden. Es más, los grupos de miembros no afines se deshacen con mucha mayor rapidez que aquellos con afinidades.[28]

Otro aspecto del estudio sociológico es algo a lo que se denomina *distancia geodésica*, o grados de separación, y que hace referencia a la proximidad que tenemos con los demás componentes del grupo; cada capa está representada por un «grado». Hay un grado de separación entre tus amigos y tú; dos grados, entre tú y los amigos de tus amigos, y tres, entre tú y los amigos de los amigos de tus amigos.

Christakis y Fowler tomaron a 5.124 habitantes de Framingham que participaban en el estudio desde 1973, y también a todas aquellas personas que tuvieran relación con estos individuos: amigos, hermanos, cónyuges e hijos; para cuando terminaron, tenían un mapa de más de 12.000 personas que de un modo u otro estaban inextricablemente interconectadas.

El primer objeto de estudio fue la obesidad. Tenían información sobre las medidas corporales de la totalidad de la cohorte de Framingham, así como de sus lazos sociales y de cómo habían evolucionado con el tiempo, lo cual permitía a los científicos examinar si el aumento de peso de una persona estaba influenciado de alguna manera por el aumento de peso de su pareja, o de sus amigos, hermanos o vecinos. La pregunta a la que trataban de responder era si la gente obesa buscaba a individuos obesos como amigos o si los hábitos alimenticios insanos de esa gente afectaban a sus amigos.

Christakis y Fowler descubrieron que el sobrepeso se había producido en grupos muy curiosos a lo largo de treinta y dos años. Los obesos tendían a tener redes de amigos obesos a tres grados de separación —es decir, los amigos de los amigos de sus amigos—, y viceversa.

Los grupos no parecían estar basados solo en la elección, no parecían ser el efecto de una selección positiva de lazos sociales establecidos entre gente gorda, sino que la obesidad era de hecho *contagiosa*: las probabilidades de que una persona engordara aumentaban en un 57% si un amigo suyo había engordado en cierto período de tiempo, y la mayor influencia era la de los amigos del mismo sexo. El contagio de la gordura era todavía más fuerte si provenía de un amigo que si lo hacía del cónyuge o de un miembro de la familia; si tu hermano engordaba, se incrementaban las probabilidades de que tú también lo hicieras en un 40%, y si engordaba tu pareja, las posibilidades de que tú siguieras su ejemplo aumentaban solo en un 37%.

Christakis y Fowler se sorprendieron también de la falta de elementos geográficos; es decir, la obesidad no estaba influenciada en modo alguno por la proximidad a otras personas gordas. De hecho, los investigadores descubrieron que no se establecía tal efecto entre vecinos, y pudieron descartar igualmente los efectos del estilo de vida del individuo o de cualquier cambio de conducta, como por ejemplo dejar de fumar.[29]

Christakis decidió entonces aplicar este mismo modelo a la emoción, y especialmente a la felicidad. La felicidad ha sido objeto de detallados estudios y, en la actualidad, la Organización Mundial de la Salud la ha identificado como un componente clave de la salud. Hasta la fecha, los datos sugieren que la felicidad se deriva de un gran número de factores: el nivel de ingresos, el estatus socioeconómico, la satisfacción con el trabajo, nuestra relación de pareja, nuestra salud, nuestros genes, e incluso cómo nos sentimos con respecto a nuestros gobernantes o si alguna vez nos ha tocado o no la lotería. Pero nadie había examinado si la felicidad tenía algo que ver con que los demás miembros de nuestro círculo social fueran felices.

La pregunta clave era para estos dos científicos si los individuos son felices o infelices de manera innata o si las circunstancias de sus vidas, *determinadas en gran medida por el contexto social*, con el tiempo acaban afectando a sus niveles de felicidad. Si esta seguía el mismo camino que otros aspectos de la sociología, los individuos estarían influenciados por su posición dentro de una red social y por la felicidad de aquellos miembros de la red social con quienes tuvieran una relación más próxima.

Christakis y Fowler regresaron a los datos de Framingham para averiguar si la felicidad es contagiosa o si existe algo semejante a «nichos» de felicidad dentro de las redes sociales. Como en el caso de la obesidad, vieron que la relación que había entre la gente feliz y aquellos amigos suyos que eran felices se extendía a tres grados de separación.

Su análisis de los datos muestra que la felicidad es definitivamente contagiosa, y no selectiva; los grupos en los que la gente se sentía feliz eran en parte resultado de una *natural expansión de la felicidad*, y no de que la tendencia de una persona feliz fuera encontrar a otras personas felices con las que relacionarse. Aquellos que estaban rodeados de gente feliz y ocupaban un lugar clave en su red tenían más probabilidades de ser felices en un futuro. La felicidad, como la obesidad, era socialmente contagiosa.

Pero Christakis y Fowler hicieron aún otro asombroso hallazgo: a diferencia de la forma en que se extendía la obesidad, en el caso de la felicidad la geografía sí era importante. Los efectos eran más fuertes entre personas que vivían próximas unas a otras, mientras que iban debilitándose a medida que aumentaban la distancia y la separación. Un amigo que sea feliz y viva a un kilómetro de tu casa aumentará las probabilidades de que tú seas feliz en un 25%, mientras que si se trata del vecino de la puerta de al lado, tus probabilidades de ser feliz aumentarán en un 34%.

Por otra parte, los amigos importan más, en lo que a la felicidad se refiere, que los cónyuges o los parientes. Un cónyuge feliz aumentará las posibilidades de que seas feliz únicamente en un 8%, y un hermano o hermana feliz, en un 14% tan solo; y en cuanto a los compañeros de trabajo, tampoco ellos influyen tanto en tu felicidad como los amigos y vecinos más próximos.

Christakis y su equipo llegaron a la conclusión de que la felicidad es un «fenómeno colectivo», un fenómeno dependiente en buena medida de los estados de ánimo más próximos.[30] Aquellas personas de las que nos rodeamos, con las que mantenemos contacto físico regular, en pocas palabras, *los amigos de nuestro vecindario psíquico*, son quienes ayudan a determinar lo felices que somos.

Y el mismo fenómeno ocurre con su opuesto: el sentimiento de soledad. Se vio que la gente solitaria tenía más probabilidades de extender el sentimiento de soledad y, en última instancia, deshilachar la red. Christakis, Fowler y sus colaboradores pasaron seguidamente a investigar los más diversos comportamientos, y descubrieron que muchos de ellos eran contagiosos: las retiradas súbitas de los depósitos bancarios por parte un sector de los residentes hacía que los demás se apresuraran a retirar su dinero; los suicidios entre la gente joven provocaban una racha de actos suicidas, y los que copiaban en los exámenes originaban una avalancha de estudiantes que los imitaban.[31]

Las pruebas sociológicas del contagio de la felicidad y la tristeza sugieren algo bastante curioso: de todas nuestras relaciones, de toda la gente que es capaz de hacernos inmensamente felices o de irritarnos hasta hacernos perder los estribos, quienes mayor efecto tienen en nuestro estado de ánimo, e incluso en nuestra salud, son aquellos que están más cerca. Y dado que nos contagiamos de las cualidades de los individuos que hay a nuestro alrededor, somos en gran medida una creación de las redes de las que formamos parte. Las personalidades colectivas de estas redes se filtran en nuestro interior, definiéndonos y, en último término, contribuyendo a determinar nuestra felicidad o nuestra desdicha, nuestro comportamiento e incluso el estado de nuestra salud.

Nuestro paisaje psicológico es una compleja mezcla de circunstancias internas y externas. Los estados interiores que experimentamos pueden considerarse enteramente resultado de las circunstancias exteriores, e incluso los estados exteriores que manifestamos están diseñados e influenciados por nuestra interacción con el mundo; y esta compleja mezcla de imitaciones que tiene lugar en una y otra dirección forma el relato de nuestra personalidad.

Todo este intercambio de hábitos y emociones tiende a complicar un poco las cosas. Si mi experiencia se entremezcla tanto con la tuya, resulta cada vez más difícil separar qué proviene de ti y qué proviene de mí; ni siquiera la emoción se puede desentrañar e identificar como exclusivamente propia. Hasta ahora habíamos pensado que la emoción tenía carácter enteramente personal, pero ahora sabemos que es en realidad una compleja interacción de influencias entre nosotros y todos aquellos con quienes estamos en contacto. La naturaleza ha diseñado la vida para que transcurra *solo* en relación, y cuando no lo reconocemos así, actuamos en contra de nuestro diseño fundamental. Lo que consideramos que es nuestra personalidad, inmutable y singular, es en realidad nuestro vínculo con el mundo.

7

NACIDOS PARA DAR

Una sola pregunta ha perseguido a Samuel Oliner a lo largo de toda su vida, más incluso que la de por qué había sido él el único habitante de todo su pueblo que había conseguido sobrevivir a la matanza nazi. Durante sesenta años ha intentado responder a la pregunta de por qué estaría una persona dispuesta a arriesgarlo todo —incluso la vida de su familia— para salvar a alguien a quien apenas conoce.

En el verano de 1942, cuando Oliner tenía doce años, su familia, como muchos otros judíos, fue obligada a abandonar su casa de Bielanka y a instalarse hacinada en el gueto de Bobowa, un pequeño pueblo del sur de Polonia. Una mañana de agosto, temprano, los *Einsatzgruppen*,* un cuadro de camiones enormes, entró con gran estruendo en la plaza del pueblo. Una legión de soldados armados, alemanes y ucranianos al servicio de los nazis, inundaron las calles y empezaron a golpear las puertas de las casas exigiendo que se les abriera. Haciendo caso de su madrastra, que le rogó que se pusiera a salvo, Oliner se escondió en un

---

* Literalmente, «grupos de acción». Nombre que recibía el conjunto de escuadrones itinerantes especiales, formados por miembros de las SS, SD y otras facciones de la policía secreta en la Alemania nazi. (N. de la T.)

altillo, bajo el techo abuhardillado, desde donde, por una rendija, fue testigo de atrocidades innombrables —a una niña de meses la arrojaron con desdén por la ventana de uno de los pisos altos, y a otro bebé que lloraba lo silenciaron de un tiro que disparó el soldado que acababa de violar a su madre—, hasta que los nazis metieron a todos los supervivientes, incluida la familia de Oliner, en los camiones, y los gritos y alaridos dieron paso a un silencio aterrador.

Una vez que los *Einsatzgruppen* se hubieron marchado, Oliner corrió descalzo campo a través, durmiendo a la intemperie e intentando esconderse de sus compatriotas, a quienes la Gestapo había ofrecido una recompensa por entregar a cualquier judío errante. Unos días más tarde se enteró, por casualidad, del destino que finalmente había tenido su familia: ellos y otros miles de judíos habían acabado en el bosque de Garbacz, donde los habían hecho desnudarse y ponerse en pie sobre unos tablones; allí, los soldados les habían disparado con ametralladoras, de modo que fueran cayendo en una gigantesca fosa común excavada justo debajo de ellos. Habían tardado dieciocho horas en matar a toda aquella gente. A quienes estaban solamente heridos, los habían dejado morir asfixiados bajo el peso de los muertos; los habían enterrado vivos.

Oliner consiguió llegar hasta el cercano pueblo de Bystra, donde llamó a la puerta de Jacek y Balwina Piecuch, un matrimonio cristiano al que apenas conocía —de niña, Balwina había ido a la escuela con el padre de Oliner—. La mujer había oído hablar del exterminio en masa ocurrido en Garbacz, y en cuanto abrió la puerta y vio a Oliner lo abrazó y lo hizo entrar en casa.

Durante los tres años siguientes Balwina mantuvo a Oliner a salvo de los nazis. Le cambió de nombre, le enseñó a actuar como un cristiano, le encontró un trabajo con un granjero polaco, y le ofreció continuamente cariño y apoyo cuando lo veía sumirse en la desesperación. Oliner sobrevivió y emigró a Estados Unidos, donde se casó y llegó a ser un importante sociólogo. Pero nunca dejó de preguntarse *por qué lo había hecho Balwina*. Al tomar la decisión de ayudarle había puesto en auténtico peligro a su familia, ya que su casa estaba rodeada de innumerables informadores que recibirían sustanciosas recompensas por informar de que allí había un judío escondido. ¿Qué fue lo que le hizo arriesgarlo todo, su propia vida, y la de su marido y sus dos hijos, por alguien que era casi un desconocido?[1]

La pregunta le quemaba dentro desde hacía tanto tiempo que finalmente se sintió obligado a preguntar si alguien había oído hablar de personas que hubieran tenido un comportamiento altruista de escala tan heroica. Oliner entregó su vida entera a estudiar la motivación que llevaba a la gente común a realizar actos extraordinarios, a precipitarse en un edificio en llamas o a lanzarse a aguas heladas para salvar otras vidas. ¿Por qué lo hacían? ¿Qué los impulsaba a arriesgar sus vidas por otra persona, por un extraño incluso? Acciones como la de Balwina estaban en contraste absoluto con las de sus vecinos; de hecho, contradecían todas las supuestas verdades que a él le habían enseñado sobre la esencia de la humanidad, que teóricamente opera desde un arraigado interés propio.

Todos los cuentos que nos han contado sobre cómo somos los seres humanos sostienen que, abandonados a nuestra suerte, sin contar con la domesticadora influencia de la religión ni del contrato social, actuaríamos movidos por nuestra verdadera naturaleza, o lo que es lo mismo, luchando a sangre fría y sin reservas por nuestra propia conservación. «Enseñemos generosidad y altruismo —escribía Richard Dawkins—, ya que somos egoístas de nacimiento.»[2]

Desde esta perspectiva, acciones como la de Balwina parecen comportamientos errados, o un error de juicio. Después de todo, actuar desinteresadamente en bien del interés de otros, al margen de las consecuencias personales, puede ser fatal para uno mismo e incluso reducir sus posibilidades de supervivencia. El altruismo no tiene sentido lógico se mire por donde se mire, puesto que es potencialmente un acto expreso de autodestrucción. En el juego de la suma, cero significa escoger deliberadamente la caña más corta.

Algunos biólogos evolutivos, como Robert Trivers, de la Universidad Rutgers, creen que el altruismo representa un error neuronal: una equivocación del cerebro a la hora de responder a algo adverso. «El cerebro yerra el tiro cuando se encuentra ante una situación para la que no ha desarrollado una respuesta», asegura.[3]

Los casos de altruismo echan totalmente por tierra las ideas clásicas sobre la supervivencia del más apto, y, como consecuencia, los científicos han intentado meter el altruismo como con calzador dentro de la actual teoría biológica, reduciendo para ello las actitudes no egoístas de los animales y los seres humanos a un imperativo genético, es decir, explicando que los actos de sacrificio propio ocurren solo debido a un favoritismo genético. Muchos biólogos modernos representan el altruismo como una ecuación, midiendo su costo o beneficio en función de la incidencia que tendrá en el número de descendientes de un organismo, o «aptitud reproductiva». El altruismo aumenta la aptitud reproductiva de otro ser y al precio, en el peor de los casos, de la descendencia o los genes del altruista.

Un excéntrico científico norteamericano llamado George Price llegó a obsesionarse con cuáles eran los orígenes de la generosidad, puesto que esta no cuadraba con la teoría evolutiva tal como se entendía en aquel tiempo. Sumido en su búsqueda del origen de la generosidad, Price, en un acto muy poco generoso, dejó atrás a su esposa y a su hijo y, en la década de los sesenta, se fue a Londres en busca del biólogo evolutivo W. D. Hamilton. Juntos formularon una ecuación matemática para el altruismo, sirviéndose de la teoría económica para averiguar cómo contribuía el altruismo a la evolución.

Su teoría de la selección de parientes, o «aptitud inclusiva», explica el comportamiento altruista como medio para perpetuar la línea de sucesión familiar. Un animal que brinda su ayuda aumenta sus propias probabilidades de supervivencia y reproducción futura, o asegura la supervivencia de su familia.[4] Las aves alimentan a las crías de sus parientes porque ese comportamiento hace que aumente, de cara a las generaciones futuras, el número de sus genes compartidos.[5]

Otra variación de la selección de parientes es la selección, o adaptación, de grupo: la teoría de que las acciones individuales operan en nombre del capital común de genes de ese grupo; su razón de ser es que, en última instancia, la mayoría de los miembros del grupo guardan entre sí una relación de parentesco. Dawkins ofrece además una ecuación coste-beneficio que calcula el punto en el que, para un animal, se vuelve genéticamente ventajoso actuar con altruismo. El gen que promueve el deseo de ayudar a otros miembros de la familia contribuye a su propia replicación, lo cual ayuda a la propagación de individuos portadores de copias de ese gen.

La teoría del gen egoísta argumenta que los animales, incluidos los humanos, son meras «máquinas robóticas de supervivencia» moldeadas por el imperativo de supervivencia de sus genes, y este impulso primario de propagación a cualquier precio es esencialmente el responsable del característico egocentrismo humano. «Este gen egoísta —dice Dawkins— normalmente provocará egoísmo en el comportamiento individual.»[6]

El problema que presenta la teoría del gen egoísta, así como todas las demás teorías que intentan racionalizar el egoísmo contemplándolo desde el punto de vista de la supervivencia, es el inmenso número de excepciones que tiene esta regla. Las investigaciones, de todo tipo, nos muestran casos en que los animales realizan lo que podría llamarse «actos espontáneos de amabilidad»: sacrificio, compasión, valor y generosidad extraordinarios en favor de miembros de su propia especie, de otras especies, e incluso de los seres humanos, a menudo en detrimento propio. En vida de Darwin, los científicos rusos rechazaron el aspecto de la teoría darwinista relativo a la competición dentro de una especie, por considerarla una simple manifestación de la tendencia inglesa al individualismo. Biólogos tales como Petr Alekseevich Kropotkin formularon una teoría alternativa llamada de «ayuda mutua», que postulaba que la lucha fundamental por la existencia tiene que ver con superar los elementos hostiles del medio ambiente, como por ejemplo una temperatura inclemente, pero que los animales suman sus fuerzas y cooperan entre sí en esa lucha. La selección natural favorece la cooperación, no la competición, asegura Kropotkin en su libro *La ayuda mutua*.[7]

Parece que lo inherente a la constitución biológica de todos los seres vivos es un instinto básico de cooperación y asociación, incluso de sacrificio, no de egoísmo y de cruel lucha por la supervivencia. Los animales, de todas las clases, realizan una colosal diversidad de acciones que no tienen otra razón de ser que la de ayudar a aquellos menos afortunados o mantener los lazos sociales de cooperación.

Con frecuencia, los animales se agrupan con miembros de especies con las que no tienen ningún parentesco; no es raro que los tejones y los coyotes se asocien en parejas para cazar.[8] Dentro del grupo, los animales forman sistemas de compañerismo; así, el cazador más exitoso ayuda al menos afortunado. En su hábitat natural, los vampiros que se han dado un festín a expensas del ganado regurgitan con regularidad la sangre, que donarán a aquellos de su grupo que hayan tenido menos éxito.[9] Muchas especies animales emplean sistemas de alarma y de información para avisar de un peligro o del hallazgo de alimento, incluso si eso los coloca en una situación de riesgo. Los monos vervet usan llamadas de alarma para advertir a sus compañeros de un ataque inminente, a pesar de que el hecho de dar la alarma pueda incrementar sus posibilidades de sufrir daños.[10]

Algunos de los casos de altruismo más extremo son los de los animales que adoptan a otros con los que no guardan relación alguna.[11] Hay incluso casos en los que un animal de una especie ha adoptado a otros de una especie distinta.[12]

Además, de forma rutinaria, los animales están dispuestos a dejar de lado el instinto más fundamental de todos: el de comer. Reparten los alimentos, o se aseguran de que los individuos más débiles de la manada o del rebaño se alimenten, incluso aunque eso suponga quedarse ellos mismos sin comida.[13]

Desde su perspectiva del universo, Darwin sostendría que es imposible que exista el altruismo entre animales que no están estrechamente relacionados, ya que eso sería contrario a su instinto de supervivencia. Sin embargo, en un reciente trabajo de campo germano-americano, llevado a cabo en el Parque Nacional Kibale, de Uganda, los primatólogos que estudiaban las relaciones sociales de toda una colonia de chimpancés descubrieron que, aunque estos pasaban más tiempo con sus parientes, también mostraban un alto nivel de cooperación con aquellos con los que no tenían ningún tipo de parentesco genético. Kevin Langergraber y sus colegas concluyeron que, en la mayoría de las afiliaciones estrechas y cooperativas, los animales no tenían relación entre sí o tenían un relación distante, desde el punto de vista genético, es decir, que los genes no desempeñaban ningún papel.[14]

Incluso los animales de laboratorio han demostrado actitudes altruistas. En un experimento, dos ratas, totalmente extrañas la una para la otra, fueron colocadas en una jaula, pero una de ellas estaba suspendida en el aire, colgada de un arnés. Cuando la rata que estaba en el aire chilló pidiendo ayuda, la otra dio señales de angustia y pareció querer ayudarla, y pronto descubrió que, apretando una barra, podía hacer que la rata suspendida bajara hasta el suelo de la jaula. Aunque aquella rata no era ni pariente ni compañera suya, e indudablemente ella no obtendría ninguna ventaja en lo que a supervivencia se refiere por el hecho de ayudarla, no se quedó tranquila hasta que consiguió aliviar el sufrimiento de la otra.[15] Asimismo, muchos estudios sobre monos han mostrado cómo estos eligen pasar hambre durante días si con ello pueden evitar que otro mono sufra algún tipo de daño.[16] Incluso las ratas están dispuestas a no comer si hacerlo resulta en detrimento de una compañera.[17]

Una de las manifestaciones más fundamentales de nuestro instinto natural de establecer un vínculo entre nosotros es *la voluntad de dar*. Nuestro instinto más básico no es el de dominar, sino el de acercarnos a otro ser humano, incluso al precio de nuestra vida. Dar a los demás —la necesidad de mostrar empatía, de ser compasivos, de ayudar a otros de forma altruista— no es una excepción a la regla, sino el estado natural de nuestro ser. El impulso de conectarnos unos con otros ha desarrollado en nosotros el deseo automático de hacer algo por los demás, incluso si es en detrimento nuestro. El altruismo brota en nosotros con naturalidad; es el egoísmo lo que está culturalmente condicionado y es señal de patología.

En 2006, Felix Warneken, del Instituto Max Planck de Antropología Evolutiva, y sus colegas decidieron comprobar si la necesidad de dar constituye una parte indisoluble de nuestra constitución biológica básica y la de nuestros parientes más próximos, e idearon para ello un estudio con crías de chimpancé y niños de año y medio, que todavía no habían aprendido nada sobre conducta social ni dinámica de grupo. El estudio se llevó a cabo en Uganda, en una reserva natural de monos, donde los chimpancés pasaban sus días al aire libre, en medio de la vegetación exuberante, y eran puestos a cubierto por la noche. Warneken pidió a un investigador, a quien no conocían ni los chimpancés ni los niños, que pusiera un palo o una pluma dentro de aquel espacio cerrado, fuera de su alcance pero accesible para los niños y los chimpancés. A veces, el extraño estiraba el brazo a través de los barrotes, intentando sin éxito alcanzar el palo; otras veces se limitaba a mirarlo. En algunos casos, el extraño ofrecía una recompensa —un plátano a los chimpancés y un juguete a los niños— cuando le ayudaban a prender el objeto en cuestión.

Warneken supuso que si los niños y los chimpancés respondían de algún modo a los intentos que hacía el extraño por alcanzar su objetivo (que era hacerse con el palo), habría más posibilidades de que se lo acercaran cuando alargaba el brazo intentando llegar a él que cuando simplemente lo buscaba con la mirada. Por otra parte, si lo que les importaba era obtener beneficio propio de aquella situación, lo más probable es que le ayudaran a alcanzar el palo solo cuando supieran que iban a recibir una recompensa.

De acuerdo con la teoría del gen egoísta, el niño o el chimpancé prestarían ayuda únicamente cuando fueran a ganar algo con ello, pero los resultados del experimento contradijeron dicha teoría. Doce de los dieciocho chimpancés y dieciséis de los dieciocho niños tomaron el palo y se lo entregaron al extraño cuando él trataba de alcanzarlo, independientemente de que recibieran una recompensa o no; de hecho, el hecho de recompensar su ayuda no parecía incrementar lo más mínimo el índice de ayuda: tanto las crías de chimpancé como los bebés humanos trataban automáticamente de ayudar al extraño.[18]

Warneken y sus colegas elevaron entonces el nivel, colocando esta vez el palo en un lugar menos accesible. Para alcanzarlo, los participantes debían realizar actos hercúleos: los chimpancés tenían que correr por un canalón situado a bastante altura, y los bebés gatear por encima de un obstáculo que los separaba del palo. No cambió nada; incluso cuando la tarea suponía incomodidad o un esfuerzo extremo, ambos grupos demostraron un desinteresado deseo de ayudar. Por supuesto, los dos conjuntos de bebés podían haberlo hecho simplemente por agradar a un individuo más dominante (un hombre adulto), de modo que estos científicos alemanes decidieron ver hasta qué punto actuarían de la misma manera los chimpancés por otros chimpancés.

En primer lugar, eliminaron la posibilidad de recompensa personal, colocando la comida dentro de una jaula cerrada por fuera con una cadena. Los chimpancés veían la comida a través de los barrotes, y veían también a un chimpancé extraño que intentaba sin éxito abrir la puerta. La única forma de que el extraño pudiera llegar a la comida era quitando la cadena, y los únicos que podían hacer esto eran los pequeños chimpancés.

Asombrosamente, el 89% de las veces los primates quitaron la pinza que cerraba la cadena para ayudar al extraño, pese a no obtener de ello ningún beneficio[19] —y estos resultados son todavía más sorprendentes teniendo en cuenta que a los chimpancés se los considera animales generalmente agresivos y dominantes.

El impulso automático de prestar ayuda parece tener su origen en nuestra programación interna para proteger a nuestros pequeños, como descubrieron Joshua Greene y Jonathan Cohen, profesores de psicología de la Universidad de Princeton, cuando estudiaban las señales cerebrales que emitían las personas al pensar que se estaba haciendo daño a otros. La red de neuronas que se iluminaban durante el proceso de presenciar cómo se hacía daño a otra persona resultó estar relacionada con el cariño, y las neuronas resultaron ser las mismas que se iluminaban cuando se les enseñaban a las madres fotografías de sus bebés.[20] Es el mismo circuito cerebral que todos poseemos para ayudar a cuidar de nuestros hijos el que responde al sufrimiento de los demás. El impulso de prestar ayuda a otros, incluso sin conocerlos, es automático, y forma parte esencial de nuestra biología.

De hecho, el deseo de ayudar nos es tan necesario que lo experimentamos como una de las actividades más placenteras que realizamos. Un equipo de neurocientíficos del Instituto Nacional de la Salud y la Red de Hospitales de los Laboratorios D'Or, de Río de Janeiro, descubrieron que recibir una gran suma de dinero y hacer una cuantiosa donación activan, ambos, la misma porción del cerebro, la vía de recompensa mesolímbica, un primitivo sistema que se estimula cuando comemos o tenemos una relación sexual. Tanto recibir como dar son altamente placenteros, pero, además, hay otra sección del cerebro, la corteza subgenual o área septal, asociada con los vínculos y el apego social, que también se dispara cuando hacemos una donación benéfica.[21] Esto parece dar a entender que el impulso de realizar un acto altruista forma parte inherente de nuestra necesidad de conectarnos.

Como han demostrado los experimentos, el altruismo no es una actitud inducida socialmente, sino integrada en nosotros, diseñada para que sea tan esencial y placentera como la comida o el sexo. Estamos hechos para sentirnos bien cuando hacemos algo bueno, y hacer algo bueno nace al parecer de nuestro instinto de establecer un vínculo.

James Rilling y Gregory Berns, profesores de antropología y de ciencias del comportamiento, respectivamente, en la Universidad Emory, de Atlanta, observaron en tiempo real el comportamiento del cerebro durante un acto altruista, empleando para ello escáneres de formación de IRMF para registrar la actividad cerebral de un grupo de mujeres mientras participaban en un juego llamado el dilema del prisionero.

El dilema del prisionero es un juego clásico que se utiliza para evaluar los niveles de cooperación entre dos personas. En la versión más típica, se les dice a dos participantes que imaginen que los han arrestado por robar un banco, y los encierran en celdas separadas, aislados el uno del otro. Por el momento, la policía no tiene pruebas suficientes para inculpar a ninguno de los dos, de modo que el abogado visita a ambos por turnos y les propone un trato. Cada uno de ellos puede delatar al otro (lo cual en el juego se denomina «desertar») o guardar silencio («cooperar» con el otro). Si solo uno de ellos traiciona al otro, mientras que el otro no dice nada, el chivato quedará libre y el otro cumplirá una sentencia máxima de diez años; si ambos se traicionan el uno al otro y confiesan, ambos serán condenados a cinco años de cárcel, y si los dos guardan silencio, únicamente se los acusará de tenencia ilícita de armas y ambos quedarán libres tras cumplir una condena de seis meses.

El dilema es que, aunque las dos partes salen más beneficiadas si confiesan que si son objeto de traición, el resultado en sí mismo es peor que si los dos guardan silencio y cooperan el uno con el otro.

En estas circunstancias, la mejor respuesta posible es siempre que ambos jugadores deserten, aunque eso signifique que recibirán una condena más larga que si se descubre que han cooperado, ya que, al desertar, cada individuo sale mejor parado, al margen de lo que haga el otro; es la mejor respuesta posible a cualquier acción del compañero.

En la versión iterada del dilema del prisionero, los mismos jugadores hacen rondas consecutivas. Esto pone verdaderamente a prueba la cooperación y el altruismo, puesto que los dos presos tienen más probabilidades de beneficiarse si trabajan juntos que si cada uno busca su propio interés personal.

En la versión del juego que se puso en práctica en la Universidad Emory, cuando a los jugadores se les pidió por separado que optaran bien por cooperar con el otro, o bien por la defección, cada preso recibiría una suma de dinero dependiendo de la elección de ambos en esa ronda. Nuevamente, la opción más segura, la que garantizaría una recompensa mayor, independientemente de lo que hiciera el compañero, era elegir la opción egoísta y desertar.

Rilling y Berns se quedaron perplejos al descubrir que la cooperación mutua —que los dos jugadores eligieran guardar silencio— era el resultado más común, a pesar de que la defección fuera la opción más segura.

Y lo que es más, cuando los dos compañeros cooperaban, ambos mostraban una activación del núcleo caudado y del córtex cingulado anterior, las mismas áreas del cerebro que se activan cuando una persona recibe una recompensa o vive una experiencia placentera.[22] Cooperar con alguien es literalmente su propia recompensa. Como parte del experimento, Rilling y Berns examinaron asimismo la actividad cerebral cuando los participantes jugaban con un ordenador, y este hacía de compañero. En estos casos, las áreas cerebrales relacionadas con el placer no se iluminaban.

«Nuestro estudio es el primero en demostrar que la cooperación social es intrínsecamente gratificante para el cerebro humano, incluso cuando se nos presiona para que hagamos lo contrario —dice Berns—. Esto sugiere que el impulso altruista de cooperar está biológicamente implantado en nosotros.»[23]

Rilling cree que nuestro sistema de recompensa integrado refuerza las elecciones positivas que hacemos en lo que a prestar ayuda se refiere; es decir, cuanto más lo hacemos, mejor nos sentimos, lo cual a su vez nos anima a ayudar a otros todavía más. Esta respuesta del cerebro —sentirnos bien por el hecho de dar— representa «la génesis del vínculo social», afirma Clint Kilts, coinvestigador, y profesor adjunto de psiquiatría en la Universidad de Emory.[24] La espontánea *voluntad de dar* inicia nuestro proceso de búsqueda de conexión. La acción desinteresada es, en última instancia, la opción más satisfactoria, puesto que uno se siente tan bien cuando da.

Hay otras partes de nuestro cuerpo que están integradas para hacernos sentir bien durante los actos de generosidad y compasión, como descubrió Dacher Keltner, profesor de psicología en la Universidad de California, en Berkeley. Nuestro ritmo cardíaco se ralentiza, se relaja el sistema nervioso autónomo y producimos más oxitocina, la «hormona del amor» que segregan las madres después de dar a luz y durante la lactancia. En sus experimentos, Keltner ha descubierto que entendemos el lenguaje de la compasión a través de nuestros medios de comunicación más básicos: el tacto y, sobre todo, las expresiones faciales, lo cual indica, una vez más, que la compasión y el altruismo tienen una base evolutiva.[25] Como demuestran abundantes pruebas, ayudar no solo nos hace sentirnos bien, sino que además favorece la salud y la longevidad;[26] puede que sea incluso un componente esencial de una vida de satisfacción.

A finales de la década de los años treinta, Arlie Bock, director de los servicios de salud de la Universidad de Harvard, concibió la idea de escoger a los mejores y más brillantes alumnos de Harvard y estudiarlos durante un tiempo para determinar qué cualidades de una persona son las más necesarias para conseguir una felicidad duradera. Además de satisfacer su curiosidad, Bock tenía grandes ambiciones para sus datos, con los que prometió crear un modelo para «aliviar la desarmonía del mundo».[27]

Respaldado por el magnate de los grandes almacenes W. T. Grant, Bock y sus colegas de las más diversas disciplinas —medicina, antropología, psicología, psiquiatría, fisiología y trabajo social— seleccionaron a 268 jóvenes de Harvard, a quienes consideraron los más prometedores, exitosos y equilibrados. El plan era hacer un seguimiento de su progreso a lo largo de muchos años, a fin de determinar cómo se desarrollaban exactamente las vidas de estos jóvenes excepcionales. Durante setenta años, los hombres, a quienes se les había dicho que formaban parte de una elite, se dejaron investigar de todas las maneras imaginables; se les midió y comparó todas las partes del cuerpo, desde la longitud del perfil de los labios hasta el tamaño del escroto; se tomó estrictamente nota de los cambios biológicos que experimentaban mientras realizaban actividades físicas; los psiquiatras los sometieron a incontables tests de Rochard y a todos los demás tipos de test que estaban de moda en aquellos tiempos; los trabajadores sociales entrevistaron meticulosamente a sus parientes, desvelando incluso los detalles más íntimos del comportamiento de aquellos hombres, detalles tales como a qué edad habían dejado de orinarse en la cama...

En 1967, el psiquiatra George Vaillant se convirtió en el director del estudio, siguiendo de cerca el curso de lo que sus fundadores confiaban plenamente en que serían 268 vidas de éxito. La realidad, sin embargo, es que muchos de los casos acabarían pareciéndose más a una tragedia shakespeariana. Aunque algunos componentes del grupo alcanzaron un extraordinario éxito en el mundo exterior —entre los participantes se encontraban el futuro presidente John F. Kennedy, un miembro del gabinete presidencial, el director de un periódico, un escritor de renombre y cuatro candidatos a senadores de Estados Unidos—, para cuando cumplieron los cincuenta, una tercera parte de estos hombres tenían un historial clínico de enfermedad mental, y un porcentaje de ellos bastante alto eran alcohólicos.

Muchos de aquellos a quienes se consideraba particularmente inteligentes tuvieron vidas desastrosas o incluso insustanciales. Un joven, hijo de un acaudalado médico y de una madre con talante artístico, fue escogido por considerársele un muchacho de dotes excepcionales, «más, tal vez, que ningún otro joven que haya formado parte del estudio Grant —escribió un investigador al comienzo del estudio—. Este participante es ejemplo de las cualidades de una personalidad superior: estabilidad, inteligencia, sensatez, salud y elevados propósitos e ideales».

Sin embargo, a los treinta y un años, el joven empezó a mostrar una actitud hostil hacia sus padres y, luego, hacia el mundo. Aunque el estudio le perdió la pista durante un tiempo, Vaillant y sus colegas lograron localizarlo al fin, y todo para descubrir que había llevado una vida nómada, salido con una chica psicótica y fumado marihuana en abundancia, lo cual le dio divertidas anécdotas que contar hasta que murió siendo aún muy joven.

Otro muchacho, al que se consideraba uno de los más «alegres y dinámicos» del grupo, desempeñó toda una serie de trabajos extraños, y se casó y divorció varias veces antes de salir finalmente del armario y, al frente del movimiento gay, luchar por los derechos de los homosexuales. A pesar de esta nueva sinceridad consigo mismo, fue un bebedor empedernido y, a los sesenta y cuatro años, se mató al caerse por las escaleras durante una borrachera.

Bock no podía creer lo que habían hecho con sus vidas aquellos jóvenes excepcionales. «Cuando los escogí eran normales —le comentó a Vaillant durante un encuentro que tuvieron en la década de los sesenta—. Debieron de ser los psiquiatras los que los trastornaron.»

Este muestreo echa por tierra todas las predicciones que con tanta seguridad suelen hacerse sobre las vidas de las personas, lo mismo que otro estudio dirigido por Vaillant, denominado la cohorte de Glueck, y cuyo contenido es la cara opuesta de la cohorte de Harvard: un grupo de muchachos de las áreas más deprimidas de la ciudad de Boston, descendientes de familias pobres y en su mayoría emigrantes, a los que también se siguió de cerca durante setenta años.

Aunque Vaillant pone especial cuidado en no generalizar en exceso lo que ha observado, advierte los mismos temas en ambos grupos, rico y pobre. El dinero e incluso un buen comienzo no son garantía de felicidad ni de éxito; ni tampoco lo son la buena suerte ni tener cierto tipo de personalidad. El factor más importante, al parecer, no es el volumen de dificultad a la que uno deba hacer frente en la vida, sino su respuesta a esa dificultad.

Como psiquiatra, Vaillant siente especial interés por las «adaptaciones», o los mecanismos de defensa, es decir, por cómo responde una persona inconscientemente al estrés, ya sea debido a un dolor físico, a un conflicto de cualquier clase o incluso a lo desconocido. Con el paso del tiempo, los más exitosos de su cohorte desarrollaron actitudes de adaptación maduras, tales como el sentido del humor o la capacidad de resolver un conflicto de modo constructivo. De todos modos, entre aquellos que vivieron más años, una de las principales cualidades adaptativas, que les brindó una vida larga y feliz, fue el altruismo.

Un joven inadaptado social dado a la depresión descubrió su vocación de psiquiatra a los cuarenta años, inspirado por un trabajador social que lo atendió durante una de las temporadas que pasó en el hospital. Un pequeño acto de generosidad le aclaró el camino, y tuvo después una vida más que satisfactoria ayudando a otros.

El martes 2 de agosto de 2005, un avión de línea Airbus, de Air France, que intentaba aterrizar en el aeropuerto internacional Pearson, de Toronto, en medio de un violento aguacero, se salió de la pista y se estrelló al tocar tierra. Tras notificarse que la mayoría de los pasajeros habían muerto, el gobernador general de Canadá empezó a enviar sus condolencias a los parientes de las 309 personas que viajaban en el avión. Sin embargo, una vez que el humo y la lluvia remitieron, se hizo evidente que, a pesar de que cuarenta personas habían sufrido lesiones de diversa índole, todos los pasajeros se habían salvado. El avión se había estrellado cerca de la autopista 401, la principal autopista de Ontario, y cientos de conductores que pasaban en ese momento se habían bajado de los automóviles, habían corrido hacia el avión, se habían abierto paso hasta los restos del fuselaje y habían empezado a sacar a los supervivientes. Aunque dos de las ocho salidas de emergencia resultaban muy poco seguras y las rampas de emergencia no funcionaban, los recién llegados coordinaron con inteligencia sus esfuerzos para sacar a todos los pasajeros en unos pocos minutos, antes de que el avión estallara en llamas. Muchos de los pasajeros evacuados fueron recogidos por conductores que pasaban por la autopista, y llevados a la terminal de Air France.

Casos como el de este accidente desbaratan la idea que predominantemente se tiene sobre la mentalidad de los espectadores, y que ha existido desde 1964, cuando en una brutal agresión que duró más de una hora, la joven de veintiocho años Kitty Genovese fue repetidamente apuñalada en Queens mientras treinta y ocho vecinos suyos, que bien fueron testigos directos de la agresión o bien se encontraban a una distancia en la que forzosamente hubieron de oír sus gritos, supuestamente no hicieron nada para ayudarla.[28] El asesinato de Kitty Genovese y la indiferencia de sus vecinos dieron pie a interminables titulares y a numerosos estudios de psicología social sobre lo que se ha dado en llamar «el efecto espectador»: por qué la gente se queda al margen y no hace nada cuando otra persona está en apuros.

En su momento, la investigación concluyó que, si la gente forma parte de cualquier clase de grupo, se produce una «difusión de la responsabilidad» y hay menos probabilidades de que esas personas presten ayuda que si se encontraran solas, ya que cada una de ellas espera que sea otro el que se ofrezca a ayudar primero. Luego, los testigos suelen tender incluso a ridiculizar el carácter de la víctima a fin de aligerar su culpa por no haberle echado una mano.[29]

Lo que sucedió inmediatamente después del accidente de Air France pone en entredicho tales suposiciones. Cientos de extraños interrumpieron su apretada agenda y arriesgaron sus vidas, apresurándose a entrar en el avión siniestrado para ayudar a un grupo de individuos a los que no conocían y a los que nunca volverían a ver. Muchos incluso se ofrecieron a llevarlos al aeropuerto, cuando cualquiera de los pasajeros podría haber sido un terrorista que hubiera provocado deliberadamente la catástrofe.[30]

Ese deseo innato de ayudar a los desconocidos fue objeto de estudio por parte de un grupo de alumnos de posgrado de la Universidad de Columbia, en la ciudad de Nueva York. Durante más de dos meses, cuatro equipos de estudiantes tomaron en la Calle 8 el abarrotado tren de la línea de metro A, que sale de la estación de la Calle 59 con destino a Harlem y el Bronx entre las once de la mañana y las tres de la tarde. Habían elegido deliberadamente aquella ruta porque no hacía ninguna parada entre la Calle 59 y la Calle 125, lo cual significaba que durante siete minutos y medio una cantidad de aproximadamente 4.450 hombres y mujeres que solían viajar en el tren a esas horas serían espectadores cautivos de una situación de emergencia.

Cada equipo estaba formado por dos estudiantes actores: una «víctima», un «modelo» que acudiría en ayuda de la víctima si ninguno de los espectadores lo hacía y dos estudiantes más para grabarlo todo de la manera más inadvertida posible. La víctima se presentaba con dos apariencias distintas: bien como persona discapacitada que se apoyaba en un bastón, o bien como un borracho que apestaba a alcohol y llevaba una botella en una bolsa de papel. Un minuto después de que el tren saliera de la estación, la víctima se tambaleaba y caía de bruces al suelo; entonces el modelo debía esperar un tiempo estipulado antes de lanzarse a ayudarle si ninguno de los pasajeros lo hacía antes.

En la mayoría de los casos, el modelo no tenía que actuar; la ayuda era sincera e inmediata a ambos tipos de víctima. La víctima del bastón recibía ayuda en el 95% de los casos, y aunque mucha gente se sentía repelida por el borracho, este recibía ayuda de todos modos la mitad de las veces. La raza de la víctima no parecía importar: los negros recibían ayuda con la misma frecuencia que los blancos. El número de personas que viajaran en el mismo vagón tampoco influía, al parecer, en la buena disposición del espectador a actuar: en casi dos terceras partes de las pruebas, había dos, tres e incluso más buenos samaritanos que se apresuraban a prestar ayuda.

La conclusión era ineludible y rebatía las suposiciones sobre el síndrome Genovese (que desde entonces se ha desacreditado como caso de información tergiversada). «El hecho es que la gente presta ayuda con mucha frecuencia», concluyeron los estudiantes de la Universidad de Columbia que habían llevado a cabo el experimento.[31] Incluso en ese marco, símbolo de la desalmada indiferencia urbana que es el metro abarrotado de Nueva York, la mayor parte del tiempo la gente se ayudó entre sí, sin que la raza tuviera ninguna importancia. El estudio samaritano del metro y muchos casos de la vida real, como el incidente de Air France, sugieren que, cuando se ve a alguien en apuros, la mayor parte de las personas acudirán instintivamente en su ayuda. En muchos de nosotros, el deseo de establecer un vínculo es tan fuerte que entramos en un avión en llamas sin pensárnoslo dos veces.

Samuel Oliner continúa estudiando a esta clase de personas y también a sus opuestos, a fin de averiguar qué diferencia a «los que dan un paso», los altruistas, de «los que se quedan al margen», y por qué. Para ello, ha entrevistado a 1.074 héroes de todas las clases —cristianos que escondieron a judíos de las redadas nazis, bomberos que subieron corriendo las escaleras de las Torres Gemelas el 11 de septiembre, héroes condecorados con la medalla Carnegie y arquetipos de moral—,* en un intento de matizar las cualidades más esenciales de la personalidad altruista. Aunque los seres humanos somos de forma innata generosos y desinteresados, Oliner ha descubierto que el hecho de que manifestemos o no dichas cualidades depende en buena medida de cómo se nos haya enseñado a concebir el mundo. El sistema de respuesta altruista que llevamos incorporado se refuerza cuando consideramos que somos uno con la humanidad y concebimos el mundo como una serie de interacciones significativas.[32] El altruismo parece ser también la extensión natural de una infancia equilibrada y rodeada de afecto dentro de una comunidad unida. Aquellos que han crecido con un sentimiento de vínculo lo manifiestan en sus actitudes hacia sus semejantes.

Los estudios de Oliner nos ofrecen varios hallazgos clave. Nuestra cultura y nuestra educación bien nos privan de lo que es nuestro por derecho propio desde el día que nacemos, o bien lo cultivan. La capacidad

---

* «La Medalla Carnegie al valor es una distinción y un premio en efectivo para héroes, pero no se le otorga a nadie que realice un acto valeroso si se llega a demostrar que el beneficio recayó en un pariente cercano», Antonio Vélez Montoya, *Homo sapiens*. (N. de la T.)

de ponernos en el lugar de otro está especialmente desarrollada en aquellos niños que crecen con lo que Oliner y otros llaman «perspectiva altruista»: *un fuerte sentimiento del contrato social*. A ellos se los alienta a hacerse miembros de una comunidad, a acatar su estricto código social, a satisfacer sus obligaciones compartidas, a mantener una buena reputación, a sustentar la amistad y a evitar la desaprobación social. Aprenden a ocupar su lugar en una comunidad, o al menos en sus familias, y, al hacerse mayores, a prestar ayuda a su sociedad y a no violar sus normas y expectativas.

Los altruistas son además capaces de concebir la sociedad como un todo integral y de pasar por encima de diferencias tales como la etnia y la religión. Ya se tratase de ayudar a los judíos en Europa durante la II Guerra Mundial o de que un bombero se lance escaleras arriba de las Torres Gemelas durante los atentados del 11 de septiembre, en el estudio de Oliner los rescatadores solían hablar luego de una *obligación ética y moral con la humanidad*: concebían la humanidad entera como parte de un vínculo indivisible. Se habían dado cuenta, asimismo, de que la ayuda debería brindarse espontáneamente, sin esperar ninguna recompensa. Los rescatadores sentían sobre todo una empatía con el dolor ajeno y tendían a verse a sí mismos y a los demás en términos de sus *semejanzas comunes*, con independencia de las diferencias religiosas, étnicas, económicas o sexuales.[33] Los altruistas *tienen amigos en grupos de personas muy diversos*. Son capaces de ver la vida desde una perspectiva muy amplia, por encima de las similitudes o diferencias que haya entre la gente, de ver su vínculo común.

Svetlana Broz descubrió cualidades similares durante la guerra de la antigua Yugoslavia en la década de los noventa, tras recoger noventa relatos directos de supervivientes en los que se describían las diferentes formas en que personas totalmente extrañas habían elegido «dar un paso», teniendo el valor de denunciar y combatir los crímenes cometidos contra gente inocente. Fueron, escribió, «ejemplos genuinos de la bondad, la compasión, la humanidad y la valentía civil que seguía existiendo en aquellos tiempos de maldad».[34]

Nancy Briton y Jennifer Leaning, investigadoras de la Universidad de Harvard, realizaron miles de horas de entrevistas a los habitantes de los más conflictivos lugares del planeta, entre ellos Bosnia, Afganistán y Camboya. Descubrieron que «los que dan un paso» tenían cuatro virtudes principales que los distinguían de los demás, pero la más importante era *un sentimiento de terreno común con quienes eran diferentes de ellos*. Trataban a sus enemigos de la manera en que a ellos les hubiera gustado que se los tratara.[35]

Como han llegado a ver Oliner y otros, la mayoría de los altruistas han recibido una educación sana y cohesiva, en la que la idea del holismo y de la conexión con toda la humanidad desempeña un papel preponderante. Por el contrario, «los que se quedan al margen» y aquellos que hacen daño a otros deliberadamente han tenido por lo general una educación que enfatizaba, en una especie de escala, el impulso social opuesto, el de la atomización, o, en otras palabras, el egoísmo, los prejuicios, el racismo y la deshonestidad. En la mayoría de los casos, se trata de personas que no se criaron en un círculo familiar afectuoso; personas que en su infancia fueron, muchas veces, ignoradas, privadas de cariño o víctimas de algún tipo de abuso. Se vio que el egoísmo era el resultado natural de una crianza patológica, o al menos defectuosa, por un exceso de individuación.

Aunque haber recibido una buena formación en la infancia pueda reforzar el impulso altruista inherente a nuestra esencia, ¿por qué nos hace sentir bien hacer el bien? ¿Es genuinamente desinteresada nuestra motivación, o quizá en el fondo subyace cierto egoísmo? La mayoría de los biólogos sostienen que hacer algo por los demás suele tener, en última instancia, fines egoístas; la llamada *teoría del intercambio social* afirma que los seres humanos se comportan desinteresadamente unos con otros solo si los beneficios de hacerlo son mayores que los riesgos. Como comentó en una ocasión el filósofo inglés Thomas Hobbes, cualquier persona que parezca obrar desinteresadamente lo hace únicamente «para librar a su mente del dolor de la compasión». Según este punto de vista, si hacemos algo por los demás es, básicamente, por un sentimiento de culpa o por miedo de una represalia por parte de nuestros amigos. El biólogo evolutivo Michael Ghiselin lo expresó con menos sentimentalismo; dijo: «Si arañas a un altruista, verás a un hipócrita sangrar».[36]

Daniel Batson, antiguo profesor de psicología de la Universidad de Kansas, es doctor en psicología y teología, y llevó a cabo una serie de experimentos cuyo propósito era investigar el corazón humano para averiguar exactamente por qué realizamos acciones desinteresadas por otras personas. ¿Lo hago simple y llanamente porque quiero prestar ayuda a un semejante, o quizá para tener una imagen noble de mí mismo y sentirme bien?... ¿O tal vez porque quiero dar una buena imagen a otros? En su trabajo, Batson consiguió controlar al milímetro las condiciones del experimento a fin de poder distinguir la ayuda verdaderamente desinteresada de aquella que responde a toda una serie de razones alternativas, tales como prestar ayuda para obtener reconocimiento, mejorar la propia imagen o evitar el autocastigo. En algunos de sus estudios, les facilitó o dificultó a los participantes el hecho de eludir prestar ayuda, para poder descubrir así qué era lo que en verdad los motivaba.

Batson ha logrado defender su hipótesis de la empatía y el altruismo frente a no poca oposición. En aproximadamente veinticinco estudios, ha demostrado que el altruismo no lo provocan preocupaciones sociales tales como la culpa, la tristeza o la vergüenza,[37] sino que es más bien prueba de lo que él llama «la hipótesis empatía-altruismo», es decir, que la gente prestará ayuda si es capaz de ponerse en el lugar del otro.

En uno de los estudios, Batson y varios colegas suyos utilizaron escáneres de formación IRMF para estudiar la actividad cerebral de los participantes mientras observaban vídeos de pacientes a los que se les practicaban intervenciones médicas dolorosas. Cuando los observadores se proyectaban a sí mismos en la situación y se imaginaban que ellos mismos eran intervenidos, su nivel de angustia aumentaba y se activaban aquellas áreas del cerebro asociadas con el dolor, pero cuando eran capaces de enfocar sus sentimientos en el estado íntimo del paciente y en lo que probablemente sentía, los niveles de angustia descendían y afloraba una preocupación por el paciente nacida de la empatía.[38]

Batson obtuvo resultados muy parecidos cuando pidió a los participantes del estudio que adoptaran una de tres perspectivas posibles al escuchar un relato sobre las difíciles circunstancias personales de «Katie», una joven estudiante universitaria que acababa de perder a sus padres. Quienes se imaginaron a sí mismos en esa situación experimentaron un incremento de su propio estrés personal, como consecuencia de lo cual su capacidad de prestar ayuda quedó bloqueada; en cambio, quienes fueron capaces de dejar momentáneamente de lado sus propias emociones y se centraron en los posibles sentimientos de Katie demostraron una efectiva sintonía con ella.

El trabajo de Batson nos sugiere algo muy importante sobre la naturaleza del impulso altruista. No sentimos el impulso de ayudar a otros cuando nos imaginamos en su misma situación; más bien, nos dejamos llevar por nuestra compasión natural cuando sintonizamos con los sentimientos de la otra persona, *trascendemos el sentido de «yo» y adoptamos la perspectiva del otro.*[39] Cuando la gente siente de verdad el dolor de otro, más que limitarse a imaginar cuál sería su propio dolor en esas mismas circunstancias, se ve impulsada a actuar de forma altruista. El trabajo de Batson pone de manifiesto que es requisito indispensable del altruismo tener la capacidad de salirse completamente del propio estado mental y adentrarse en el del otro individuo.

Oliner finalmente ha hallado la respuesta a la pregunta que se ha hecho toda su vida. Cuando la gente es capaz de salirse de su sentimiento de ser diferente de los demás, es también capaz de hacer el bien más extraordinario. El impulso está en nosotros desde que nacemos, pero algunas personas lo hacen realidad más que otras. Batson se refiere a ese impulso con el término «empatía», pero Robert Cialdini, antiguo profesor de psicología en la Universidad de Arizona y autor de *Influence: The Psychology of Persuasion,* ofrece una explicación más completa; afirma: «Brindamos ayuda cuando se ha desvanecido nuestro sentimiento de individualidad y, temporalmente, entramos en el espacio de la unidad».[40] El altruismo es la extensión natural de lo que sucede cuando te sales de tu insignificante sentido de tú y de tu individualidad, y entras en el espacio intermedio.

8

TURNARSE

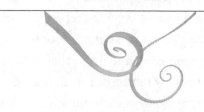

En la película *Una mente maravillosa*, el físico John Nash, papel que interpreta Russell Crowe, está sentado con otros estudiantes universitarios en un bar de Princeton, alrededor de 1948, y suena de fondo una música *swing* que sale de la gramola.

—No voy a invitaros a una cerveza —dice Nash con aire absorto mientras garabatea sobre un montón de papeles desordenados.

—No estamos aquí por la cerveza —contesta uno de sus amigos, mientras ve entrar en el bar a una rubia despampanante con sus amigas morenas.

Los cinco hombres se la quedan mirando, pero de inmediato les entra la duda: ¿cuál de ellos será el afortunado que conseguirá quedarse con ella? Uno de los amigos de Nash cita entonces a Adam Smith:

—«En la competición, la ambición personal sirve al bien común».

—Desde esa perspectiva —comenta otro de los jóvenes—, la mejor estrategia es básicamente *que cada uno vaya a lo suyo*.

—Adam Smith se equivocaba —dice Nash, levantando por fin la vista de sus papeles—. Si la atacamos todos, nos obstaculizamos, y ninguno de nosotros se la lleva. Así que vamos entonces a por las amigas, y nos ignoran, porque a nadie le gusta ser plato de segunda mesa. Pero ¿y si nadie va a por la rubia? No nos obstaculizamos y no ofendemos a las otras chicas. ¡Victoria asegurada! Así todos echaríamos un casquete. Adam Smith dijo que el mejor resultado se obtiene cuando cada miembro del grupo hace lo que es mejor para él. ¡Incompleto, incompleto! —asegura—. El mejor resultado para todos los miembros del grupo se obtiene cuando cada uno hace lo que es mejor para él... y para el grupo.

Dicho esto, Nash se levanta apresurado y se dirige hacia la puerta. Tropieza y está a punto de caer. Pasa entonces al lado de la rubia, y se detiene solo un momento para darle las gracias por haber sido la musa de su idea. Luego, se dirige inmediatamente a su habitación para garabatear la teoría que le hizo famoso, y merecedor finalmente del Premio Nobel.

Esta escena describe supuestamente uno de los más importantes momentos de la economía del siglo XX. Aunque haciendo uso en gran parte de la licencia poética, *Una mente maravillosa* nos ofrece una versión simplista de la génesis de lo que luego se conocería como el equilibrio de Nash, e ilustra el principio básico de lo que los matemáticos posteriores a él han denominado teoría de juegos. La teoría de juegos es una rama de las matemáticas empleada para representar y predecir el comportamiento y las estrategias de individuos y grupos de individuos en circunstancias de presión específica. Como su nombre sugiere, la teoría de juegos se plasma en una serie de juegos sofisticados que exigen tomar ciertas decisiones a las personas implicadas: se pone a alguien en una situación de apuro y se espera a ver cuál es su respuesta espontánea. Se utiliza para representar interacciones estratégicas, es decir, lo que un individuo hace en respuesta a las acciones de los demás cuando se le dan un número estrictamente limitado de opciones y de resultados preferidos. La mayoría de los juegos, además, arreglan la baraja, facilitando la elección de la opción egoísta. Al colocar a los individuos en ciertas situaciones de dilema social, lo que hace la teoría de juegos es medir la capacidad de bondad que tiene el ser humano.

El equilibrio de Nash está diseñado para que funcione en un *juego no cooperativo*, en el que cada jugador toma su decisión con independencia de los demás. El objetivo, sin embargo, es que las elecciones que uno haga dependan de lo que hacen los demás; uno escoge la postura más *ventajosa posible* para sí mismo teniendo en cuenta lo que eligen hacer los demás, y de ese modo todos los jugadores alcanzan un equilibrio en el que cada uno puede mejorar su posición dadas las elecciones que los demás hayan hecho. La versión filmográfica del momento de claridad súbita que experimentó Nash no es del todo correcta, porque si todos sus amigos hubieran elegido a las chicas morenas, la mejor elección que él hubiera podido hacer (suponiendo, claro está, que las rubias sean una opción mejor) habría sido ir a por la rubia. Y lo que es más, en la versión de la película, una persona sale perdiendo, y es la rubia precisamente.

Para un estudiante de la evolución, la vida es esencialmente un juego. Aunque la teoría de juegos se empleara en un principio para predecir la estrategia durante la Guerra Fría, y luego para definir el comportamiento económico, el biólogo evolutivo británico John Maynard Smith se dio cuenta, en 1972, de su utilidad para predecir qué estrategias competitivas ayudaban a las poblaciones animales a propagarse y sobrevivir. La teoría de juegos se usa en la actualidad para representar modelos en todas las ciencias sociales y en la biología evolutiva; los biólogos recurren a ella para determinar cómo reaccionan los animales en situaciones sociales complejas.

Los juegos despojan al comportamiento animal de su vasta complejidad, reduciéndolo a sus estrategias más básicas. Los biólogos han inventado toda una diversidad de juegos de títulos exóticos —el halcón y la paloma, la guerra de los sexos, el burgués, el travesti, el astuto, el parásito...— y los utilizan para demostrar qué tácticas conducen a posiciones evolutivas estables.

Cuando era estudiante de psicología en la Universidad de Leicester, en Gran Bretaña, Lindsat Browning se quedó fascinada con el juego del halcón y la paloma, cuyo nombre responde a las posiciones contrapuestas adoptadas en la guerra, que demostró lo necesario que era crear una cooperación estable entre individuos agresivos y pacifistas en cualquier población animal cuando se compite por los recursos. En el juego, las estrategias opuestas son bien la agresión (el halcón), o bien la complacencia (la paloma): los halcones atacan a sus oponentes hasta matarlos, mientras que las palomas se limitan a poner objeciones en cualquier confrontación. En ningún emplazamiento natural sobreviviría una población compuesta enteramente por individuos de uno u otro tipo; la violencia asesina de los halcones acabaría con la población entera, y la pasividad extrema de las palomas permitiría que cualquier halcón que las acechara se diera un festín a su costa y se hiciera el amo. El juego del halcón y la paloma demuestra que el estado más estable, desde el punto de vista evolutivo, es una población mixta de halcones y palomas. Pero una pregunta seguía inquietando a Lindsay Browning: ¿en qué momento habían aprendido los halcones a cooperar con las palomas?

Se preguntaba cómo dar respuesta a la cuestión en su sentido más amplio, es decir, cómo había evolucionado la cooperación a lo largo del tiempo en el reino animal. Si siempre era el más apto el que sobrevivía, ¿por qué habría querido ningún ser vivo cooperar con él? Un animal cooperativo ayudaría a otro, a veces al precio de su propia vida, pero su ayuda estaría abierta a una explotación constante por parte de los animales egoístas. Se preguntó entonces: ¿no se supone que la selección natural favorece a los egoístas? Era en cierto modo la contradicción de su propia vida: cómo casar su ferviente cristianismo con sus creencias sobre la evolución.

Browning tuvo la gran suerte de trabajar con Andrew Colman, profesor de psicología y uno de los principales expertos británicos en la teoría de juegos. Colman ya se había fijado en ella por sus conocimientos de programación informática —que había aprendido de su padre, programador de profesión—, propiedad un tanto inusual en una estudiante de psicología. La tesina de Browning concluía que la cooperación había evolucionado por ser la más ventajosa estrategia evolutiva, pero quería explorar el tema más a fondo. Después de graduarse en Leicester, había obtenido el doctorado en Oxford, se había casado y tenido a su primera hija, y fue entonces cuando recibió una pequeña beca para volver a Leicester como estudiante de posgrado a fin de terminar el trabajo que Colman y ella habían empezado.

Browning meditó sobre la idea de crear un programa informático que, por medio de la teoría de juegos, examinara cómo evolucionaba la cooperación. La inspiró el icónico trabajo de Robert Axelrod, profesor de ciencias políticas en la Universidad de Michigan, que había organizado un certamen computarizado de escala mundial para resolver la mayor incógnita de la teoría de juegos a la que todavía no se había conseguido dar respuesta: cuál era la estrategia óptima para los juegos repetidos del dilema del prisionero. Este juego en particular era el medio perfecto para estudiar la naturaleza de la cooperación, ya que giraba en torno a la cuestión de si trabajar en colaboración o trabajar solo. ¿Qué debían hacer dos criminales, cooperar entre sí o delatarse el uno al otro? Y, si uno intenta ganar, obtener la puntuación más alta, ¿por qué cooperar, lo cual probablemente significaría una puntuación más baja?

Axelrod invitó a estrategas de la teoría de juegos de todas las partes del mundo a que participaran, y se les enviaron programas computarizados capaces de repetir doscientas veces el juego del dilema del prisionero contra un oponente. El ganador fue Anatol Rapoport, de origen ruso, profesor de psicología matemática en la Universidad de Toronto, que tenía especial interés en la psicología de la guerra, la paz y el desarme nuclear. Rapoport ganó incontestablemente el certamen con una estrategia ingeniosa y muy simple, escrita en tan solo cuatro líneas de código informático, a la que apodó «ojo por ojo».

En la primera jugada, el jugador coopera con su oponente. En las siguientes, se limita a copiar la jugada que ha hecho su oponente en el juego anterior, pero únicamente durante una ronda; es decir, si la otra parte deserta, el primer jugador deserta en la ronda siguiente, y si la otra parte coopera, el primer jugador continúa cooperando hasta que su oponente cambie de táctica, momento en el cual él también lo hace. Seguir esta estrategia no solo es un acto de generosidad, sino que la cooperación siempre tiene como resultado la puntuación más alta.

Axelrod estudió y publicó estos primeros resultados y luego inició un segundo certamen, en el que se plantearon muchos desafíos a la estrategia del ojo por ojo. Aun así, esta demostró ser imbatible.

Axelrod convocó un tercer certamen, intentando darle esta vez validez en la vida real, para lo cual pidió a los programadores que programaran a sus jugadores de tal modo que el éxito supusiera una mayor posibilidad de sobrevivir, es decir, las estrategias más exitosas de una ronda prevalecerían en la ronda siguiente; por ejemplo, que un puñado de niños que reciben cariño y protección acaben teniendo mayor descendencia que sus oponentes, menos protegidos y peor alimentados.

El resultado final del tercer certamen fue asombroso, sobre todo para los científicos evolutivos: *la amabilidad —la cooperación— siempre acaba funcionando mejor que el egoísmo.*

Los científicos políticos y los líderes religiosos, maravillados ante estos resultados engañosamente simples, declararon que las lecciones que enseñaba la estrategia del ojo por ojo tenían validez para toda la humanidad. Metta Spencer, directora de *Peace Magazine*, lo describió como una «ratificación excepcionalmente efectiva, que muestra de inmediato al oponente las ventajas de cooperar». La estrategia de Rapoport ofrecía nada menos que «un principio que puede llevarse a la práctica en las interacciones de la vida real».[1]

El resultado del certamen cambió para siempre la concepción que Axelrod tenía de la cooperación, y se explayó sobre su nuevo punto de vista en una serie de libros.[2] El jugador de Rapoport había adoptado la filosofía del «ojo por ojo», castigando o recompensando al otro jugador solo en respuesta a su comportamiento. Axelrod resumió la lección que puede aprenderse de esto en unas pocas y sencillas homilías: «Empieza siempre por ser cooperativo, pero devuelve defección por defección y cooperación por cooperación. De todos modos, sé indulgente y justo, y cuando tu compañero haya demostrado egoísmo, no lo castigues por ello más de una vez».

A pesar de lo ingenioso que era el ojo por ojo, dada su absoluta sencillez, a Lindsay Browning le quedaron varias preguntas en cuanto a sus resultados. En un sentido, el programa de Rapoport se había codificado para que tuviera cierta ética: había que ser siempre agradable y justo; y ella se preguntaba si existía un impulso de cooperación que fuera todavía más fundamental. Colman y ella decidieron examinar la teoría creando un programa que tuviera gran cantidad de jugadores, que jugarían uno contra otro un determinado número de rondas, tras lo cual se «reproducirían». En ese momento, el código binario de los jugadores del programa que más alta puntuación hubieran conseguido se dividiría en dos. La primera mitad de un «progenitor» y la segunda mitad del otro se unirían para crear un «bebé». El resultado de cada jugador les daría un punto a cada uno, y aquellos que tuvieran la puntuación más alta podrían reproducir una progenie mayor que los perdedores. Los veinte niños cuyos padres habían obtenido una alta puntuación jugarían entonces uno contra otro, y, de esta manera, los programas actuaban como una burda aproximación a la selección natural: los jugadores más aptos —es decir, los más exitosos— sobrevivirían.

Colman le sugirió a Browning que dispusiera lo necesario para que los participantes jugaran esta vez a un juego llamado la guerra de los sexos. En él, los jugadores simulan ser un matrimonio que planea salir una noche. La esposa sugiere que vayan al *ballet*, y su marido quiere ir a un combate de boxeo. Ambos preferirían asistir al evento que a cada uno de ellos más le apetece, pero prefieren también salir juntos que por separado. Hay cuatro desenlaces posibles: pueden ir los dos al combate de boxeo; pueden ir los dos al *ballet*; pueden ir cada uno de ellos solo al acto que prefiere su pareja, o pueden ir cada uno de ellos solo a su acto preferido. Browning programó el juego de tal modo que la opción preferida, que los dos fueran juntos a cualquiera de los dos actos, le diera la puntuación más alta al cónyuge cuya actividad fuera la elegida. Aprovechando la rapidez de funcionamiento que es posible conseguir en una simulación hecha por ordenador, Browning programó el juego para que se jugara durante 10.000 generaciones; y se sentaba ante él todas las noches, una vez que su hijita Josephine estaba dormida.

Una noche, ya la una de la madrugada, Browning había empezado a analizar los resultados cuando advirtió algo peculiar. «Parece que los jugadores se turnan», escribió a Colman en un cauteloso mensaje de correo electrónico. Los jugadores que tenían la puntuación más alta habían empezado a turnarse; primero conseguían hacer lo que ellos querían, pero luego cedían, y se sumaban a la opción preferida de su pareja.

A veces un jugador dejaba que el otro se saliera con la suya durante una, dos o tres rondas, y luego el otro le devolvía el favor el mismo número de veces. En cuanto cualquier pareja empezaba por casualidad a turnarse, los cónyuges desarrollaban una relación perfectamente coordinada, y se establecía con el tiempo un relevo fijo de intercambio con el otro.[3]

Al principio parecía imposible, pues Browning no había programado a los jugadores para que se turnaran ni había impuesto ninguna ética que debieran cumplir en sus decisiones; se había limitado a programarlos para que se aprovecharan de la mejor estrategia. Pero todas las rondas y juegos producían la misma respuesta.

Al día siguiente, Colman hizo una búsqueda meticulosa de todo lo que se hubiera escrito hasta entonces sobre la cooperación, y lo que encontró confirmó lo que él ya sospechaba: que nadie había demostrado jamás que la cooperación pudiera haber evolucionado gracias a la acción de turnarse. Turnarse había evolucionado espontáneamente basándose en su propio equilibrio de Nash: no solo era la estrategia más ventajosa para el grupo, sino también para cada individuo. Habían configurado el programa informático para que imitara a la perfección la supervivencia del que resultara ser más apto en la naturaleza, y sin embargo los supervivientes eran los que se mostraban más cooperativos. Debía de tratarse de un instinto natural, pensó Browning, un impulso básico que emanaba de la vida misma. Turnarse no era solo la clave de la cooperación y el aglutinante principal de la sociedad, sino también la estrategia más estable a efectos evolutivos. Todo el mundo salía ganando cuando sencillamente los individuos se turnaban unos con otros.

Esto coincidía con sus fuertes convicciones cristianas: «Todas las cosas que queráis que los hombres hagan con vosotros, así también haced vosotros con ellos».[*] Para triunfar, no hace falta arrebatarle el éxito a nadie una y otra vez, pues la estrategia que en verdad garantiza el éxito, la mejor respuesta que uno puede darse a sí mismo, es simple y llanamente esperar a que le llegue el turno.

Por una rareza de la programación informática, Lindsay Browning se encontró con otro impulso básico de nuestro vínculo social: el alma

---

[*] La Biblia. Mateo 7:12. (N. de la T.)

de cualquier sociedad próspera es el turnarse, o la *reciprocidad*: la sensación de juego limpio. En cuanto los individuos empiezan a reunirse en un grupo más amplio que el núcleo familiar, desarrollan, al parecer, un fuerte sentido intrínseco de la equidad; pero, como demostró Browning, la cooperación se mantendrá en pie solo en la medida en que los individuos sean justos los unos con los otros. Nuestra supervivencia depende de la capacidad que tengamos para cedernos el turno, y el grado de decadencia de una sociedad guarda relación con el deterioro de la equidad y de la reciprocidad básicas. Tanto el certamen de Axelrod como el experimento de Browning revelaron algo de mayor trascendencia aún: que en lo más profundo de nuestro ser, comprendemos que salimos ganando en todos los sentidos cuando adoptamos una visión más amplia e integral de lo que verdaderamente significa el beneficio propio.

Es asombrosa la cantidad de veces que el nombre define a la persona. Para el economista suizo Ernst Fehr, catedrático de la Universidad de Zúrich y profesor adjunto del Instituto Tecnológico de Massachusetts, ha sido el trabajo de toda una vida el estudio de la economía de la equidad. Fehr es él mismo una extraña clase de contradicción: un ex campeón de lucha libre fascinado por el origen de la cooperación entre las personas. Ha realizado famosos estudios que demuestran que la gente del mundo entero es no solo inherentemente generosa, sino que además aborrece la injusticia, lo que él llama «aversión a la falta de equidad».

Fehr ha puesto a prueba minuciosamente su teoría con el experimento clásico de la teoría de juegos llamado el ultimátum. En él, los voluntarios son emparejados al azar, aunque nunca se les permitirá conocerse. Las parejas se dividen entonces en «el proponente» y «el respondedor». El proponente recibe una suma de dinero, 10 euros, por ejemplo, y puede ofrecer al respondedor la cantidad de dinero que a él le parezca adecuada, desde 1 euro hasta 10; y la tarea del respondedor se reduce a aceptar o rechazar la oferta. Si la acepta, recibirá la suma designada y el proponente se quedará con el resto; si, por el contrario, la rechaza, ambos se irán con las manos vacías. Se trata de una oferta única, y ambas partes lo saben, de ahí su nombre: «el ultimátum». No hay posibilidad de mantenerse a la espera de una oferta mejor, y, lo que es más, dado que el juego solo se realiza una vez, los dos jugadores entienden que nunca habrá represalias.

Si los seres humanos fueran por naturaleza egoístas, sería de esperar que el proponente siempre se quedara con la mayor parte del dinero e hiciera una oferta irrisoria, y que el respondedor la aceptara también siempre, puesto que algo, por poco que sea, es mejor que nada. No hay en el juego ningún tipo de presión social para ser generoso, ya que las identidades se mantienen en secreto y los jugadores nunca volverán a interactuar.

Pero en la práctica esta es una situación que rara vez se da en ninguna pareja de ninguna sociedad. El juego se ha llevado a cabo en todo el mundo y en muchas culturas distintas en condiciones científicas, y el resultado es extraordinariamente uniforme.[4] «Si tomamos a dos desconocidos, que han de hacer un intercambio anónimo, hay muchas probabilidades de que surja de ellos espontáneamente un comportamiento altruista», afirma Fehr. La oferta más común es el 50%, y el promedio general se halla entre el 43 y el 48%,[5] pues aunque eso signifique una menor ganancia personal, la mayoría de la gente prefiere hacer una repartición equitativa con personas a las que no conocen y con las que no volverán a encontrarse nunca.

Y lo que es más interesante todavía: la gente tiende a castigar a aquellos que traspasan los límites de la equidad. Quienes participan en el juego del ultimátum suelen rechazar, por lo general, cualquier oferta inferior al 20%; es decir, si juegan con 10 euros, rechazan cualquier oferta de 2 euros o menor.[6] Los científicos sociales llaman a este impulso «castigo altruista», el deseo que tenemos de castigar la injusticia, incluso a nuestra costa. Esto sugiere que, dentro del vínculo social que establecemos unos con otros, tenemos un sentido de juego limpio fuertemente arraigado, a lo cual Fehr y sus colegas se refieren con la expresión «fuerte reciprocidad», esto es, el impulso de colaborar con otros si uno se siente tratado con equidad, y de castigar a aquellos que violan el contrato social de cooperación. Se trata de un impulso tan fuerte que estamos dispuestos a tirar piedras contra nuestro propio tejado, por así decirlo, y rechazar nuestra propia recompensa con tal de castigar a los transgresores que han tomado más de lo que por justicia les correspondía. Preferiríamos irnos a casa con las manos vacías antes que permitir que el transgresor se saliera con la suya.

La investigación del juego del ultimátum se llevó a cabo sobre todo en un entorno universitario, donde los jugadores son en su mayor parte estudiantes. Por eso, para comprobar si este sentido de la equidad era igual de fuerte en todos los ámbitos de la sociedad, Fehr y el antropólogo norteamericano Joseph Henrich, del Departamento de Psicología de la Universidad de la Columbia Británica, emprendieron viaje a los más remotos rincones del planeta. Los dos científicos y su equipo de antropólogos pusieron a prueba el juego del ultimátum en quince sociedades a pequeña escala: grupos recolectores como la tribu hadza, de África del este; horticultores que empleaban la práctica agrícola de roza y quema,* tales como los aché, que habitan las selvas de Sudamérica; grupos de pastores nómadas, y dos sociedades agrícolas a escala reducida.[7] En muchos casos, los científicos tuvieron que reemplazar el dinero por otra moneda de cambio, como el tabaco por ejemplo, cuando organizaban el juego.

Independientemente de cómo estuviera estructurada la sociedad, casi nadie ejemplificó el modelo de comportamiento inherentemente egoísta que propuso Adam Smith, aunque algunas culturas demostraron mayor sentido de la equidad que otras. A diferencia de los estudiantes universitarios, cuya oferta común era de estrictamente la mitad de la suma, las ofertas más comunes entre los proponentes de estas culturas tradicionales oscilaban entre un 15 y un 50%, dependiendo de cómo se manifestara de ordinario la reciprocidad en cada cultura.

Prácticamente todos los grupos que habían desarrollado una sociedad, del tipo que fuere, participaron en el juego del ultimátum con un sentido de reciprocidad. Las excepciones a la regla fueron aquellas

---

* Agricultura itinerante de subsistencia que se practica en vastas regiones de clima cálido y vegetación densa, como la selva y los bosques tropicales. Los agricultores abren claros en la vegetación y queman los árboles para que las cenizas aporten fertilidad al suelo, pero al ser este extremadamente frágil, en pocos años queda agotado y los agricultores deben abrir nuevos claros en otro sector de la selva o del bosque. Es común en diversos países de Sudamérica, América Central e islas del Caribe, y su origen se remonta a la época precolombina. (N. de la T.)

culturas que socialmente no habían evolucionado más allá de la simple agrupación de familias nucleares individuales. La oferta más común entre los machiguenga, pueblo indígena del sudeste de Perú, por ejemplo, era de un 15%, con lo cual el proponente se quedaba con la parte más sustanciosa; y a pesar de ser tan bajas las ofertas, se aceptaban casi siempre, por más irrisorias que fueran. Este grupo no constituye una sociedad propiamente dicha, y practica muy poco la cooperación o compartición fuera de la unidad familiar. Los machiguenga tienen una definición de «nosotros» mucho más restringida, y entienden por tanto la reciprocidad únicamente dentro de la familia. No parece que les preocupe la opinión pública, luego no se sienten obligados, por vergüenza, a ofrecer más, especialmente en circunstancias de anonimato. Los hadza tendían a hacer, asimismo, ofertas de entre las más bajas, pero el índice de rechazos era en este caso muy alto. En la vida real, estos recolectores a pequeña escala sí acostumbran a compartir la carne, pero los cazadores suelen esconder su presa de las demás familias, y entran por ello en frecuentes conflictos. Si sus vidas fueran un juego de la guerra de los sexos, podría decirse que los hadza no han evolucionado más allá del primer estadio, egoísta, del juego.

Las ofertas individuales tendían a reflejar ciertas costumbres sociales. Los miembros de las tribus au y gnau, de Papúa Nueva Guinea, solían ofrecer más de un 50%, pero dicha oferta se rechazaba. En estas culturas, hacer un regalo confiere estatus al dador, mientras que aceptar un regalo cuantioso le hace sentirse inferior al que lo recibe.

La tribu lamalera, de Indonesia, cazadora de ballenas, demostró ser el grupo más equitativo de todos, mucho más que los grupos occidentales; dos tercios de los jugadores ofrecieron la mitad exacta y el resto, más del 50%. Si esta sociedad consigue hacer su portentosa caza es únicamente gracias a la cooperación de muchas familias. Después, se divide meticulosamente la ballena en porciones precisas y se reparte entre la comunidad. Para los lamalera, compartir es sinónimo de sobrevivir. Las sociedades que como esta demuestran una actitud más equitativa en el juego del ultimátum son las que más dependen de la cooperación en sus vidas individuales.

Los científicos han sostenido durante mucho tiempo que el impulso humano de equidad es un asunto moral, desarrollado solo en la sociedad humana y como estrategia de «contradominio», para «alentar» —queriendo decir «forzar»— la cooperación. Sin embargo, parece que en cualquier sociedad existe un sentido de equidad que evoluciona espontáneamente como vínculo social, tal como sucedió con quienes participaron en los juegos computarizados de Lindsay Browning. En las pruebas del juego del ultimátum realizadas con culturas indígenas, cuanta mayor interdependencia había en las actividades de una sociedad, más equitativa era la actuación de los individuos entre sí. Parece haber en todo grupo un sentido de la justicia que automáticamente evoluciona como parte inherente del trabajo realizado en equipo fuera del ámbito familiar inmediato; un impulso de raíces muy profundas que es fundamental para muchos seres vivos, incluidos los monos, como descubrieron Frans de Waal y su alumna Sarah Brosnan.

Brosnan, investigadora en el Centro Nacional Yerkes de Investigación sobre Primates, ideó un ingenioso experimento para los monos capuchinos. Esta es una raza famosa por su comportamiento cooperativo y sus fuertes lazos sociales, y se eligió para el estudio a las hembras capuchino porque tienden a supervisar y asegurarse de que el trato sea equitativo.

En esta variación del juego del ultimátum, Brosnan colocó a las parejas próximas unas a otras, y adiestró a una de las monas para que entregara una pequeña roca de granito como pago por un trozo de pepino —lo cual era toda una concesión, pues por lo general los animales son reacios a dar nada—. En cuanto se hacía el intercambio, los investigadores daban al otro mono una rodaja de pepino del mismo tamaño si no había realizado ninguna acción, o una uva, que para un capuchino es la recompensa suprema, si había hecho lo mismo que su pareja.

Tanto los monos que habían hecho el trueque original como los demás que presenciaban un trato tan injusto enloquecieron de indignación. No quisieron colaborar ya más con los seres humanos, no comieron los pepinos ni las uvas que les habían dado como recompensa, y en algunos casos incluso les arrojaban la comida a los investigadores.[8]

Este estudio, que se publicó en la revista *Nature*, sugiere que el sentido de la equidad forma parte intrínseca del vínculo social de nuestros parientes próximos. Fehr piensa que el hecho de que incluso los monos rechacen una paga desigual demuestra que el sentido de lo que es justo «constituye un comportamiento arraigado a gran profundidad».[9]

Brosnan cree que su estudio ofrece pistas fundamentales sobre cómo evolucionó el sentido de la justicia entre los seres humanos.[10] De hecho, la ciencia más avanzada ha encontrado pruebas de un punto del cerebro humano que se activa ante la injusticia. Varios psicólogos de la Universidad Rutgers enrolaron en un experimento a 40 estudiantes masculinos; los dividieron en parejas y le entregaron a cada miembro de la pareja 30 dólares. Cada participante extraía luego de un sombrero una bola marcada con la palabra «rico» o «pobre». El participante rico recibía una bonificación extra de 50 dólares, mientras que el pobre no recibía nada. Los investigadores preguntaron entonces por turno a cada participante qué le parecería que se le hiciera una nueva transferencia de dinero, bien a él o bien a su pareja, al tiempo que un monitor seguía de cerca la actividad dentro del estriato y la corteza prefrontal del participante, regiones cerebrales que intervenían, se creía, en nuestra manera de evaluar las recompensas.

Los escáneres de creación de IRMF revelaron que la actividad cerebral era más intensa en los participantes «ricos» cuando pensaban en que se le entregara una bonificación a su pareja, y en los «pobres» cuando pensaban en recibir la bonificación ellos mismos. En todos los casos, los jugadores tenían menos interés en enriquecerse personalmente que en rectificar la desigualdad económica; y, en efecto, cuando las recompensas económicas de un individuo se elevaban, se aquietaba su actividad neuronal. Lo que todos los jugadores querían fundamentalmente era que desapareciera la diferencia monetaria entre ellos y sus parejas.[11]

Al igual que los monos, las personas sienten tal rechazo hacia la falta de equidad que están dispuestas a ceder sus propias ganancias materiales si con ello logran un resultado más equitativo para todos. En el fondo, no nos importa que nos toque un trozo pequeño de pastel si sabemos que de ese modo todo el mundo recibirá su trozo. El mismo Fehr descubrió este impulso natural en los seres humanos cuando investigó cómo se comportan los grupos de personas cuando tratan de conseguir un contrato de trabajo. En uno de sus estudios reunió a un número de alumnos universitarios y los dividió en un pequeño grupo de «empresarios» y otro grupo más grande de «empleados». Dispuso que los empresarios contratarían a los empleados para que realizaran cierta cantidad de trabajo, por el que se les pagaría una cantidad determinada. No obstante, a los empleados se les pagaría la suma de dinero pactada independientemente de cuánto se esforzaran, es decir, no sufrirían ninguna penalización aunque no cumplieran su parte del contrato. Además, a cada empleado se le contrataba para jugar una sola vez con un mismo empresario, y se mantenía en secreto la identidad de todos, luego no habría estigmatización alguna por mucho que el empleado incumpliera el trato.

Si la única motivación de ambas partes fuera el interés propio, sería de esperar que los empresarios ofrecieran el salario mínimo y que los empleados respondieran con un esfuerzo mínimo también, pero en la práctica esto no ocurrió nunca. Ambas partes eran normalmente magnánimas, y cuanto más generoso era el empresario, más generoso se mostraba el empleado, mayor era su esfuerzo. En realidad, los empresarios solían dar por hecho que sus empleados trabajarían con ahínco, y por consiguiente solían ser muy espléndidos a la hora de ofrecer un salario. A pesar de ello, solo un 26% de los empleados realizaron todo el trabajo que habían prometido.

En la siguiente ronda del juego, a los empresarios se les permitía corresponder al esfuerzo de sus empleados pagándoles más de lo acordado a cambio de un esfuerzo mayor, y castigar un esfuerzo menor con una paga también más baja. En este caso, los empresarios demostraron un exquisito sentido de la equidad. Más de dos terceras partes de las veces, recompensaron a los empleados que habían trabajado más de lo pactado, y casi la mitad de los empresarios les dio bonificaciones simplemente por cumplir el contrato. En esta ocasión, cuando el trabajo acordado no se cumplía, dos tercios de los empresarios administraron el «castigo».

En cuanto a los empleados, saber que se los recompensaría si se esforzaban con ahínco hizo que la mayoría de ellos trabajaran *más* de lo pactado. El índice de incumplimiento del contrato descendió de un 83 a un 26%, y el de aquellos que superaron con creces los términos del contrato se multiplicó por diez. Lo más significativo es que permitir a los jefes recompensar o castigar a sus trabajadores dependiendo de su esfuerzo incrementó las ganancias últimas, tanto de los jefes como de los trabajadores, en un 40% de media. Este estudio ratifica la idea de que, por nuestra necesidad imperiosa de conectar, hemos desarrollado un fuerte sentido interior de la equidad y respondemos de acuerdo con él.[12]

Una de las interesantes actividades suplementarias de Fehr es examinar cómo afectan ciertas neuronas a nuestra forma de jugar. Pide a sus jugadores que inhalen una dosis extra bien de oxitocina, la «hormona del amor» —que parece ser clave para los cuidados parentales, el vínculo de la pareja y la conexión social—, o bien de testosterona, la hormona asociada con el egoísmo defensor de la codicia como cualidad. Fehr utiliza entonces escáneres de IRMF para averiguar qué áreas del cerebro se activan mientras los jugadores están sumidos en los juegos que guardan relación con la confianza. Le gusta hacer pequeñas alteraciones, administrándoles oxitocina a los hombres y testosterona a las mujeres, pues aunque estas producen testosterona además de estrógenos y de otras hormonas femeninas, sus niveles de testosterona no varían como lo hacen los niveles de estrógenos y otras hormonas.

Los estudios en los que se utilizaba oxitocina tuvieron un resultado previsible. Los hombres a los que se les había administrado esta hormona se volvieron más confiados y más dados a asumir riesgos; se comportaron, de hecho, como si supieran que podían implícitamente confiar en sus parejas. Incluso cuando sus parejas los engañaron, siguieron demostrando una confianza total.[13]

En el estudio de la testosterona, sin embargo, los resultados echaron por tierra nuestras ideas preconcebidas sobre cómo nos hace comportarnos. Se administró a algunas de las mujeres participantes una dosis extra de esta hormona y a otras, un placebo; y aunque ninguna de ellas sabía quiénes habían recibido la verdadera hormona y quiénes no, Fehr las grabó mientras opinaban sobre si creían haber recibido la dosis de testosterona o no. A continuación hizo que los dos grupos jugaran al juego del ultimátum. Lo cierto es que las mujeres que habían recibido la dosis extra de la hormona tuvieron una actitud más equitativa con sus parejas e hicieron ofertas más generosas, mientras que aquellas que pensaban que la habían recibido se comportaron de un modo más egoísta e injusto.[14] Aquellas a las que se les había administrado el placebo actuaban de manera antisocial debido a sus «prejuicios negativos» en relación con la hormona, y no por la hormona en sí, dice Fehr.

Fehr hizo un interesante análisis de los resultados. Desde su punto de vista, la testosterona aumenta el estado de conciencia, y, en una situación social, la generosidad es señal de estatus. *Creemos que mereceremos mayor reconocimiento por parte de nuestros compañeros si tenemos tan elegante gesto.* Ambos estudios proporcionan aún más pruebas de que nuestros cuerpos están programados para mantener el acuerdo, la generosidad y la confianza.

El hecho de turnarse se basa enteramente en la suposición de que ese mismo impulso existe en la persona que es objeto de nuestra generosidad, y de que automáticamente nos devolverá el favor, y respondemos de inmediato —como hicieron los jugadores programados del estudio de Rapoport— en cuanto se nos traiciona de la manera que sea. La mayoría de nosotros llevamos incorporado un cuadro de mando integral que aborrece a los parásitos y que, en consecuencia, siente la necesidad de castigar a quienes toman una parte mayor de la que en justicia les corresponde. Que detestamos la falta de equidad está más que claro, teniendo en cuenta que estamos dispuestos a castigar a los transgresores del contrato social incluso si resulta en detrimento nuestro.

Esto se ha demostrado también en la teoría de juegos con el juego de los bienes públicos, otro clásico de la economía experimental. El juego está diseñado para examinar cómo se comporta un individuo cuando se le pide que contribuya a algo que podría beneficiar a la comunidad entera, pero a costa suya. Sería como pedir a los habitantes de San Francisco que pagaran voluntariamente una suma de su elección a modo de impuestos para mantener los parques de toda California.

En este caso se les entrega a los participantes unas fichas, que al final pueden canjear por dinero, y se les permite decidir en secreto cuántas se quedarán para ellos y cuántas pondrán en un fondo común. Los investigadores conceden luego un porcentaje de la suma total recogida, supongamos que un 40% a todos los participantes. Si cada uno de los cuatro jugadores juega con veinte fichas y los cuatro las ponen todas en el bote, los investigadores le concederán un 40% de ochenta, es decir, treinta y dos fichas, a cada uno. Aunque cada jugador pierde la posesión de todas sus fichas, en última instancia todos se benefician económicamente a largo plazo poniendo todo su dinero en el fondo común.

La ironía del juego es que todos ganan más dinero cuando se deshacen de todas sus fichas, dado que, a mayor suma recogida, mayor es la recompensa que ofrecen los investigadores. A pesar de ello, la versión de este juego basada en el equilibrio de Nash —lo mejor que uno puede hacer *en cualquier circunstancia, en respuesta a lo que hagan todos los demás*— predice que la respuesta mejor es no poner nada en el bote, y quedarse para uno todas las fichas, si no quiere acabar siendo víctima de los parásitos. No obstante, en los numerosos experimentos del juego de los bienes públicos que han llevado a cabo Fehr y otros psicólogos sociales, casi nunca ha sucedido esto; la mayoría de la gente pone algo en el bote, y por término medio dona la mitad de las fichas al bien público.[15]

Este juego, como el del ultimátum, puede hacerse una vez o repetirse en una serie de rondas hasta un máximo de diez. Ahora bien, la situación, cada vez que el juego se repite, es muy distinta; así, descubrió Fehr, el impulso de dar es enorme en un primer momento —la gente empieza donando entre un 40 y un 60% de sus fichas—, pero este generoso impulso inicial rápidamente se modera, hasta que, en las últimas rondas, casi tres cuartas partes de los jugadores no contribuyen con nada, y los demás con casi nada.[16]

Aunque a primera vista podría pensarse que la gente se limitaba a cuidar de su interés propio, no es esa la explicación que daban luego los jugadores. Cuando se los entrevistaba, aquellos que inicialmente habían sido generosos contaban que se habían sentido cada vez más irritados con los «aprovechados», que no contribuían con nada, o en el mejor de los casos siempre daban menos que los demás. Los jugadores generosos, entonces, se habían vengado con la única arma que tenían: habían dejado de contribuir al bien público. En otras versiones del juego en las que a los jugadores se les permite sancionar al parásito, aunque han de pagar un precio por ello, están más que encantados de hacerlo, pese a que su beneficio individual sería mayor si continuaran contribuyendo al bote.

Fehr repitió estos juegos del bien público de dos maneras: con o sin la posibilidad de castigar a los parásitos, y descubrió que cuando a la gente se le permitía castigar a aquellos que simplemente quieren aprovecharse de las circunstancias, se mantiene la cooperación en el juego. Y lo que es más, los mayores contribuyentes resultaron ser los mayores castigadores. Pero la facultad de castigar funciona todavía mejor cuando los miembros del grupo permanecen juntos durante varios juegos, en lugar de ir cambiándose después de cada ronda.

Cuando no existe la posibilidad del castigo, sin embargo, la cooperación se deteriora rápidamente, y el juego, en efecto, se desbarata. Estamos dispuestos a fastidiarnos con tal de impedir que otros violen nuestra expectativa de dar al bien común. Es en cierto modo como el contribuyente a la Hacienda pública que se enfada por la cantidad de gente que vive de las prestaciones sociales, y rehúsa pagar impuestos. No solo tenemos la necesidad de castigar a los transgresores, sino que de hecho nos hace sentir *bien*.

Tania Singer, de la Escuela Universitaria de Londres, que estudia cuáles son las situaciones que impulsan a la gente a comportarse de manera altruista o egoísta, ha descubierto que la necesidad que tenemos de turnarnos en nuestras relaciones se encuentra tan arraigada que algunos somos incapaces de manifestar empatía cuando nos sentimos tratados injustamente. Singer puso a prueba esta idea en un intrigante estudio, examinando para ello la actividad neuronal de 32 voluntarios justo después de que participaran en una versión del dilema del prisionero en la que las parejas de jugadores se turnaban en dar a sus compañeros puntos que podrían cambiar por dinero al finalizar el juego. Los jugadores equitativos correspondían a los primeros con grandes sumas, y, en cambio, los que no lo eran devolvían sumas mezquinas, a fin de recibir ellos una paga individual más sustanciosa. Aunque los participantes no lo sabían, Singer había incluido en el juego a dos actores —que representarían el papel de oponentes de los voluntarios— a los que se les había indicado que debían hacer ofertas o excesivamente altas, o excesivamente bajas, de modo que uno jugara buscando el interés propio, como un machiguenga, y el otro fuera altamente cooperativo, como un lamalera.

Después del juego, a los participantes se los colocó dentro de un escáner de IRMF mientras observaban cómo se les aplicaba a sus parejas de juego, los actores, una potente descarga eléctrica a través de unos electrodos que tenían adheridos a las manos. Tanto los hombres como las mujeres dieron pruebas neuronales de empatía con los jugadores equitativos, pero cuando los hombres vieron que los jugadores que habían sido injustos recibían una descarga eléctrica, no solo demostraron una empatía mucho menor, sino también una activación incrementada de la parte del cerebro conectada con las recompensas: disfrutaban, de hecho, de la experiencia de la venganza y aprobaban el castigo físico de aquellos jugadores que se habían aprovechado de ellos.[17] Esto hace pensar que nuestra capacidad de sentir empatía hacia otros puede tal vez depender de que el objeto de nuestra atención haya satisfecho o no nuestro inherente sentido de la justicia.

Los aprovechados pueden presentarse bajo muy diversos disfraces. Uno de los más elocuentes ejemplos del sentimiento de fuerte reciprocidad de una sociedad es el que tuvo lugar durante la huelga de los mineros británicos que comenzó en 1984.* Cuando el gobierno Thatcher anunció el cierre de veinte pozos, lo cual significaba la desaparición de unos 20.000 puestos de trabajo, los mineros de todo el país, sobre todo aquellos que vivían en las zonas concretamente afectadas por la medida gubernamental, iniciaron una huelga. Dado que esta se alargó durante meses, muchos de los mineros, cuyos sindicatos habían agotado ya todos sus fondos, se encontraron en condiciones de pobreza extrema; sobrevivían gracias a los comedores sociales y vivían en casas que

---

* Empezó el 5 de marzo de 1984 y terminó el 3 de marzo de 1985. (N. de la T.)

carecían de cualquier fuente de calor. Como amarga ironía, tres muchachos, hijos de mineros, murieron aquel invierno mientras rebuscaban en los grandes montones de carbón desechado algún resto que sirviera para calentar las casas de sus padres.

Pero no todos los miembros del Sindicato Nacional de Mineros habían sido capaces de continuar indefinidamente en huelga. Muchos fueron volviendo poco a poco al trabajo al cabo de unos meses, y los mineros de Nottinghamshire, cuyas minas eran particularmente prósperas, habían votado no hacer huelga y, acabaron por crear su propio sindicato independiente, el Sindicato de Mineros Democráticos.

A los esquiroles, los rompehuelgas, se los consideraba individuos aprovechados en grado sumo, que ponían en peligro el éxito de la huelga. Al acceder a volver al trabajo se llevaron más de lo que en justicia les correspondía, y durante años fueron muchos los mineros en los que bullía el deseo de castigar su deserción. Aunque han pasado ya más de dos décadas, Neil Greatrex, presidente del Sindicato de Mineros Democráticos, es simplemente uno de tantos mineros que siguen percibiendo la animosidad por parte de aquellos que siguieron en huelga. Durante seis años, su padre se negó a hablar con él, y su esposa y sus hijos recibieron amenazas constantes. Su vecino, policía, se había visto obligado a poner en su ventana un letrero que decía: «Greatrex vive en la puerta de al lado», cansado ya de arreglar los cristales que aparecían rotos a ladrillazos. Pero el odio a los esquiroles alcanzó su apoteosis en el otoño de 1984, cuando un taxista llamado David Wilkie, que acababa de llevar al trabajo a un minero que no se había sumado a la huelga, murió aplastado en su automóvil al caer sobre él un poste de cemento que dos mineros en huelga arrojaron deliberadamente desde un puente que cruzaba la carretera.

El poder de la fuerte reciprocidad, que es capaz de mantener una sociedad unida o conducirla al colapso, se puso claramente de manifiesto en un estudio carcelario emitido por la BBC, titulado *El experimento*. En un determinado momento los presos convocaron una huelga, y los guardianes perdieron toda su autoridad. Después del golpe, guardianes y presos decidieron espontáneamente, de común acuerdo, formar un sistema más igualitario, o como ellos lo llamaron, «una comuna autónoma y autodisciplinada».

Pero el idilio no duró. Cuando el grupo empezó a dudar de su capacidad para mantener el orden en la comuna, y fueron muchos los que no impusieron sanciones a quienes quebrantaban las normas, la organización del grupo se volvió caótica. Algunos miembros empezaron a planear un nuevo golpe, en el que se harían con el poder, redefinirían la línea divisoria entre presos y guardianes, y establecerían un orden más autoritario; incluso pidieron cascos y gafas de sol negros para reforzar su imagen de autoridad intimidatoria. Entre los demás miembros de la comuna era tal el desorden que, en lugar de rebelarse, aceptaron nuevamente un sistema tiránico. Llegados a este punto, temiendo que pudieran repetirse los resultados del experimento carcelario de Stanford, Haslam y Reicher pusieron fin al experimento.

El mayor problema que tuvo el ideal utópico representado en *El experimento* de la BBC era no haber creado una cultura de interdependencia, definida por una *fuerte reciprocidad*. Bastaron unos pocos parásitos y quebrantadores del orden para que la comunidad entera se sumiera en el caos y fuera preciso hacer uso de la fuerza para mantenerla unida.

La consecuencia de actuar en contra de nuestra naturaleza más profunda, persiguiendo el paradigma del egoísmo e ignorando nuestro impulso básico de conexión, ha sido muy grave. Dos epidemiólogos británicos, Richard Wilkinson y Kate Pickett, dedicaron más de treinta años a examinar en detalle por qué ciertas sociedades humanas viven más tiempo y gozan de mejor salud que otras, y publicaron los resultados de sus estudios en el extraordinario libro *The Spirit Level: Why More Equal Societies Almost Always Do Better*.[18] Tras investigar las condiciones sociales de prácticamente todos los países occidentales, Wilkinson y Pickett descubrieron una estadística de lo más sorprendente y que se extendía a todos los países que habían examinado: cuanto menos equitativa era una sociedad —es decir, cuanto mayores eran sus desigualdades económicas y jerárquicas—, peor parados salían *todos sus habitantes* —tanto ricos como pobres— en cuanto a los problemas sociales de toda índole. En aquellos países en los que existe una gigantesca disparidad entre los ingresos de los muy ricos y los muy pobres, *tanto los más acaudalados como los indigentes* sufren los índices más altos de mala salud, delincuencia, enfermedad mental, problemas medioambientales y violencia.[19]

Los países occidentales han alcanzado, en general, el nivel de mayor desigualdad de la historia. El concepto de dar y tomar se ha visto sustituido por el de tomar todo cuanto uno pueda solamente para sí y para los suyos. Estados Unidos, Gran Bretaña y muchos otros países de Europa, debido a las enormes diferencias que se dan en ellos entre ricos y pobres, se encuentran entre los peor parados en prácticamente todos los indicadores sociales, en comparación con países como Japón y Suecia, donde la desigualdad económica de la población es mucho menor. Pese a ser uno de los más ricos del planeta, y de contar entre sus habitantes con la mitad de los multimillonarios del mundo, Estados Unidos presenta, con mucho, el nivel más alto de problemas sociales —delincuencia, falta de educación, enfermedades mentales, suicidio…— de los veinte países examinados, y Gran Bretaña ocupa el tercer puesto. Aunque 1 de cada 39 norteamericanos sea millonario, 1 de cada 7, es decir, 39,1 millones de norteamericanos, vive por debajo del umbral de la pobreza.[20]

A una cuarta parte de la población estadounidense se le ha diagnosticado alguna enfermedad mental —la cifra más alta entre los países más desarrollados—, frente a menos de 1 caso por cada 10 habitantes en Alemania, Japón y España. Aunque Estados Unidos se gasta en salud casi la mitad del dinero que invierte en ello el mundo entero —y en el país vive solo un 5% de la población mundial—, el hecho es que un niño que nace en Estados Unidos tiene un 40% más de probabilidades de morir durante el primer año de vida que otro nacido en Grecia, uno de los países más pobres de Europa, donde la población gana por término medio la mitad y el país gasta en atención médica también la mitad. Y no solo eso, sino que ese bebé griego puede confiar en que vivirá 1,2 años más que un bebé norteamericano. La equidad, lo mismo que el hecho de pertenecer, parece ser necesaria para la supervivencia.

Los indicadores de la equidad no guardan relación con la cantidad de dinero que un gobierno destine a intentar redistribuir la riqueza e igualar la sociedad. En Estados Unidos, por ejemplo, el estado que menor índice de problemas sociales tiene es Nueva Hampshire, y sin embargo se halla entre los de menor gasto público. Pero es que en Nueva Hampshire no existe una gran disparidad de ingresos entre los habitantes más ricos y los más pobres.

La reacción que provoca en nosotros la falta de equidad no tiene nada que ver con un deseo de igualdad social absoluta al estilo socialista. A lo largo de la historia, el hecho de que hubiera un grupo de individuos acaudalados que ocupaban el escalafón más alto de la sociedad no ha sido automáticamente motivo de revolución. Los estratos sociales más bajos sienten el impulso de rebelarse solo cuando las condiciones son manifiestamente injustas, como por ejemplo cuando de forma deliberada se provoca que la comida escasee. A raíz de la crisis financiera mundial de 2008, la rabia que la mayoría de los ciudadanos comunes sentían hacia los banqueros y los potentados industriales nada tenía que ver con un resentimiento derivado de la diferencia de ingresos, sino con el profundo y acuciante sentimiento de injusticia, provocado por hechos como que el banco de inversiones Goldman Sachs continuara pagando astronómicas bonificaciones después de que la recesión que esta entidad había contribuido a crear hubiera dejado a tanta gente sin empleo. En el Reino Unido, sir Fred Goodwin, conocido como Fred *el Triturador*,[*] ex consejero delegado del Royal Bank of Scotland, tras un fingido arrepentimiento público, no tuvo reparos en asignarse una pensión vitalicia de 700.000 libras esterlinas (alrededor de 800.000 euros) a pesar de que, mientras estuvo él al frente, el banco había vivido la mayor pérdida corporativa de la historia, que hizo finalmente necesario un rescate por parte del gobierno de 24.000 millones de libras. Poco después, un grupo de ciudadanos ofendidos asaltaron su mansión de Edimburgo y destrozaron a golpes su Mercedes S600. En un comunicado que enviaron al periódico *Edimburgh Evening News*, decían: «Estamos furiosos

---

[*] En inglés, Fred *the Shred*, apodado así por su rudeza con la plantilla y su temido historial de recortes de gastos. (N. de la T.)

por que gente rica como él se adjudique sumas de dinero fabulosas y viva con toda clase de lujos mientras, gracias a ellos, la gente común se queda sin empleo, sin casa, sin nada».[21]

Nuestro sentido de la injusticia surge cuando vemos amenazadas las necesidades más fundamentales que tenemos —la necesidad de sentirnos unidos, de fundirnos en cuerpo y alma, de darnos generosamente a los demás, de que llegue nuestro turno—; surge cuando se rompen las promesas que nos hemos hecho unos a otros de que el turno nos llegará a todos, de que podremos tomar lo que nos corresponde. En las comunidades más desarrolladas de hoy día el lema es «sálvese quien pueda». ¡Cada cual —hombre, mujer y niño—, a lo suyo!

Después de publicar su revolucionario libro *Bowling Alone*, que exponía el colapso de la vida comunitaria de Estados Unidos, el científico político Robert Putnam llevó a cabo una encuesta detallada, realizada a 30.000 personas, para investigar el efecto que tenía la diversidad étnica en la confianza y el compromiso cívico en la Norteamérica moderna. Se quedó consternado al descubrir que, cuanto mayor era la diversidad étnica de una zona, menos dispuestos estaban los ciudadanos a relacionarse unos con otros, o incluso con los miembros de su propia comunidad étnica. Y lo que es más, las estadísticas de otros países reflejaban algo muy similar: a mayor diversidad étnica en una comunidad, menor confianza en la sociedad.[22] De hecho, cuanto más diferente es la gente, desde el punto de vista étnico, más tiende a hacer trampas en el dilema del prisionero y el juego del ultimátum.

Esto da a entender que la confianza exige cierto sentido de holismo, una expresión amplia del «nosotros»; en cuanto designamos a alguien como «el otro», reforzamos nuestro sentido de separación y dejamos de considerar necesario cumplir las normas. Eric Uslaner, profesor de ciencias políticas en la Universidad de Maryland, estudió la confianza en sociedades de todo el mundo para su libro *The Moral Foundations of Trust*.[23] Y comprobó que cuanto menos igualitaria es una sociedad, menos confiados son sus ciudadanos. «La confianza —afirma— no puede vivir en un mundo desigual». La competencia, en cierto sentido, mata el vínculo.[24]

Vivimos actualmente con el desapacible sentimiento de que nos falta algo, algo muy profundo; es una añoranza que no podemos definir con precisión. Nos sentimos expropiados de nuestro derecho inalienable a tener una vida holística. Lo que nos han dejado es mucho peor que un simple caso de injusticia; es la vaga sensación de que una importante conexión se ha roto: la prueba, allá donde miremos, de humanidad no correspondida.[25]

Tercera parte

DISPUESTOS A RECUPERAR EL VÍNCULO

La música es el espacio que hay entre las notas.

Claude Debussy

9

VER LA TOTALIDAD

Cuando en el *tsunami* de diciembre de 2004 las tres olas de veinticinco metros rompieron en la playa de Bon Yai, de la isla Surin del Sur, en Tailandia, la tribu moken, una pequeña comunidad de pescadores nómadas, presenció la destrucción de su aldea y la muerte instantánea de 24.000 personas desde las cumbres más altas de la isla, donde se había puesto a salvo. Los ancianos de la tribu habían alertado a los moken, y todos, excepto un muchacho incapacitado, consiguieron ponerse a salvo mucho antes de que se avistaran las olas.

Asimismo, para cuando el *tsunami* llegó hasta el norte y anegó las islas de Andaman y Nicobar así como el sur de la India, los 250 miembros de la ancestral tribu jarawa, únicos pobladores de la isla de Jirkatang, ya se habían adentrado en la selva de Balughat, y, tras diez días de alimentarse de cocos, aparecieron ilesos.

Se dice que todos los miembros de las otras cuatro tribus indígenas del archipiélago indio de las islas Andaman y Nicobar —onges, grandes andamaneses, sentineleses y shompens— presintieron también el *tsunami*, aunque de ordinario habrían estado pescando mar adentro. Cuando un helicóptero indio sobrevoló la isla oteando la región en busca de supervivientes, un sentinelese desnudo, ofendido por aquella intrusión innecesaria, tomó su arco y disparó una flecha al helicóptero.

Al preguntárseles cómo sabían que el *tsunami* estaba a punto de llegar, un anciano de la tribu jarawa se encogió de hombros. Era obvio. Un niño pequeño de la tribu se había mareado; el nivel del riachuelo cercano al poblado había descendido; un hombre había advertido pequeñas diferencias entre la forma en que se hinchaba una ola y la siguiente; habían notado una inusual inquietud e irritación entre los mamíferos de menor tamaño, y una ligera alteración en la manera de nadar de los peces. De niño, al anciano se le había enseñado a prestar atención a estas sutiles señales, pues advertían de temblores de tierra y de que el mar estaba a punto de irrumpir violentamente. El anciano había entendido que aquellas eran las señales, que el mar y la tierra estaban «enfadados» y que su pueblo debía escapar a un lugar más alto.[1]

Una de las zonas más afectadas por el *tsunami* fue el territorio en el que se encuentra el Parque Nacional Yala, la reserva de vida salvaje más extensa de Sri Lanka, donde las gigantescas olas lo anegaron todo hasta tres kilómetros tierra adentro. Sin embargo, según contó Ravi Corea, presidente de la Sociedad de Conservación de la Vida Salvaje de Sri Lanka, de los cientos de animales de la reserva, solo dos búfalos de agua murieron. Cientos de elefantes, leopardos, tigres, cocodrilos y pequeños mamíferos se escondieron en refugios o escaparon a un lugar seguro.

Esta sorprendente supervivencia de animales salvajes y pueblos indígenas se ha atribuido a diversos factores: a un oído exquisitamente sintonizado, a un don «sísmico» que les permite percibir las vibraciones del terremoto, o a una ancestral comprensión de los sutiles cambios que experimentan el viento o el agua. «Huelen los acontecimientos en el viento —dice Ashish Roy, abogado y activista medioambiental, refiriéndose a los nativos isleños—. Saben calcular la profundidad del mar por el sonido que hacen los remos. Tienen un sexto sentido que no tenemos nosotros.»

Pero otra posibilidad es que se trate de algo aún más extraordinario: la enorme diferencia entre su forma de ver el mundo y la nuestra. Un año antes de que azotara el *tsunami*, Anna Gislén, bióloga especializada en oftalmología y profesora de la Universidad Lund, de Suecia, se había quedado intrigada cuando un colega le dijo que los gitanos del mar, como la gente del continente se refería a los moken, tenían la extraordinaria capacidad de encontrar moluscos de color oscuro en el fondo del mar; incluso eran capaces de distinguir debajo del agua entre pequeñas almejas de color marrón y piedras de color y tamaño parecido sin ayuda de ningún instrumento visual. Aquello no era algo que se consiguiera habitualmente, ni siquiera utilizando gafas de buceo, dada la escasa adaptación del ojo humano para ver debajo del agua. Cuando estamos en tierra, dos terceras partes del poder de refracción de nuestros ojos se deben a la curvatura de la superficie de la cornea, ventaja que se pierde cuando buceamos.

Gislén se dirigió a las islas Surin y allí empezó a hacer pruebas a los niños moken a fin de estudiar su visión subacuática, comparándola luego con la capacidad visual de los niños europeos que estaban de vacaciones en las áreas circundantes. Lo que descubrió echó por tierra la mayoría de las ideas que existen sobre biología humana. Normalmente, cuando estamos inmersos en un medio difuso, como es el agua, los ojos no intentan enfocarse, que es precisamente lo que Gislén observó en los niños europeos a los que estudió. Sin embargo, la agudeza de visión subacuática de los niños moken era dos veces mayor que la de los europeos.

Un bebé moken aprende a nadar antes que a andar. Se le enseña a ralentizar las pulsaciones cardíacas cuando se encuentra debajo del agua a fin de poder aguantar allí más tiempo. Los niños moken adiestran los ojos para «acomodar su respuesta» a la cualidad borrosa del medio submarino, constriñendo las pupilas, hasta un diámetro 0,7 milímetros más pequeño del que son capaces de conseguir los europeos, para mejorar su percepción de las profundidades; «el mismo proceso que optimiza la profundidad focal de una cámara fotográfica al utilizar una apertura más pequeña», comenta Gislén.[2] Esta minúscula adaptación mejora su visión hasta tal punto que son capaces de localizar pequeñas almejas y pepinos de mar incluso a una profundidad de entre tres y nueve metros.

Los moken han aprendido a ver, en todos los sentidos, con mucha mayor agudeza. Han hecho de sus ojos verdaderas cámaras fotográficas, que cambian de apertura a voluntad. Son capaces de advertir detalles y conexiones que la mayoría de nosotros ya no logramos percibir. Ven en el espacio que hay entre las cosas.

Nosotros hemos perdido el sentido de vínculo, pero no es una pérdida irrevocable. Podemos recobrar el holismo en nuestras vidas y recuperar la sensación de conexión que existe entre las cosas, pero para ello son necesarias una serie de normas muy diferentes de las que actualmente rigen nuestras vidas. Vivir el vínculo es rendirnos al impulso de totalidad que es inherente a la naturaleza y reconocer el todo en cada aspecto de nuestras vidas cotidianas. Tenemos que hacernos a nosotros mismos algunas preguntas fundamentales: ¿cómo podríamos ver el mundo como algo más que un lugar solo para nosotros?; ¿cómo podríamos relacionarnos unos con otros sin que sea de un modo competitivo?; ¿cómo podríamos organizarnos en nuestros vecindarios —la tribu inmediata que existe a nuestro alrededor y el grupo más pequeño que tenemos fuera de nuestra familia— para ayudarnos mutuamente en lugar de competir?

Necesitamos percibir el mundo de otra manera, relacionarnos de otro modo con los demás, organizarnos y organizar nuestras amistades y vecindarios, pueblos y ciudades de forma distinta. Si no estamos hechos para vivir separados, sino unidos y comprometidos en todo momento, es necesario que cambiemos nuestro propósito fundamental en esta Tierra, que lo convirtamos en algo más que un propósito de lucha y dominación. Debemos contemplar nuestras vidas desde una perspectiva radicalmente diferente, desde un punto de mira más elevado, para que podamos ver finalmente la interconexión. Hemos de cambiar nuestra manera en sí de ver el mundo para que podamos ver como ve un moken; no para pronosticar *tsunamis*, sino para darnos cuenta de las conexiones que nos unen a todos.

La mayoría de los que pertenecemos al mundo desarrollado vivimos con una concepción atomizada del mundo y carecemos de la capacidad de percibir la sutil conexión que existe entre las cosas. Hemos desarrollado una peculiar forma de mirar, como a través de un túnel, concentrándonos en buscar solo lo individual…, que generalmente es un objeto, o incluso nosotros mismos, pero que puede ser también el protagonista o aun el tema central de la historia. Nos adiestramos a nosotros mismos para percibir el mundo como un montón de objetos individuales y separados, y numerosas categorías de objetos o de ideas aislados. Prestar atención al objeto separado implica ver el mundo enteramente en función de él en particular: clasificarlo, aplicarle normas y establecer relaciones circunstanciales solo en los términos del objeto en sí. Vamos buscando el elemento principal de la representación, el objeto más importante, como si estuviera separado de su contexto, y en eso enfocamos toda nuestra atención. Y lo que ocurre es que los árboles no nos dejan ver el bosque.

Se nos ha olvidado cómo mirar. Nos pasa desapercibida la sutil conexión, la idea periférica, el leve cambio del viento que nos lleven a la incuestionable conclusión de que se acerca un *tsunami*. Hasta los moken que estaban en sus barcas antes de que irrumpiera el *tsunami* supieron que debían navegar a aguas más profundas y quedarse lejos de la costa, a diferencia de los pescadores de Burmese que estaban cerca de ellos, y que perecieron. Un hombre moken, al saber de su fallecimiento, asintió con la cabeza y dijo: «Estaban pescando calamares. No vieron nada. No saben mirar».[3]

Ya hemos visto que nuestra necesidad más fundamental es la de buscar siempre conexión y unidad e ir más allá de la individualidad; sin embargo, cuando miramos nuestro mundo, lo único que vemos son cosas individuales, separadas, que no guardan relación entre sí. Nuestros impulsos más básicos, en lo que a nuestra propia vida se refiere, son contrarios a la forma en que actualmente vemos e interpretamos nuestro mundo. Si aprendemos a ver como un moken —a ver el espacio que hay entre las cosas—, quizá aprendamos también a reconocer las conexiones que siempre han existido pero que siguen siendo invisibles para el ojo occidental: las conexiones que nos unen a todos. Entonces empezaremos a reconocer lo más invisible de todo, que es el impacto que tenemos en los demás y en nuestro entorno. Nos daremos cuenta del efecto dominó que tiene cada acción en toda una cadena de ser: los seres vivos, el mundo natural, los amigos de nuestra red, los miembros de nuestra comunidad, la gente de otros países, a los que beneficia o perjudica lo que nosotros hagamos. Al igual que un moken ve una relación de hechos encadenados a partir del revoloteo de un ave o la forma de nadar de un pez, quizá también nosotros seamos capaces de entrar con la mirada en ese espacio donde las diferencias se desvanecen, y de encontrar en él nuestro terreno común.

La lección que podemos aprender de los moken va mucho más allá de encontrar almejas en el fondo del mar o sobrevivir a un *tsunami*; nos demuestra que, cuando los seres humanos miramos el mundo que nos rodea, no todos vemos lo mismo. Nuestras culturas individuales nos enseñan cómo mirar y qué ver, y reconocer esto nos permite empezar a contemplarlo todo con una perspectiva más amplia y completa.

Imagina a dos estudiantes de diferentes países, uno de Japón y otro de Estados Unidos, que estuvieran en el Louvre, abriéndose paso entre la multitud para ponerse delante de la caja de cristal antibalas y temperatura y presión controladas en la que se guarda la *Mona Lisa*. A los dos se les ha pedido que describan el cuadro. El norteamericano se fija de inmediato en la mujer en sí y sus más célebres misterios: su identidad —que, se supone actualmente, es la de Mona Lisa Gherardini, tercera esposa del adinerado mercader de sedas Francesco di Bartolommeo di Zanobi del Giocondo— y el origen de su enigmática sonrisa. Se ve atraído por el epicentro del cuadro: el triángulo de rasgos que engloba los ojos y los labios de esta mujer. Aprecia el *sfumato* de las sombras que nacen del extremo exterior de los ojos, pintado deliberadamente para ensombrecer la emoción de la modelo, y la extraña sonrisa que se percibe en el lado izquierdo de la boca. Todos los demás elementos del cuadro le parecen como colocados rápidamente encima en el último momento; piensa que tanto daría que desapareciesen. Por mucho que el norteamericano lo contemple, no consigue integrar el bosque, es decir, el resto de la pintura, con el «árbol» solo, esto es, con la figura que ocupa el primer plano dentro del marco.

Para el estudiante japonés, en cambio, el cuadro representa una declaración metafísica sobre el cosmos: la conexión entre la humanidad y la naturaleza. Sus ojos parpadean de atrás hacia delante entre el paisaje de fondo y la figura, fijándose en detalles como la delicadeza del pespunte que recorre el velo negro de la mujer o el eco de sus curvas en el paisaje de fondo, extraordinariamente complejo, con sus sinuosos senderos y ríos, y un atisbo del puente de Buriano. El estudiante se detiene a reflexionar sobre el hecho de que la mujer no lleve joya alguna, rasgo nada característico de aquel período de la historia. Durante media hora mira el cuadro a través del marco que crea con los dedos colocados en diferentes ángulos, utilizando la guía del museo a modo de regla, para intentar descubrir el significado de las violaciones de la perspectiva y de la diferencia que hay entre el tamaño de las manos de Mona Lisa.[4] Mirados con sus ojos, los rasgos de la mujer se disuelven por entero en el entorno; tanto le daría que no hubiera una persona en primer plano, pues para él significa muy poco. Mona Lisa no puede separarse de su contexto. Al estudiante japonés, el bosque literalmente no le deja ver el árbol.

En la diferencia entre lo que ven estos dos estudiantes reside buena parte del trabajo de Richard Nisbett. Nisbett, profesor de psicología social en la Universidad de Michigan y autor de *The Geography of Thought: How Asians and Westeners See Things Differently an Why*, ha dedicado su vida entera al estudio de las influencias culturales en los métodos de pensamiento.[5] Nisbett sostiene que los procesos de pensamiento e incluso la percepción en sí no tienen carácter universal, sino que son fenómenos culturales. La gente no percibe el mundo de la misma manera en las diferentes partes del mundo; ni siquiera ve lo mismo. El extenso trabajo de Nisbett sobre esta cuestión, al que él llama «geografía del pensamiento», muestra claramente que las diferencias culturales dan lugar a estilos de pensamiento muy distintos. Y todo empieza con la manera misma en que se nos enseña a mirar.

El primer libro que leyeron la mayoría de los norteamericanos mayores de cincuenta años fue *Dick and Jane*, que describía la perfecta fantasía americana; recogía las idas y venidas de estos dos hermanos de mejillas sonrosadas, de su hermana pequeña Sally, y de su spaniel blanco y negro llamado *Spot*. Vivían en un mundo como el de *Leave it to Beaver*,* con un padre que iba vestido con traje incluso los fines de semana y una madre ataviada con un vestido de cóctel de color pastel, aun mientras cocinaba. La narración de *Dick and Jane* se centra siempre en lo que logra hacer uno de ellos: «Mira, Jane. Atento, Dick. Mira cómo corre Dick», y Dick corre por el césped a toda velocidad.

Según Nisbett, libros como este, y como su homólogo británico *Janet and John*, enseñaron a los niños no solo a leer, sino cómo *ver el mundo*. En el mundo de Dick y Jane, y actualmente en el mundo occidental, un niño aprende a enfocar su atención en el individuo. Lo que hacemos por nosotros mismos —lo que nos sucede, cómo nos sentimos y qué logramos hacer nosotros solos— es lo fundamental, el sentido mismo de nuestra existencia. Nuestros padres y la escuela destacan la excelencia individual por encima de todo lo demás. Aprendemos que nosotros somos el sujeto, y todo lo demás es el objeto. Vemos el resto del mundo completamente en función de su relación con nosotros. Se nos enseña —y alienta— a vivir separados, a ser el elemento central de la historia.

Desde el momento que nace, a un niño occidental se le enseña a esforzarse por ser independiente. La formación que recibimos desde la cuna nos dice cómo debemos pensar, pero también, en cierto sentido, cómo debemos *ser*. Aprendemos que la autonomía es lo más importante.

Como señala Nisbett, a los bebés occidentales se los anima a dormir solos y a avanzar con toda la rapidez posible hacia la independencia de pensamiento y de elección. El mundo que las madres presentan a sus hijos está basado en objetos que se han de etiquetar y elecciones que se han de hacer: ¿jamón o huevos?; ¿el bolígrafo azul o el rojo?; ¿*Los picapiedra* o *Barrio Sésamo*?... El ya fallecido antropólogo Edward T. Hall consideraba que esta forma de pensar era el resultado de una sociedad de «bajo contexto», con lo cual se refería a que nuestra identidad depende de nuestro contexto. Pensamos que somos agentes libres, sin ningún tipo de restricciones, y que si a ti o a mí nos sacan de esta sociedad y nos

---

* Serie televisiva estadounidense de la década de los cincuenta que representaba la perfecta familia americana. Un equivalente de *La casa de los Martínez*.

llevan a un lugar distinto, seguiremos siendo las mismas personas. Estas ideas atomísticas y determinantes —de que tenemos una identidad autónoma, de que somos los amos del universo— informa de cómo interpretamos el tumulto de sensaciones y estímulos que nos llegan a cada momento y de cómo nos relacionamos con ellos.

Cuando los niños orientales aprenden a leer, las ideas que les comunican sus primeros libros son muy diferentes. En uno de ellos, un niño pequeño va sentado a hombros de un muchacho mayor: «El hermano mayor cuida de su hermano pequeño. El hermano mayor quiere a su hermano pequeño. El hermano pequeño quiere a su hermano mayor».[6] Una persona de Asia oriental se concibe a sí misma solo en relación con la totalidad, tanto si esa totalidad es su familia, su vecindario, su cultura, el Tao o incluso su sentido de conciencia.[7] En Asia del este, y también en muchas tribus indígenas, como los moken, a los niños se les inculca un sentido tan fuerte de conexión con los demás que solo son capaces de concebir el yo (y los objetos) en relación con su contexto. El hecho de que los orientales definan su mundo de un modo tan diferente les hace aprender a verlo con una mirada muy diferente también. En Oriente, un niño aprende que la relación es primordial, que él y cualquier otra persona forman una unidad, un vínculo indivisible.

Como consecuencia, según Nisbett, las culturas orientales piensan de hecho de manera distinta a como lo hacemos los occidentales. Tradicionalmente, los chinos (cuya cultura ha influido en muchas otras culturas orientales) han aprendido a entender las cosas únicamente en función de otras cosas. Ven la vida en relación con un campo de fuerzas, y entienden la materia del universo no como una serie discreta de objetos, sino como una relación de reciprocidad, continua e interpenetrante. El mundo, para los orientales y las culturas indígenas, es un flujo constante, permanentemente mutable y en proceso de devenir. La mente oriental e indígena ha aprendido a ver el mundo de forma mucho más holística desde el momento en que es consciente.

Otros pueblos indígenas, tales como los nativos norteamericanos, aprenden también a absorber la totalidad del paisaje físico y emocional. «Ver implica experimentar mentalmente la relación entre lo tangible y

lo intangible que hay en el mundo y en el universo», dice Donald Fixico, de las tribus seminola y muscogee creek, que ha estudiado las diferencias entre la forma de pensar amerindia y el «pensamiento lineal»
occidental.[8] Para un occidental, «pensar en indio», como él lo define, es
como estar en medio de una experiencia alucinógena, pues se mezclan
lo visible y lo invisible, el presente y el pasado, el soñador y su entorno.
Y todas esas relaciones, pasadas y presentes, influyen en lo que ve un
nativo americano.

Las historias que nos contamos a nosotros mismos sobre cómo
funciona el mundo determinan, en última instancia, lo que percibimos.
Muy pronto, vemos solo aquello que se nos ha enseñado a ver, y esto es
debido, en parte, a un mecanismo del cerebro al que suele denominarse «activación inducida», nombre que le dio el neurocientífico Graham
Goddard, quien descubrió el fenómeno accidentalmente en 1967 tras
el sorprendente resultado de un experimento con ratas de laboratorio.
Goddard se quedó fascinado al ver la actividad neurobiológica que estaba implicada en el aprendizaje, y se preguntó si una electroestimulación
podría acelerar el proceso. En el experimento, estimuló a diario los cerebros de un grupo de ratas, lo bastante como para provocar un ataque de
epilepsia, para comprobar si esto tenía algún efecto en su capacidad de
aprender. Al cabo de unos días advirtió algo totalmente opuesto: las ratas empezaron a sufrir convulsiones incluso cuando la corriente eléctrica
y la carga aplicadas al cerebro eran demasiado bajas como para provocar
un ataque. Sin proponérselo, había enseñado a aquellas ratas a ser epi-
lépticas.[9] Como resultado del trabajo de Goddard, los neurocientíficos
modernos creen que, al igual que un fuego alimentado con carbón arde
más fácilmente si se enciende con un poco de leña fina, los conductos
del sistema nervioso se vuelven también más sensibles a ciertas conexiones si reciben un refuerzo inicial, tras lo cual dichas conexiones se producen con más facilidad o mayor frecuencia.

La teoría de la activación inducida se ha aplicado al trastorno bipolar y a la depresión clínica, y actualmente se cree que cuanto más depri-
mida haya estado una persona en el pasado, más fácilmente se deprimi-
rá en el futuro. Los conocimientos que tenemos sobre la plasticidad del

cerebro nos hacen darnos cuenta también de que la activación inducida es una característica de la percepción.[10] Con el tiempo, el pesimista solo es capaz de ver el lado negativo de cualquier situación dada, y el optimista, solo el lado positivo. Nosotros, los occidentales, tan habituados a destacar cosas individuales en nuestro mundo, lo único que vemos ya cuando miramos el cuadro es el motivo central; vamos siempre en busca de la estrella del espectáculo.

Una serie de estudios verdaderamente fascinantes que llevaron a cabo Nisbett y su equipo del Departamento de Psicología de la Universidad de Michigan reveló que existen diferencias radicales entre la forma de percibir el mundo que tienen los occidentales y los orientales. En colaboración con un colega de la Universidad de Hokkaido, en Japón, Nisbett reunió a dos grupos de estudiantes de las dos universidades y les mostró vídeos de escenas submarinas de veinte segundos de duración. Después de ver la película dos veces, se le pedía a cada participante que contara lo que había visto.

Invariablemente, cuando los norteamericanos empezaban a describir la escena, el lugar central lo ocupaban los objetos, es decir, los peces. Para los japoneses, lo más importante era el contexto; veían el campo en sí: el color del agua, las algas, el lecho marino.[11] Eran incluso más sensibles a la vida interior de los peces, y más dados que los norteamericanos a describir lo que ellos interpretaban como posibles emociones de los peces.[12]

Cuando Nisbett modificó ligeramente los vídeos y se los mostró luego a ambos grupos de estudiantes, los norteamericanos tenían mayor facilidad para detectar los cambios si guardaban relación con el objeto central, y los japoneses, si afectaban al ambiente de fondo.[13]

El investigador descubrió que los orientales y los occidentales han desarrollado maneras diferentes de utilizar los ojos para captar su entorno. Cuando hizo un seguimiento de los movimientos oculares a un grupo de participantes norteamericanos y chinos mientras miraban grandes montones de fotografías, en cada una de las cuales aparecía un solo objeto en primer plano, un tigre por ejemplo, ante un fondo de diversa complejidad, los ojos de los norteamericanos se fijaban rápidamente en el tigre, mientras que los de los chinos iban pasando velozmente de un detalle del fondo a otro. Los segundos demostraron movimientos intermitentes de los ojos mucho más rápidos que los primeros, pero necesitaron también mucho más tiempo para captar la imagen entera. Por su educación, los orientales habían aprendido a prestar atención a la totalidad mucho más que los occidentales. Situados frente a la misma escena, lo que una y otra cultura veían era de hecho notablemente distinto.[14]

Nisbett pidió luego a grupos de japoneses y norteamericanos que se hicieran una foto unos a otros. Los japoneses fotografiaban siempre la escena completa, y en ella la persona, de cuerpo entero, era relativamente pequeña en relación con el fondo, mientras que los norteamericanos fotografiaban a la persona de cerca.

Todo esto equivale a decir que nuestra filosofía del mundo y la manera en que nos vemos a nosotros mismos en relación con él determina de hecho lo que vemos. En Occidente estamos tan ocupados en separar lo que vemos, buscando lo individual en lugar del vínculo que a menudo pasamos por alto la conexión vital que tenemos justo delante.

* * *

Al ilusionista británico Derren Brown hay un truco que le gusta particularmente. Mientras sostiene un mapa en la mano, aborda a la primera persona que pasa por una calle de Londres y le pregunta cómo llegar a la catedral de San Pablo. Mientras el extraño se lo explica, una serie de actores vestidos de obreros cruza por en medio de ellos transportando una gigantesca valla publicitaria que momentáneamente les impide verse el uno al otro. Durante este intervalo, Brown ejecuta un rápido acto de prestidigitación: desaparece, y aparece en su lugar otro actor, que sostiene un mapa en la mano y sigue preguntando cómo llegar a la catedral, como si de Brown se tratara. Al principio, el cambio lo efectúa solamente con alguien que se le parezca —un hombre alto y delgado, con el cabello oscuro y de treinta y tanto años—, pero al cabo de un rato, cuando le llega el turno al segundo transeúnte, se va volviendo cada vez más osado, y se cambia por un hombre de cabello cano, luego por uno calvo, por uno negro y, finalmente, incluso por una mujer. Por muy distinta que sea la persona que lo sustituye, al menos la mitad de la gente a la que aborda no se da cuenta; de hecho, ni siquiera reconocen a Brown, un famoso personaje televisivo, ni advierten tampoco que la valla publicitaria que interrumpe su conversación con Brown es una gigantesca fotografía suya. Brown hubiera podido ser cualquier persona. Aunque lo miran al hablar con él, su imagen no ha quedado registrada en el paisaje de sus psiques.[15] En realidad, no le están prestando atención; sufren lo que los psicólogos prefieren llamar «ceguera por inatención».

Para poder procesar el tumulto de sensaciones e información que nos rodean, debemos ser selectivos en lo tocante a la atención. Hemos aprendido a enfocar la atención tan estrictamente que vemos del mundo mucho menos de lo que creemos. Cuando nos distraemos o enfocamos la atención en un objeto o tarea, a menudo somos incapaces de ver lo que tenemos delante de los ojos. Aunque tal vez percibamos todo lo que está englobado en nuestro campo de visión, solo procesaremos aquello en lo que pongamos la atención, y en Occidente hemos aprendido a limitar estrictamente ese campo de enfoque. Por mucho que imaginemos que somos como una cámara fotográfica y que absorbemos todo aquello que tenemos a la vista, ni siquiera los acontecimientos extraordinarios captan necesariamente nuestra atención si estamos absortos en otra cosa.

Christopher Wickens, psicólogo aeronáutico de la Universidad de Illinois, en Urbana-Champaign, ha estudiado cómo actúan los pilotos en los simuladores de vuelo cuando ciertas señales de aviso con información crucial, referentes por ejemplo a la velocidad del aire y la altitud, aparecen superpuestas en la pantalla. Puede ocurrir que los pilotos estén tan enfrascados en la información de vuelo que no adviertan lo inesperado, incluida la presencia de un avión en la pista de aterrizaje, por mucho que esté palmariamente dentro de su campo de visión, y aterricen justo encima de él. Los pilotos noveles, que no están familiarizados con el aterrizaje, no sufren estos episodios de inatención, sino que ven siempre todos los obstáculos. El hecho de que todo sea nuevo para ellos hace que permanezcan alertas a la escena entera con atención total y absoluta.[16]

Entre los socorristas es tan frecuente esa forma de mirar selectiva que el hecho ha dado lugar a que se publiquen una infinidad de guías sobre cómo combatir un problema común: el de los socorristas que escanean ansiosos la piscina y son capaces de controlar a todos los nadadores, pero a quienes a menudo les pasan desapercibidos los cuerpos que hay en el fondo de la piscina, sobre todo si estos se hallan justamente debajo de los nadadores.[17]

Dos psicólogos, Arien Mack, de la Nueva Escuela de Investigación Social, de Nueva York, e Irvin Rock, de la Universidad de California, en Berkeley, fueron quienes acuñaron la expresión «ceguera por inatención» después de observar cómo los participantes del estudio que en aquel momento llevaban a cabo se quedaban tan absortos en la pantalla que se les había indicado que observasen que no se dieron cuenta de la aparición de un rectángulo de color rojo brillante a pesar de hallarse justo en el centro de su campo visual.[18] Mack cree que, aunque no tengamos una percepción consciente de aquello que sucede a nuestro alrededor a lo que no prestamos atención expresa, el cerebro continúa, no obstante, registrando esa información no procesada, sobre todo si significa algo para nosotros. Mack y Rock descubrieron que, incluso cuando los participantes no parecieran haber registrado cierta información, habían conseguido advertirla y almacenarla, dado que después fueron capaces de utilizarla en el test. Pese a que no somos conscientes de aquello que ocurre a lo que no le prestamos atención, consigue filtrarse en nuestra percepción. Vemos el bosque entero que hay en torno a nosotros, incluso aunque se nos haya enseñado a prestar atención solo al árbol más grande.

Durante mucho tiempo, los científicos creyeron que nuestro proceso de selección inconsciente, llamado «inhibición latente», del flujo constante de sensaciones y estímulos al que nos vemos expuestos a diario tenía como fin evitar una sobrecarga sensorial. Supuestamente, unos niveles de inhibición latente reducidos conducían a la psicosis; es decir, los esquizofrénicos no estaban locos de por sí, sino que eran personas que habían estado expuestas a demasiados impactos al mismo tiempo.[19] Sin embargo, la versión corregida de esta idea es que una capacidad limitada para cribar los estímulos que inciden en la percepción consciente puede ser, de hecho, señal de genialidad, indicativo de una capacidad superior de pensamiento creativo. La psicóloga de Harvard Shelley Carson y sus colegas descubrieron que aquellas personas que tenían una vida de logros creativos obtenían una puntuación significativamente menor que las demás en cuanto a inhibición latente. Los pensadores creativos más eminentes tenían siete veces más probabilidades de demostrar una baja capacidad de selección de estímulos que los demás.[20]

Carson descubrió que los individuos auténticamente creativos tienen incluso algunas similitudes neurobiológicas con los esquizofrénicos, en sus procesos de pensamiento y en su acceso a una mayor cantidad de estímulos no filtrados. Lo que distingue al loco del poeta es, según ella, la inteligencia creativa. La imposibilidad de cribar la carga sensorial enloquece a la persona, a menos que sea excepcionalmente inteligente, en cuyo caso podrá dar buen uso a toda esa información. La diferencia radica en que un individuo altamente creativo no se sobrecarga, sino que utiliza la información para concebir ideas de un modo nuevo y fascinante. Al hablar de la persona «creativa», Carson se refiere a aquella que posee una natural apertura a nuevas experiencias y un deseo consciente de no eludir lo aparentemente irrelevante. Un pensador creativo, al igual que el nativo de una comunidad indígena, se adiestra para ver el vínculo.

Aunque nuestra cultura moderna, tan obsesionada con lo individual, nos haya enseñado a verlo todo de manera fragmentada y exclusiva, tenemos la posibilidad de recuperar la capacidad de ver la sutileza de las relaciones que constituyen nuestro mundo. La verdadera lección que podemos aprender de los moken es que nuestra forma de ver el mundo no es algo inherente al ser humano, sino una habilidad aprendida. Anna Gislén volvió a las islas Surin tres años más tarde para realizar un segundo estudio sobre los niños moken. Esta vez, sin embargo, diseñó un programa de aprendizaje para los niños europeos que era similar al método que los moken utilizan para enseñar a sus hijos a ver debajo del agua. Al cabo de tan solo un mes de formación, los niños europeos habían aprendido a percibir los detalles submarinos con la misma agudeza visual que los gitanos del mar.[21]

Para cambiar nuestra manera de percibir las cosas, basta con que aprendamos a ver la conexión holística que existe entre ellas. Las poblaciones indígenas de la Micronesia han aprendido a navegar en mar abierto, alejándose varias millas de la costa, entre las veinte pequeñas islas Carolinas y los atolones del Pacífico Sur sin hacer uso de ningún instrumento de navegación y ni tan siquiera saber leer y escribir. T. Ward Goodenough, antropólogo de la Universidad de Pensilvania, vivió con los marineros indígenas durante muchos meses y consiguió descifrar un extraordinario y esquemático sistema cartográfico oral que les permite navegar con gran destreza.

Los marineros crean un complejo sistema de orientación que, a modo de brújula, los sitúa a ellos y sitúa las diversas islas con respecto a la salida y puesta de todas las estrellas visibles en relación con la Tierra. Después de memorizar todos los puntos terrestres visibles, utilizan las diversas islas como puntos de referencia con respecto a las estrellas, a fin de poder calcular la distancia recorrida. Estudian, además, las «señales marinas», tales como la presencia de una determinada especie de raya, la mantarraya, que tiene una mancha roja detrás de los ojos y que está asociada con ciertas localidades, y crean esquemáticos mapas mentales de las islas, imaginándolas en su cabeza como objetos, como si de peces ballesta se tratara. Sutiles señales que encuentran en el mar y en el cielo les permiten hacer predicciones meteorológicas muy precisas. Si cierta estrella aparece en el horizonte oriental justo antes del alba, es muy probable que el tiempo sea tormentoso durante los cinco días posteriores a la aparición de la siguiente luna nueva en el cielo del oeste después de ponerse el sol.[*] Las formas de las nubes, el color del cielo al amanecer y al atardecer, las olas y su dirección en relación con las estrellas, e incluso

---

[*] Aproximadamente entre dieciocho y treinta horas después de haberse producido la «luna nueva astronómica» —momento en que es totalmente invisible por encontrarse exactamente entre la Tierra y el Sol—, los tres astros cambian ligeramente de posición, y la Luna comenzará a verse en el cielo vespertino como un pequeño rasgo en forma de cuerno o de diminuta guadaña. La «luna nueva visible» era antiguamente la señal esperada por algunos pueblos (judíos, árabes) para dar comienzo al mes lunar (http://es.wikipedia.org/wiki/Luna_nueva). (N. de la T.).

la forma de las olas, guían a un navegante experimentado en dirección a la corriente.[22] El memorándum de un marino indígena es un canto tonal con el que constantemente se recuerda a sí mismo los patrones de estas relaciones.

A fin de percibir todas las relaciones que hay entre las cosas, los marinos del Pacífico Sur descomponen lo que ven en una serie de partes manejables y las memorizan relacionadas entre sí. Temple Grandin, profesora de comportamiento animal y escritora aquejada de autismo, cree que indígenas tales como estos procesan los pensamientos de la misma manera que lo hacen los sabios-autistas.[23] Una persona autista percibe su mundo en bloques separados, de increíble detalle, y observa sus conexiones ocultas, de tal modo que su mundo es una unidad de partes que se acoplan con exactitud.

La mayoría de nosotros, individuos «neurotípicos», procesamos lo específico —por ejemplo, todos los datos sensoriales referentes a un edificio— como un todo generalizado, y somos, como Grandin lo expresa, «aglomeradores». Percibimos una parte de algo, y la «rellenamos» de detalles conceptuales hasta construir un todo. De ahí que cuando vemos una escena que nos es familiar o nos concentramos en algo, nos volvamos ciegos a sus detalles.

Como los moken, quienes padecen autismo perciben el mundo de manera diferente: de cerca y en minucioso detalle. No crean un concepto unificado de un objeto, sino que perciben retazos de información; son, en palabras de Grandin, «separadores». En lugar de ver un objeto entero, ven lo que ella denomina «un pase de diapositivas» del objeto, con «acceso privilegiado a los niveles más elementales de información no procesada».[24]

Al igual que los autistas, los animales prestan atención a cada una de las minúsculas partes de lo que oyen, ven y huelen. Esta especificidad extraordinariamente elevada hace que se desarrolle en ellos una percepción extrema, que es la razón por la cual algunos niños autistas demuestran tener una memoria absolutamente excepcional o un portentoso talento para descubrir «cifras ocultas» o patrones y formas dentro de una imagen complicada. Todos los momentos de sus vidas los pasan volando, como un piloto novel.

Si queremos empezar a ver las verdaderas conexiones que existen en el espacio que hay entre las cosas, también nosotros tenemos que aprender a volar como lo hace un piloto novato, y esto exige que, en cierto sentido, ignoremos los procesos cognitivos y empecemos a aprehender el mundo únicamente con los sentidos. Allan Snyder ha demostrado en su laboratorio de la Universidad de Sidney lo efectivo que puede ser esto. En investigaciones anteriores había visto que aquellas personas que han nacido con los lóbulos frontales más pequeños de lo habitual, como los de los animales, o que han sufrido algún daño en un lóbulo frontal desarrollan una percepción hiperespecífica y un mayor acceso consciente a los datos no procesados que están contenidos en el cerebro. Cuando aplicó campos magnéticos a los lóbulos frontales de sujetos normales, estos empezaron a hacer dibujos mucho más detallados que antes del experimento, y su capacidad para revisar textos y detectar errores era también superior, como si de repente fueran más conscientes de las partes detalladas y de la periferia que de la síntesis del conjunto.[25]

Si queremos empezar a ver las conexiones que hay entre las cosas, tenemos que poner en práctica técnicas que desconecten el neocórtex, tan extremadamente analítico, y estimulen nuestra capacidad innata de ser conscientes de ese flujo de datos sin procesar. Una de las prácticas que más conducen a crear «aglomeradores» es pensar empleando palabras. Los estudios demuestran que el lenguaje humano reprime con frecuencia la memoria visual, eclipsada por el elemento verbal. Quizá las culturas indígenas vean más que nosotros porque acostumbran a registrar información y a procesarla sin la mediación del lenguaje.

Aunque tal vez no logremos eliminar nuestros arraigados procesos de pensamiento, podemos aprender a darnos más cuenta, actuando como si todo lo que vemos y hacemos lo experimentáramos por primera vez en nuestra vida. Irónicamente, si queremos ver las conexiones que hay entre las cosas, tenemos que fijarnos más en los detalles, y la mejor manera de hacerlo es actuando como un perro al que se está a punto de llevar de paseo.

Nuestro perro *Ollie* es un pequeño spaniel Cavalier King Charles tricolor, y, como es característico de esta raza que se crió por real decreto, nació con un peculiar aire de alta alcurnia y una permanente mirada de desdén. *Ollie* parece sacado de una película de animación de *Carlitos y Snoopy*, donde podría ser el perro cascarrabias del que salieran, como salen de Snoopy, bocadillos de pensamiento constantes que expresan su exasperación ante la ineptitud de sus amos. Nunca se acerca a la puerta a saludarnos; casi nunca quiere jugar; se niega a comer, salvo a horas intempestivas; en las raras ocasiones en que nos levantamos tarde, golpea furioso la puerta de la cocina, exigiendo poder andar por el resto de la casa; se pasa prácticamente el día entero tirado en el último peldaño de la escalera, y no se mueve ni siquiera cuando se le llama. Pero no hace falta más que dar unos pasos en dirección al cajón donde está guardada su correa para que de golpe vuelva a la vida y empiece a dar saltos en el aire como impulsado por un muelle. La sola idea de salir de paseo le infunde súbitamente una alegría indescriptible. Ni siquiera es el paseo en sí lo que lo enloquece, sino la pura anticipación. Le gusta tanto que la saborea.

Según Jaak Panksepp, psicobiólogo de la Universidad Estatal Bowling Green, en Kentucky, la súbita animación de *Ollie* guarda relación con la modalidad de «búsqueda» que se activa en su cerebro. Panksepp ha identificado cinco emociones primarias que los seres humanos tienen en común con muchos miembros del reino animal, entre ellas la búsqueda, o curiosidad.[26] Cuando se hallan en esta modalidad, los animales inspeccionan cosas o investigan el entorno. Es un impulso alimentado por todas las necesidades básicas —comida, agua, cobijo, sexo— que el animal necesita satisfacer para seguir vivo. Sin embargo, la parte más atractiva, desde el punto de vista emocional, no es la meta en sí, sino el viaje en dirección a ella. Tanto en los animales como en los seres humanos, los circuitos de búsqueda se activan de lleno cuando anticipamos algo, al igual que cuando nos sumimos intensamente en una actividad o sentimos una curiosidad insaciable acerca de algo que es nuevo.

Como Panksepp descubrió con sorpresa, cuando los animales y los seres humanos sentimos curiosidad, nuestro cerebro produce el neurotransmisor «del bienestar», la dopamina. La investigación sobre el comportamiento animal ha descubierto que el hecho de buscar confiere a los animales algo equivalente al estado meditativo.[27] Estamos programados para sentirnos bien cuando olfateamos algo nuevo, pero solamente mientras dura esa inspección. El área cerebral relacionada con la búsqueda se desactiva una vez que se ha encontrado lo que se buscaba. Los animales están programados para disfrutar mientras rebuscan y cazan, a fin de que continúen haciéndolo hasta que encuentren lo que necesitan para sobrevivir. Ser curiosos les resulta placentero, de manera que siguen buscando incluso cuando hacerlo entraña serias dificultades.

En conjunto, los animales salvajes experimentan una activación del circuito de búsqueda mayor que los domésticos, lo cual probablemente se deba al hecho de que tienen que ingeniárselas y mantener un alto nivel de curiosidad para cazar y encontrar comida a fin de sobrevivir, mientras que los animales domésticos, como *Ollie*, excavan y rebuscan solo por diversión. No obstante, incluso cuando no peligre la supervivencia, los animales, de todas clases, conservan una fascinación por lo nuevo.

Y en cuanto a nosotros, el instinto cazador y recolector ya no son importantes para la supervivencia, pero hemos conservado la pasión por la caza, ya se trate de investigar un misterio, de curiosear a fondo en una tienda, de estudiar nuevos proyectos e ideas o hasta de resolver un problema. Puede que incluso sea este impulso lo que está detrás de nuestra obsesión con las historias de detectives y las novelas policíacas. Quién sabe si el sentimiento de curiosidad no será esencial para tener una vida larga y saludable. En un estudio realizado a hombres y mujeres de más de setenta años, el sentimiento de curiosidad resultó ser el determinante más significativo de la supervivencia, independientemente de cuál fuera la dieta o la forma de vida.[28] La perpetua fascinación por lo nuevo parece ser el principal soporte de una vejez saludable.[29]

Cuando buscamos, se nos aguzan formidablemente los sentidos; es el momento en el que estamos plenamente presentes e involucrados en la vida.[30] De hecho, cuanto mayor sea el nivel de dopamina u otros neurotransmisores, menor es nuestro nivel de inhibición latente, lo cual da a entender que, cuando nos hallamos en un estado de intensa curiosidad por algo, somos capaces de ver el espacio que hay entre las cosas. Esa parece ser la forma en que habríamos de ver siempre, ya que la naturaleza nos ha diseñado para que nos sintamos auténticamente bien cuando lo hacemos. Buscar saca a la luz nuestra tendencia natural a estar despiertos y a ver la totalidad.

Uno de los hallazgos más importantes que hizo Panksepp fue la localización de la modalidad cerebral de búsqueda en el hipotálamo. Al hipotálamo se le ha llamado «el cerebro del cerebro», el centro del que nacen las actividades reguladoras autónomas del organismo, pero también el centro de la conexión mente-cuerpo, que ayuda a integrar los sentimientos en una respuesta coherente. Trabaja en armonía con la glándula pineal, forma parte del sistema límbico y tal vez intervenga en eso a lo que solemos referirnos como «sentimiento visceral». Lo que esto parece indicar es que la búsqueda no entraña operar en un solo nivel, sino que hace uso también de las emociones y la intuición. Cuando hay estado de alerta en todos los frentes, observamos el mundo desde muchos niveles.

Muchas de las emociones que constituyen nuestros instintos viscerales podrían ser resultado de dos tipos de flujo de información, a los que Joseph LeDoux, neurocientífico de la Universidad de Nueva York, se refiere como información inconsciente que va «vía directa» a la amígdala e información cognitiva consciente que va «vía indirecta» al neocórtex. Según LeDoux, el miedo viaja a la parte consciente del cerebro lentamente, pero a la parte inconsciente y más primitiva, la amígdala, en tan solo unos milisegundos. Esto tiene una ventaja obvia de cara a efectos de supervivencia, puesto que nos hace apartarnos con rapidez de algo que es potencialmente peligroso mucho antes de que hayamos tenido tiempo de decidir en los lóbulos frontales si realmente supone un peligro.

Otra manera de aprender a ver el vínculo es practicando el ancestral arte de la atención meditativa, que en el año 500 a. de C., ni más ni menos, propugnó Shakyamuni Buddha, el fundador del budismo. En esta disciplina, uno ha de mantener a cada momento la conciencia de lo que ocurre dentro y fuera de sí, sin interpretarlo ni influir en ello con sus emociones o distraerse con otros pensamientos.

La atención exige que uno mantenga la concentración en el presente, y, con la práctica, uno adquiere la capacidad de silenciar el constante parloteo interno de la mente y de meditar sobre el objeto de su concentración, sea este lo que fuere, tanto si es comer un tazón de cereales como oler una flor o agacharse para atarse el cordón del zapato.

La atención se considera un ancestral método para sensibilizar la propia vida. Uno aprende a escuchar plenamente, a ver lo que en realidad tiene delante, a participar con los cinco sentidos, y a erradicar posturas ideológicas, juicios y conceptos que influyen en la percepción de la experiencia cotidiana. Cuando uno vive con atención, descubre lo que piensa y siente a cada instante sin dejarse envolver y esclavizar por sus pensamientos.

Los textos budistas antiguos aseguraban que una práctica diaria de esa atención meditativa cambia la percepción de la persona significativamente, y la ciencia lo confirma con investigaciones que demuestran que nuestro cerebro opera a frecuencias diferentes durante los períodos de profunda atención. En un estudio realizado, los electrocardiogramas que se hicieron mientras los participantes practicaban la meditación demostraron que la atención meditativa produce diferentes frecuencias eléctricas en el cerebro, aumentando el ancho de banda de ciertas conexiones.[31]

Otro estudio examinó la sensibilidad visual de los participantes antes y después de un retiro de tres meses en el que practicaron la atención meditativa durante la mayor parte de las horas del día, mientras que los miembros del personal que no meditaban se utilizaron como testigo.* Los investigadores examinaron si los participantes eran capaces de detectar la duración de unos destellos de luz y el intervalo entre los sucesivos destellos. Para aquellos que no habían obtenido el beneficio de la práctica meditativa, los destellos semejaban un haz de luz

---

* Modelo estándar que cumple ciertas condiciones y con el que se compararán las variaciones que se produzcan durante la experimentación. (N. de la T.)

ininterrumpido; en cambio, tras el retiro, aquellos que habían practi-cado la meditación supieron detectar los breves destellos de luz indivi-duales y consiguieron también diferenciar correctamente los sucesivos destellos. Estos resultados demuestran que la atención permite a quie-nes la practican percibir los procesos preconscientes que intervienen en la agudeza visual, así como experimentar a largo plazo un incremento de la sensibilidad de percepción.[32] Empezaron a ver como un nadador moken.

Con el tiempo, la meditación de atención plena provoca cambios permanentes en el funcionamiento mental, de tal modo que la persona *es capaz de mantener una sencilla percepción consciente de la totalidad* de la corriente de estímulos que tiene ante sí, sin juzgar nada y sin excluir nada de lo que aparece en su campo visual. Se mantiene *alerta al matiz y al detalle*, especialmente a lo inesperado y aparentemente contradic-torio, y tienen muchas menos probabilidades de centrarse en una única imagen o idea.[33]

Después de tan solo tres meses de practicar la atención intensiva, los participantes de otro estudio sobre el mismo tema vieron notable-mente incrementada su capacidad de captar todo lo que sucedía ante sus ojos, así como las sensaciones derivadas de ello. En lugar de centrarse en objetivos visuales concretos, percibían un rápido torrente de peque-ñas distracciones que de ordinario habrían ignorado.[34] La atención re-duce asimismo los juicios interminables («¿Me gusta esto o no? ¿Es esto bueno o malo?») que normalmente acompañan a la percepción.[35] Estar plenamente presentes significa comprometernos a ver la totalidad de nuestra vida, y no simplemente aquello que preferimos ver.

Con la práctica, la atención meditativa nos abre también a nuevos modos de información, a la comunicación que las personas establecen más allá del lenguaje y de los sentidos. Nos volvemos sensibles a las co-rrientes emocionales subyacentes que se dan en las relaciones, y aumen-ta así nuestra capacidad de empatía.[36]

Don Beck está convencido de que, si hubiera vivido en 1860 y mantenido una conversación con Abraham Lincoln, quizá habría podido impedir la guerra de Secesión. Beck, un espléndido tejano de setenta y dos años, antiguo catedrático de psicología social en la Universidad del Norte de Texas, es conocido sobre todo por un sistema que desarrolló, llamado dinámica espiral, que identifica las sutiles gradaciones de los sistemas de creencias y su nivel de complejidad en cualquier sociedad dada. Considera que el trabajo que ha realizado en su vida es una continuación de su tesis doctoral, que examinaba la polarización de los norteamericanos justo antes de la guerra de Secesión. Beck descubrió que existían ni más ni menos que ocho posiciones políticas en cuanto al tema de la esclavitud, desde la que defendía una servidumbre no remunerada hasta la que propugnaba su abolición total. Cuando la posición moderada desapareció en ambos bandos, dice, el país se polarizó y empezó la guerra. «Si hubiéramos actuado de cierta manera en 1860, habríamos puesto fin a la esclavitud sin necesidad de que perdieran la vida 700.000 personas—continúa diciendo Beck—. Y no seguiríamos librando aún aquella guerra civil».[37]

Beck, asesor político en la resolución de conflictos sociales, se califica a sí mismo de «misil caza-conflictos», atraído, como se siente, por el magnetismo de los lugares conflictivos del planeta: Sudáfrica, Palestina, Afganistán o Israel. Su trabajo actual intenta desarticular el tipo de pensamiento que alimenta los prejuicios del «nosotros contra ellos», mostrando a los integrantes de un bando que los del bando contrario no son todos iguales. En su experiencia, lo que polariza a la gente o divide a las sociedades es no saber valorar en su justa medida el espectro de las distintas creencias que existen en culturas diferentes a la propia. «No tenemos lenguaje para lo que es diferente, así que tendemos a estereotiparlo todo», afirma.

En los sesenta y tres viajes que hizo a Sudáfrica en la década de los ochenta, se le calificaba de constructor de puentes entre la población negra y la blanca, y debido a ello desempeñó, entre bastidores, un importante papel conciliador en la transición del país, del *apartheid* a la democracia. Durante las negociaciones con la comunidad empresarial se dio cuenta de que muchos afrikáners, el grupo blanco dominante, que defendían el *apartheid* eran incapaces de diferenciar entre las distintas tribus negras, a la vez que el Congreso Nacional Africano, el partido liderado por Nelson Mandela, tenía también dificultades para distinguir a unos tipos de afrikáners de otros. Beck organizó asambleas por todo Sudáfrica para instruir a blancos y negros sobre las sutiles diferencias existentes entre los numerosos grupos étnicos del país. «Conseguí desbaratar las definiciones que hasta entonces exacerbaban los prejuicios».

Todos podemos conseguir esta clase de «visión aérea» en nuestra vida; basta con que afinemos la capacidad de advertir los detalles de las personas y culturas que son diferentes de las que conocemos, pues eso por sí mismo pondrá freno al pensamiento que nos atrapa en una perspectiva mental divisoria, en el «nosotros» y «ellos». Aprendemos así a cuestionar las suposiciones que automáticamente hacemos, sobre nuestros vecinos de quienes no sabemos nada, sobre los conocidos que pertenecen a una etnia distinta o tienen diferentes creencias religiosas, y sobre los países y los pueblos que están más allá de nuestras fronteras.

La visión aérea nos permite además defender ideas contrarias a las de otros sin juzgarlos, pues gracias a ella reconocemos la totalidad que lo engloba todo; nos permite separarnos de nuestro punto· de vista intocable y de nuestros prejuicios para empezar *a contemplar las cosas desde puntos de vista diversos, y dejar de tomar partido a nuestro favor.* Mark Gerzon, en su papel de mediador de líderes al servicio del Congreso de Estados Unidos y la Organización de Naciones Unidas, colaboró en una ocasión con la organización New Israel Fund, cuyos miembros, tanto israelíes como palestinos, recaudan fondos para diversas causas comunes. Cuando preguntó a la junta cómo lograban trabajar juntos con tal eficiencia, uno de los miembros respondió: «Hemos aprendido a vivir con paradojas».[38]

A fin de ilustrar esto, un palestino y un israelí escribieron sus respectivas versiones abreviadas de lo que había significado establecer el Estado de Israel. La redacción del palestino, titulada «El desastre», se refería al hecho como una «gran tragedia»: «Se destruyeron pueblos enteros y se confiscaron tierras y propiedades; cientos de miles de palestinos se habían convertido de pronto en refugiados. De la noche a la mañana, los palestinos eran una minoría en su propia tierra».

El escrito del israelí, titulado «Independencia», resaltaba el cumplimiento del «derecho histórico» de los judíos a establecer un estado en la Tierra Prometida. A pesar del plan de partición decretado por la ONU, que declaraba a Israel estado soberano desde «los albores de su fundación», los judíos se habían visto asediados por todos los lados. «Las naciones árabes atacaron la nación judía», pero, sigue diciendo, «los judíos se deshicieron con valentía del mandato británico, y, desde entonces, la nación judía ha luchado por su mera existencia [...]».

La tragedia —la razón del conflicto permanente— es que *ambas* versiones son esencialmente ciertas.[39] Pero cuando uno se da cuenta de la totalidad, es capaz de permitir y respetar más de una versión de la realidad.

La visión aérea nos permite, además, trascender nuestra tendencia a buscar la solución a los problemas siempre desde nuestro punto de vista. Las bienintencionadas tropas estadounidenses causaron un enorme resentimiento en Iraq cuando, por ejemplo, demolieron en Bagdad varios campos de fútbol de uso habitual para construir el Tigris River Park en señal de «regalo de buena voluntad».[40]

Recientemente Don Beck asistió a una conferencia de grandes inversores en Belén, donde varias multinacionales occidentales recomendaban invertir en alta tecnología en Palestina; para su sorpresa, Beck insistió en que se invirtiera en una fábrica de cemento. Los potenciales inversores estaban alarmados ante la idea de invertir en tecnología de la era industrial, hasta que Beck los convenció de que debían mirar con los ojos de un palestino. Los refugiados no tenían casas permanentes; lo que más necesitaban no eran ordenadores ni teléfonos móviles, sino un trabajo manual con una garantía de continuidad, una industria con un mercado constante y una fuente de materiales de construcción dentro de sus fronteras.

Una vez que empezamos a percibir la totalidad, podemos ver, más allá de nuestras propias suposiciones y más allá de las diferencias, nuestra humanidad común así como el espacio que nos une a todos.

10

RENDIRNOS A LA TOTALIDAD

Orland Bishop parece haberse propuesto una tarea de locos al dedicarse a instruir a los miembros de bandas callejeras negras en el arte de la comunicación. El rincón que eligió Bishop para difundir el arte de la palabra es Watts, un distrito del sur de Los Ángeles que, tras décadas de arraigada pobreza y violencia, se considera que no tiene posibilidad alguna de redimirse, en vista de la interminable lista de fracasos de quienes lo han intentado. A mediados de la década de los noventa las bandas callejeras de Watts constituían el epicentro del negocio norteamericano de *crack.** Era tal la rivalidad entre las bandas principales, los Crips y los Bloods, que las guerras entre ellos y entre sus secuaces se cobraron cinco veces más vidas que todos los largos años de disturbios que vivió Irlanda del Norte. La solución del sistema blanco, que fue crear una división especial denominada CRASH (Community Resources against Street Hoodlums, Recursos de la comunidad contra los matones callejeros) en el Departamento de Policía de Los Ángeles, acabó dando lugar a la mayor investigación de asuntos internos por el que resultó ser el mayor

---

*   Droga derivada de la cocaína. (N. de la T.)

incidente de abuso del poder policial de toda la historia de Estados Unidos: hubo tiroteos y palizas no provocados, se tendieron trampas para incriminar a los sospechosos, se falsearon pruebas, y el propio departamento se llevó su parte de los beneficios del narcotráfico y de los atracos a varios bancos.

El nombre en sí del distrito se ha convertido en sinónimo de la cara más extrema de la discriminación racial en Norteamérica. Durante las revueltas de 1965, que siguieron al arresto de un joven negro y su familia por falsos cargos de conducción bajo los efectos del alcohol, los residentes negros quemaron y saquearon casi un millar de tiendas regentadas principalmente por blancos. Alrededor de 15.000 soldados de la Guardia Nacional y de la Caballería Armada, más de los que jamás se habían desplegado en territorio nacional, fueron movilizados, obviamente para impedir que Watts acabara convertido en cenizas. «Monos en un zoológico», es como el jefe del Departamento de Policía de Los Ángeles, William Parker, resumió públicamente la situación, desatando con ello una nueva oleada de saqueos e incendios que solo se consiguió sofocar cuando la Guardia acordonó el distrito de Watts, aislándolo del resto de Los Ángeles como si estuviera en cuarentena a causa de una epidemia.

Treinta años más tarde, en 1992, Watts se erigió una vez más como símbolo de la desnivelada mano de la justicia norteamericana después de que un turista grabara un vídeo en el que se ve a unos policías golpear brutalmente a un motorista negro, Rodney King, y seguidamente los agentes en cuestión fueran absueltos de todos los cargos. El veredicto del tribunal provocó seis días de revueltas, incendios, asaltos y asesinatos, que dejaron un total de 53 muertos, miles de heridos y daños por más de 1.000 millones de dólares.

Aunque la tasa de asesinatos ha descendido en Watts desde la década de los noventa, la mayoría de las tentativas de renovación urbana suelen quedarse en agua de borrajas. La revuelta que siguió a la absolución de los agentes de policía, cuyo blanco fueron esta vez las comunidades en ascenso, hispana y asiática, ocurrió el día después de que las cuatro bandas negras principales firmaran un tratado de paz. En la única fuente de recreo pública del distrito, los billares de la Calle 109, hizo falta reforzar la vigilancia policial después de que los jóvenes agredieran al encargado en 2005. En las continuas conversaciones entre las razas afincadas en Estados Unidos, Watts es un lugar donde nadie escucha demasiado.

No obstante, es aquí, en esta tierra de nadie, donde podemos aprender a recuperar el vínculo en nuestras relaciones. Orland Bishop les enseña a los miembros de las bandas negras rivales a relacionarse entre sí. Si a ti y a mí quisiera ofrecernos una instrucción similar, diferiría en el grado, no en el tipo de instrucción, porque matarse a tiros unos a otros no es sino la versión más extrema de las relaciones que nosotros establecemos cuando actuamos en contra de la naturaleza y nos comunicamos desde un punto de partida egoísta y competitivo.

Bishop, este hombre de cuarenta y cuatro años de rostro anguloso, elegante porte y elocuencia singular, encarna su propia contradicción. Nació en Sudamérica pero alcanzó la mayoría de edad en Brooklyn, y su trabajo se desarrolló entre estos dos mundos. Se crió en Guyana, con un profundo sentimiento de conexión con todo lo que lo rodeaba: los nueve miembros de su familia, con los que compartía una casa de dos dormitorios; el mundo natural, la selva por la que deambulaba sin fin durante el verano, e incluso su joven país. En 1966, Guyana era una nación que acababa de independizarse de la dominación británica, y la independencia generó una nueva visión colectiva. Bishop y sus amigos saboreaban sus largos paseos y profundas conversaciones. Todo existía para ser compartido.

A Bishop lo separaron bruscamente de esta conexión en 1982, al decidir sus padres trasladar a la familia a Estados Unidos, para vivir con una tía que residía en Brooklyn. Aunque el sistema educativo británico de Guyana situaba ahora a Bishop dos cursos por delante de lo que por edad le correspondía en el plan de estudios de Nueva York, se le puso en una clase dos cursos por debajo, debido a que procedía de un país del Tercer Mundo. Pero, a los ojos del muchacho, era Brooklyn —que en aquellos momentos vivía su apogeo de criminalidad, incentivada por la drogadicción y el tráfico de drogas— el lugar incivilizado, y no los pequeños países del Caribe. Tras graduarse, fue a la universidad a estudiar medicina, al comprender instintivamente que el camino que le llevaría a conectarse con su nuevo entorno pasaría por sanar los daños que presenciaba a su alrededor.

En cierto momento de su carrera, un talentoso artista amigo suyo acudió a pedirle ayuda para combatir la drogadicción. Cuando el problema de su amigo resultó ser el sida, Bishop se convirtió en su principal cuidador. «Fue él quien me hizo entrar en la conversación en la que todavía me encuentro —dice Bishop—. Unos días antes de morir, se volvió hacia mí haciendo uso de una fuerza de voluntad como jamás he visto en mi vida y me dijo: "Será mejor que hagas lo que has venido a hacer. Si no lo haces, te arrepentirás"».[1] Bishop se dio cuenta entonces de que la sanación a la que estaba destinado se encontraba en un nivel diferente al del cuerpo físico; tenía que ver con remediar la desconexión existente en el seno de la sociedad norteamericana. Dejó la carrera de medicina y creó la fundación ShadeTree para dar clases a los miembros de las bandas callejeras y a los jóvenes negros que se encontraban en peligro, mostrándoles la posibilidad de tener relaciones que no estuvieran basadas en la agresividad o la violencia.

Bishop está convencido de que una banda callejera es simplemente la manifestación de una frustrada necesidad humana de pertenecer. «Tienen un instinto de unión, que es por lo que forman bandas», afirma Nelsa Libertad Curbero Cora, trabajadora por la paz que intenta dialogar con los jóvenes de las bandas callejeras de Guayaquil, la versión ecuatoriana de Watts. El trabajo de Bishop consiste básicamente en enseñar a estos jóvenes a ir más allá del «yo» y el «tú», o, más comúnmente, del «nosotros» y el «ellos». Y es un trabajo radical, pues ha aprendido que, para recuperar el vínculo, tenemos que minimizar el papel del «yo» en nuestra vida.

En su fundamental obra *I and You*, Martin Buber explica que, en la mayoría de los casos, la relación que establecemos con los demás es en términos de «yo-ello», es decir, los tratamos como objetos totalmente separados de nosotros —y, por tanto, subordinados a nosotros—.[2] Esto se debe en gran medida a que, en cualquier situación y en cualquier relación, consideramos al «yo» separado y primordial. Como descubrió

Richard Nisbett en sus estudios sobre la diferente manera de pensar de los orientales y los occidentales, el tipo de relaciones individuales que entablamos tiene mucho que ver con cómo nos concebimos a nosotros mismos en relación con el resto del mundo. Al pedírseles que se describan a sí mismos, los participantes norteamericanos y europeos tienden a enfatizar los rasgos de su personalidad individual, a exagerar su unicidad, y a centrarse en aquello que consideran más distintivo de sí mismos y de sus posesiones, mientras que los participantes del este asiático hacen hincapié en sus relaciones con los distintos grupos sociales.[3] Atender al objeto separado supone ver el mundo —categorizar, aplicar normas y entablar relaciones circunstanciales— enteramente desde el punto de vista del objeto. Cuando los occidentales caminamos por una calle, nos parece natural considerar que las casas están a *nuestra* izquierda, y los automóviles y la carretera, a *nuestra* derecha. Todo está orientado en función de nosotros, como si fuéramos el sol y el resto del universo, nuestros planetas.

En uno de los estudios de Nisbett con alumnos norteamericanos y coreanos, les dio a elegir, a modo de regalo, rotuladores de distintos colores. Los norteamericanos eligieron los colores más inusuales y los coreanos, los más comunes. Unos querían ser las personas más diferentes dentro del grupo, y los otros simplemente deseaban tener un lugar en él.[4] En el mundo occidental, nuestro impulso de separación y unicidad en las relaciones que establecemos suele traducirse en una necesidad de ejercer el poder; en la mayoría de ellas, nos sentimos compelidos a demostrar que somos nosotros los que tenemos el rotulador más llamativo.

Pero incluso cuando queremos conectarnos más que competir, normalmente seguimos centrándonos en el «yo» del relato. Si se te pidiera que describieses cómo fue tu primer contacto con la mayoría de los que luego han sido tus amigos, probablemente contarías que primero buscaste puntos de coincidencia, pruebas de que compartíais el mismo nivel económico, las mismas creencias espirituales, las mismas aficiones, la misma estructura familiar o los mismos gustos personales. Lo más probable es que hayas elegido conectarte exclusivamente con aquellos en quienes hay algo de ti; y esta conexión, superficial, nos proporciona una sensación de identidad compartida.[5] Nos gusta la gente que es exactamente igual que nosotros, que comparte nuestros valores, nuestras posturas ideológicas, nuestra personalidad e incluso nuestra disposición emocional,[6] y solemos entrar en conflicto principalmente con aquellos que no son como nosotros. Todos los grupos a los que nos unimos, desde el club local hasta las asociaciones de padres, madres y profesores, están basados en una misma pasión común, ya sea esta una comunidad, un juego, Dios o los hijos. La idea que tenemos de la conexión es una búsqueda constante de identidad, y lo que esto significa, por supuesto, es que el criterio por el que en última instancia lo medimos todo somos nosotros mismos.

Esta tendencia a agruparnos con gente que es muy parecida a nosotros solo sirve para separarnos de los demás, pues refuerza nuestra individualidad, la sensación de que la nuestra es la mejor forma de hacer las cosas. Siempre esperamos poder «re-crearnos» en otra persona, lo cual se basa en el deseo de ratificar que *tenemos razón*. También esto se opone a nuestra experiencia más profunda de las relaciones. Como ya hemos visto, en cuanto abandonamos nuestra propia compañía solitaria, nos alejamos por un momento de nosotros mismos y entramos automáticamente en los demás —sin importar lo diferentes que sean—, y ellos entran asimismo en nosotros; los sentimientos, acciones y pensamientos de los demás nos afectan, y los nuestros los afectan a ellos, aunque no tengamos nada en común. Para bien o para mal, lo queramos o no, nos fundimos con todo aquel con quien entramos en contacto. Los lakota, tribu nativa de Norteamérica, se refieren a la relación como *tiyospaye*, que puede traducirse por «donde vivimos está lejos, pero no completamente separado». Por muy distante o desagradable que sea una interacción, en algún nivel sentimos el vínculo.

Vivimos en constante sintonía con todos los demás seres humanos, y podemos darnos cuenta de ello si nos paramos lo suficiente como para poder escuchar. Ahora bien, para eso, para detectar la conexión profunda que está presente siempre en cualquier relación, tenemos que ir más allá del simple grupo de miembros afines. Cuando sentimos el vínculo, se reduce en nosotros la sensación de sujeto y objeto, y aprendemos a ver al «yo» solo en relación con el otro, lo cual exige que cambiemos el enfoque, que pasemos de la pequeñez de uno mismo a la vasta extensión del espacio que hay entre nosotros.

Después de que su amigo muriera a causa del sida, Bishop viajó sin parar por el sur y el oeste de África, estudiando con los ancianos de la tribu zulú, y entre ellos Credo Mutwa, el último de los ancianos sanusi. Cuando regresó a Estados Unidos, se llevó consigo una forma de relacionarse que queda resumida en el saludo zulú *sawubona*. Aunque el término suele traducirse por «te veo» (y así lo hicieron famoso los N'avi en la película *Avatar*), literalmente significa «te vemos», y la respuesta correcta es *yabo sawubona*, «sí, *nosotros* te vemos también».

«No hace referencia a una sola persona, al "yo"», dice Bishop. En la cultura africana se considera que un individuo está conectado con todos los seres vivos y la totalidad de la conciencia, pasada y presente, luego jamás se piensa que relacionarse sea un acto solitario. Ese plural conceptual es importante, además, porque —según explica Bishop— «ver es un diálogo», un acto de ser testigo y una obligación de participar. Toda persona es testigo de algo en lo que está incluida su propia presencia y la del otro. Adonde Bishop quiere llegar es a la esencia del vínculo: cada instante que estamos en relación con otro ser humano hacemos, en cierto sentido, un contrato: el de entrar en el espacio intermedio, el espacio de conexión pura que existe al margen de cualquier diferencia superficial.

«Es una invitación a participar en la vida del otro —afirma—, de investigar nuestro respectivo potencial para la vida; y obliga también a cada uno a apoyar al otro, a darle lo que quiera que sea necesario para que ese momento de la vida tenga el mayor realce posible.» Esto suena parecido al concepto africano de *ubuntu*, que por su significado literal, «soy porque eres», da a entender que, como cocreadores que somos el uno del otro, ambos observador y observado, tenemos el compromiso de proporcionar al otro lo que necesite en ese instante, ya sea comida, agua o apoyo en un nivel más profundo.

Establecer contacto con otra persona nos obliga, de algún modo, a compartir el momento lo mejor que podamos, a ofrecer lo que haga falta para que la otra persona florezca. Sentir el vínculo cambia la naturaleza de la transacción entre dos sujetos, de las miras egoístas a un enfoque más amplio, cuyo único propósito es la conexión entre ambos. Bishop invita a los jóvenes a que se tomen los encuentros con otras personas como un desafío personal: «¿Cómo he de ser para que esa persona sea libre…, para que sea quien verdaderamente es? ¿De qué manera debo intentar conocerla a fin de que se sienta desinhibida en esta relación?». En esta definición de las relaciones, el sentido de «yo» y de «tú» se transforma en algo muy superior; es el momento del vínculo en el que las diferencias ya no importan. Ofrecerse como instrumento, ponerse al servicio de la pura experiencia de la conexión es algo que puede ocurrir con cualquiera, por el simple hecho de que, como dos seres humanos, los dos respiráis. «*Sawubona* —dice Bishop— nos permite experimentar la cualidad de otra persona sin que nuestro pensamiento interfiera con ningún juicio ni prejuicio. *Sawubona* es estar abierto a lo mejor que hay en cada persona.»

Una vez que nos consideramos parte de un todo mayor, empezamos a actuar de manera diferente unos con otros. En cuanto eliminamos de la relación la meta egoísta, dejamos de luchar contra la naturaleza y nos rendimos a nuestro impulso natural hacia el holismo; y dentro de ese concepto de la conexión mucho más amplio, podemos abrazar con facilidad todas las diferencias.

Bishop habla mucho sobre el espacio: el espacio físico que habitamos, el espacio psíquico que ofrecemos a los demás cuando nos relacionamos adecuadamente con ellos y el espacio donde nos encontramos unos con otros en un nivel más profundo. Él considera el «espacio» como sinónimo de «santuario», y «santuario» como sinónimo del tipo perfecto de conexión. *Sawubona*, afirma, «nos conduce a un espacio de relación, un espacio compartido, con otros y dentro de la comunidad».

Dado que la mayoría de las bandas callejeras de Los Ángeles luchan por el territorio, su espacio común es Watts, que tiene para ellos un trasfondo económico, concretado generalmente en el tráfico de drogas.

Lo que hace Bishop es neutralizar ese trasfondo territorial eliminando la posibilidad de su apropiación exclusiva, de modo que ese territorio pueda considerarse no una fuente de ingresos, sino un santuario donde compartir tanto el espacio físico como la identidad. Relacionarse debería ofrecer también un santuario psíquico, de manera que ambas partes se sientan escuchadas y comprendidas. El enfoque cambia, de un intercambio de servicios a una búsqueda de igualdad, a un compartir los aspectos más profundos de cada persona. Bishop invita a los jóvenes a que practiquen *indaba*, que a grandes rasgos puede traducirse por «conversación profunda», pasando de la superficialidad a la verdad más esencial de lo que cada uno es y de aquello con lo que sueña.

«Para que las personas puedan ponerse de acuerdo, han de tener una percepción más profunda del poder que entraña su propia humanidad», asegura. Cuando uno comunica su sentir más profundo, como él sugiere, se rinde a su impulso natural de fundirse con el otro, y encuentra el terreno común del espacio que existe entre ellos: el lugar de su humanidad común. «El entendimiento mutuo —dice— permite que coexistan diferentes formas de percepción, o diferentes realidades.»

Bishop organiza retiros de cinco días en el norte de California para hacer que los miembros de ambas bandas se alejen temporalmente del territorio que les es familiar, y utiliza ceremonias y rituales para sacarlos de sus patrones de comportamiento habituales. Durante los debates informales, hace provocativas preguntas al grupo, como: «¿Cuándo empezaste a sentir que no tenías ninguna posibilidad de formar parte de aquello a lo que querías pertenecer?», a fin de incitar a los jóvenes a contar la historia de sus vidas. En la mayoría de los casos son historias espeluznantes, y los jóvenes están todavía demasiado afectados por ellas. «Con frecuencia, es una herida del pasado lo que hace a una persona buscar la experiencia de las bandas callejeras —explica Bishop—. Creen que necesitan tener enemigos para ser ellos mismos.»

Bishop instruye a los jóvenes en el arte de *hablar y escuchar con profundidad y desde el corazón* sin ser críticos ni sentenciosos. Durante este tipo de comunicación profunda, el magnetismo que ejerce el sentimiento de totalidad crea una confianza y afloja el apego a posturas muy arraigadas; la intensidad en sí de la experiencia hace que se establezcan nuevas asociaciones y una visión del futuro mucho más vasta. «Empiezan a entender que, al unirse en actividades creativas, experimentan una expansión».

Una conexión profunda como esta puede resultar asombrosamente sanadora. «Una vez que se establece esa relación dedicada a un bien superior —sigue diciendo Bishop—, la relación misma es capaz de mantener el espacio en el que continuar formándose, sin importar cuál sea la realidad del momento».

En Watts, los Crips y los Bloods han disfrutado de una tregua de doce años, que está renegociándose en la actualidad. Durante los últimos ocho años, Bishop ha trabajado ayudándoles a labrarse un futuro que ambos puedan compartir. En su extensa red, la fundación Shade-Tree cuenta con una serie de jóvenes que solían pertenecer a bandas rivales y que ahora trabajan juntos. Asimismo, en Guayaquil, la trabajadora social Nelsa Cora ha enseñado a los jóvenes de las bandas callejeras a transformar su necesidad de conexión en «el poder del servicio, la vida y el amor» para una comunidad llena de problemas. Los componentes de las bandas han aprendido a canalizar sus impulsos de creatividad y necesidad de reconocimiento por caminos ajenos a la violencia y creando pequeños negocios: imprentas, estudios de música, pizzerías... El barrio se conoce actualmente como Barrio de Paz. Rendirse al espacio que hay entre nosotros tiene tal fuerza que incluso los más despiadados miembros de las bandas han depuesto las armas.

Indaba recuerda al arte del diálogo que propuso por primera vez David Bohm, una destreza comunicativa que permite a un grupo explorar los sentimientos y las ideas de manera informal, a fin de suscitar un mayor entendimiento, una conexión más profunda y una nueva sinergia de ideas. Bohm, físico británico que creía en la unidad invisible de toda la materia, estaba convencido de que nuestros pensamientos formaban parte también de un campo unificado y de que la crisis a la que se enfrenta la humanidad guardaba relación con la «incoherencia dominante» de la forma de pensar moderna.

Lo que consideramos pensamientos privados son en realidad un fenómeno colectivo, resultado de una convergencia masiva de influencias culturales. Nuestra versión de la realidad es simplemente un constructo, influenciado por nuestros respectivos conceptos y recuerdos, que a su vez están influenciados por el idioma, la cultura y la propia historia. Sin embargo, escribió Bohm, cada uno piensa que la manera en que interpretamos el mundo es «la única forma sensata en que puede interpretarse»,[7] y, como consecuencia, cuando tratamos de hablar de aquellas cuestiones que más nos importan, lo hacemos desde nuestra propia versión de la verdad, e invariablemente acabamos discutiendo con cualquiera que tenga una versión ligeramente distinta de la nuestra.

Bohm propuso un método de discurso que ralentizaría el proceso de pensamiento a fin de que pudiéramos examinar las presuposiciones individuales y colectivas, y exponer las ideas, creencias y sentimientos que se ocultan detrás de ellas. Al ayudar a los individuos a entender los procesos que interfieren con la verdadera comunicación, este tipo de diálogo establecería una versión común de la realidad. Bohm asimiló el diálogo a un río que fluye alrededor y a través de los participantes, reforzando el vínculo entre ellos y creando una «cultura coherente de entendimiento mutuo, con unos significados en común».[8*]

Las reglas del diálogo son muy simples. Las partes implicadas acuerdan que el propósito de la conversación *no es llegar a una conclusión ni entablar un debate*. Todos convienen en *turnarse* para hablar y en no monopolizar la conversación. Los participantes acuerdan asimismo *estar alerta a sus respectivas reacciones* a medida que surgen. El diálogo se beneficia del poder de *decir la verdad hasta el fondo*; los individuos están de acuerdo en ser sinceros y transparentes en cuanto a qué áreas son para ellos de máxima importancia, por más controvertida o contenciosa que sea su postura, y en no utilizar nunca sus puntos de vista para poner a alguien en entredicho.

Todos los participantes se comprometen *a estar plenamente presentes y a escuchar con respeto, con la mente y el corazón, sin juzgarse entre sí.*

---

* Sobre «significados en común», véase http://www.pacientesonline.org/medicina/encuentros/tercer_encuentro/roman.php. (N. de la T.)

Tratan de tomar en consideración y desarrollar las ideas de los demás en el curso de la conversación, y de abordar las diferencias de manera creativa a fin de lograr mayor entendimiento, conexión y posibilidades comunes. La persona empieza entonces a comunicarse de formas que le permiten conectar directamente su alma con el alma de los demás miembros del grupo, lo cual hará posible que encuentren su humanidad común y una conexión por debajo de las diferencias superficiales. En este fluido intercambio de ideas, se va creando «un fondo de significados en común». «Nace un nuevo tipo de mente», aseguraba Bohm.[9]

En diciembre de 1989 Laura Chasin, terapeuta familiar de Cambridge, Massachusetts, estaba viendo por televisión un acalorado debate sobre el aborto entre los representantes de los movimientos en pro de la elección y en pro de la vida. La discusión le recordó a los patrones de comportamiento que habitualmente trataba en su trabajo con familias disfuncionales, y se preguntó si las técnicas que habían demostrado ser efectivas en la terapia familiar podrían aplicarse igualmente a aquellas personas que tenían concepciones políticas y sociales contrapuestas.

Chasin creó el Proyecto de Conversación Pública, en el que alistó a amigas y conocidas suyas que defendían puntos de vista opuestos sobre el tema del aborto, a fin de que, cambiando su forma de comunicarse, pudieran ahondar en su comprensión mutua. Organizó algunos bufés para que las mujeres pudieran conocerse tranquilamente antes de que cada una desvelara de qué lado estaba.

En las reuniones siguientes, las mujeres se sentaban en círculo y hablaban, por turnos, contando sus experiencias personales en relación con el aborto, los sucesos que a lo largo de sus vidas habían ido dando forma a sus creencias y los aspectos del tema en cuestión que todavía eran para ellas motivo de conflicto interno. En total, Chasin celebró dieciocho sesiones con más de cien mujeres distintas.

Luego, el 30 de diciembre de 1994, cuando el abogado John Salvi, defensor de la postura en pro de la vida, mató a tiros a dos personas e hirió a otras cinco en el Centro de Planificación Familiar y en el cercano Centro de Salud de Nacimientos Prematuros de Brookline,

Massachusetts, seis destacadas figuras de los movimientos en pro de la vida y en pro de la elección, entre ellos la directora de la Oficina Pro Vida de la Archidiócesis de Boston y Nicki Nichols Gamble, directora de la Liga de Planificación Familiar de Massachusetts, decidieron que tenía una importancia vital que ambas partes continuaran el diálogo. Las seis mujeres siguieron reuniéndose en secreto durante casi seis años.

Con el tiempo, aprendieron a no utilizar un lenguaje provocador, a no emplear palabras como «asesinato» y a «hablar con amor, con respeto, en paz», independientemente de lo abismales que fueran sus diferencias.[10] En el acto que se celebró en memoria de las dos personas que habían muerto en el tiroteo de Salvi, Gamble expresó su gratitud por «las oraciones de aquellos que están de acuerdo con nosotros y las oraciones de aquellos que no lo están». Ambas partes unieron sus fuerzas para anunciar que el presidente del Movimiento Pro Vida de Virginia, que supuestamente había dado su aprobación a la acción de Salvi por considerarla un «acto de justicia», no sería bien recibido en Massachusetts. Además, los líderes pro vida crearon una línea telefónica de emergencia para alertar a los líderes del movimiento pro elección siempre que a su parecer hubiera posibilidades de un estallido de violencia o corrieran peligro físico.

Al finalizar los seis años, el grupo dio una rueda de prensa, en la que los reporteros querían saber quién había «ganado» el debate. Cada una de las seis participantes anunció que el proceso de diálogo las había ayudado a consolidar sus respectivos puntos de vista en cuanto al aborto.

—O sea que ha sido un fracaso, ¿no? —preguntó un periodista.

—¡De ningún modo! —replicó una de las mujeres. Aunque las profundas diferencias filosóficas entre ellas habían planteado serios problemas a lo largo de los años, habían descubierto el vínculo que las unía y cómo tratarse unas a otras con dignidad y respeto—. Ahora, *nos vamos de fiesta juntas, nos cuidamos los hijos, nos queremos*.[11]

Tanto Bishop como los diálogos de Cambridge se centran en el tipo de comunicación que *saca a la luz el relato profundo* de la vida de cada persona —cómo hemos llegado a tener las convicciones que tenemos y quiénes somos realmente— y en la *conexión que existe siempre en el nivel más profundo del ser.* Las mujeres de Cambridge evitaron deliberadamente sentarse a una mesa frente a frente en actitud combativa, como acostumbra a hacerse en negociaciones o tomas de decisiones, sino que prefirieron formar un círculo y sentarse amigablemente unas al lado de otras. Querían subir un peldaño, alcanzar un nivel en el que encontrar maneras creativas de trabajar juntas para poder ofrecer una mejor educación sexual a los adolescentes y más ayuda a las adolescentes embarazadas, además de mejorar los programas de adopción. Sin embargo, el aspecto más importante del diálogo es *rendirse al magnetismo de la totalidad* y buscar «el fondo de significados en común». Al entrar en el espacio intermedio, se descubre el terreno común que está presente siempre, incluso cuando choquen los puntos de vista.

Al abrirnos a nuestra naturaleza verdadera, que desea siempre la totalidad, nos damos la posibilidad de sintonizar pura e inmediatamente con la otra persona en el espacio de nuestra humanidad común. Si volvemos la vista atrás, vemos que no es tan difícil de conseguir. La mayoría de la gente experimenta por primera vez esa conexión pura al tener un hijo, o hay incluso quienes la experimentaron en el momento de nacer.

Yo estaba segura de que iba a ser una mala madre. Había esperado para quedarme embarazada hasta ya avanzados los treinta, y me pasé buena parte de la gestación convencida de que, después de haber vivido tan dedicada a mi carrera profesional, carecía de lo necesario para asumir el rol desinteresado que exigía la maternidad. Me enfrenté al embarazo como si se tratara de un trabajo periodístico, asistiendo a las clases prenatales que impartía una pionera del nacimiento natural, leyendo libros, contorsionando el cuerpo hasta adoptar todo tipo de posturas primitivas e incluso tomando en los brazos, a modo de ensayo, a los bebés de mis amigas.

Tan preocupada estaba por mi posible ineptitud para la tarea que pasé los últimos días de embarazo siguiendo de cerca a aquellas de mis amigas que acababan de dar a luz, tomando notas en mi cuaderno de reportera, con la esperanza de que se me pegara algo de aquella fluida y experta forma suya de atender a las insaciables necesidades de una criatura indefensa.

La revelación más asombrosa que tuve cuando nació mi hija mayor, aparte del milagro del hecho en sí de dar a luz, de la extraordinaria experiencia elemental que supuso servir de instrumento para que alguien entrara en la vida, fue lo relativamente automática que era la parte referente a los cuidados. Aunque es cierto que las necesidades de un recién nacido exigen una dedicación constante, lo cual resulta abrumador a veces, en lo que respecta al trabajo en sí no hay nada que sea particularmente difícil. Para mi sorpresa, desde el primer día de la vida de Caitlin parecí ser capaz de intuir de inmediato lo que significaba su llanto en cada momento y de hacerlo parar.

«¡Ah! —decía, por ejemplo, nada más detectarle un incipiente temblor en el labio—, necesita que le cambie el pañal», o «Tiene hambre», o «Le va a salir el primer diente».

Cuando se ponía impertinente, ni las carantoñas, ni los arrullos, ni mecerla, cantarle o hacerle muecas, actos a los que se entregaba mi marido, tenían un efecto siquiera aproximado al simple gesto de, finalmente, ponérmela en los brazos; en ese instante, dejaba de llorar de golpe. A veces tenía la sensación de ser una hechicera cuyo propio ser actuara a modo de encantamiento, y de que mantenía así a aquella criatura permanentemente hechizada. Lo que entonces no sabía era que las ondas cerebrales de Caitlin encontraban en mí una especie de metrónomo, que establecía el tempo de la resonancia entre nosotras. Nuestras ondas cerebrales estaban coordinadas en una sola ondulación. En cuanto la tomaba en mis brazos dejaba de llorar porque yo acababa de restablecer nuestra resonancia constante, y cada una de las veces nos encontrábamos en el espacio que había entre nosotras.

Abrirse a una conexión pura con otro individuo, como sucede entre madre e hijo, crea un efecto de resonancia neuronal entre ambos. Y esa resonancia profunda puede darse con cualquier persona, no solo con nuestros hijos. Es tal nuestra sintonía con los estados emocionales de los demás que el cerebro se encuentra constantemente preparado para hacerse eco de ellos. El sistema límbico, situado entre el tronco encefálico

—responsable del sistema nervioso autónomo— y el neocórtex —el cerebro de aparición más tardía y que se ocupa de los conceptos y de la resolución de problemas—, se conoce como el «cerebro sintiente». Se cree que el sistema límbico recoge e interpreta el cariz emocional de las experiencias, incluidas las de otros. Todos los mamíferos tienen un sistema límbico y son, por lo tanto, capaces de lo que los psiquiatras de la Universidad de California, en San Francisco, Thomas Lewis, Fair Amino y Richard Lannon han denominado «resonancia límbica», es decir, aquello que permite que un ser vivo se sintonice con el estado emocional íntimo de otro. La resonancia límbica crea una situación que va más allá de un simple mimetismo de tipo espejo; es cuando dos personas se encuentran de pronto en completa sincronía, momentáneamente fundidas en un solo organismo.

Una de las más memorables descripciones de este proceso es la que hizo la naturalista Annie Dillard tras su encuentro con una comadreja cerca de su casa de Tinker Creek:

La comadreja, que estaba empezando a salir de debajo de un frondoso rosal silvestre a poco más de un metro de donde yo estaba, se quedó paralizada. Y yo me quedé paralizada también, con el cuerpo girado hacia atrás sobre el tronco de un árbol. Nuestros ojos se encontraron y se quedaron como presos en la mirada; una mirada que semejaba la de dos amantes, o dos enemigos a muerte, que inesperadamente se encontraran en medio de la espesura mientras caminaban, absorto cada uno de ellos en sus respectivos pensamientos; como un golpe directo a la boca del estómago. Fue también como un golpe de claridad en el cerebro, o un súbito palpitar de cerebros, con toda la carga y el íntimo chirrido de dos globos que se frotan. Nos vació los pulmones. Taló el bosque, removió los campos, secó el estanque; el mundo entero se desmanteló, y desapareció en el agujero negro de esos ojos. Si tú y yo nos miráramos así, el cráneo se nos haría pedazos, que nos caerían sobre los hombros.[12]

Dillard describe la conmoción que se produce cuando sentimos el vínculo, que es en su caso aún más impactante, puesto que esa conexión profunda tiene lugar con un animal salvaje. Pero su descripción se extiende al vínculo que creamos con otra persona cada vez que traspasamos las metas egoístas. En unos segundos, como lo explican los psiquiatras de la Universidad de San Francisco, «dos sistemas nerviosos consiguen una profunda e íntima aposición».[13] Aunque de continuo nos imitamos unos a otros inconscientemente, tenemos más probabilidades de fusionarnos con las ondas cerebrales del otro cuando establecemos una profunda conexión del tipo que sugiere Orland Bishop.

No es difícil activar ese impulso natural de buscar una conexión mutua. Como ya he dicho antes, esto se ha demostrado científicamente en exhaustivos estudios de lo que suele denominarse «influencias mentales directas sobre los organismos vivos», en las cuales un «emisor», al que se ha estimulado de algún modo —mediante un destello luminoso o una descarga eléctrica—, intenta transmitir una imagen mental del estímulo a su compañero; y, al hacerlo, muchos de los sistemas fisiológicos de la pareja empiezan a sincronizarse.

Las investigaciones han demostrado que ciertas condiciones pueden amplificar este efecto. En la Universidad de México, el neurofisiólogo Jacobo Grinberg-Zylberbaum descubrió que los emisores y receptores de su experimento tenían más posibilidades de emular los patrones mentales del otro, evocados por una luz parpadeante, si habían tenido contacto previo, es decir, si habían pasado juntos veinte minutos en silencio meditativo.[14] Otros métodos para establecer un contacto profundo son, por ejemplo, el intercambio de un objeto o una fotografía, darse las manos, meditar juntos o, simplemente, ser designados compañeros de trabajo en pareja. Los investigadores de la Universidad de Washington demostraron que incluso personas extrañas entre sí desarrollan una fuerte resonancia de ondas magnéticas si se las ha emparejado. Enviar pensamientos sanadores a otro crea una sintonía de ondas cerebrales, lo mismo que el acto de enfocarse mentalmente en su corazón.[15] Y tener en común con alguien una motivación apasionada, la experiencia de la meditación o unas creencias crea una situación en la que dos personas entran rápidamente en sincronía corporal.

El factor más importante de todos tal vez sea cultivar un amor altruista sin especificar. En el estudio sobre el amor que se llevó a cabo en el Instituto de Ciencias Noéticas, tal como se describe en el capítulo 4, estudio en el que uno de los miembros de la pareja enviaba pensamientos y deseos sanadores a su compañera aquejada de cáncer, el componente más crucial parecía ser el acto nacido de la pura compasión. Los investigadores del Instituto instruyeron a los emisores en una técnica que se basaba principalmente en la idea budista de «dar y recibir», una práctica que enseña a las personas a desarrollar empatía hacia los demás, a comprender el sufrimiento de otro sin necesidad de cargar con él y a transformar esta comprensión mediante el proceso de enviar una sanación.

Esta técnica de meditación compasiva, llamada *tonglen*, tiene carácter progresivo; empieza en una apreciación de los demás a pequeña escala, y se va ampliando hasta que el amor abarca a todos los seres vivos. La meditación comienza por el pensamiento: «Aprecio la generosidad y el amor de todas las criaturas vivas». A continuación uno cierra los ojos y reza: «Pido para ellos bienestar y liberación de todo sufrimiento». Por último, uno bendice a sus amigos más queridos, a sus conocidos y, finalmente, a sus enemigos.

Richard Davidson, psicólogo de la Universidad de Wisconsin, dedica su vida a intentar localizar los lugares exactos del cerebro que se activan con cada emoción. Se quedó particularmente intrigado al descubrir que la gente que tiene emociones negativas presenta una persistente actividad en las regiones de la corteza prefrontal derecha del cerebro,[16] y se preguntó si sucedería también lo contrario, es decir, que las emociones positivas provocaran una mayor actividad en los lóbulos frontales izquierdos. Su investigación sobre el cerebro llegó a oídos del Dalai Lama, que decidió dejar que un grupo de monjes tibetanos veteranos, especialmente diestros en el arte de la meditación, participaran en los experimentos que Davidson estaba realizando en la Universidad de Wisconsin. Cuando examinó a uno de los monjes, descubrió que la actividad de sus lóbulos frontales izquierdos era mayor de lo que hubiera registrado jamás. Desde una perspectiva neurocientífica, aquel era el hombre más feliz que había visto en toda su vida.

Pero estos resultados sugerían además algo que para Davidson era todavía más significativo. Los registros neuronales de la emoción parecían ser altamente plásticos, o mutables; una habilidad aprendida, que con el tiempo podía desarrollarse mediante ciertos pensamientos. El psicólogo inició a continuación una larga serie de experimentos con monjes budistas a fin de determinar si la meditación condicionaba realmente el mecanismo del cerebro haciendo posible que una persona fuera más feliz y demostrara una mayor empatía.

Davidson y sus colegas incorporaron a otros meditadores budistas muy experimentados en un tipo de práctica denominada «meditación compasiva» (*Nyingmapa* o *Kagyupa* en la tradición tibetana), así como a un grupo de voluntarios de la comunidad universitaria que no tenían experiencia alguna en la meditación. A los meditadores noveles se les dieron instrucciones sobre las prácticas meditativas descritas por Matthieu Ricard, monje budista de origen francés y doctor en genética molecular, que actúa como intérprete principal del Dalai Lama. Durante una semana, dos veces al día los nuevos meditadores debían practicar aquella técnica durante veinte minutos con un sentimiento de «compasión pura», no referida a nadie en particular, es decir, con una disposición incondicional a ayudar a todos los seres vivos. Para enseñar a los participantes a lograr ese estado mental, Ricard les sugirió que pensaran en alguien por quien sintieran afecto —sus padres, un hermano, su pareja— y dejaran que la mente se colmara de un sentimiento de amor altruista (deseándoles el bien) o de compasión (deseándoles la liberación respecto a todo sufrimiento) hacia esa persona. Ricard pronosticó que, tras haber practicado el ejercicio durante un breve período de tiempo, los participantes lograrían generar un sentimiento de amor y compasión no específicos, sino dirigidos a todos los seres vivos.

Se colocó a los meditadores experimentados y también a los noveles en unos escáneres de obtención de imágenes mediante IRMF y se les pidió que adoptaran un estado, bien de meditación compasiva, o bien de relajación desprovisto de emociones, ni positivas ni negativas, mientras

Davidson hacía sonar una grabación con diversos sonidos —una mujer sollozando, la risa dichosa de un bebé, un simple ruido de fondo—, al tiempo que medía sus ondas cerebrales y comparaba la actividad registrada durante la meditación así como durante el estado relajado y neutral.

Tal como imaginaba, la actividad cerebral mayor correspondía a los momentos de meditación compasiva mientras se oía llorar a un bebé. Aunque los meditadores experimentados presentaban una actividad mucho más acentuada que los principiantes, incluso estos demostraron un sentimiento de compasión generalizada bastante mayor durante la meditación que en estado de simple reposo.[17]

El estudio de Davidson contiene muchas claves para aprender a sentir el vínculo. Practicar la meditación compasiva con regularidad puede hacernos más sensibles a los demás de modo permanente, lo cual nos permitirá estar a su disposición tal como sugiere Bishop. Los monjes que participaron en el experimento de Davidson tienen un circuito cerebral de compasión más activo de lo normal incluso durante el reposo. Como demostró la investigación con los meditadores principiantes, esta capacidad puede desarrollarse con bastante rapidez. La práctica budista de la meditación compasiva se parece mucho a nuestro impulso natural de darnos a los demás incondicionalmente.

El hallazgo más fascinante del trabajo de Davidson es haber localizado el área cerebral donde se producen los efectos: la encrucijada temporoparietal, en el hemisferio derecho. El neurocientífico Andrew Newberg, de la Universidad de Pensilvania ha descubierto que, durante ciertas formas de meditación, la actividad de los lóbulos parietales decrece. Esta parte del cerebro nos ayuda a generar una imagen tridimensional de nuestros cuerpos para que podamos orientarnos, y nos permite por tanto diferenciar el «yo» del «no yo». Newberg ha descubierto también que un practicante de meditación compasiva pierde el sentido de «yo» y «el otro», y entra en un estado perceptivo de unidad.[18] Esta disposición incondicional a dar —que forma parte de nuestro impulso natural de conectarnos— nos ayuda a disolver los límites individuales, permitiéndonos así salirnos de nuestra individualidad y entrar en el espacio que hay entre nosotros.

Podemos hacer uso del magnetismo que la totalidad ejerce dentro de cada uno de nosotros para restaurar la armonía después de serios enfrentamientos o transgresiones. En su papel de codirector del Proyecto de Sanación Social, James O'Dea, antiguo director de la oficina de Amnistía Internacional en Washington D. C., ha pasado muchos años allanando el camino para que las partes en conflicto se reconcilien y perdonen. Durante una década, él y la doctora Judith Thompson han celebrado diálogos de «compasión y sanación social», donde los miembros de grupos sociales y políticos históricamente antagonistas —republicanos y lealistas de Irlanda del Norte, turcos y grecochipriotas, israelíes y palestinos— se reúnen con la intención de sanar las heridas comunes.

En los diálogos, O'Dea y Thompson cuidan de que el tema central no sea quién tiene razón y quién no, sino quién se siente herido y cómo sanarlo. La meta es ayudar a cada una de las partes a reconocer el dolor o la vergüenza de la otra, para, al hacerlo, liberar a esa otra parte del sentimiento de dolor o de culpa.

Sus métodos se basan en el trabajo del teólogo Geiko Müller-Fahrenholz y su libro *The Art of Forgiveness*.[19] Müller-Fahrenholz, nacido en 1940, era demasiado pequeño durante el Tercer Reich como para tener ningún recuerdo claro de aquel tiempo, pero, como muchos alemanes posteriores a la guerra, creció atormentado por el terrible legado de su país, y, debido a ello, empezó a meditar sobre el perdón desde la perspectiva tanto de la víctima como del perpetrador del mal. Müller-Fahrenholz considera que la maldad crea una especie de cautiverio; que cualquier acto de perversidad, incluso la menor de las transgresiones, establece una relación distorsionada entre dos personas: el perpetrador ha usurpado el poder, y la víctima se ha visto forzada a la impotencia. Para la víctima, el daño es «un menoscabo esencial de nuestra dignidad humana», escribe.[20]

El perdón no puede reemplazar jamás a la justicia, pero sí hacernos ver que con la retribución no basta. En la cultura occidental, donde en general se emplean el castigo y la cárcel para resolver cualquier transgresión, tanto la víctima como el perpetrador se quedan presos en esa atadura: la primera no recupera su dignidad (o sus bienes), y el segundo nunca llega a asumir realmente la responsabilidad de lo que ha hecho.

El acto de perdonar es, en cambio, una «constante liberación mutua», como escribió en una ocasión la filósofa Hannah Arendt, ya que permite a la víctima y al perpetrador reconocer el dolor o la vergüenza del otro y liberarse mutuamente del dolor o la culpa.

Müller-Fahrenholz cuenta la historia de un grupo de alemanes que habían combatido en Bielorrusia en el ejército de Hitler durante la II Guerra Mundial. Decidieron regresar a aquel país en 1994, cincuenta años después, con la intención de reparar el mal que habían hecho de jóvenes. Coincidió que llegaron poco después del accidente nuclear de Chernobyl, de modo que se ofrecieron para construir una residencia para los niños a los que había afectado el desastre. Hacia el final de su estancia, fueron a visitar un monumento a los soldados caídos en Chatyn; y aquella noche, con el peso de los recuerdos que la visita había resucitado en ellos, quisieron compartir el dolor de su experiencia con sus anfitriones bielorrusos.

Tras una ronda de brindis muy personales, uno de los alemanes, claramente sobrecogido aún por su visita a Chatyn, se puso en pie y habló sobre su experiencia como joven soldado. Empezó a describir cuánto había sufrido mientras estuvo en un campo de prisioneros de guerra ruso, pero se detuvo de pronto. Se excusó brevemente, y luego se derrumbó de golpe. Expresó su profundo arrepentimiento por lo que personalmente les había hecho a los rusos, y pidió perdón también en nombre de su país.

Intentó decir que aquello no debía volver a ocurrir jamás, pero la voz se le quebró de nuevo y tuvo que sentarse porque los sollozos apenas le permitían seguir en pie. Todos los que estaban en la sala, incluidos los jóvenes, que nada sabían de la guerra, lloraban.

Al cabo de unos minutos, una mujer bielorrusa de edad parecida a la suya se levantó, cruzó la sala y le besó.

Aquel genuino acto de confesión supuso el pleno reconocimiento del daño causado y restituyó la dignidad a todos los presentes. Lo que despertó el sentimiento de perdón en la anciana fue darse cuenta de repente de que el dolor de los demás —incluso el dolor del perpetrador— era también su dolor y el de cada una de las víctimas.

Ese momento de conectarse con el dolor del otro es el aspecto trascendente de cualquier relación, escribe Müller-Fahrenholz, que ofrece «una chispa de valor para sincerarse; es el momento de atreverse y confiar, que hace que el corazón salte al otro lado de la valla».[21] En última instancia, es esta repentina fusión lo que echa abajo «los muros divisorios» que nos separan.

La verdad profunda y la franqueza de una revelación verbal interrumpen la avalancha de rechazos y reprobaciones y, lo que es aún más importante, *restituyen el vínculo al restablecer el equilibrio en la relación*, mucho más que un simple «lo siento» o que un intento de reparar el daño. La historia del soldado alemán y la mujer bielorrusa muestra que el perdón es una forma de restauración que corrige las distorsiones de la relación humana. Gracias al perdón, las dos partes vuelven a ser iguales.

Al perpetrador, la revelación plena de sus sentimientos lo deja desarmado, sigue escribiendo Müller-Fahrenholz; se trata del deseo de enfrentarse finalmente a la verdad sobre uno mismo. Esa revelación arroja luz sobre los innombrables aspectos de la acción perversa, y abre una vía para la reconciliación. El hecho de que la humanidad del otro quede al desnudo parece despertar la responsabilidad en el que escucha; se obra una catarsis y, entonces sí, el pasado queda atrás y es posible seguir adelante.

James O'Dea cree que no hay sanación más efectiva que la del diálogo profundo, puesto que desarma tanto al perpetrador como a la víctima, permitiéndoles a ambos reconocer la verdad de una experiencia y su vínculo en esa historia. O'Dea descubrió que el poder de la veracidad profunda era capaz de tender un puente sobre una brecha aparentemente insalvable cuando en una reunión de sanación social se encontró sentado entre Mary Rothchild, hija de un superviviente del Holocausto, y Gottfried Leich, que había sido miembro de las Juventudes Hitlerianas durante el Tercer Reich. Leich había tenido un miedo atroz a revelar su historia y afrontar el hecho de su participación en el movimiento nazi, qué decir ya de hacerlo delante de una mujer judía, que era hija, además, de un superviviente del Holocausto.[22] Había temido ese encuentro más que ningún otro en toda su vida.

Casi al principio del diálogo, Mary Rothschild se volvió hacia Leich y le dijo: «Muchos de los numerosos miembros de mi familia murieron en el Holocausto. ¿Qué papel tuvo usted en él?

Leich admitió haber golpeado a la gente e incendiado edificios durante la *Kristallnacht*, la Noche de los Cristales Rotos, en 1938, cuando los milicianos nazis arrasaron miles de hogares, tiendas y sinagogas judíos. «Pero solo tenía dieciséis años», dijo.

Para Mary Rothschild aquello no significaba demasiado. «O sea que, si hubiera tenido diez años más, habría llevado a mis parientes a la cámara de gas».

Leich tardó mucho en responder. Se quedó mirando al suelo y finalmente admitió: «No lo sé».

La mujer se transformó al oír esta respuesta; no esperaba tal sinceridad viniendo de una persona que representaba para ella precisamente el arquetipo de «los otros». Cuando Leich admitió su culpa, los dos entraron en un territorio completamente nuevo, el territorio de la verdad: *sí, hubiera podido ser un asesino de masas.*

El odio que Leich sentía hacia sí mismo le superaba. Se derrumbó y empezó a llorar. «Soy abuelo, y mis nietos son los nietos de los nazis. Vivo en el abismo, en el calabozo de la historia. Siempre estaré conectado con eso.»

Su franqueza absoluta había liberado algo dentro de Mary Rothschild, una compensación emocional que, sin saberlo, llevaba toda su vida esperando. Se levantó, se acercó al hombre y le tomó la mano. A continuación le dijo: «Aunque ande en valle de sombra de muerte, no temeré mal alguno, porque tú estarás conmigo».[23] *

Thompson y O'Dea sintieron que el espacio que había entre Mary Rothschild y Gottfried Leich se impregnaba de lo que parecía una presencia animada por lo divino.[24] Para Leich, la experiencia fue una revelación. Rendir su miedo y afrontar el pasado con veracidad había obrado un milagro. Mary Rothschild había «tendido un puente a través del

---

* La Biblia. Salmo 23: 4. (N. de la T.)

abismo», dijo, y le había invitado a reunirse allí con ella.[25] Compartir su historia les hizo a ambos sentir el vínculo.

Según Judith Thompson, en griego *perdonar* significa literalmente «deshacer un nudo», a fin de que tanto el perpetrador como la víctima se liberen del dolor o la vergüenza, del legado del pasado, para seguir adelante con sus vidas. Es tal el poder de una declaración sincera, o una confesión genuina, que el encuentro transforma a ambas partes para siempre. Cuando la humanidad del uno y del otro brilla durante el perdón, suele presentarse con sencillez un plan de restitución y de nuevas opciones para el futuro.

Mirado desde esta perspectiva, un desacuerdo o una acción errónea son una conexión interrumpida, y el perdón y la restitución, el restablecimiento de esa conexión. Como asegura Müller-Fahrenholz, la transgresión es un «pecado contra la totalidad», y la verdad profunda pone fin a la «guerra del mundo contra sí mismo».[26]

* * *

He puesto en marcha un estudio al que he llamado experimento de la intención. Tiene carácter continuo, y su objetivo, tanto en seminarios como en nuestra comunidad de la intención, es examinar el poder del pensamiento de grupo por medio de experimentos bien organizados, controlados científicamente, y también de pruebas más informales. En los veintitrés estudios que hemos realizado hasta el momento, hemos obtenido elocuentes resultados que demuestran que el poder del pensamiento intensifica el crecimiento de las plantas, purifica el agua y reduce la violencia.[27]

El fenómeno más interesante hasta el día de hoy es el efecto que tiene en los participantes de los estudios a gran escala que hemos organizado *online*, experimentos que han dado como respuesta muchos relatos de experiencias extáticas, y sobre todo de un sobrecogedor y palpable sentimiento de unidad. A pesar de conectarse al experimento desde ordenadores distantes, repartidos por todo el mundo, los participantes que entran al mismo tiempo en nuestra página web albergan un sentimiento de conexión con personas del experimento que se encuentran a miles de kilómetros de distancia. Hace tiempo que sospecho que esa conexión ha de tener un mensurable efecto a largo plazo, lo mismo que tiene efectos a largo plazo la meditación.

En septiembre de 2008 llevé a cabo un experimento con 15.000 participantes de 70 países para examinar si la «mente de grupo» tenía el poder de reducir la violencia y restablecer la paz. El plan era que los lectores de todas las partes del mundo unieran sus fuerzas en nuestra página web para enviar paz a una determinada área asolada por la guerra, en este caso Sri Lanka.

En una encuesta que hice entre los participantes una vez terminado el experimento, alrededor del 46% dijeron que después de tomar parte en él habían notado cambios a largo plazo en sus relaciones con los demás. Al parecer, la experiencia de grupo les había ayudado a sentir más amor en general, conocieran o no al receptor. Más del 25% sentían más amor por sus seres queridos, o por personas que normalmente no eran de su agrado o con las que solían discutir; un 41% lo sentía hacia aquellos con los que tenía cualquier tipo de contacto, y un 19% advirtió que se llevaba mejor con los desconocidos.

He empezado a llamar a este fenómeno el «poder de ocho». Es un tipo de unión que puede suceder en tan solo unos minutos. En los talleres de fin de semana dividimos a la audiencia en pequeños grupos de ocho personas, y les pedimos a estos completos extraños que se envíen pensamientos de amor unos a otros. Hemos sido testigos de asombrosos casos de sanación física y emocional tanto entre los emisores como entre los receptores. Marsha, por ejemplo, sufría de una opacidad progresiva en la cornea que impedía en buena medida la visión de ese ojo. Al día siguiente a la tentativa de sanación de su grupo, contó que había recuperado la vista casi por completo, y otros miembros de su grupo que habían enviado igualmente su intención sanadora y que padecían migrañas o problemas de espalda crónicos aseguraron que se sentían también mejor.

Cualquiera de estos resultados de sanación posiblemente se derivase del poderoso efecto de la comunidad. Durante los talleres, completos desconocidos empiezan a resonar como si fueran uno. En un taller celebrado en Holanda, por ejemplo, descubrí que muchos de los participantes afirmaban haber tenido exactamente las mismas visualizaciones durante la emisión de intenciones dentro de su grupo. En uno de ellos, que se había concentrado en enviar su intención a una mujer con dolor de espalda, ella y otros miembros del grupo visualizaron la misma imagen: cómo la columna vertebral se salía del cuerpo, se elevaba y se insuflaba de luz.

El sentimiento de unidad que dicen sentir los miembros de los talleres y de la comunidad del experimento de la intención es un ejemplo del efecto resonante de la conexión pura. El simple hecho de pertenecer a un pequeño grupo de desconocidos y de dar espontáneamente dentro de él tiene tal fuerza y sacia hasta tal punto nuestro más profundo anhelo de conexión que sana tanto al que hace la sanación como al que la recibe.

Recientemente, un investigador norteamericano de la Universidad de California se encontraba en Brasil realizando una investigación sobre los indios suya, del Mato Grosso, intentando determinar cómo utilizaban los números. Este grupo de indios amazónicos es famoso por su música. Según Seeger, profesor de etnomusicología de la Universidad de California, en Los Ángeles, este pueblo utiliza el canto para crear comunión y establecer relaciones e identidad social, así como para formular ideas sobre el tiempo y el espacio.[28] Para un suya, por tanto, cantar es una ciencia dura y blanda a la vez.*

Los científicos que estudian las diferencias entre los sistemas numéricos de las distintas culturas han llegado a la conclusión de que muchas culturas indígenas no tienen un lenguaje específico para describir las cantidades de las cosas. El pueblo piraha, por ejemplo, emplea la misma palabra, *hoi*, para decir «alrededor de uno» y «alrededor de dos» —la única diferencia es una alteración sutil de la inflexión—. Los munduruku del Amazonas, a los que tanto se ha estudiado, tienen palabras

---

* «Ciencia dura» y «ciencia blanda» son términos coloquiales, no institucionalizados debido a los numerosos matices que dificultan dicha división del mundo científico. Generalmente, sin embargo, las ciencias naturales y las físicas, más rigurosas y exactas, suelen considerarse ciencias duras, y las ciencias sociales o humanas, más próximas a las humanidades, ciencias blandas. (N. de la T.)

para referirse a los números hasta el cinco. Esto ha hecho que muchos científicos examinen si los seres humanos tenemos una habilidad numérica innata o si el sentido numérico forma parte del condicionamiento cultural.

En esta ocasión, el investigador norteamericano planteó un problema numérico a un miembro de la tribu suya: si tuvieras diez peces y regalaras tres, ¿cuántos te quedarían? El suya contestó sin vacilar; como habría afirmado cualquier otro habitante del poblado, la respuesta era trece.

En la tradición suya, siempre que se da algo a alguien, el que lo recibe devuelve el doble; luego si él le regalaba tres peces a su hermano, por ejemplo, su hermano tendría que devolverle dos veces esta cantidad, es decir, seis peces. Sumados a los diez peces originales, el resultado serían dieciséis, y una vez que descontara los tres que él le había dado a su hermano, tendría tres más que al principio, es decir, trece. De modo que $10 - 3 = 7$ de las matemáticas occidentales se transforma en $10 + (2 \times 3) - 3 = 13$ en las matemáticas suya.

El hombre suya se quedó consternado ante la versión norteamericana de la ecuación. «¿Cómo es que, para la gente blanca, "dar" significa siempre tener menos?», preguntó otro hombre de la tribu, entrando en el debate. «Sé que quieres que use el signo menos en vez del signo más —dijo el primero—, pero no entiendo por qué.»

El episodio sorprendió a Alex Bellos, autor de *Here's Looking at Euclid*, un estudio de las diferencias culturales en el área de las matemáticas.[29] Empezó el estudio creyendo que los números eran un lenguaje universal, una forma en la que, digamos, podríamos comunicarnos con los extraterrestres, para acabar descubriendo que nuestro entendimiento básico de las relaciones aritméticas depende del contexto cultural.

Este relato pone de manifiesto algo muy importante no solo en cuanto a las matemáticas, sino también con respecto a la concepción que tienen las diferentes culturas de las relaciones en general y, en particular, de la concepción que tenemos de nosotros mismos en relación con las cosas. Nuestro sentido de las matemáticas depende mucho de cómo definamos nuestro mundo, y de si consideramos que nosotros y todas las cosas que nos rodean somos entidades separadas unas de otras o inherentemente entretejidas.

Muchas sociedades no occidentales —incluidas culturas prealfabetas tales como la de los aborígenes australianos, los antiguos griegos y egipcios, los adeptos a religiones orientales como el budismo, el taoísmo o el zen, y gran número de culturas indígenas existentes— conciben el universo como algo inseparable, conectado por una energía universal o fuerza vital. Esta creencia fundamental genera una diferencia extraordinaria en la forma de ver el mundo y de interactuar con él. Nosotros vemos la cosa, y ellos ven la totalidad, la relación entre las cosas. Para un indígena, el acto de dar conlleva inherentemente tal recompensa que solo puede concebirse como una adición, no como una sustracción. El aspecto más importante de una relación es el signo más, centrarse en lo que quiera que sea necesario para establecer la conexión.

11

EL NUEVO VECINDARIO

Henderson, la segunda ciudad más grande del condado de Clark, en Nevada, ha sido objeto de incesante expectación desde que el presidente John F. Kennedy, en un comentario casual, se refiriera a esta nueva localidad escasamente poblada —a un tiro de piedra de Las Vegas y recién fundada, con dinero del casino— como una «ciudad de destino».[*] Durante el medio siglo siguiente, como siguiendo una directriz presidencial, Henderson creció hasta alcanzar el tamaño de St. Paul, en Minnesota, y se transformó en una ciudad norteamericana de categoría media, o, como la define su página web Destination Henderson, «un diamante en el desierto». «Un lugar al que llamar casa» es el lema de la ciudad, haciéndose eco del felpudo de bienvenida que el propio alcalde ha colocado en la página web oficial.

La realidad es que en Henderson nadie es particularmente bienvenido, a menos que se dé la circunstancia de que ya resida en ella, e incluso entonces, lo más probable es que haya un muro ciclópeo entre él y sus vecinos más próximos. Puede decirse que es *casa* de lugares como

---

[*]   Fue fundada en 1941. (N. de la T.)

Green Valley, la primera de las florecientes comunidades privadas norteamericanas «magistralmente planificadas», que tiene una población de 60.000 personas —la misma que muchas ciudades de tamaño medio— y está construida pensando expresamente en la preeminencia del individuo. Se han levantado muros, de diseño y construcción precisos, entre una residencia y otra, entre un patio trasero y otro, entre las distintas secciones de la comunidad y, sobre todo, entre la comunidad y el mundo exterior. Hay letreros que recuerdan a los residentes que está prohibido modificar los muros de la manera que fuere, incluso los que son de su propiedad. Además de la verja de acceso a la urbanización, las propiedades más elitistas tienen su propio guarda de seguridad, y no se admite a nadie sin que haya pasado antes por un control riguroso. Las tiendas, los aparcamientos, los paseos, las zonas de recreo, los espacios abiertos e incluso la escuela están todos dentro del recinto «amurallado», para servicio exclusivo de la comunidad.

Green Valley es solo un ejemplo del tipo de vecindario con más rápido crecimiento en el mundo entero. En la actualidad, alrededor de 8 millones de norteamericanos viven en barrios residenciales privados; ocho de cada diez proyectos de edificios urbanos están vallados, especialmente en el oeste y sur de Estados Unidos y en los extrarradios de las ciudades que han experimentado un crecimiento desmedido. California sola aloja a medio millón de residentes de comunidades «fortificadas»; es un estado donde casi el 40% de las casas de nueva edificación se construyen detrás de un muro o de algún tipo de sistema de seguridad. Pero esta moda no es exclusiva de Estados Unidos. Los barrios privados se han vuelto populares en Sudáfrica, donde los promotores inmobiliarios cercan primero una zona, y luego la llenan de carreteras y casas; en Oriente Medio, donde están patrullados por vehículos blindados para proteger a los occidentales con intereses petrolíferos, o en el Reino Unido, donde se está llevando a cabo una renovación urbana de las Docklands, el nuevo centro financiero de Londres. Incluso la población de países y regiones en desarrollo, tales como México, Sudamérica y América Central, y China, encuentra muy atractiva la idea de construir ciudades amuralladas. Nordelta, en Argentina, el mayor *barrio privado* del país,[*] ofrece a sus residentes incluso un hospital exclusivo.

Aunque los residentes citen la delincuencia y la seguridad como la principal razón para vivir detrás de un muro, las investigaciones sobre los efectos de los barrios residenciales privados demuestran que estos contribuyen muy poco a evitar el crimen. Los dos estudios más detallados que se han hecho, realizados por la policía de Fort Lauderdale, en Florida, en los que se comparan los índices de todo tipo de delincuencia antes y después de que una vecindad cercara sus calles, no descubrieron ninguna diferencia significativa en el nivel de atentados contra las personas o contra la propiedad. El robo de automóviles, los allanamientos de morada y otro tipo de delitos se redujeron drásticamente al principio, pero volvieron a los niveles anteriores en cuanto los delincuentes se acostumbraron a saltar las vallas.[1] El segundo estudio, que examinaba las tasas de criminalidad de varios vecindarios privados y las comparaba con las de Fort Lauderdale en conjunto, no encontró que los cercados supusieran ninguna diferencia notable en lo que a disuadir a cierto tipo de delincuentes se refiere. Aunque es cierto que las agresiones personales eran menores detrás de las vallas de protección, los allanamientos de morada y los robos de automóviles solo descendieron durante el primer año, para elevarse a continuación hasta alcanzar el mismo nivel de las áreas exteriores.[2]

Entre los incidentes que recientemente han tenido lugar detrás de los muros de Green Valley, están la violación en serie, el asesinato doméstico, varios robos, la venta y el consumo de drogas por parte de adolescentes, la contaminación de gas cloro procedente de una industria cercana y, en pocas palabras, todos los problemas que padece cualquier vecindario suburbano sin cercar.[3] De hecho, ni el más sofisticado sistema de seguridad implementado en las comunidades privadas ha resultado tan efectivo como los simples programas de vigilancia comunitaria,[**]

---

[*] En español en el original. (N. de la T.)

[**] Vigilancia de un barrio por parte de grupos de vecinos, ya sea por iniciativa propia u organizados por las asociaciones de vecinos, que suelen requerir, no obstante, apoyo policial cuando sospechan de alguna actividad delictiva concreta. El sistema de vigilancia comunitaria se inició en Estados Unidos a finales de los 1960, a raíz de la muerte de Kitty Genovese. (N. de la T.)

que han demostrado reducir los robos y los allanamientos de morada en un 24 y un 33% respectivamente, de acuerdo con un estudio realizado por los investigadores de la Universidad Internacional de Florida.[4]

Los residentes de las comunidades cercadas citan el crimen como razón más manifiesta para recluirse tras los muros, pero las áreas no cercadas más exclusivas y elitistas del país —en las que están ubicadas la mayoría de estas comunidades— tienen ya de por sí unos índices de criminalidad insignificantes. El verdadero propósito que tiene una comunidad privada es el de proteger a sus habitantes de los forasteros, escriben Edward J. Blakely y Mary Gail Snyder en su libro *Fortress America: Gated Communities in the United States*: «Tránsito equivale a extraños; los extraños son malos, y maldad significa delincuencia».[5]

El otro propósito que cumple una comunidad privada es el de satisfacer el tenaz deseo de ascender socialmente y elevar el estatus. Como apuntan Blakely y Snyder: «Se alimentan de sus aspiraciones de exclusión y el deseo de diferenciarse». Un constructor le contó a Blakely que lo que quieren los compradores es una casa que «sea la clara manifestación de quiénes son y cuál es su estilo de vida». Las comunidades edificadas más recientemente, como por ejemplo *The Enclave*, en Green Valley, tienen una entrada especialmente sofisticada para enfatizar su exclusividad y estatus.

Lo que mucha gente dice buscar detrás de una verja cerrada con llave es una vecindad a la antigua usanza, ese lugar donde los niños puedan jugar sin peligro en la calle, donde los parques y las escuelas sean seguros, y los vecinos se saluden por encima del seto del jardín. Sin embargo, eso es precisamente lo contrario de lo que se consigue levantando un muro. Una comunidad privada es muy parecida a un estado que se haya separado de la Unión, que se provee de sus propios servicios y seguridad, que está dispuesto a responder de muy poco de cuanto ocurre fuera de sus muros y que alienta a sus habitantes a renunciar a cualquier responsabilidad cívica relacionada con nada del exterior. Refleja, también, el incansable movimiento hacia la atomización que vive nuestra sociedad, nuestra tendencia actual a crear grupos cada vez más pequeños y homogéneos. Lo que esto en esencia significa es que una comunidad cercada y muchas subdivisiones de la época moderna han hecho que el concepto de «vecindario» que antes teníamos se transforme, y pueda equipararse ahora al de «club de campo exclusivo». El propósito de nuestro vecindario es actualmente hacer la más contundente reafirmación posible del «yo».

Hoy día tenemos en general la idea de que la comunidad, como las relaciones, deben tener como base principal la homogeneidad —ser un gigantesco grupo de «yoes»— para poder funcionar. Algunos científicos sociales, como Robert Putnam, distinguen entre capital social *cohesivo* (interactuar con gente que es igual que nosotros) y capital social *conectivo* (hacerlo con gente que no es igual que nosotros). Como descubrió en su estudio sobre los efectos que tenía la diversidad étnica sobre la confianza y el compromiso cívico en la Norteamérica moderna, cuanto más rodeados estemos de personas diferentes a nosotros, menos probable es que interactuemos con *nadie* —diferente a nosotros o igual— y más probable es que nos «escondamos agachados», como él lo expresa, con nuestra familia más inmediata delante de nuestro televisor».[6] Hemos llegado a un punto en el que, si no vivimos en un vecindario donde todos son iguales que nosotros, nos negamos categóricamente a crear un clima de comunidad.

No hay ninguna prueba de que la igualdad, reflejada en las comunidades privadas, cree una vecindad mejor o un mayor «capital social» —término que la sociología emplea para referirse al espíritu de solidaridad comunitaria—; como señala Putnam, Estados Unidos posee actualmente el capital social más bajo de su historia. La verja impide, de hecho, que el capital social florezca, precisamente porque fomenta la aparición de un círculo interior y un círculo exterior.

La manera más efectiva de crear una vecindad vital y abierta es superando la tendencia a arracimarse en grupos basados en la igualdad interna y descubrir la comunidad en el espacio intermedio, el espacio de interdependencia en el que nos unimos todos por la humanidad y el propósito que tenemos en común. Y una de las maneras más rápidas de lograr el vínculo es formando un superorganismo comunitario.

En 1954, veintidós muchachos protestantes de once años de edad, de la ciudad de Oklahoma y pertenecientes a familias de clase media, que nunca se habían visto antes y a los que se había escogido cuidadosamente por su estabilidad psicológica, montaron en dos autobuses con dirección al campamento de verano de los Boy Scouts of America, de una extensión de 80 hectáreas y próximo al parque Robbers Cave, del estado de Oklahoma. El creador del estudio, Muzafer Sherif, graduado de Harvard de origen turco, al que más tarde se atribuiría la fundación de la psicología social como disciplina científica, observaba todo esto desde su perspectiva de «superintendente». Los niños no sabían —en aquellos tiempos en que no era necesario dar consentimiento formal— que estaban a punto de convertirse en conejillos de indias de uno de los más fascinantes y entrañables estudios psicológicos de todos los tiempos sobre el comportamiento de grupo.

Se dividió a los niños en dos grupos y, durante los primeros días, los monitores del campamento (un equipo de psicólogos entre los que se encontraba la esposa de Sherif) los animaron a que realizaran actividades para solidificar su vínculo con los miembros de su grupo respectivo. A ambos se les pidió que eligieran un nombre —unos escogieron llamarse los Serpientes de cascabel (*Rattlers*) y los otros, los Águilas (*Eagles*)—, que diseñaran su propia bandera, que designaran una zona del campamento como suya, que escribieran sus propias canciones y que idearan ciertas prácticas y modos de comportamiento exclusivos de cada grupo.

A cada uno se le asignaron dormitorios y salas de estar separados y alejados entre sí, y, durante el período inicial, no estaba permitido que ningún muchacho tuviera contacto con los miembros del otro grupo.

En la siguiente fase del estudio, Sherif y sus colegas idearon situaciones destinadas a ser altamente competitivas y frustrantes, a fin de crear deliberadamente el conflicto entre ambos grupos. Luego, anunciaron un torneo general de deportes y otros juegos de competición, con un trofeo, medallas y once navajas suizas de cuatro hojas como codiciado premio para el equipo ganador. Finalmente, después de pasar un día haciendo prácticas, ambos grupos se encontraron de frente con el ya aborrecido equipo contrario.

Durante los cuatro días que duró la competición, los miembros del personal manipularon la marcación para mantener los tantos casi parejos y asegurarse de que los dos equipos eran conscientes en todo momento de lo igualados que estaban. El espíritu de deportividad fue pronto sustituido por los insultos, los ataques verbales y la negativa por parte de todos los muchachos incluso a comer cuando un miembro del equipo contrario estaba presente en la misma sala.

Muy pronto, ya no hizo falta que los psicólogos azuzaran la animosidad entre los grupos. Engalanados al estilo comando, los Serpientes de cascabel asaltaron el dormitorio de los Águilas, voltearon las camas y rasgaron las mosquiteras. Los Águilas, por su parte, tomaron brutales represalias; armados con palos y bates de béisbol, arrojaron todas las pertenencias de los Serpientes al suelo y las apilaron en el centro del dormitorio. Los dos equipos destrozaron la bandera del contrario. El día que los Águilas ganaron el torneo, los Serpientes los asaltaron y les robaron las navajas que habían ganado como premio. La animosidad acabó en una pelea a puñetazos que se detuvo solo gracias a la intervención de los monitores.

Tras haber creado tan feroces prejuicios entre los dos grupos, en una segunda fase Sherif experimentó con actividades dirigidas a hacer que los grupos se mezclaran entre sí. Pero ni las fiestas vespertinas, ni las noches de cine, ni las celebraciones del 4 de Julio parecieron reducir lo más mínimo la tensión.

Sherif ideó entonces una serie de situaciones críticas en el campamento, que no podrían resolverse sin el ingenio y la participación de todos los miembros de ambos grupos. Después de que súbitamente se cortara el agua potable y de que los muchachos descubrieran que había un gran saco embutido en el conducto de salida del depósito de agua, los dos grupos tuvieron que trabajar juntos para discurrir cómo sacarlo. Tuvieron que tirar todos, asimismo, de una cuerda para arrancar un árbol partido en dos que podía suponer un peligro, y ayudar después a empujar un camión de provisión de alimentos que se había quedado atascado en una zanja.

Una vez que volvió a haber agua corriente, los Serpientes dejaron que los Águilas bebieran de la fuente primero, porque no habían llevado sus cantimploras y tenían más sed. Después de que los dos grupos hubieran colaborado para pagar a medias una película, los muchachos empezaron a comer juntos en el comedor, mezclándose inopinadamente entre sí. El último día de campamento, tras una votación, decidieron por unanimidad viajar todos en el mismo autobús, y los Serpientes y los Águilas se sentaron juntos, rodeándose unos a otros con el brazo. En una parada que hizo el autobús por el camino, el líder de los Serpientes se gastó los cinco dólares que había ganado en un concurso de lanzamiento en batidos para los veintidós.[7]

William Golding describió su visión de la «inherente oscuridad del corazón humano» en *El señor de las moscas*: cuando se elimina el fino barniz de la civilización, incluso los niños son capaces de volverse salvajes. Sin embargo, el estudio de Sherif demuestra lo contrario. No hay duda de que los escolares son bien capaces de intimidarse y ser crueles unos con otros si se los coloca en equipos contrarios y se les obliga a competir por unos recursos limitados; pero cuando a los niños de Robbers Cave se les dieron una meta y un propósito comunes, de alcance superior a su individualidad y a la de su grupo, dejaron de lado al instante sus diferencias para trabajar juntos de forma cooperativa como un superorganismo.

El estudio de Sherif, que se repitió varias veces, se considera el test clásico de la *hipótesis del contacto*, ideada por Gordon Allport el mismo año. Allport, destacada figura en el campo de la psicología y uno de los fundadores de la psicología de la personalidad, creía que el contacto, establecido bajo ciertas condiciones específicas favorables, entre miembros de diferentes grupos es el mejor medio para reducir los prejuicios. Sus teorías influyeron en que el Tribunal Supremo tomara la trascendental decisión de poner fin a la segregación en las escuelas, en el caso *Brown contra el Consejo de Educación de Topeka*, aunque es cierto que las teorías de Allport engendraron también algunos espectaculares fracasos, cuando se intentó acabar con el racismo en Estados Unidos inscribiendo, por ejemplo, a niños norteamericanos negros en escuelas de niños blancos durante los años sesenta.

La evidencia que obtuvo Robert Putnam parece, a primera vista, contradecir la conclusión a la que llegó Allport de que el contacto entre grupos conduce a la solidaridad y la confianza. Putnam había concluido tras sus experimentos que cuantos más grupos étnicos había en torno a un ciudadano norteamericano, mayores eran los prejuicios y la desconfianza de este. No obstante, Allport puntualizó cuatro condiciones específicas que han de cumplirse para garantizar que el contacto entre diferentes grupos funcionará: igualdad de estatus de los grupos en la situación dada, cooperación intergrupal, contar con el apoyo de figuras de autoridad y finalmente, la más importante, tener una meta común y trascendente.[8]

Los psicólogos la denominan meta «superordinada»,* una meta que se alcanza solo gracias a un esforzado trabajo cooperativo en equipo. El hecho de compartir una meta y el trabajo en equipo tienden a trascender todas las diferencias porque hacen hincapié en la propia alma de la humanidad: *todos estamos juntos en esto*; y si estamos todos juntos, eso quiere decir que ya no competimos por unos recursos limitados.

A pesar de haber sido objeto de críticas desde algunos sectores por estar basada en el subyacente supuesto de que todas las personas son esencialmente muy parecidas,[9] la hipótesis del contacto se ha puesto a prueba en una variedad de situaciones, y se considera actualmente que es una poderosa herramienta para reducir la discriminación de numerosos grupos, desde los protestantes y los católicos en Irlanda del Norte hasta los homosexuales en las universidades. Tanto equipos deportivos como equipos de dirección o escuelas con miembros nuevos, e incluso cárceles, utilizan metas superordinadas para aliviar la rivalidad y estimular el espíritu de equipo. En 2006, un examen realizado a los 525 estudios de la hipótesis del contacto que había en marcha en aquellos momentos confirmó que el contacto entre diferentes grupos, del tipo que fuere, consigue reducir los prejuicios intergrupales e incrementa la cooperación, especialmente cuando se cumplen las condiciones que estableció Allport.[10]

---

* Se habla de superordinado para designar un concepto que incluye entre sus partes el concepto subordinado. El ejemplo clásico es: mano-dedo; brazo-mano. (N. de la T.)

Don Beck, alumno de doctorado de Muzafer Sherif, empleó las lecciones que aprendió en Robbers Cave para crear metas superordinadas como medio de poner fin al conflicto político. Fue él quien tuvo la idea de utilizar la entrada de Sudáfrica en la final de la Copa del Mundo de *rugby* en 1995 —retratada en la película *Invictus*— como medio de provocar una euforia nacional edificante que contribuyera a unificar al país recién salido del *apartheid*. Beck sentía fascinación por la psicología de los partidos de primera división, y sus experiencias con los Dallas Cowboys y los New Orleans Saints le había hecho creer en el poder pacificador que tiene el deporte. Fue una idea más que osada, teniendo en cuenta que los Springboks, el equipo sudafricano de *rugby*, eran el símbolo mismo del *apartheid*. El *rugby* se consideraba un deporte de hombres blancos. Prácticamente todos los jugadores eran afrikáners, la minoría blanca pro *apartheid*; incluso los entrenadores les gritaban las jugadas en afrikáans.* Los jugadores negros y los angloparlantes rara vez formaban parte del equipo, y, como consecuencia, la población negra de Sudáfrica había boicoteado siempre activamente este deporte.

En 1995 Beck le presentó a Kitch Christie, el entrenador de los Springboks, un escrito titulado «Seis partidos para la gloria», en el que se detallaban una serie de estrategias psicológicas que ayudarían a transformar a aquel equipo de poca monta en un rival de talla mundial en la eliminatoria previa a la Copa del Mundo. Además de las estrategias para ganar el partido, el escrito de Beck explicaba cómo los Springboks podían llegar a ser un punto clave de orgullo para el nuevo país y conectar al distrito segregado con los afrikáners, ofrecía asimismo numerosas estrategias que podían usarse para crear metas superordinadas en otras áreas. Sugería la idea de que los Springboks adoptaran una *identidad colaboradora o común*: los colores verde y dorado de las camisetas del equipo y una canción, acompañada de un tambor zulú para animar al equipo y enardecer a la multitud. Le aconsejó a Christie que hiciera que los jugadores se sentaran juntos a ver películas como *Hoosiers* o *Carros de fuego*, que les ayudarían a establecer una «hermandad mística»,

---

* Afrikáans (nombre vernáculo: afrikaans) es una lengua germánica, derivada del neerlandés, hablada principalmente en Sudáfrica y Namibia. (N. de la T.)

el sentimiento de que los miembros del equipo *están unidos como una gran familia,* por un vínculo más trascendente que el de la lealtad a sí mismos y con *una causa por la que luchar.* Beck organizó una excursión para que el equipo fuera a visitar la diminuta celda donde había vivido Mandela en Robben Island, a fin de enfatizar *su trascendental papel en el destino del país.* Por encima de todo, los ejercicios que proponía estaban dirigidos a desarrollar en los miembros del equipo el sentimiento de que se enfrentaban a *un momento decisivo de la vida* que exigía que todos *tiraran juntos como si fueran uno.*

A medida que se iban jugando partidos, la meta superordinada de Beck empezó a contagiarse a todo el país. Los jóvenes negros del distrito segregado hicieron pedazos los carteles contrarios al *rugby* y colgaron en su lugar fotografías de sus héroes, los Springbok. Durante la Copa del Mundo, que los Springbok ganarían finalmente, se convenció a Mandela de que apareciera vestido con una camiseta verde y dorada, que siempre había sido el símbolo de los opresores, en señal manifiesta de unidad y perdón.

En la opinión de Beck, crear una meta superordinada es una de las mejores maneras de conseguir la paz en zonas de conflicto político. En su trabajo suele reunirse con ambos lados de un área en discordia y les ofrece una visión positiva de las posibilidades futuras, pero una visión que exija que ambas partes trabajen juntas y hagan uso de su geografía y sus recursos comunes a fin de encontrar una solución para todos los habitantes de ese territorio.

A Beck le gusta emplear metáforas deportivas cuando habla: «Hay que centrarse en el pragmatismo incansable —dice arrastrando las palabras con su fuerte acento texano—, en el progreso que puede hacerse para que el partido siga adelante». Recientemente ha presentado ante árabes e israelíes un plan para hacer de la Palestina ocupada el «Hong Kong del Oriente Medio», una sociedad próspera en la que ambos lados compartan sus recursos para costear servicios tales como la educación o la atención médica. En la actualidad se reúne con ambos lados a fin de decidir los detalles y el programa que permitan lograr una sociedad así en treinta años.[11]

Crear una identidad común y trabajar juntos en pos de una meta superordinada fue también crucial para la supervivencia de los mineros chilenos durante los setenta días que estuvieron atrapados debajo del desierto de Atacama tras el derrumbe de la mina de Copiapó en agosto de 2010. El supervisor y jefe de turno Luis Urzúa utilizó una diversidad de tácticas para crear una identidad colectiva —una estricta repartición de los recursos; un proceso de toma de decisiones democrático, basado en el principio de «un hombre, un voto», o un nombre unificador para el grupo, *Los treinta y tres*—, que entre todas ayudaron a crear un sentimiento de *uno para todos, esforzándose juntos para salir victoriosos contra todo pronóstico*. Al mismo tiempo, Urzúa subrayó constantemente que la supervivencia no era solo una cuestión personal ni era tan siquiera por el bien del grupo. Colgó una bandera de Chile y con frecuencia hacía que los mineros entonaran con él el himno nacional chileno. Supo engendrar en sus hombres el sentimiento de su lugar en la historia: su *supervivencia era necesaria para el bien de su país.*[12]

Desde el punto de vista político, la verdadera fuerza de salir de nuestro pequeño espacio de individualidad y unirnos como grupo para alcanzar una meta superordinada nace de un efecto de resonancia colectiva. Al igual que puede producirse una sintonía de ondas cerebrales entre dos individuos, ocurre entre los miembros de un grupo que trabajan juntos. La actividad eléctrica de cada individuo del grupo empieza a resonar en una longitud de onda común; es un coro perfectamente entonado. Lo mismo que un grupo de electrones empieza a vibrar como un solo electrón gigantesco, el grupo crea una resonancia que magnifica el efecto individual.

Los psicólogos del Instituto Max Planck para el Desarrollo Humano, de Berlín, y de la Universidad del Salzburgo quisieron examinar si nuestros cerebros actúan en tándem con otros cuando participamos en una tarea con un propósito común. Aunque se habían hecho algunas investigaciones de la actividad cerebral mediante IRMF, nadie había examinado antes la actividad simultánea de las ondas cerebrales de las personas que participan juntas en una misma tarea. Los científicos alemanes se sintieron inspirados por los recientes estudios que examinaban los ritmos de ondas cerebrales de dos personas cuando interactúan socialmente, y que demostraban que un tipo de onda se asocia con el comportamiento independiente mientras que la otra la comparten ambas personas cuando el comportamiento está coordinado.

Los científicos alemanes y austriacos decidieron estudiar la actividad cerebral de dúos de guitarristas que interpretaban juntos una breve melodía para ver hasta qué punto estaba sincronizada la actividad cortical de ambos cuando se encontraban, como ellos lo expresaron, «metidos de lleno en el concierto». Colocaron un casco encefalógrafo a cada uno de los músicos y empezaron a registrar su actividad cerebral.

Emplearon algoritmos especiales para analizar individualmente la actividad cerebral de cada guitarrista en relación con la de su compañero, y descubrieron que las ondas cerebrales de las parejas estaban altamente sincronizadas y «en fase»; es decir, la ondas alcanzaban un pico y un valle en ciertos momentos clave, cuando hacían pruebas para establecer el tempo con un metrónomo y, luego, cuando empezaban a coordinar la interpretación de la melodía.

De hecho, había áreas enteras del cerebro que tenían patrones sincronizados; eran más acentuados en las regiones frontal y central, pero las regiones temporales y parietales también mostraban una notable sincronización al menos en la mitad de los dúos de guitarristas.[13] Dado que las regiones parietales rigen nuestro sentido del yo en el espacio, la sincronía de los músicos sugiere un movimiento hacia la unidad. Cuando trabajamos con otra persona para crear algo juntos, trascendemos el yo.

Este estudio tiene muchas e importantes implicaciones, habida cuenta de que gran parte de nuestra interacción con el mundo consiste en acciones sincronizadas y dirigidas hacia la obtención de una meta común, realizadas con otras personas. Los investigadores concluyeron que siempre que la gente hace algo junta de una manera sincronizada, sus ondas cerebrales hacen lo mismo. La sincronización de ondas cerebrales puede incluso ayudar a mantener las relaciones entre las personas, considerando que desempeñan un papel tan fundamental en el desarrollo social temprano. Igual que un grupo de *jazz* que colabora como superorganismo para producir un sonido común, entramos recíprocamente en la longitud de onda de los demás siempre que trabajamos juntos para obtener un resultado común. En última instancia, es muy probable que esta sea la base del éxito de las relaciones de grupo. Somos capaces de llevarnos bien unos con otros —por muy diferentes que seamos— simplemente porque tenemos una actividad o una meta común.

Formar parte de un superorganismo nos hace experimentar, además, un potente empuje físico. Entre los estudios más fascinantes que se hayan hecho sobre este tema se halla el que se sirvió de una de las más arraigadas tradiciones universitarias británicas: el equipo de remo de la Universidad de Oxford, conocido por su fiereza competitiva, especialmente cuando se enfrenta a su mayor rival, el equipo de Cambridge. Los antropólogos del Instituto de Antropología Cognitiva y Evolutiva de Oxford pidieron a un grupo de remeros de esta universidad que se ejercitaran en una «trainera virtual» que estaba alojada en un gimnasio y se usaba para los entrenamientos normales. En cada test debían remar sin parar durante sesiones de cuarenta y cinco minutos, primero como miembros del equipo y luego como individuos solos.

Después de cada sesión, los científicos medían los umbrales de dolor de los remeros, cronometrando cuánto tiempo eran capaces de soportar en el brazo un tensiómetro inflado. Se sabe desde hace mucho que el ejercicio incrementa nuestra capacidad para tolerar el dolor. Aunque los remeros demostraban una mayor tolerancia al dolor después de cada sesión, su tolerancia era significativamente más alta después del entrenamiento de grupo que después del ejercicio individual.

Los científicos llegaron a la conclusión de que, si bien toda actividad física supone una secreción de endorfinas —una de las sustancias químicas corporales que nos hacen sentirnos bien—, la sincronía de la actividad física compartida parecía provocar un extraordinario incremento de la secreción de endorfinas, lo cual puede tener algo que ver con los lazos comunitarios. Emma Cohen, líder del estudio, escribió que «la actividad física coordinada y sincronizada podía ser la responsable» del fenómeno. Los remeros habían creado un «campo» que magnificaba los esfuerzos, y superaba las limitaciones, individuales.[14] Dentro del campo, la totalidad era mayor que la suma de las partes.

Cuando realizamos actividades en grupo, el subidón de euforia del *estamos todos juntos en esto* que sentimos nos permite, de hecho, resistir todas las dificultades, incluido el dolor. Esto prueba el viejo dicho de que la unión hace la fuerza, y explica por qué sentimos algo extraordinariamente parecido a la magia cuando trabajamos en grupo por un propósito común: nos salimos de nuestra individualidad y entramos en el espacio del vínculo.

Los científicos han comprendido que las neuronas se vuelven más eficientes y operan como una unidad cuando repetida y persistentemente se las estimula juntas: *las neuronas que se disparan juntas se conectan entre sí.* Quizá pueda decirse lo mismo de las personas, pues cuando colaboramos con otros por una meta común, rápida y literalmente entramos en su longitud de onda. Todo esto da a entender que reunirnos en pequeños grupos para alcanzar una meta superordinada nos da una cohesión social que está más allá del dinero, del trabajo o del tamaño de nuestra casa. Puede que uno de los momentos más felices sea el de la colaboración entre vecinos…, como los vecinos solían hacer, por ejemplo, cuando se construía un granero.

Son muchos los nombres que recibe el hecho de compartir actividades semejantes a la de construir un granero. Los nativos norteamericanos cherokees lo llaman *gadugi*; los finlandeses, *talkoot*, y algunos norteamericanos, *bee*. Se trata de ponerse manos a la obra por una causa común —ya sea hacer una colcha, quitarle la farfolla al maíz o construir un granero—, que resulta difícil o tediosa cuando la hace uno solo. En Noruega, la gente participa en *dugnad* para ajardinar zonas verdes comunitarias o ayudar a edificar casas, y hay asociaciones que organizan un *dugnad* anual. Otras comunidades cooperan a fin de crear algo que tenga valor para la comunidad entera, como ocurrió no hace mucho en la pequeña población de Tailholt, Oklahoma, uno de los catorce condados de la nación cherokee.

Tailholt es una de las comunidades olvidadas en Estados Unidos. El pueblo está situado en un remoto rincón del sudeste de Oklahoma, a un tiro de piedra de ciudades que tienen nombres como Bunch, Greasy o Tenkiller.* El propio nombre de Tailholt,** derivado de la habitual práctica de los pioneros de cruzar un río torrencial agarrados a la cola de su caballo, al que previamente habían convencido para que vadeara la corriente, sugiere que se trata de un sitio cuya supervivencia depende de agarrarse a lo que se pueda. Una tercera parte de sus 42.000 habitantes está compuesta por familias de nativos norteamericanos, con una renta per cápita media de 27.000 dólares y una vivienda de 60.000 aproximadamente. Los negocios que existen en Tailholt contratan empleados por un salario mínimo; con un cementerio a cada kilómetro y medio de un radio de veinte kilómetros, la actividad más próspera del pueblo es poner a sus habitantes a descansar en paz.

Los habitantes de Tailholt llevaban intentando conseguir agua potable, y fracasando año tras año, desde 1999. Muchos miembros de la comunidad tenían problemas constantes con el suministro de agua. Los pozos se secaban, no había suficiente presión en los grifos, y el agua estaba contaminada, u olía mal, o tenía mal sabor. La normativa de la Agencia de Protección Ambiental de Estados Unidos es muy estricta en cuanto a las bacterias coliformes, que indican la cantidad de microorganismos patógenos del agua, y el número máximo de bacterias coliformes por mililitro que constituyen un agua apta para el consumo humano; además, cierto tipo de bacterias —llamadas coliformes fecales— pueden provocar enfermedades. El 58% de las viviendas de Tailholt no pasaron el análisis de coliformes. Todas las solicitudes anuales que se enviaba a los Servicios de Salud Indios pidiendo la financiación de un conducto nuevo a través de las subvenciones a las que tienen derecho las comunidades indias había sido rechazada por motivos de coste; sencillamente, los fondos federales no alcanzaban.

Los residentes de Tailholt necesitaban también urgentemente un centro de reuniones comunitario donde organizar actividades, pero parecía que, debido al elevado coste del proyecto, tampoco de esto se haría cargo jamás el gobierno federal.

---

*   En castellano, Banda, Grasienta y Asesina de diez, respectivamente. (N. de la T.)
** Del inglés *hold*, «agarrar», y *tail*, «cola». (N. de la T.)

En 2004 la nación cherokee formó la organización Planes de Obras de la Comunidad Nacional Cherokee, que ofrece subvenciones de pequeña cuantía a las comunidades nativas como Tailholt cuando no les es posible acceder a una financiación federal. Se estableció asimismo el programa de Formación Organizativa y Asistencia Técnica de la Comunidad de la Nación Cherokee (COTTA, en sus siglas en inglés) para enseñar a las comunidades a agruparse y sacar así el máximo partido a cualquier cantidad de dinero que pudieran conseguir.

Cuando la comunidad cherokee no obtuvo la subvención federal para llevar a cabo las obras proyectadas, se reunió con Billy Hix, director del Programa de Ingeniería y Construcción de Saneamientos de la Nación Cherokee, comprendido en COTTA, quien los convenció de que debían participar activamente en la construcción del conducto. La comunidad necesitaba ganar puntos para ser candidata a una subvención, y una forma de obtenerlos era decidiendo qué parte del proyecto estaban sus miembros dispuestos a llevar a cabo ellos mismos.

La comunidad de Tailholt empezó a organizar reuniones regulares, a las que llegaron a acudir hasta doscientas personas. De entre ellas, un grupo de treinta acordó que se encargaría de poner en marcha los dos proyectos comunitarios ya mencionados: un centro de reuniones y un conducto de agua potable. Se comprometieron a aportar la mayor parte de la mano de obra necesaria para excavar una zanja de algo más de un metro de profundidad y enterrar luego la tubería de dieciséis kilómetros de longitud —labor que tardarían en completar entre cuatro y seis meses— con la supervisión y la asistencia técnica del departamento de aguas del condado.

Aunque la obra les habría costado en un principio alrededor de 579.000 dólares, esta cifra quedó reducida a menos de la mitad gracias a que los ciudadanos se ofrecieron a cavar ellos mismos y a utilizar sus propias herramientas. Al restar al presupuesto lo que la mano de obra habría costado, Hix pudo reducir drásticamente la suma de dinero solicitada, lo cual era imprescindible para que el gobierno federal aprobara la subvención del proyecto.

Dada la voluntad de Tailholt de ofrecer su mano de obra para la construcción del centro comunitario también, la Nación Cherokee aportó una suma de 72.000 dólares con los que costear los materiales básicos para el edificio de 340 metros cuadrados. Sus posteriores solicitudes de subvención federal, de pequeñas cantidades de dinero, consiguieron pasar nuevamente el fiero proceso de aprobación gracias a que los voluntarios se habían ofrecido a realizar gratis el trabajo de construcción.

La comunidad empezó a explorar la ciudad en busca de posibles lugares donde edificar el centro, pero una y otra vez se encontraban con problemas financieros. ¿De dónde iban a sacar el dinero para comprar la tierra? Hasta que en una de las reuniones vespertinas, una mujer de ochenta años, Pauline Sanders, se levantó y dijo que ella tenía el lugar perfecto para el edificio, en unos terrenos de su propiedad, y que estaba dispuesta a donar cerca de dos hectáreas con la condición de que el centro ofreciera un programa de alfabetización para niños y otro de nutrición para ancianos.

Tanto el edificio como el conducto de agua estaban en funcionamiento para el año 2006. Tailholt tenía por fin agua de buena calidad y un centro comunitario con una biblioteca, ordenadores de uso gratuito y un lugar donde todos pudieran reunirse. Pero la mayor recompensa fue el efecto que tuvo en la comunidad haber trabajado unidos por alcanzar una meta común. Antes de que se empezara a construir el edificio, los residentes se sentían aislados unos de otros, pero, durante la construcción, se presentaron en la obra cantidad de hombres con sus martillos, escuadras y niveles, mientras Pauline Sanders y otras mujeres de la localidad se reunían en casa de Pauline a cocinar el almuerzo. «El largo proceso que ha supuesto conseguir este edificio ha unido a nuestra comunidad», decía Jeremy Marshall, presidente de la Organización Comunitaria de Tailholt.[15]

Desde el día en que abrió sus puertas, el centro se convirtió en el eje de la ciudad entera. En la actualidad, hay otros planes en marcha: un parque para los niños, clases de lengua cherokee, un programa extraescolar y otras actividades para niños y mayores. «Esto pone el futuro de los niños en manos de la comunidad», dice Pauline Sanders. La participación en las tareas comunitarias se hizo contagiosa en Tailholt, y sus habitantes se ofrecieron voluntarios para trabajar en el cuerpo de bomberos rurales y para recaudar fondos.

Muchos de los ciudadanos creen que el carácter de ayuda propia que tuvo el proyecto fue la clave de su éxito. «Motivó a la gente, e hizo que todo el mundo disfrutase de trabajar por algo, en vez de vivir con la mano siempre extendida pidiendo ayuda —dice Lynette Studie, presidenta de la organización de Tailholt para la recaudación de fondos—. Ha hecho que participe mucha más gente. Es la única manera de hacer las cosas.»[16]

Los ejemplos de Robbers Cave y Tailholt no son simplemente un prototipo de cómo reducir los prejuicios o conseguir que se construya un centro comunitario; nos enseñan un modo sencillo de crear un nuevo vecindario, echando abajo los muros que separan a la gente, como se hizo en mi propia comunidad.

Solo ha habido dos ocasiones en las que mi barrio de los suburbios de Londres se ha congregado para algo que no sea una reunión superficial, y en ambos casos ha sido por una necesidad perentoria: estábamos sitiados. Sin previo aviso, la compañía británica de telefonía móvil Orange anunció su intención de instalar ocho torres de telecomunicaciones en nuestra comunidad, una de ellas en nuestro edificio, justo enfrente de la habitación de nuestra hija pequeña. La mayoría de los habitantes de la localidad, y sobre todo nuestro vecindario inmediato, estaban alarmados por los potenciales efectos perjudiciales que esto pudiera acarrear para nuestra salud, y principalmente para la de nuestros hijos, así como para el valor de nuestras propiedades en el mercado y la estética del barrio en general.

Tan solo unos días después, fuimos coartífices de la más extraordinaria transformación social. Una tarde un grupo de vecinos nos reunimos en mi casa, y delante de un té con pastas tomamos la decisión de formar una brigada de «amas de casa» para protestar por los planes de Orange. Dado que teníamos un propósito común y muy poco tiempo, no necesitábamos que nadie estuviera al mando. Sabíamos instintivamente cómo hacer valer nuestros recursos y fuerzas. Simplemente nos ofrecimos a ocuparnos cada uno de lo que fuera necesario, y la división del trabajo se hizo por sí sola automáticamente.

Uno de los ejecutivos que formaban parte del grupo se comprometió a estudiar la legislación vigente para intentar averiguar qué motivo podíamos alegar para la protesta. Dado que es una cuestión controvertida el hecho de que ciertos problemas de salud puedan achacarse a la telefonía móvil, y en aquella época no se consideraba un motivo de peso para hacer una objeción razonable, nuestro mayor desafío era definir exactamente contra qué protestábamos. Tuvimos que basarnos en otros factores para defender nuestra causa: cuestiones estéticas, o amenazas a la seguridad de los peatones que fueran en silla de ruedas y de las madres que llevaran un cochecito de bebé. Varios vecinos exploraron la zona y localizaron finalmente, como juiciosa alternativa, algunas áreas de escasa población donde podían colocarse las torres.

Un vecino pidió apoyo a la directora del colegio católico que hay en nuestra calle y a todos los pastores de las iglesias de la localidad. El vecino de al lado construyó una gigantesca caja de las dimensiones de la torre que se proyectaba levantar, la pintó de color naranja brillante y la colocó en el lugar que había propuesto la compañía, a fin de darle al vecindario una idea visceral de las dimensiones reales de la torre proyectada y del estorbo tan espantoso y engorroso que sería tenerla en nuestras aceras. Al ser propietarios de una pequeña editorial, mi marido y yo nos ofrecimos a diseñar e imprimir carteles y hojas informativas, y a enviar cartas al Ayuntamiento y peticiones al Parlamento.

Nos dividimos la zona e hicimos turnos para repartir octavillas. Algunas de las mujeres del grupo se plantaban junto a la verja de los colegios, y llamaban a las puertas de todos los bloques de pisos; otras se pusieron en contacto con el representante parlamentario de nuestra área. Una de las familias, que tenía cierta relación lejana con Orange, organizó una reunión con un gerente de la compañía e invitó a nuestro representante parlamentario; expusimos allí nuestras objeciones y propusimos una alternativa razonable. Dejamos claro que no íbamos a ceder y que actuaríamos, si no se tomaban en serio nuestra preocupación.

Al cabo de unas semanas, Orange revocó su petición.

Unos años más tarde volvieron, y esta vez, con mucha astucia, hicieron su oferta en verano, aprovechando que mucha gente estaba fuera de vacaciones. Nos enteramos de su nueva campaña solo porque mi marido vio de lejos un pequeño cartel que se había caído de un árbol al otro lado de la calle. Sin embargo, en muy pocos días resucitamos nuestra lista de correo electrónico de la vecindad, actualizamos y reimprimimos las peticiones y las hojas informativas y, esta vez, reclutamos a unos cuantos jóvenes del edificio para que repartieran el material. Al cabo de un mes, después de haber enviado cientos de cartas de protesta al Ayuntamiento, la oferta de Orange se volvió a desestimar.

Aunque la compañía apeló, decidió finalmente que no valía la pena luchar contra una resistencia tan bien organizada. Acabaron por retirar la apelación y se unieron a otro proveedor de telefonía móvil a fin de poder conseguir energía para abastecer a la zona. En el momento de escribir estas líneas, parece que lo que fue poco más que una brigada de diez amas de casa decididas logró espantar definitivamente a uno de los gigantes de la industria británica.

Aunque resultó gratificante ver el poder que tiene un pequeño grupo de ciudadanos cuando se pone en acción, lo que más me interesó a mí de este episodio fue el efecto que tuvo la crisis en nuestras relaciones. Vivimos en una comunidad mixta; frente a las casas en propiedad, construidas en los años treinta, están los exponentes de lo que fue un plan de vivienda pública, una reliquia de la ingeniería social de los sesenta, cuando los proyectistas de la ciudad derribaron innumerables casas y las sustituyeron por bloques de edificios construidos uno al lado de otro para la clase trabajadora. Desde la legislatura de Margaret Thatcher, estos pisos municipales se privatizaron y quienes vivían en ellos tuvieron opción a comprarlos. Así pues, toda la gente de nuestra calle es propietaria de su vivienda, aunque algunas de ellas son mucho más grandes que otras. Las tiendas del barrio están regentadas por ambiciosos inmigrantes sudafricanos e indios consagrados a su trabajo, y el colmado es propiedad de una viuda india que trabaja de sol a sol para poder llevar a sus hijos a un colegio privado. No obstante, para muchos de los vecinos más adinerados, los bloques de apartamentos y las tiendas de la vecindad eran zonas prohibidas (Beirut, como uno de nuestros vecinos dijo medio en broma una vez).

Durante la crisis, esos mismos vecinos se vieron obligados a interactuar con «Beirut», a dejar a un lado sus diferencias y a relacionarse entre sí en un nivel más profundo. En aquella situación de emergencia encontramos el alma de una comunidad que nunca habíamos imaginado que tuviéramos.

Los individuos de una comunidad pueden hacer que incluso sus ahorros sean una meta superordinada, como es el caso de muchos habitantes de Okinawa. Yoko Masashiro, una viuda de cincuenta y ocho años, ha sido propietaria de una herboristería en su ciudad natal, Naha, la ciudad más grande de Okinawa, desde que murió su esposo en el año 2000. El nombre de la tienda es Ichariba, que en japonés significa un lugar para reunirse y sentirse familia. «Irachiba» podría emplearse también para calificar la manera en que Yoko lleva sus finanzas. Todos los meses un amigo de confianza llega a su casa y ella le entrega 50.000 yenes (alrededor de 450 euros) con la plena esperanza de que, a lo largo del año siguiente, en algún momento se le devolverá esa suma multiplicada por diez.[17]

A pesar de la influencia norteamericana en esta pequeña isla, debido a los miles de soldados que hay emplazados allí desde la II Guerra Mundial, Okinawa conserva aún sus costumbres ancestrales, entre ellas un sistema único de ayuda mutua, o *yuimaru*. Su informal sistema se llama *moai*, que es en cierto modo como un club de ahorros y préstamos organizado por amigos que asisten a reuniones semanales o mensuales durante un determinado período de tiempo. La moneda de cambio no es solo la amistad, sino también, en el caso de un *tasukeai moai*, un fondo de dinero al que todos contribuyen durante un número de meses establecido, dependiendo de cuántos participantes haya en el *moai*; para un grupo de diez personas, el *moai* durará diez meses.

En el *moai* de Yoko, cada mes todos los miembros ponen 50.000 yenes, y el dinero se le entrega por turnos a cada uno de los miembros, con el acuerdo de que, en el momento en que uno se lleve los fondos, empezará a pagar un interés de 2.000 yenes mensuales durante los meses restantes. La persona que opta por recibir el dinero el primer mes obtendrá 500.000 yenes y pagará luego los 2.000 yenes durante nueve meses. La que opte por recibir el fondo completo el segundo mes logrará 500.000 yenes más los 2.000 que ha pagado de intereses la primera persona, y aquella que reciba el dinero el tercer mes se embolsará 500.000 yenes más los 4.000 yenes de intereses de la primera persona y la segunda, y así sucesivamente. El primero en beneficiarse del dinero será el que más intereses pague, y aquel que con paciencia espere a llevarse el último bote será el que más dinero reciba: 518.000 yenes. Si hay dos personas que eligen recibir la suma el mismo mes, se decidirá cuál de ellas será la receptora lanzando una moneda la aire. En algunas ocasiones, la suma tiene un valor nominal, y no se cobra ningún interés, porque a veces el *moai* es solo una excusa para reunirse con los amigos una vez al mes, como era el caso de Yoko cuando era una joven casada y organizó un *moai* continuo con sus amigas de universidad simplemente para pasar una tarde juntas, lejos de sus ajetreadas vidas familiares.

Los *moai* son fruto de la profunda desconfianza que a los habitantes de Okinawa les merecían los bancos y sus complicados procedimientos, e incluso hoy en día muchos japoneses de zonas rurales siguen prefiriendo financiar sus automóviles o sus casas con la ayuda de sus amigos y del fondo *moai* en lugar de con un crédito bancario. Yoko cree firmemente que un *moai* es un sistema financiero bastante mejor que un banco, sobre todo cuando los intereses son bajos, pero también por su carácter de apoyo mutuo: ayudas a los demás cuando necesitan dinero y ellos hacen lo mismo por ti.

Un *moai* se parece en cierto sentido al juego de los bienes públicos, que depende enteramente de la confianza de todos y de su voluntad de jugar limpio y seguir pagando con justicia todos los meses. Cuando deciden participar en un *moai*, los miembros consideran la fiabilidad del organizador, que será el responsable si algo sale mal. De hecho, en Japón continental, donde la práctica es menos común, el *moai* recibe un nombre distinto: *tanomoshi-ko*, que a grandes rasgos puede traducirse por «grupo fiable». Es innecesario decir en Japón que cada miembro de un *tanomoshi-ko*, y particularmente el propio organizador, actuará con indiscutible reciprocidad.

Otra manera de forjar una comunidad fuerte es creando un sentimiento de orgullo colectivo derivado del *todos a una*. El estudio de Roseto, en Pensilvania, que realizó Steward Wolf revela que la ciudad había llegado a ser una comunidad cultural de gran cohesión gracias a una serie de actividades específicas que eran habituales entre sus ciudadanos. Además del orgullo cívico por la belleza de la ciudad en sí, los residentes de Roseto compartían una certeza en cuanto al futuro: los muchachos sabían que un día trabajarían en las minas, y las jóvenes entendían que estaban destinadas a trabajar en la fábrica de blusas de la localidad. *Sabían a qué atenerse*. En la mayoría de las familias, vivían tres generaciones en una misma casa, y prácticamente nadie dependía de las ayudas sociales; todos se encargaban de que nadie quedara excluido de la vida familiar. Otro aspecto particularmente notable de la atención colectiva es el hecho de que la gente no luchara a toda costa por destacar, y menos aún a costa de sus vecinos. Era tal el sentimiento de solidaridad que la ostentación quedaba fuera de lugar, y esto consiguientemente minimizaba las envidias. Aunque los ricos y los pobres vivían juntos, unos al lado de otros, los ricos no alardeaban de serlo. Roseto estaba imbuido de un claro sentimiento de propósito común.[18]

Algo similar solía ocurrir en Siria. Nour Hakki, una joven de treinta años que trabaja como traductora en Damasco, recuerda haber oído historias sobre cómo era su vecindad en tiempos de su abuela. Todas las casas, construidas de piedra o de ladrillo, eran por fuera muy sencillas. Dentro, un pasillo conducía a un exuberante jardín interior, con árboles, fuentes y flores que rodeaban un patio central. Las joyas de oro se lucían también solo en el interior de la casa. Se evitaba cualquier ostentación fuera del ámbito familiar para «no romperles el corazón a los vecinos». Si alguien no tenía dinero para hacerse una casa, el vecindario contribuía. Si una estaba cocinando algo y el vecino lo olía, no podía por menos que ofrecerle un poco. Hakki lamenta que las viejas costumbres hayan desaparecido. Los países islámicos están cada vez más occidentalizados; las mujeres quieren vestir solo ropa de Chanel y de Gucci. «La ostentación —dice— es para ellas señal de que Dios las bendice.»[19]

El psicólogo social Willem Doise observó que el ser humano tiene una fuerte tendencia a formar subgrupos, y, en su opinión, la única manera de que nos unamos es «atravesando las categorías», formando parte de más de un grupo. Esto no solo reduce los prejuicios contra los grupos «extraños», sino que tiende a evitar que la gente haga comparaciones. Dejamos así de centrarnos en un único factor —ya sea la religión, la identidad sexual, la política o incluso el marco socioeconómico— a fin de sentir que pertenecemos. Aquellos que forman parte de numerosos grupos se crean a sí mismos una identidad «superordinada», que, como se ha demostrado, reduce de por sí los prejuicios y el miedo.[20]

De hecho, la situación más saludable no es la de tener una fuerte asociación con un solo grupo, sino una amplia diversidad. Jolanda Jetten, psicóloga social de la Universidad de Exeter, tras examinar muchas redes sociales ha descubierto que los alumnos universitarios de primer año mejor adaptados, y entre quienes son más infrecuentes los casos de depresión, son precisamente los que pertenecen a más grupos.[21] Cuando más felices nos sentimos es cuando podemos definirnos a nosotros mismos en función de un gran abanico de puntos de referencia. Los habitantes de Roseto no se agrupaban basándose en la igualdad de ingresos, de religión ni de filiación política. Todos se sentían felices y orgullosos de estar comprendidos bajo un solo título, el de rosetanos.

Para que exista discriminación, no hace falta que haya conflicto ni hacer mucho más, en realidad, que una leve designación de otredad. Como demostró el psicólogo norteamericano Henri Tajfel, cuando a un grupo de muchachos adolescentes se les dijo que otro grupo había obtenido la misma puntuación que ellos en una tarea informática, empezaron a agruparse entre sí y a discriminar a aquellos que no habían obtenido la misma puntuación. Cualquier diferencia en la que se haga hincapié basta para crear un «grupo mínimo» y, por consiguiente, un grupo exterior o «exogrupo».[22] Lo único que hace falta es una pared divisoria, no importa lo insustancial que sea.

Tal vez la manera más seria de restablecer el vínculo dentro de nuestros vecindarios e incluso de nuestras sociedades sea ampliando la propia definición de quiénes somos. Robert Putnam, en un estudio sobre la diversidad religiosa titulado *American Grace*, descubrió que Estados Unidos se está volviendo cada vez más tolerante con la diversidad religiosa, y está mucho más dispuesto a dejar que los miembros de la familia contraigan matrimonio con personas de distinta fe. En el caso de la religión, el contacto y la familiaridad entre grupos diferentes ha acabado generando aceptación, aunque el caso no sea el mismo en cuanto a la diversidad étnica, por el momento.[23] Esto da a entender que nuestra diversidad étnica es más determinante y excluyente que nuestra identidad espiritual, pero también que la aceptación y la cooperación pueden cultivarse…, y restaurarse.

Una vez que se elimina el carácter competitivo de las agrupaciones humanas, la gente empieza a florecer. Igual que moléculas superpuestas, podemos aprender a conectarnos de nuevo y reivindicar nuestra forma de ser natural creando una identidad más extensa e incluyente, una definición más amplia de quiénes somos. Cuantos más grupos puedas considerar que forman parte de ti, mayor será el número de personas a las que abarques.

12

CADENA DE FAVORES

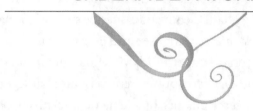

Era 1998, y un buen año para ser estudiante de ciencias informáticas en el campus de Berkeley de la Universidad de California. Las compañías de Silicon Valley estaban en pleno *boom* del puntocom, y tan necesitadas de mano de obra para hacer frente a la insaciable sed de comercio a través de la red que los encargados de contratación de personal habían recurrido a las universidades, y recorrían los campus en busca de estudiantes a los que contratar. Estaban allí las cinco empresas de contabilidad más pujantes del país, intentando atraer sangre nueva de la Escuela de Ingeniería y Ciencias Informáticas y de la Escuela de Ciencias Empresariales de Berkeley. Nipun Mehta, alumno de último año de carrera que estudiaba ciencias informáticas como especialidad principal y filosofía como segunda especialidad, fue blanco indiscutible desde el primer momento.

Mehta, un prodigio de alto octanaje que había empezado a hacer programaciones informáticas a los catorce años, entró en Berkeley a los dieciséis, y en su penúltimo año de carrera, Sun Microsystems lo había captado ya para un trabajo de media jornada, comprometiéndose además a costear sus estudios. Pocos años después de licenciarse, cobraba un sueldo de fábula, con opción a la compra de acciones, y bonificaciones periódicas. Como muchos otros jóvenes asiáticos de Bay Area, aprovechaba la situación a la que le había llevado el vasto potencial de Internet. Prácticamente todos sus amigos programadores de Berkeley se estaban haciendo ricos de la noche a la mañana gracias a la compra de acciones en la oferta pública inicial de empresas que en esencia no vendían nada más que promesas. Algunos de ellos dejaron sus trabajos como programadores para hacerse bolsistas en un mercado enloquecidamente especulativo. Todas las conversaciones de sus amigos parecían girar en torno a cómo estaban gastándose aquel enorme caudal inesperado: quién se había comprado una segunda vivienda o el último modelo de BMW, o qué acciones de oferta pública era más interesante adquirir.

En cierto sentido, al ser una persona llena de iniciativa y obsesionada con triunfar, también Mehta estaba programado para el *boom*. A pesar de su edad y de ser el más joven de su curso, se había graduado en el instituto como mejor alumno de su clase y como la estrella de los torneos de tenis locales. Cuando aquellos torneos empezaron a parecerle poco, se matriculó como alumno a tiempo completo en una escuela politécnica comunitaria, mientras cursaba el último año en el instituto, para poder jugar partidos a un nivel más competitivo. Siendo todavía alumno de Berkeley, comenzó a negociar acciones en bolsa a través de Internet, jugando con miles de dólares al día, y negándose a cerrar hasta haber convertido cada pérdida en beneficio.

A mediados de 1999, a Mehta le empezó a producir una desagradable sensación la cultura de dinero fácil que lo rodeaba, y principalmente el efecto que esta tenía en él; en ocasiones, sentía estar ahogándose en un mar de codicia. De vez en cuando todo ello le recordaba una experiencia que, siendo adolescente, le había marcado profundamente. Coincidió que en un vuelo de Japón a la India, él y su hermano iban sentados al lado de un hombre japonés llamado Shin. Lo que empezó simplemente como un cordial saludo acabó siendo una amena conversación que duró las diez horas del vuelo. Shin era físico, y tenía una personalidad muy parecida a la de Mehta: un adicto al trabajo, que lograba hacer una jornada laboral de veinte horas diarias gracias a las quince tazas de café que tomaba al día. Hacía un año le habían diagnosticado un cáncer de próstata en estado muy avanzado, y le habían dado solo dos meses de vida. Shin se había dado cuenta de que las elecciones que había hecho en su vida habían contribuido a aquella situación, sobre todo, lo que él describió como su machismo al estilo japonés: la necesidad de vivir bajo presión constante y una absurda dedicación enfermiza al trabajo. Había emprendido entonces de inmediato un intenso proceso de cambios internos y externos que, finalmente, habían producido una curación espontánea. Lo más importante, sin embargo, era que había cambiado su perspectiva sobre qué era exactamente lo que había venido a hacer aquí. Cuando Mehta empezó, por su parte, a trabajar dieciocho horas al día, se encontró reflexionando en muchos momentos sobre las palabras de Shin. No quería llegar a los sesenta y darse cuenta de repente de que lo único que había conseguido en su vida era una sustanciosa cuenta bancaria.

Pero aún le esperaba otra impactante lección en la India, con ocasión de un viaje para visitar a un antiguo compañero de colegio. Habían salido a dar un paseo en la motocicleta de su amigo, y mientras iban atravesando a toda velocidad las accidentadas callejuelas llenas de baches de Mumbai, Mehta sintió unas náuseas incontrolables y le pidió a su amigo que se detuviera para poder vomitar al borde de la calle abarrotada de gente. De pronto, apareció un viejo vendedor ambulante montado en su bicicleta. Cuando vio a Mehta, paró, rebuscó despacio en un fardo, sacó un limón, lo cortó en dos y le ofreció una mitad a Mehta, indicándole con gestos que chupara su jugo para acabar con las náuseas. Por el aspecto del hombre, aquel podría haber sido su último limón, y sin embargo estaba encantado de compartirlo. Sin decir ni una palabra más, volvió a montar en su bicicleta y se fue pedaleando. Había aparecido como de la nada en un momento de necesidad, realizado un acto de generosidad y desaparecido, sin esperar ningún reconocimiento. Mehta reflexionó mucho sobre aquel incidente. De haber ocurrido a la inversa, no estaba seguro de que él hubiera hecho lo mismo. Y qué filantropía tan diferente era aquella de la que se estilaba en Silicon Valley, donde los donantes eran igual de ostentosos con sus donaciones que con cualquier otro aspecto de sus vidas.

Mehta regresó a Berkeley decidido a recapacitar sobre su vida. En el trabajo, sugirió a sus amigos crear juntos un «club de donaciones» para dedicar una parte de sus sustanciosos sueldos a fines benéficos, o reunirse los sábados para hacer una gran montaña de bocadillos y compartirlos con la gente sin techo.

Un día, a principios de 1999, Mehta y sus amigos se presentaron en la ACT Para los Sin Techo de San José a fin de ofrecer ayuda. Cuando llegaron estos jóvenes ingenieros de Silicon Valley y vieron el albergue, fue algo distinto lo que se les ocurrió. Lo que aquel sitio necesitaba más que un poco de ayuda era una página web. En aquella época, una labor que exigía tal pericia podía costar 10.000 dólares o más, una cifra que se salía totalmente del presupuesto del albergue. Si tuvieran una página web, le dijo Mehta al director, ACT podría hacer que la gente supiera de su existencia y de sus servicios. Una página web podría suponer que el albergue recibiera donaciones de todo Bay Area, posiblemente muy superiores a la que Mehta y sus amigos estaban dispuestos a hacer. Rápidamente el grupo creó un sitio web para el albergue que, tal como habían imaginado, de inmediato dio a conocer su presencia entre el público. Además, despertó en Mehta una gran idea.

Una tarde, invitó a veinte de sus amigos, todos jóvenes bien situados, a una reunión en su casa. Lo que de verdad quería no era ni más ni menos que transformar la cultura de materialismo y codicia de Silicon Valley, les dijo, aunque eso era imposible. Pero había algo que sí podían conseguir, y era cambiar esa cultura en sí mismos. Mehta los invitó a llevar a cabo un experimento sobre la alegría de dar, y el lugar elegido era su pequeña zona de la costa oeste, una parte de California donde al parecer vivían algunas de las personas más egoístas de Estados Unidos. Silicon Valley tenía la propiedad de Ferraris per cápita más alta y el menor porcentaje de donaciones de todo el país.

Mehta tenía en mente fundar una organización benéfica que utilizara la pericia de sus voluntarios para dotar de páginas web a otras organizaciones de beneficencia y asociaciones poco productivas. Con unas cuantas nociones de programación un poco diestras, podrían transformar cualquiera de ellas en una organización con conocimientos tecnológicos, con lo que serían capaces de llegar de un modo efectivo a la comunidad.

Mehta tenía muy claro cuál era el propósito de todo esto: «No hemos venido aquí a divertirnos —dijo—. No estamos aquí para conectarnos a la red». Era obvio que no estaba haciendo aquello por las organizaciones benéficas en sí; su idea era provocar, en última instancia, el contagio del *dar* empezando por contagiarse ellos mismos. Trishna Shah, amiga del hermano de Mehta que pasaba su primer verano en la Escuela de Ciencias Empresariales Haas de Berkeley, recuerda nítidamente aquella primera reunión: «Todo giraba en torno al dar, a cómo el hecho de dar nos transformaría —dice—. Queríamos tener una oportunidad de transformarnos interiormente.» En la imagen de la transformación personal que Mehta visualizaba, muy influida por Internet, sus esfuerzos serían muy pronto como una epidemia, y lenta pero persistentemente la necesidad de dar calaría en la comunidad.

Mehta inscribió formalmente CharityFocus en 1999. Su plan inicial era proporcionar servicios gratuitos a cualquier organización enfocada al servicio comunitario que necesitara ayuda para desenvolverse con las tecnologías de Internet. La administración y el funcionamiento de CharityFocus estarían enteramente a cargo de voluntarios; no habría personal contratado, a fin de que los miembros donaran su tiempo de forma incondicional. Al no haber sueldos, el trabajo de todos se valoraría por igual; no habría una jerarquía de títulos ni conjeturas sobre qué contribución era la más importante. Aceptarían solo donaciones espontáneas, y en ningún caso intentarían recaudar fondos. Si estaban escasos de capital, trabajarían de forma imaginativa con lo que tuvieran, ya que su verdadera meta, después de todo, era centrarse en lo pequeño, es decir, en cambiar ellos, no en cambiar el mundo.

Uno de los primeros puertos los en que hicieron escala fue Toothmobile, regentado por Mike Reza, que desde su estrecha consulta de San José ofrecía cuidados dentales a los pobres. A Reza le apasionaba su trabajo. Conducía un furgón a diferentes localidades y escuelas ofreciendo atención dental a bajo precio. Su mayor problema no era la escasez de voluntarios, sino de clientes; nadie sabía que existía Toothmobile. Necesitaba que la gente supiera de su existencia, pero no sabía cómo hacerlo, y encargar una página web estaba totalmente fuera de su alcance. Mehta y unos cuantos miembros de CharityFocus que habían trabajado con Netscape crearon un sitio web que le ofrecieron de manera gratuita, y vieron luego cómo este transformaba la organización benéfica de Reza. Aquella pequeña contribución, cuestión de unas horas adaptando y personalizando un patrón base, había cambiado totalmente el panorama para su proyecto dental. CharityFocus creó más de 5.600 sitios web para todo tipo de organizaciones benéficas, desde comedores comunitarios hasta grupos de ayuda internacional como Ambassador Airlines, aerolíneas que reclutan a aviadores con gran cantidad de horas de vuelo para que brinden ayuda directa a niños necesitados; ofrece vuelos gratuitos a los huérfanos para que viajen a encontrarse con sus familias de adopción, y a niños enfermos para que reciban atención médica en los países desarrollados.

En 2001 Mehta dejó su trabajo en Sun Microsystems para dedicarse de lleno al voluntariado, y utilizó Internet para difundir su mensaje. Él y su equipo crearon el *blog* Daily Good (Bien diario), en el que empezaron a colgar relatos optimistas y alentadores que enviaba la gente y citas de algunas páginas web, así como el sitio web helpothers.org, un portal que obsequia a la gente con actos de generosidad y «tarjetas sonrisa». Tras realizar una acción desinteresada por alguien de forma anónima, a esa persona se le deja una tarjeta en la que se le pide que haga lo mismo, que pague la generosidad recibida con otro acto de generosidad. Mehta creó además KarmaTube, con grabaciones de vídeo de YouTube que, bajo el lema «haz algo», sugieren pequeñas acciones que los espectadores pueden realizar individualmente, destacando en este sitio web el trabajo de los «agentes de cambio» y las microcomunidades de voluntarios. Por otra parte, sus programas de los miércoles ayudaron a establecer un lugar base en comunidades particulares para que la gente se reuniera a meditar, dialogar o cenar.

Mehta ha decidido hacer de los miércoles un día experimental, a fin de ver qué tipo de confianza nace implícitamente entre dos personas que son generosas una con otra. Todos los miércoles, los padres de Mehta abren las puertas de su casa familiar, en Santa Clara, a personas desconocidas. En el momento de escribir estas líneas, han dado de comer a más de 25.000 —reciben entre 40 y 60 personas nuevas cada semana—, y además se están celebrando reuniones similares en otras veinticuatro localidades del mundo entero. Los asistentes provienen de todas las escalas sociales; se sientan juntos millonarios y desempleados, y todos tienen la oportunidad de levantarse y hacer uso del micrófono después de una lectura que presenta el tema de debate de la semana. La generosidad es un gran nivelador. Todos los asistentes entienden que en esa atmósfera se los valora y considera como uno solo.

«Cuando la generosidad es el capital social básico, se ven las cosas desde una perspectiva más amplia —dice Mehta—. La actitud de uno nace de un lugar distinto, un lugar de comprensión, y hay muchas más posibilidades de que se entiendan todos los puntos de vista. La confianza se hace más profunda; la copa de la gratitud se desborda, y se traduce en acciones de la más diversa índole.»

En los trece años de «miércoles» que se han celebrado en Santa Clara, no ha habido prácticamente ningún problema, desacuerdo ni hurto. La única discusión suele tener que ver con quién friega los platos. No hay una caja de donativos, así que la gente suele encontrar maneras ingeniosas de devolver el favor. Uno de los asistentes llevó en una ocasión un mueble zapatero para cien pares de zapatos, a fin de que los asistentes, que siempre entraban en la casa en calcetines, tuvieran un lugar donde colocar los suyos. Mehta sigue haciendo pequeños ajustes al experimento. Recientemente ha creado una biblioteca de «código abierto» en el salón de la casa de sus padres; ha llenado las estanterías de libros que resulten inspiradores y anunciado que la gente puede llevarse o traer los libros que quiera. El sistema está basado enteramente en la confianza, no hay ningún control de quién se lleva qué. Actualmente, miles de libros han cambiado de manos, y las baldas están abarrotadas; hay muchos más libros de los que había al empezar.

Mehta propone diferentes retos a cada nuevo grupo de los miércoles. *Haced algo por ese vecino que ha sido arisco con vosotros o que os ignora. Escribidle una postal, llevadle un trozo de pastel, echad su bolsa de basura al contenedor. Traed a sus hijos a que jueguen con los vuestros. Olvidaos de las grandes donaciones y estad atentos a las pequeñas cosas que podéis hacer aquí y ahora. Haced lo que esté en vuestra mano para que sea más profunda la conexión.*

En la actualidad se han enviado más de un millón de tarjetas sonrisa.* CharityFocus cuenta con miles de voluntarios en todo el mundo; 300.000 suscriptores se han hecho miembros de la asociación y millones de personas acceden a sus diversos sitios web anualmente. Mehta inspira a la gente de las distintas partes del mundo de maneras diferentes. Un matrimonio de Bay Area, para demostrarle a su hijo la alegría de dar, organizó que él y sus amigos obsequiaran a la gente limpiándole el automóvil el día de su cumpleaños, tras lo cual llevaban a los niños a la heladería Baskin Robbins para que pudieran invitar a un helado a todos los que hacían cola. El propio padre de Trishna Shah, un acaudalado industrial afincado en Kenia, había emigrado con su familia a Estados Unidos para que sus hijos pudieran recibir una educación norteamericana de elite. En un principio se quedó consternado al saber que Trishna había aceptado trabajar como voluntaria en CharityFocus, mientras todas sus amigas tenían trabajos formales en negocios lucrativos, pero acabaron impresionándole tanto las actividades de la organización y la transformación interior de su hija que finalmente dejó su negocio inmobiliario y empezó a trabajar en un hospital oncológico.

Conmovida por el mensaje de Mehta, Marie, empleada de una gran compañía de *software*, tuvo una revelación un día cuando se encontraba junto a la máquina expendedora de bebidas contigua a su oficina.[1] Decidió que cada vez que se acercara a comprar una Coca-Cola dejaría dinero en la máquina para la siguiente persona, con una nota y una tarjeta sonrisa: «Te invito a esta lata de Coca-Cola. Ten esta tarjeta y sigue la cadena».

---

* Mehta y su equipo ofrecen enviar tarjetas de forma totalmente gratuita a todo aquel que no tenga posibilidad de comprarlas o fabricarlas. (N. de la T.)

Desde el momento en que Marie inició su campaña, empezaron a circular por la oficina enloquecidos mensajes de correo electrónico para intentar descubrir la identidad del Santa Claus secreto de la empresa. Se organizó un programa de vigilancia comunitaria continua, de dos o tres empleados que hacían guardia por turnos. Llegados a este punto, Marie decidió que había llegado la hora de dar un empuje a la iniciativa, de modo que subió a la planta siguiente y, subrepticiamente, empezó a dejar allí una caja diaria de *donuts*. «Durante meses no se habló de otra cosa en la oficina —dice Mehta—. Cambió por completo las conversaciones del almuerzo.»

Una profesora de tercer curso de primaria repartió tarjetas sonrisa entre los alumnos de su clase y les mandó, a modo de deberes, que esa tarde hicieran algún acto espontáneo de generosidad. Un niño de ocho años, al que no se le ocurría qué hacer, deambuló largo rato por su barrio hasta que se encontró con un perro que estaba perdido. Vio el domicilio de su dueño escrito en el collar y lo llevó hasta su casa, donde el dueño se lo agradeció efusivamente. «No hay de qué —dijo el niño, sacando una tarjeta sonrisa—. Tenga; siga la cadena.»

La delegada de operaciones de Mehta, Trishna Shah, que se expatrió de Estados Unidos y vive en Londres, tiene debilidad por la salsa Taco Bell, que ahora no tiene manera de conseguir. No hace mucho, mientras estaba en el hospital por un problema de poca gravedad, Mehta hizo un llamamiento a los voluntarios norteamericanos, y muy pronto Trishna empezó a recibir paquetes diarios de salsa picante Taco Bell en su buzón. Él y «brigadas» de voluntarios se sitúan en las intersecciones de las concurridas calles de San Francisco para repartir tarjetas sonrisa en mano cuando los semáforos se ponen en rojo; cuando vuelven a ponerse en verde, se quedan quietos en medio del tráfico. En las reuniones conmemorativas de la Marcha por la Esperanza del 11 de septiembre, donde la gente tiende a demostrar sentimientos polarizados —a favor y en contra de la respuesta del ejército norteamericano a la tragedia—, Mehta ha hecho entender a los voluntarios que deben abrazar ambos lados. «De esa forma les mostramos que no pasa nada por estar en desacuerdo —dice—. Las polaridades deben terminar primero en nuestros corazones y en nuestras mentes.»

Nipun Mehta nada contra la corriente del mundo. En la actualidad, la más contagiosa de las ideas es la atomización —descomponerlo todo en las partes que lo constituyen, tratando las partes como si fueran un todo completo para sí mismas, o considerándolas equivalentes a lo que algo es en su totalidad—. Prácticamente todos los países desarrollados se fundamentan en una cultura de individualismo y beneficio individual. Durante cientos de años hemos seguido una pista falsa, creyendo que la satisfacción personal es nuestra motivación primaria, y hemos pagado un alto precio por ello. A medida que el individualismo aumenta, los índices de cada uno de los aspectos importantes para la satisfacción en la vida —desde la atención médica y la educación hasta el período de vida útil y la seguridad urbana— decaen cada vez más entre todos los miembros de la población, ricos y pobres.

En la misma medida en que ignoramos nuestros impulsos naturales, actuamos en contra de nuestra naturaleza, que responde al magnetismo de la totalidad. Con cada paso que nos aleja del vínculo, que es nuestro derecho por nacimiento, damos un paso más hacia la separación y la alienación, un paso que nos distancia de lo mejor y más verdadero que hay en nosotros. Creamos más crisis económicas, más discordia política, más conflictos y más calamitosos desastres ecológicos; erigimos muros cada vez más altos que nos aíslan del resto del mundo. En los juegos de bienes públicos que existen en nuestra vida real, en este momento todos nos negamos a jugar.

Nos encontramos en un punto crucial de nuestra evolución, en el que debemos elegir. Somos una de las generaciones más importantes de la historia de la humanidad. Con respecto a todas las calamidades que hay en medio de nosotros, lo que elijamos influirá en nuestros hijos y en los hijos de nuestros hijos…, y en el mundo hasta el final de los tiempos. Podemos seguir este proceso de buscar obsesivamente las piezas más y más pequeñas del universo, delimitando a la gente y catalogándolo todo en función de sus diferencias, cada vez más minuciosamente definidas.

Podemos continuar actuando en contra de nuestra naturaleza y conectarnos cada día menos con aquello que consideramos ajeno a nosotros. O podemos abrazar el impulso opuesto: nuestro impulso natural de buscar totalidad y conexión.

Hay pequeñas señales por doquier que nos indican que el juego está cambiando. Nipun Mehta es lo que Ernst Fehr y otros teóricos de juegos considerarían un instigador, un agente de cambio en un juego económico. Herbert Gintis, profesor emérito de la Universidad de Massachusetts, que ha colaborado en numerosas ocasiones con Fehr en la teoría de juegos y el desarrollo de una fuerte reciprocidad, descubrió cuando modelaban el juego de los bienes públicos que la cultura de una determinada comunidad no es algo inamovible. Si una cultura de turnos entra en decadencia debido a un exceso de parásitos, lo único que hace falta para invadir una población de individuos egoístas y darle la vuelta por completo es que haya un pequeño grupo de individuos férreamente comprometidos con la reciprocidad. «Incluso si no constituyen más que una fracción muy pequeña de la población, al menos ocasionalmente serán una fracción lo bastante grande dentro de un grupo como para demostrar que es posible mantener la cooperación en tiempos difíciles —afirma—. Ese grupo dejará entonces sin argumentos a otros grupos de motivaciones egoístas, y la pequeña fracción inicial de personas comprometidas con una sólida reciprocidad crecerá. Y esto continuará así hasta que esa fracción alcance un tamaño suficiente como para equilibrar la balanza».[2]

Gintis trata de decir que tanto el egoísmo como el altruismo se extienden con facilidad, pero que el primero es el impulso más contagioso. Como ha descubierto Fehr y Lindsay Browning ha demostrado con la teoría de juegos, las estrategias amables tienen más posibilidades de establecerse y pueden invadir con facilidad las estructuras sociales. Aunque este contagio se propaga con mayor rapidez en un grupo pequeño, una vez que un grupo consigue un nivel estable de cooperación o de egoísmo, puede extenderse. Si retornamos a nuestra tendencia humana natural a recuperar el vínculo, incluso una pequeña asociación como CharityFocus puede hacer que el hecho de dar sea contagioso.

Los instigadores como Nipun Mehta entienden instintivamente el poder del vínculo —entienden que, en sus corazones, lo que más quieren los seres humanos es estar unidos—, y también, como descubrió Robert Axelrod con el torneo del dilema del prisionero, que la amabilidad es la estrategia más poderosa, y que siempre supera al egoísmo. El desinterés es en realidad la acción más interesada de todas, puesto que de forma natural es la que más nos beneficia a todos. Podemos vivir nuestras vidas cotidianas como un equilibrio de Nash, tomando en consideración tanto lo que es bueno para nuestro mundo como lo que es bueno para nosotros.

Mehta ha iniciado recientemente otro experimento sobre la generosidad, para comprobar si un negocio podía funcionar basándose por entero en la generosidad de sus clientes. Convenció a Rajen Thappa, propietario del Taste of Himalayas, un restaurante de comida india tradicional situado en Shattuck Avenue, la calle principal de Berkeley, de que permitiera a CharityFocus hacerse cargo del restaurante los domingos de once de la mañana a tres de la tarde. CharityFocus pagaría los salarios de los cocineros y el coste de los ingredientes, pero serían los voluntarios quienes se encargarían de toda la mano de obra restante: camareros, lavaplatos y personal de limpieza.

En el menú, de una sola hoja, del almuerzo del domingo no hay precios, y la cuenta que se pasa al cliente cuando termina de comer es de cero dólares; pero lleva una nota adjunta que dice: «Su comida ha sido un obsequio de alguien que vino antes que usted. Para poder mantener viva la cadena de regalos, le invitamos a que haga lo mismo por alguien que venga a comer después que usted». Los comensales pueden pagar lo que deseen, y las cantidades recibidas son siempre anónimas. Las donaciones se emplean para pagar a Taste of Himalayas por los ingredientes y el personal de cocina, y cualquier beneficio restante se utiliza bien para cubrir los gastos de la semana siguiente, o bien para alguna otra actividad de CharityFocus. Todos los domingos, hasta el momento, han recogido más dinero del que necesitaban.

El sociólogo y especialista en redes Nicholas Christakis descubrió hace poco en los sistemas de redes un fenómeno de cadena de favores.

A los participantes se los designaba al azar para formar parte de una secuencia de grupos distintos que ejecutarían una sola ronda del juego de los bienes públicos con desconocidos. Esto les permitió a Christakis y a su colega James Fowler trazar redes de interacciones para poder estudiar exactamente cómo se propaga el comportamiento de una persona a otra a lo largo de la red. Lo que obtuvieron fue una demostración científica de lo que Mehta esperaba conseguir: *dar* es contagioso; crea una epidemia de *dar*, una red de altruismo, una cadena de favores. Las acciones de los participantes influían en las futuras interacciones de otras personas de la red. «Si Tom es generoso con Harry, Harry será generoso con Susan, Susan será generosa con Jane, y Jane lo será con Peter —escribe Christakis—. Así, la generosidad de Tom con Harry se trasluce en la generosidad de Jane con Peter, aunque Jane y Peter no tengan nada que ver con Tom y Harry y nunca hayan interactuado con ellos.»[3]

No hizo falta más que un acto de amabilidad y generosidad para que se difundiera a través de numerosos períodos del juego hasta llegar a tres grados de distancia a lo largo de la red. «Cada contribución adicional que una persona hacía al bien público en el primer período del juego se acababa triplicando en el curso del experimento debido a que, como consecuencia, otras personas estaban directa o indirectamente influenciadas y mostraban una predisposición a hacer una contribución mayor», escriben Christakis y Fowler.[4] Cada acto de amabilidad o generosidad que realices por un amigo, él lo paga actuando del mismo modo con sus amigos, y la cadena se extiende a los amigos de sus amigos y a los amigos de los amigos de sus amigos. Christakis demostró que la intuición de Mehta era correcta: la amabilidad y la generosidad crean un aluvión de comportamiento cooperativo, incluso en los más endurecidos corazones.

Generación tras generación, a la vez que la sociedad se ha ido desintegrando progresivamente, ciertos individuos con amplitud de miras han actuado como agentes de cambio en favor del holismo. Incluso en mitad de la crisis bancaria que condujo a la Gran Depresión de 1929, John Spedan Lewis, que se vio convertido en presidente de unos grandes almacenes británicos tras la repentina muerte de su padre, creía que «la situación actual» —con lo cual se refería a que los accionistas externos a la empresa separaran la provisión de capital del uso que se le diera— era una «perversión del auténtico funcionamiento del capitalismo».

«El capitalismo ha hecho mucho bien —escribió—, pero la perversión nos ha dado una sociedad demasiado inestable [...] Es una atrocidad que haya millonarios antes de haber puesto fin a la miseria».[5]

Lewis era por naturaleza un enérgico «reciprocador». En su declaración, extraordinaria para su época, trataba de decir que eran demasiados los que tenían acciones en una compañía y vivían totalmente ajenos a lo que esta hiciera; que eso era ser un parásito. No creía en el socialismo, sino en un tipo de capitalismo en el que las recompensas económicas de una persona fueran proporcionales a su contribución. Creía también que la falta de equidad en una sociedad era terriblemente perniciosa para todos, ricos y pobres. «La diferencia entre las recompensas posibles ha de ser lo bastante grande como para inducir a la gente a dar lo mejor de sí —escribió—; pero las diferencias actuales son desmedidas.»

Lewis tuvo la idea de hacer de su empresa una meta superordinada. Convirtió los grandes almacenes en una sociedad, de la que cada empleado era parcialmente propietario. Por muy pequeña que fuera la contribución de una persona, recibía igualmente una serie de incentivos, entre los que se encontraban unos excelentes planes de pensiones y la afiliación a un club de campo donde poder pasar los fines de semana. Pero la idea más radical de todas fue que los beneficios se repartieran entre los empleados. Aunque los trabajadores cobrarían sueldos distintos atendiendo a sus respectivas contribuciones, cada uno de ellos, desde el reponedor de productos hasta el gerente, recibiría —y sigue recibiendo hasta el día de hoy— el mismo porcentaje de su sueldo como bonificación.

A principios de marzo de 2010, cuando Marks & Spencer, uno de los principales comercios minoristas de Gran Bretaña, tuvo unos beneficios de tan solo un 5%, John Lewis distribuyó 151 millones de libras esterlinas de su 9,7% de beneficios, lo cual supuso que cada uno de sus 70.000 empleados recibiera el 15% de su salario base anual, es decir, el equivalente a la paga de ocho semanas. «Ha sido muy duro —decía una de las empleadas refiriéndose a la recesión de 2009— pero, juntos, hemos salido adelante». Lewis había entendido que podía crear un efecto de resonancia entre sus empleados si todos trabajaban por el bien de la totalidad. Como en el caso de los remeros de Oxford, la fuerza de trabajar unidos beneficia al juego de todos.

Dave Barham representa la típica historia de éxito norteamericana —con un giro imprevisto—. En 1946, montó un puesto de salchichas en Muscle Beach, justo al lado del muelle de Santa Mónica, en California. Además de ofrecer perritos calientes de buena calidad y limonada recién hecha, Barham creía con fervor que sus empleados conectarían mejor con los clientes si todos lo pasaban bien. Y su estrategia funcionó. Con los años, Hot Dog on a Stick se convirtió en una gran cadena, con 105 puestos repartidos por los centros comerciales de todo Estados Unidos. Barham continuó innovando maneras de potenciar el factor del disfrute y el espíritu festivo tanto para los clientes como para los empleados; añadió un gigantesco tobogán hinchable a muchos de sus establecimientos y, a mediados de los años sesenta, inspirado por la moda de la época, diseñó para el personal unos uniformes de pantalón corto y gorra de *hockey* a rayas de llamativos colores, que destacaban sobre los quioscos blancos con paredes de espejo. Para hacer que los empleados se sintieran especiales y enfatizar el aspecto lúdico del trabajo, cada gorra estaba hecha a medida y personalizada para que encajara con el carácter de su dueño.

Antes de morir, en 1991, Barham decidió repartir su cuantiosa fortuna con el equipo que había estado a su cargo a lo largo de los años, y creó un fideicomiso a fin de que el negocio pudiera ser adquirido enteramente por el personal. En la actualidad, Hot Dog on a Stick es la única cadena de comida rápida del mundo en la que el patrimonio neto y la marca misma son al cien por cien propiedad de sus empleados. Como en el caso de John Lewis, la propiedad inspira lealtad, y su resultado es un índice mínimo de rotación de personal —algo desconocido en una cadena de comida rápida—. Afton, por ejemplo, lleva diez años trabajando en la empresa. «Cada vez que voy a hacer mi turno, sé que puedo aportar algo nuevo a la compañía y que, además, mi plan de participación accionaria saldrá beneficiado de lo que haga. Y lo mejor de todo es que trabajo con gente que siente lo mismo», dice.[6] El lema de Barham era hacer del disfrute una meta superordinada…, y la atmósfera de Hot Dog on a Stick sigue siendo contagiosa a ambos lados del mostrador.

En 1969, un pequeño grupo de habitantes de Portland, Oregón, revirtieron completamente la oleada de crecimiento urbano desmedido y el hastío cívico de su ciudad organizándose en un colectivo llamado Riverfront for People (Paseo fluvial para la gente) para protestar por el ensanchamiento de la autopista construida a la orilla del río. Lo que querían, afirmaron, era que pudieran tener mayor acceso al río los peatones, y no la autopista. Tras dos años de debates, Riverfront for People ganó la partida. Se demolió la autopista Harbor Drive, se creó el parque Tom McColl Waterfront,[*] y Portland sigue siendo un modelo de vida urbana respetuosa con las personas y con el medio ambiente que es posible emular.[7] Y no solo eso, sino que en un momento en que el capital social brilla cada vez más por su ausencia en Estados Unidos, los ciudadanos de Portland siguen siendo los mayores activistas del país; ahora conocen el poder que representa ser un superorganismo.

En el Reino Unido, los Coin Street Community Builders (Constructores de la comunidad de Coin Street), un grupo de activistas locales, se unieron para oponerse a los planes de desarrollo a gran escala que contemplaban la construcción de edificios de gran altura y alto *standing* en un distrito tradicionalmente obrero y de raza blanca enclavado en el South Bank londinense, a orillas del río Támesis. Después de crear un centro para pequeños negocios que pronto florecieron, el grupo comunitario construyó modernas viviendas públicas y un centro infantil, y todo ello mediante la donación de una parte de los beneficios de aquellos negocios que el grupo había ayudado a crear, entre los que se encontraba el restaurante de lujo Harvey Nichols, situado en la última planta del edificio Oxo Tower. De esta manera, al hacer uso del capital privado de la comunidad, el grupo de Coin Street fue artífice de un círculo

---

* Véase http://www.ciudadviva.cl/sitio/images/stories/PDF/tu12.pdf. (N. de la T.)

virtuoso, pues consiguió financiar servicios públicos para los menos pudientes sin necesidad de subvenciones gubernamentales.

Hay a diario muchos otros ejemplos de la fuerza que confiere tener una meta superordinada. Innovadoras organizaciones por todo Estados Unidos, por ejemplo, han utilizado el poder que genera el vínculo para encontrar maneras colectivas de proporcionar servicios públicos. La compañía eléctrica Southern Maryland Electric es una cooperativa, propiedad de los consumidores, que suministra corriente eléctrica a una parte del estado, y la asociación Group Health Cooperative, con sede en Seattle, ofrece a sus miembros su propio sistema sanitario fundado sin ánimo de lucro. Al darse cuenta de la necesidad que tenemos de trabajar unidos a escala global, algunas religiones han empezado incluso a tenderse una mano. En 2007, un grupo de líderes religiosos musulmanes publicaron una carta abierta titulada «Un mundo común entre vosotros y nosotros» para alentar la paz y el entendimiento entre la fe cristiana y musulmana, enfatizando para ello la conexión común que las une, ya que ambas religiones comparten los mandamientos religiosos de amar a Dios y al prójimo.

No obstante, en medio de la crisis continua que caracteriza nuestra forma de vida, necesitamos tomar medidas mucho más radicales; no basta con algún caso individual de capitalismo benigno o de recuperación cívica. Lo que la situación exige es ni más ni menos que una revolución de nuestra manera de pensar. Debemos abandonar ya el camino de la atomización en la forma en que nos relacionamos con la gente, en la forma en que organizamos nuestros vecindarios y, principalmente, en la forma en que vemos el mundo. Ha llegado la hora de que todos abracemos lo que evidencian los nuevos descubrimientos en todas las disciplinas de la ciencia, y que es la falsa y peligrosa concepción de nosotros mismos que hasta ahora hemos mantenido. Ha llegado la hora de que empiece una nueva era de la ilustración, que reconozca y honre la totalidad y aborrezca esa polarización que enfrenta a un pueblo, un credo o incluso un partido político contra otro. Como Nipun Mehta, todos debemos empezar a hacer del vínculo nuestra meta superordinada.

En 2009, Karma Kitchen abrió su segundo restaurante, en el Club Indio de Polo de Washington, D. C., y un tercero en Klay Oven, Chicago, en 2010. Poco después de que el establecimiento de Washington abriera sus puertas al público, una familia procedente de México entró en el restaurante con cierta desconfianza. El padre, economista de profesión, era muy escéptico en cuanto al concepto de la cadena de favores; pensaba que *si te fías de la gente, la gente se aprovechará de ti*. Al final de la comida, mientras se debatía entre si dejar algo o marcharse sin pagar nada, su hijo de once años sacó un billete de veinte dólares, su paga para todo el mes.

—¿Qué es esto? —le preguntó su padre.

—Mi contribución —dijo en español.

A pesar de las protestas del padre, el niño insistió en dejar el dinero. El padre se quedó mirando al vacío largo rato, y luego sacó el billetero. Llenó la carpeta que contenía la cuenta con todos los billetes de veinte dólares que llevaba encima, y antes de irse escribió una nota que decía: «Hoy mi hijo me ha dado una lección de generosidad». Bastó una sola acción desinteresada para que un parásito potencial se convirtiera en uno de los más generosos participantes en el juego público.

CharityFocus es un ejemplo de lo que significa crear una meta superordinada y hacer de ella la misión de una vida. Sus objetivos encuentran una profunda resonancia en sus clientes, y los restaurantes han recibido hasta el momento más dinero del que habrían ganado si hubieran cobrado por las comidas. Los voluntarios viajan a ellos desde todas las partes del mundo para unirse durante una temporada al personal, simplemente con el deseo de experimentar lo que es prestar un servicio sin compromisos. Tras recrearse en la experiencia de recibir un regalo incondicional, muchos comensales se muestran auténticamente conmovidos; abrazan a otros comensales y dejan escritos poemas y notas además de dinero. Casi todo el mundo pregunta a los voluntarios: «¿Qué puedo hacer? ¿Cómo puedo ayudar?». Pero lo más elocuente es su mirada; es como si de pronto se hubieran acordado de una melodía entrañable casi olvidada. Sí, es esto —parecen decir—: esto es lo que significa ser humano.

NOTAS

Prólogo

1. Ciertos detalles de este incidente se han cambiado.

Introducción

1. A. Smith, *An Inquiry into the Nature and Cause of the Wealth of Nations* (W. Strahan y T. Cadell, 1776).
2. T. R. Maithus, *An Essay on the Principle of Population as it Affects the Future Improvement of Society* (1798; reimpr., Oxford World's Classics), 13.
3. C. Darwin, *On the Origin of Species by Means of Natural Selection, or the Preservation of the Favoured Races in the Struggle for Life* (John Murray, 1859).
4. A. R. Wallace, «Mr. Darwin's Metaphors Liable to Misconception», 1868, citado en D. Todes, «Global Darwin: Contempt for Competition», *Nature* 462, nª. 5 (2009): 36-37. Nuevas lecturas de Darwing sugieren que su metáfora central era «adaptación» más que lucha por la supervivencia; llegó a creer que la vida se transformaba y adaptaba interminablemente en respuesta al medio ambiente.

5. M. Elshakry, «Global Darwin: Eastern Enchantment», *Nature* 461, no. 2 (2009): 1200-1201.

6. J. Pusey, «Global Darwin: Revolutionary Road», *Nature* 462, no. 12 (2009): 162-163; J. Buchenau, «Global Darwin: Multicultural Mergers», *Nature* 462, no. 19 (2009): 284-285.

7. Véase R. Dawkins, *The Selfish Gene* (Oxford University Press, 1989).

8. *Ibid.*, 2. Véase también Rupert Sheldrake, *The Presence of the Past* (HarperCollins, 1988), 83-85.

9. B. Lipton, *Spontaneous Evolution: Our Positive Future and a Way to Get There from Here* (Hay House, 2009).

10. P. C. Gøtzsche *et al.* «Ghost authorship in Industry-initiated Randomised Trials», *PLoS Med*, 2007; 4 (1): e19.

11. D. Sewell, *The Political Gene: How Darwin's Ideas Changed Politics* (Picador, 2009).

12. L. McTaggart, *The Field: the Quest for the Secret Force of the Universe* (HarperCollins, 2002).

Capítulo 1

1. G. Engel *et al.*, «Evidence for Wavelike Energy Transfer through Quantum Coherence in Photosynthetic System», carta, *Nature* 446, no. 112 (2007): 782-786.

2. S. Weinberg, «What Is an Elementary Particle?», *Beam Line: A Periodical of Particle Physics* 27 (primavera de 1997): 17-21.

3. W. Heisenberg, «Talk to the German Physical Society», 1975, citado en S. Wein berg, «What Is an Elementary Particle?».

4. S. Weinberg, «What Is an Elementary Particle?».

5. W. Heisenberg, «Über den Anschaulichen Inhalt der Quantentheoretischen Kinematik und Mechanik», *Zeitschrift für Physik*. 43 (1927): 172-198.

6. John D. Barrow, *The Book of Nothing* (Jonathan Cape, 2000), 216.

7. H. E. Puthoff, «Ground State of Hydrogen as a Zero-point-fluctuation-determined State», *Physical Review D* 35 (1987): 3266.

8. B. Haisch, A. Rueda y H. E. Puthoff, «Inertia as a Zero-point-field Lorentz Force», *Physical Review A* 49, no. 2 (1994): 678-694; B. Haisch, A. Rueda y

H. E. Puthoff, «Physics of the Zero-point Field: Implications for Inertia, Gravitation and Mass», *Speculations in Science and Technology* 20 (1997): 99-114.

9. B. Haisch, A. Rueda y H. E. Puthoff, «Advances in the proposed electromagnetic zero-point field theory of inertia», comunicación presentada en la AIAA 98-3143, Advances ASME/SAE/ASEE Joint Propulsion Conference and Exhibit, July 13-15 1998, Cleveland, Ohio.

10. J. A. Wheeler, «Information, Physics, Quantum: The Search for Links», en W. Zurek, ed., *Complexity, Entropy, and the Physics of Information* (Addison-Wesley, 1990).

11. J. A. Wheeler, *Mathematical Foundations of Quantum Theory*, A. R. Marlow, ed. (Academic Press, 1978).

12. La no localidad se considera demostrada gracias al experimento de Alain Aspect y otros realizado en París en 1982: A. Aspect *et al.*, «Experimental Realization of Einstein-Podolsky Rosen-Bohm Gedankenexperiment: A New Violation of Bell's Inequalities», *Physical Review Letters*, 49 no. 2 (1982): 91-94. V. Jacques *et al.*, «Experimental Realization of Wheeler's Delayed-Choice Gedankenexperiment», *Science* 315, no. 5814 (2007): 966-968.

13. J. A. Wheeler, hablando en «The Anthropic Universe», en ABC Radio National, *The Science Show*, 18 de febrero de 2006.

Capítulo 2

1. L. H. Lumey, «Decreased Birthweights in Infants After Maternal in Utero Exposure to the Dutch Famine of 1944-1945», *Paediatric and Perinatal Epidemiology* 6, no. 2 (1992): 240-253; G. Kaati *et al.*, «Cardiovascular and Diabetes Mortality Determined by Nutrition During Parents' and Grandparents' Slow Growth Period», *European Journal of Human Genetics* 10 (2002): 682-688. Véase Harald Gaier, «Beyond the Selfish Gene», *What Doctors Don't Tell You*, agosto de 2008, 22.

2. G. Wolff *et al.*, «Maternal Epigenetics and Methyl Supplements Affect Agouti Gene Expression in Avy/a Mice», *FASEB Journal* 12 (agosto de 1998): 949-957.

3. R. A. Waterland y R. L. Jirtle, «Transposable Elements: Targets for Early Nutritional Effects on Epigenetic Gene Regulation», *Molecular Cell Biology* 23 (2003): 5293-5300.

4. Citado en L. A. Pray, «Epigenetics: Genome, Meet Your Environment», *The Scientist* 18, no. 13 (2004): 14-20.

5.   J. Lamarck, *Philosophie Zoologique, ou Exposition des Considérations Relatives l'Histoire Naturelle des Animaux* (Dentu, 1809).

6.   A. C. Faberge y J. D. Mohler, «Breakage of Chromosomes Produced by Ultra violet Radiation in Drosophila», *Nature* 169, no. 4294 (1952): 278-279.

7.   C. H. Waddington, «Genetic Assimilation of an Acquired Character», *Evolution* (1953): 11826; C. H. Waddington, *The Evolution of an Evolutionist* (Cornell University Press, 1975).

8.   J. D. Watson y E. H. Crick, «Molecular Structure of Nucleic Acids: A Structure for Deoxyribose Nucleic Acid», *Nature* 171, no. 4356 (1953): 73738.

9.   El biólogo Bruce Lipton fue uno de los primeros en hacer esta conexión en su revolucionario libro *The Biology of Belief Unleashing the Power of Consciousness, Matter, and Miracles* (Hay House, 2008).

10. *Ibid.*, capítulo 3, 75-94.

11. *Ibid.*, 756.

12. M. Szyf, «DNA Memethylation and Cancer: Therapeutic Implications», *Cancer Letters* 10, no. 211 (2004): 133-143.

13. J. N. Ou *et al.*, «Histone Deacetylase Inhibitor Trichostatin A Induces Global and Gene-specific DNA Demethylation in Human Cancer Cell Lines», *Biochemical Pharmacology* 73, no. 9 (2007):1297-1307.

14. I. C. Weaver *et al.*, «Epigenetic Programming by Maternal Behavior», *Nature Neuroscience* 7, no. 8 (2004): 84754; I. C. Weaver *et al.*, «Maternal Care Effects on the Hippocampal Transcriptome and Anxiety-mediated Behaviors in the Offspring That Are Reversible in Adulthood», *Proceedings of the National Academy of Sciences USA* 103, no. 9 (2006): 3480-3485.

15. J.E. Rossouw *et al.*, «Risks and Benefits of Estrogen Plus Progestin in Healthy Postmenopausal Women: Principal Results From the Women's Health Initiative Randomized Controlled Trial», *Journal of the American Medical Association*, 288 (2002): 321-333.

16. R. Gramling *et al.*, «Hormone Replacement Therapy, Family History and Incident Invasive Breast Cancer Among Postmenopausal Women in the Women's Health Initiative», *Epidemiology* 20 (2009): 752-756.

17. P. O. McGowan *et al.*, «Promoter-wide Hypermethylation of the Ribosomal RNA Gene Promoter in the Suicide Brain»,*PLoS ONE 3*, no. 5(2008): e-2085.

18. P. O. McGowan *et al*, «Epigenetic Regulation of the Glucocorticoid Receptor in Human Brain Associates with Childhood Abuse», *Nature Neuroscience*, 12 (2009): 342-348.

19. J. Mill *et al.*, «Epigenomic Profiling Reveals DNA-Methylation Changes Associated with Major Psychosis», *American Journal of Human Genetics* 82, no. 3 (2008): 696-711.

20. A. Fischer *et al.*, «Recovery of Learning and Memory Is Associated with Chromatin Remodelling», *Nature* 447 (10 de mayo de 2007): 178-182.

21. J. Arai *et al.*, «Transgenerational Rescue of a Genetic Defect in Long-Term Potentiation and Memory Formation by Juvenile Enrichment», *Journal of Neuroscience* 29, no. 5 (2009): 1496-1502.

22. G. Kaati *et al*, «Transgenerational Response to Nutrition, Early Life Circumstances and Longevity», *European Journal of Human Genetics* 15(2007): 784-790.

23. M. E. Pembrey *et al.*, «Sex-specific, Male-line Transgenerational Responses in Humans», *European Journal of Human Genetics* 14 (2006): 159-166.

24. A. Fraser *et al.*, «Association of Maternal Weight Gain in Pregnancy with Offspring Obesity and Metabolic and Vascular Traits in Childhood», *Circulation* 121 (2010): 2557-2564.

25. R. Alleyne, «Britain's 'Me Culture' Making Us Depressed», *The Telegraph*, 6 de noviembre de 2009.

26. J. Chiao y K. Blizinsky, «Culture-Gene Coevolution of Individualism-Collectivism and the Serotonin Transporter Gene», *Proceedings of the Royal Society B: Biological Sciences* 277, no 1681 (2010): 529-537.

27. J. Cairns, «The Origin of Mutants», *Nature*, 335 (1988): 14245.

28. D. Charlesworth *et al.*, «Origin of Mutants Disputed», *Nature*, 336 (1988): 525; R. E. Lenski y J. E. Mittler, «The Directed Mutation Controversy and Neo Darwinism», *Science*, 259 (1993): 188-194; además de correpondecia relacionada en *Science* 260 (1993): 1221-1224, 1958-1960.

29. B. Lipton, *Spontaneous Evolution*, 149-150.

30. J. A. Shapiro, «Mobile DNA and Evolution in the 21st Century», *Mobile DNA* 1 (2010): 4.

31. J. A. Shapiro, «Bacteria Are Small but Not Stupid: Cognition, Natural Genetic Engineering and Socio-bacteriology», *Studies in History and Philosophy of*

Science Part C. Studies in History and Philosophy of Biological and Biomedical Sciences 38, no 4 (2007): 807-819.

Capítulo 3

1. E. Halberg, «Historical Encounters between Geophysics and Biomedicine Leading to the Cornélissen-series and Chronoastrobiology», en Schröder W., ed. *Long- and Short-Term Variability in Sun's History and Global Change* (Bremen: Science Edition [2465] 2000): 272; E. Halberg *et al.*, «Cycles Tipping the Scale between Death and Survival (= 'Life')», *Progress of theoretical Physics*, supl. 173 (2008): 153-181.

2. He examinado esto en todo detalle en *The Intention Experiment* (Free Press, 2007), 100-101. *El experimento de la intención*, ed. Sirio, España.

3. L. E. Scheving y E Halberg, *Chronobiology: Principles and Applications to Shifts in Schedules* (Kluwer Academic, 1981).

4. W. Hrushesky *et al.*, «Cisplatine Chronotolerance», *Proceedings of the Conference on Combined Modalities: Chemotherapy/Radiotherapy* [576] abstract CP-V-3 (1978): 58.

5. G. Cornélissen *et al.*, «Is a Birth-month-dependence of Human Longevity Influenced by Half-yearly Changes in Geomagnetics?», *Proceedings of the XXV Annual Seminar, «Physics of Auroral Phenomena»*, Apatity, 26 de febrero-1 de marzo de 2002. Apatity: Polar Geophysical Institute, Kola Science Center, Russian Academy of Science; [2657b] (2002): 161-165.

6. V. N. Bingia y A. V. Savin, «Effects of Weak Magnetic Fields on Biological Systems: Physical Aspects», *Uspekhi Fizicheskikh Nauk* 173, no. 3 (2003): 265-300.

7. Entrevista con Germaine Cornélissen, 11 de febrero de 2010.

8. V. M. Petro *et al.*, «An Influence of Changes of Magnetic Field of the Earth on the Functional State of Humans in the Conditions of Space Mission», comunicación presentada en el International Symposium Computer Electro-Cardiograph on Boundary of Centuries, Moscú, Russian Federation, 27-30 de abril de 1999.

9. G. Cornélissen *et al.*, «Chronomes, Time Structures, for Chronobioengineering for 'a Full Life», *Biomedical Instrumentation and Technology* 33, no. 2 (1999): 152-187.

10. V. N. Oraevskii *et al.*, «Medico-Biological Effect of Natural Electromagnetic Variations», *Biofizika* 43, no. 5 (1998): 844-848; V. N. Oraevskii *et al.*, «An Influence of Geomagnetic Activity on the Functional Status of the Body», *Biofizika* 43, no. 5 (1998): 819-826.

11. E Halberg *et al.*, «Cross-spectrally Coherent about 10-, 5- and 21 -year Biological and Physical Cycles, Magnetic Storms and Myocardial Infarctions», *Neuroendrocrinology Letters* 21 (2000): 233-258; I. Gurfinkel *et al.*, «Assessment of the Effect of a Geomagnetic Storm on the Frequency of Appearance of Acute Cardiovascular Pathology», *Biofizika* 43, no. 4 (1998): 654-658; J. Sitar, «The Causality of Lunar Changes on Cardiovascular Mortality», *Casopis Lekaru Ceskych* 129 (1990): 1425-1430.

12. M. N. Gnevyshev, «Essential Features of the 11-year Solar Cycle·», *Solar Physics* 51(1977): 175-182.

13. G. Cornélissen *et al.*, «Non-photic Solar Associations of Heart Rate Variability and Myocardial Infarction», *Journal of Atmospheric and Solar-terrestrial Physics* 64 (2002): 707-720.

14. R. M. Baevsky *et al.*, «Meta-analyzed Heart Rate Variability, Exposure to Geomagnetic Storms, and the Risk of Ischemic Heart Disease», *Scripta Medica (Brno)* 70, no. 4-5 (1997): 201-206; G. Cornélissen *et al.* «From Various Kinds of Heart Rate Variability to Chronocardiology», *American Journal of Cardiology* 66 (1990): 863-868.

15. Baevsky *et al.* «Meta-analyzed Heart Rate Variability»; Petro *et al.*, «An Influence of Changes of Magnetic Field».

16. Cornélissen *et al.*, «Chronomes, Time Structures».

17. A. R. Allahverdiyev *et al.*, «Possible Space Weather Influence on Functional Activity of the Human Brain», comunicación presentada en el Space Weather Workshop: Looking towards a European Space Weather Programme, Noordwijk, Países Bajos, 17-19 de diciembre de 2001.

18. E. Babayev, «Some Results of Investigations on the Space Weather Influence on Functioning of Several Engineering-technical and Communication Systems and Human Health», *Astronomical and Astrophysical Transactions* 22, no. 6 (2003): 861-867; G. Y. Mizun y P. G. Mizun, «Space and Health», *Znanie* (1984).

19. Allahverdiyev *et al.*, «Possible Space Weather Influence»; Babayev, «Some Results of Investigations»; Mizun y Mizun, «Space and Health».

20. Avi Raps *et al.*, «Geophysical Variables and Behavior: LXIX. Solar Activity and Admission of Psychiatric Inpatients», *Perceptual and Motor Skills* 74 (1992): 449; H. Friedman *et al.*, «Geomagnetic Parameters and Psychiatric Hospital Admissions», *Nature* 200 (1963): 626-628; E. Stoupel, «Relationship Between Suicide and Myocardial Infarction with Regard to Changing Physical Environmental Conditions», *International Journal of Biometeorology* 38, no. 4 (1994): 199-203; E. Stoupel *et al*, «Clinical Cosmobiology: The Lithuanian Study, 1990-1992», *International Journal of Biometerology* 38 (1995): 204-208; E. Stoupel *et al.*, «Suicide-Homicide Temporal Interrelationship, Links with Other Fatalities and Environmental Physical Activity», *Crisis* 26 (2005): 85-89.

21. R. Becker, *The Body Electric: Electromagnetism and the Foundation of Life* (Quill, 1985).

22. E Halberg, «Chronomics of Autism and Suicide», *Biomedicine and Pharmacotherapy* 59 (2005): S100-S108.

23. M. Mikulecky, «Lunisolar Tidal Waves, Geomagnetic Activity and Epilepsy in the Light of Multivariate Coherence», *Brazilian Journal of Medicine* 29, no. 8 (1996): 1069-1072; E. A. McGugan, «Sudden Unexpected Deaths in Epileptics: A Literature Review», *Scottish Medical Journal* 44, no. 5 (1999): 137-139; Y. Bureau y M. Persinger, «Decreased Latencies for Limbic Seizures Induced in Rats by Lithium Pilocarpine Occur When Daily Average Geomagnetic Activity Exceeds 20 Nanotesla», *Neuroscience Letters* 192 (1995): 142-144; A. Michon y M. Persinger, «Experimental Simulation of the Effects of Increased Geomagnetic Activity upon Nocturnal Seizures in Epileptic Rats», *Neuroscience Letters* 224 (1997): 5356.

24. M. Persinger, «Sudden Unexpected Death in Epileptics Following Sudden, Intense Increases in Geomagnetic Activity: Prevalence of Effect and Potential Mechanisms», *International Journal of Biometeorology* 38 (1995): 180-187; R. P. O'Connor y M. A. Persinger, «Geophysical Variables and Behavior LXXXII: A Strong Asociation between Sudden Infant Death Syndrome (SIDS) and Increments of Global Geomagnetic Activity Possible Support for the Melatonin Hypothesis», *Perceptual and Motor Skills* 84 (1997): 395-402.

25. T Long *et al.*, «Relationship of Daily Geomagnetic Activity to the Occurrence of Temporal Lobe Seizures in an Epilepsy Monitoring Unit», comunicación

presentada en la American Epilepsy Society, mayo de 1996, resumen presentado en *Epilepsia* 36 (S4) (1996): 94.

26. Cornélissen *et al.*, «Chromosomes, Time Structures».

27. M. Berk *et al.*, «Do Ambient Electromagnetic Fields Affect Behavior? A Demonstration of the Relationship between Geomagnetic Storm Activity and Suicide», *Bioelectromagnetics* 27 (2006): 151-155.

28. Entrevista con G. Cornélissen, 11 de febrero de 2010.

29. Entrevista con G. Cornélissen, 11 de febrero de 2010.

30. S. Starbuck *et al.*, «Is Motivation Influenced by Geomagnetic Activity?», *Biomedicine and Pharmacotherapy* 56 (2002): 289s-297s.

31. A. Krivelyova y C. Robotti, «Playing the Field: Geomagnetic Storms and the Stock Market», Federal Reserve Bank of Atlanta Working Paper 2003-5b, octubre de 2003.

32. TSAA Newsletter, abril de 1996.

33. F. Halberg *et al.*, «Subtraction and Addition of Heliomagnetics and Human Violence: Time Course of Transyears in Terrorism Mimics their Cosmos», comunicación presentada en el primer International Workshop, Physiology of Adaptation and Quality of Life: Problems of Traditional Medicine and Innovation, People's Friendship University of Russia, Moscú, 14-16 de mayo de 2008.

34. A. Lieber, «Human Aggression and the Lunar Synodic Cycle», *Journal of Clinical Psychiatry* 39 no. 5 (1978): 385-392; A. Lieber y C. R. Sherin, «Homicides and the Lunar Cycle: Toward a Theory of Lunar Influence on Human Behavior», *American Journal of Psychiatry* 129 (1972): 69-74.

35. C. Bhattacharjee, «Do Animals Bite More During a Full Moon? Retrospective Observational Analysis», *British Medical Journal* 321(2000): 1559-1561.

36. D. Templer y D. Veleber, «The Moon and Madness: A Comprehensive Perspective», *Journal of Clinical Psychology*, 36, no 4 (1980): 865-868; C. E. Climent t R. Plutchik, «Lunar Madness: An Empirical Study», *Comprehensive Psychiatry* 18, no. 4: 369-374.

37. N. Kollerstrom y B. Steffert, «Sex Difference in Response to Stress by Lunar Month: A Pilot Study of Four Years' Crisis-call Frequency», *BMC Psychiatry* 3 (2003): 20.

38. R. D. Neal y M. Colledge, «The Effect of the Full Moon on General Practice Consultation Rates», *Family Practice* 17, no 6 (2000): 472-474.

39. C. T Russell *et al.*, «The Permanent and Induced Magnetic Dipole Moment of the Moon», *Proceedings of the Fifth Lunar Conference* 3 (1974): 2747-2760.

40. A. M. Forte y J. X. Mitrovica, «A Resonance in the Earth's Obliquity and Precession Over the Past 20Myr Driven by Mantle Convection», *Nature* 390 (1997): 676-680.

41. J. Mitrovica, citado en un comunicado de prensa de la Universidad de Toronto, «Other Planets Influence Earth's Climate, U of T Scientist Says», 17 de diciembre de 1997.

42. M. Mikulecky *et al.*, «Lunisolar Tidal Waves, Geomagnetic Activity and Epilepsy in the Light of Multivariate Coherence», *Brazilian Journal of Medical and Biological Research* 8 (1996): 1069.

43. C. D. Murray y S. E Dermott, *Solar System Dynamics* (Cambridge University Press, 1999).

44. J. Mitrovica, citado en «Other Planets Influence Earth's Climate».

45. Halberg, «Cycles Tipping the Scale between Death and Survival».

Capítulo 4

1. G. Di Pellegrino *et al*, «Understanding Motor Events: A Neurophysiological Study», *Experimental Brain Research* 91(1992): 176-180.

2. G. Rizzolatti y L. Craighero, «Mirror Neuron: A Neurological Approach to Empathy», en *Neurobiology of Human Values*, ed. J. P. Changeux *et al.* (Springer Verlag, 2005), 108-123.

3. L. Fogassi *et al*, «Parietal Lobe: From Action Organization to Intention Under standing», *Science* 308 (2005): 662-667.

4. *Ibid.*

5. S. V. Shepherd *et al.*, «Latency of Social-cued Attention Signals in Macaque Area LIP», comunicación presentada en Neuroscience 2007, el 37ª encuentro anual de la Society for Neuroscience, San Diego, 2007; C. Keysers y L. Fadiga, «The Mirror Neuron System: New Frontiers», *Social Neuroscience* 3, nos. 3-4 (2008): 193-198.

6. Keysers y Fadiga, «The Mirror Neuron System»; C. Keysers *et al.*, «Audiovisual Mirror Neurons and Action Recognition», *Experimental Brain Research* 153 (2003): 628-636.

7. G. Rizzolatti y L. Craighero, «The Mirror Neuron System», *Annual Review of Neuroscience* 27 (2004): 169-192.

8. A. Meltzoff y W. Prinz, *The Imitative Mind Development, Evolution, and Brain Bases* (Cambridge University Press, 2002).

9. Di Pellegrino *et al.*, «Understanding Motor Events».

10. V. Gallese *et al.*, «Action Recognition in the Premotor Cortex», *Brain* 119, no. 2 (1996): 593-609.

11. V. Gallese, «The 'Shared Manifoid' Hypothesis: From Mirror Neurons to Empathy», *Journal of Consciousness Studies* 8 (2001): 33-50.

12. C. van der Gaag, «Facial Expressions: What the Mirror Neuron System Can and Cannot Tell Us», *Social Neuroscience* 2, nos. 3-4 (2007): 179-222; S. Pichon *et al.*, «Emotional Modulation of Visual and Motor Areas by Dynamic Body Expressions of Anger», *Social Neuroscience* 3, nos. 3-4 (2008): 199-212.

13. M. Iacobani *et al.*, «Cortical Mechanisms of Human Imitation», *Science* 286 (24 de diciembre de 1999): 2526-2528.

14. B. Wicker *et al.*, «Both of Us Disgusted in *My* Insula: The Common Neural Basis of Seeing and Feeling Disgust», *Neuron* 40 (2003): 655-664.

15. V. Gazzola *et al.*, «The Anthropomorphic Brain: The Mirror Neuron System Responds to Human and Robotic Actions», *NeuroImage* 35 (2007): 1674-1684.

16. Keysers y Fadiga, «The Mirror Neuron System».

17. C. Keysers y V. Gazzola, «Towards a Unifying Neural Theory of Social Cognition», en *Progress in Brain Research*, vol. 156, ed. S. Anders *et al.* (Elsevier, 2006), 379-401.

18. C. Keysers *et al.*, «A Touching Sight: SII/VV Activation During the Observation and Experience of Touch», *Neuron* 42 (2004): 335-346.

19. V. Gazzola *et al.*, «Aplastics Born Without Hands Mirror the Goal of Hand Actions with Their Feet», *Current Biology* 17 (2007): 1235-1240.

20. C. Catmur *et al.*, «Sensorimotor Learning Configures the Human Mirror System», *Current Biology* 17 (2007): 1527-1531.

21. Keysers y Gazzola, «Towards a Unifying Neural Theory».

22. Keysers, «A Touching Sight».

23. *Ibid.*

24. Entrevista con G. Rizzolatti, 8 de febrero de 2010.

25. W. D. Hutchison *et al.*, «Pain-related Neurons in the Human Cingulate Cortex», *Nature Neuroscience* 2 (1999): 403-405.

26. S. Han *et al.*, «Empathic Neural Responses to Others' Pain Are Modulated by Emotional Contexts», *Human Brain Mapping* 30 (2009), 3227-3237.

27. T Singer *et al.*, «Empathy for Pain Involves the Affective but Not Sensory Components of Pain», *Science* 303, no. 5661 (2004): 1157-1162.

28. Entrevista con G. Rizzolatti, 8 de febrero de 2010.

29. M. Jabbi *et al.*, «Empathy for Positive and Negative Emotions in the Gustatory Cortex», *NeuroImage* 34 (2007): 1744-1753; V. Gazzola *et al.*, «Empathy and the Somatotopic Auditory Mirror System in Humans», *Current Biology* 16 (2006): 1824-1829.

30. S. D. Preston *et al.*, «The Neural Substrates of Cognitive Empathy», *Social Neuroscience* 2, No. 3-4 (2007): 254-2575.

31. A. Schore, *Affect Regulation and the Origin of Self* (Psychology Press, 1999).

32. G. Schwartz, "Energy Medicine and Bioenergy Feedback," presentation at FutureHealth Conference, Palm Springs, February 5-9, 1998.

33. J. Chiltern Pierce, *Magical Child* (Bantam Books, 1980)

34. L. McTaggart, «The Love Study», en *The Intention Experiment* (Free Press, 2007).

35. Para más detalle sobre todos los estúdios, véase McTaggart, *El experimento de la intención*, en esta misma editorial.

36. L. Standish *et al.*, «Electroencephalographic Evidence of Correlated Event Related Signals between the Brains of Spatially and Sensory Isolated Human Subjects», *Journal of Alternative and Complementary Medicine* 10, no. 2 (2004): 307-314.

37. M. Kittenis *et al*, «Distant Psychophysiological Interaction Effects between Related and Unrelated Participants», Proceedings of the Parapsychological Association Convention, 2004, 67-76, relatado en D. Radin, *Entangled Minds* (Paraview, 2006): 138-139.

38. Este estudio se explica detalladamente en McTaggart, *El experimento de la intención*, capítulo 4, ed. Sirio, Málaga.

39. D. I. Radin y M. J. Schlitz, «Gut Feelings, Intuition and Emotions: An Exploratory Study», *Journal of Alternative and Complementary Medicine* 11, no. 5 (2005): 85-91.

40. D. I. Radin, «Event-related EEG Correlations between Isolated Human Subjects», *Journal of Alternative and Complementary Medicine* 10 (2004): 315-324; M. Cade y N. Coxhead, *The Awakened Mind*, 2nd ed. (Element, 1986); S. Fahrion *et al.*, «EEG Amplitude, Brain Mapping and Synchrony in and between a Bioenergy Practitioner and Client During Healing», *Subtle Energies and Energy Medicine3*, no. 1(1992): 19-52.

41. Rollin McCraty *et al.*, «The Electricity of Touch: Detection and Measurement of Cardiac Energy Exchange between People», en *Brain and Values: Is a Biological Science of Values Possible?*, ed. Karl H. Pribram (Lawrence Erlbaum Associates, 1998), 359-379.

42. M. Yamamoto *et al.*, «An Experiment on Remote Action against Man in Sense Shielding Condition», *Journal of the International Society of Life Information Sciences* 14, no. 1 (1996): 97-99.

43. S. Cohen y F. A. Popp, «Biophoton Emission of the Human Body», *Journal of Photochemistry and Photobiology* 40 (1997): 187-189.

44. F. A. Popp *et al*, «Mechanism of Interaction between Electromagnetic Fields and Living Organisms», *Science in China* (Series C) 43, no. 5 (2000): 507-518.

45. Entrevista con Popp, Neuss, Germany, 1 de marzo de 2006.

46. K. Nakamura y M. Hiramatsu, «Ultra-weak Photon Emission from Human Hand: Influence of Temperature and Oxygen Concentration on Emission», *Journal of Photochemistry and Photobiolology B: Biology* 80, no. 2 (2005): 156-160.

47. Hutchison *et al*, «Pain-related Neurons».

48. «Bees and Ants 'Operate in Teams», página web de BBC News, 23 de marzo de 2009, http:// news.bbc.co.ukl 1 /hi/scot1and17957834.stm

Capítulo 5

1. Ayn Rand, *The Fountainhead* (Signet, 1996).

2. F. Nietzsche, *Human, All Too Human: Beyond Good and Evil* (Wordsworth Editions, 2008); T. Nietzsche, *The Gay Science: With a Prelude in Rhymes and an Appendix of Songs* (Vintage, 1974).

3. Robert L. Bear, *Delivered unto Satan* (Bear, 1974).

4. E. Durkheim, *Suicide* (1897; reimpr., Free Press, 1997).

5. M. Daley *et al*, «Relative Status and Well-being: Evidence from U.S. Suicide Deaths», Federal Reserve Bank of San Francisco Working Paper Series, mayo de 2008, No. 2007-2012.

6. A. Clark y C. Senik, «Who Compares to Whom? The Anatomy of Income Cornparisons in Europe», IZA Discussion Papers 4414, Institute for the Study of Labor (IZA) (2009).

7. S. L. Syme *et al.*, «Some Social and Cultural Factors Associated with the Occurrence of Coronary Heart Disease», *Journal of Chronic Diseases* 17 (1964): 277-289; S. L. Syrne *et al.*, «Cultural Mobility and the Occurrence of Coronary Heart Disease», *Journal of Health and Human Behavior* 6 (1965): 178-189.

8. M. G. Marmot y S. L. Syrne, «Acculturation and Coronary Heart Disease in Japanese-Americans», *American Journal of Epidemiology* 104, no. 3 (1976): 225-247; S. L. Syme *et al.*, «Epidemiologic Studies of Coronary Heart Disease and Stroke in Japanese Men Living in Japan, Hawaii and California: Introduction», *American Journal of Epidemiology* 102, no. 6 (1975): 477-480.

9. D. Reed *et al.*, «Social Networks And Coronary Heart Disease Among Japanese Men In Hawaii», *American Journal of Epidemiology* 117 (1983): 384-396.

10. Y. S. Matsumoto, «Social Stress and Coronary Heart Disease in Japan: A Hypothesis», *Milbank Memorial Fund Quarterly* 48 (1970): 9-36, citado en S. Wolf y J. G. Bruhn, *The Power of Clan* (Transaction Publishers, 1993), 92-93.

11. L. Berkman *et al.*, «Social Networks, Host Resistance, and Mortality: A Nine year Follow-up Study of Alameda County Residents», *American Journal of Epidemiology* 109 (1979): 186-204; *American Journal of Epidemiology* 128 (1988): 370-380.

12. J.K. Vormbrock y J. M. Grossberg, «Cardiovascular effects of human-pet dog interactions», *Journal of Behavioral Medicine* 11(1988): 509-517.

13. Wolfand Bruhn, *The Power of Clan*.

14. V. Fuchs, *Who Shall Live?* (Basic Books, 1975), citado en *ibid*.

15. L. B. Page *et al.*, «Antecedents of Cardiovascular Disease in Six Solomon Island Societies», *Circulation* 49 (1974): 1132-1146.

16. M. J. Klag, « Contribution of Urinary Cations to the Blood Pressure Differences Associated With Migration», *American Journal of Epidemiology* 142, no. 3 (1995): 295-303; J. He, «Effect of Migration and Related Environmental Changes on Serum Lipid Levels in Southwestern Chinese Men», *American*

Journal of Epidemiology 144, no. 9 (1996): 839-848; J. He, «Dietary Macronutrients and Blood Pressure in Southwestern China», *Journal of Hypertension* 13, no. 11 (1995): 1267-1274; J. He, «Body Mass and Blood Pressure in a Lean Population in Southwestern China», *American Journal of Epidemiology* 139, no. 4 (1994): 380-389.

17. L. E Berkrnan y S. L. Syme, «Social Networks, Host Resistance, and Mortality: A Nine-Year Follow-up Study of Alameda County Residents», *American Journal of Epidemiology* 109 no. 2 (1979): 186-204; G. A. Kaplan *et al*, «Social Connections and Mortality from All Causes and from Cardiovascular Disease: Prospective Evidence from Eastern Finland», *American Journal of Epidemiology* 128, no. 2 (1988): 370-380.

18. *Ibid.*

19. B. Boden-Albala *et al.*, «Social Isolation and Outcomes Post Stroke», *Neurology* 64 no. 11 (2005): 1888-1892.

20. J. Holt-Lunstad *et al.*, «Social Relationships and Mortality Risk: A Meta-analytic Review», *PLoS Medicine 7*, no. 7 (2010): e1000316.

21. L. Scherwitz *et al.* «Self-involvement and Coronary Heart Disease Incidence in the Multiple Risk Factor Intervention Trial», *Psychosomatic Medicine* 48 (1986): 187-199.

22. M. P. Aranda, «Relationship Between Religious Involvement and Psychological Well-Being: A Social Justice Perspective», *Health & Social Work* 33, no.1 (2008): 9-21.

23. C. B. Thomas y D. C. Ross, «Precursors of Hypertension and Coronary Disease among Healthy Medical Students: Discriminant Function Analysis V. Family Attitudes», *Johns Hopkins Medical Journal* 123 (1968): 28396.

24. A. Hawton, «The Impact of Social Isolation on the Health Status and Health related Quality of Life of Older People», *Quality of Life Research*, July (2010) online: DOI.

25. I. Kawachi *et al.*, «Social Capital, Income Inequality, and Mortality», *American Journal of Public Health* 87, no. 9 (1997): 1491-1498.

26. S. Cohen *et al.*, «Social Ties and Susceptibility to the Common Cold», *Journal of the American Medical Association* 277, no. 24 (1997): 1940-1944.

27. R. D. Putnam, *Bowling Alone: The Collapse and Revival of American Community* (Simon & Schuster, 2000); R. D. Putnam, «Social Capital: Measure-

ment and Consequences», *ISUMA: Canadian Journal of Policy Research* 2, no. 1 (2001): 41-51.

28. E. Day, «Why Reality TV Works», *The Observer*, Sunday, 21 de novimbre de 2010.

29. P. G. Zimbardo, *The Lucifer Effect: Understanding How Good People Turn Evil* (Random House, 2007).

Capítulo 6

1. Stuart Nicolson, «Child Vampire Hunters Sparked Comic Crackdown», BBC News online, 22 de marzo de 2010.

2. D. Ellis y D. Anderson, *Conflict Resolution: An Introductory Text* (Emond Montgomery, 2005).

3. «Teenagers Hit by Soap Opera Virus», Reuters, 19 de mayo de 2006.

4. B. Appleyard, «Why They Kill Themselves», *Sunday Times*, 7 de noviembre de 2010.

5. S. Atran, *Talking to the Enemy: Violent Extremism, Sacred Values and What It Means to Be Human* (Allen Lane, 2010).

6. E. Hatfield *et al.*, «Primitive Emotional Contagion: Recent Research», en *The Social Neuroscience of Empathy*, ed. J. Decety y W. Ickes (MIT Press, 2011).

7. wwwedu-cyberpg.com/Literacy/whatresearchCondon.asp.

8. William S. Condon, «Cultural Microrhythms», en *Interaction Rhythms: Periodicity in Communicative Behavior*, ed. M. Davis (Human Science Press, 1982), 53-76; William S. Condon, «Method of Micro-analysis of Sound Films of Behavior», *Behavior Research Methods, Instruments and Computers* 2, no. 2 (1970): 51-54.

9. W. S. Condon y L. W. Sander, «Synchrony Demonstrated between Movements of the Neonate and Adult Speech», *Child Development* 45 (1974): 45662; W. S. Condon y L. W. Sander, «Neonate Movement Is Synchronised with Adult Speech: Interactional Participation and Language Acquisition», *Science* 183 (1974): 99-101.

10. W. S. Condon, «Method of micro-analysis of sound films of behavior», *Behavior Research Methods, Instruments and Computers* 2, no. 2 (1970): 51-54.

11. W. S. Condon y L. W. Sander, *Neonate Movement Is Synchronised with Adult Speech*.

12. Citado en E. T. Hall, *Beyond Culture* (Anchor Books, 1989), 74.

13. *Ibid.* 71.

14. *Ibid.*

15. Hall, *Beyond Culture*, 76-77.

16. F. de Waal, *TheAge of Empathy* (Random House, 2009), 48-49.

17. J. E. Warren *et al.*, «Positive Emotions Preferentially Engage an Auditory-motor Mirror System», *Journal of Neuroscience* 26, no. 50 (2006): 13067-13075.

18. DeWaal, *The Age of Empathy*, 50-51.

19. Hatfield, *et. al*, «Primitive Emotional Contagion».

20. M. Karkovsky, «When Feelings Go to Work», *Wharton Alumni Magazine*, primavera de 2006.

21. S. G. Barsade, «The Ripple Effect: Emotional Contagion and Its Influence on Group Behavior», *Administrative Science Quarterly* 47 (2002): 644-675.

22. Karkovsky, «When Feelings Go to Work».

23. R. Neumann y F. Strack, «'Mood Contagion': The Automatic Transfer of Mood between Persons», *Journal of Personality and Social Psychology* 79 (2000): 211-223.

24. M. Schedlowski *et al.*, «Psychophysiological, Neuroendocrine and Cellular Immune Reactions Under Psychological Stress», *Neuropsychobiology* 28 (1993): 87-90; J. M. Scanlan *et al.*, «CD4 and CD8 Counts Are Associated with Interactions of Gender and Psychosocial Stress», *Psychosomatic Medicine* 60, no. 5 (1998): 644-653.

25. J. K. Kiecolt-Glaser *et al.*, «Negative Behavior During Marital Conflict Is Associated with Immunological Down-regulation», *Psychosomatic Medicine* 55(1993): 395-409.

26. S. E. Sephton *et al.*, «Diurnal Cortisol Rhythm as a Predictor of Breast Cancer Survival», *Journal of the National Cancer Institute* 92, no. 2 (2000): 994-1000.

27. M. E. J. Newman, «The Structure and Function of Complex Networks», The Society for Industrial and Applied Mathematics *SIAM Review* 45(2003): 167-256.

28. M. McPherson *et al.*, «Birds of a Feather: Homophily in Social Networks», *Annual Review of Sociology* 27 (2001): 415-444.

29. N. A. Christakis *et al.*, «The Spread of Obesity in a Large Social Network over 32 Years», *New England Journal of Medicine* 357 (2007): 370-379.

30. J. H. Fowler y N. A. Christakis, «Dynamic Spread of Happiness in a Large Social Network: Longitudinal Analysis over 20 Years in the Framingham Heart Study», *British Medical Journal* 337 (2008): a2338.

31. N. Christakis y J. Fowler, *Connected: The Amazing Power of Social Networks and How They Shape Our Lives* (HarperPress, 2010).

Capítulo 7

1. S. Oliner, *Do unto Others: Extraordinary Acts of Ordinary People* (Westview Press, 2003), 13.

2. R. Dawkins, *The Selfish Gene* (Oxford University Press, 1989).

3. Robert Trivers, *Natural Selection and Social Theory: Selected Papers of Robert Trivers*, Evolution and Cognition Series (Oxford University Press, 2002).

4. Oren Solomon Harman, *The Price of Altruism: George Price and the Search for the Origins of Kindness* (W. W. Norton & Company, 2010).

5. *Ibid.*

6. Dawkins, *The Selfish Gene.*

7. P. A. Kropotkin, *Mutual Aid: A Factor of Evolution* (General Books, 2010).

8. V. H. Cahalane, «Badger-Coyote 'Partnerships», *Journal of Mammalogy* 31 (1950): 354-355.

9. G. S. Wilkerson, «Reciprocity and Sharing in the Vampire Bat», *Nature* 308 (1984): 181-184.

10. D. L. Cheney y R. M. Seyfarth, *How Monkeys See the World: Inside the Mind of Another Species* (University of Chicago Press, 1990).

11. H. Kummer, *Social Organization of Hamadryas Baboons: A Field Study* (University of Chicago Press, 1968).

12. B. P. Wiesner y N. M. Sheard, *Maternal Behaviour in the Rat* (Oliver & Boyd, 1933).

13. M. Bekoff y J. Pierce, *Wild Justice: The Moral Lives of Animals* (University of Chicago Press, 2009), 56, 59-60, 125.

14. K. E. Langergraber *et al.*, «The Limited Impact of Kinship on Cooperation in Wild Chimpanzees», *Proceedings of the National Academy of Sciences, USA* 104 (2007): 7786-7790.

15. G. E. Rice y P. Gainer, «Altruism' in the Albino Rat», *Journal of Comparative and Physiological Psychology* 55 (1962): 123-125.

16. J. H. Wechkin *et al.*, «Altruistic Behavior in Rhesus Monkeys», *American Journal of Psychiatry* 121 (1964): 58485.

17. R. M. Church, «Emotional Reactions of Rats to the Pain of Others», *Journal of Comparative Physiological Psychology* 52 (1959): 13234.

18. F. Warneken y M. Tomasello, «Altruistic Helping in Human Infants and Young Chimpanzees», *Science* 311(2006): 1301-1303; F. Warneken *et al.*, «Spontaneous Altruism by Chimpanzees and Young Children», *PLoS Biology* 5, no. 7 (2007): 1414-1420.

19. *Ibid.*

20. J. Greene *et al.*, «An fMRI Investigation of Emotional Engagement in Moral Judgment», *Science* 293, no. 5537 (2001): 2105-8. Estoy en deuda con Dacher Keltner, «The Compassionate Instinct», *Greater Good,* primavera de 2004, 6-9, por su investigación de estudios sobre la base biológica del afecto.

21. J. Moll *et al.* «Human Fronto-mesolimbic Networks Guide Decisions about Charitable Donation», *Proceedings of the National Academy of Sciences of the United States of America* 103 (2006): 15623-15628.

22. J. Rilling. *et al.*, «A Neural Basis for Social Cooperation», *Neuron* 35(2) (2002): 395-405.

23. «Emory Brain Imaging Studies Reveal Biological Basis For Human Cooperation», *ScienceDaily* (18 de julio de 2002) online.

24. *Ibid.*

25. Keltner, «The Compassionate Instinct».

26. S. G. Post, «Altruism, Happiness and Health; It's Good to Be Good», *International Journal of Behavioral Medicine* 12, no. 2 (2005): 66-77.

27. Todos los destalles de este estudio se han tomado de Joshua Wolf Shenk, «What Makes Us Happy?», *The Atlantic,* junio de 2009.

28. Un buen número de investigaciones subsecuentes ha puesto en duda los hechos del caso Geovese, según Jim Rasenberger, «Nightmare on Austin Street», *American Heritage,* 5 de octubre de 2006 online; R. Manning *et al.* «The Kitty Genovese Murder and the Social Psychology of Helping: the Parable of the 38 Witnesses», *American Psychologist* 62 (2007): 555-562.

29. Un listado de estudios, en I. M. Piliavin, «Good Samaritanism: An Underground Phenomenon?», *Journal of Personality and Social Psychology* 13, no. 4 (1969): 289-299.

30. Mario Beauregard y Denyse O'Leary, *The Spiritual Brain: A Neuroscientist's Case for the Existence of the Soul* (HarperOne, 2007), 10.

31. I. M. Piliavin, «Good Samaritanism: An Underground Phenomenon?».

32. Oliner, *Do unto Others.*

33. *Ibid.*, 45.

34. Svetlana Broz, «Courage under Fire», *Greater Good* 3 (otoño-invierno 2006-2007): 10-13.

35. *Ibid.*; Jason Marsh, «The Making of an Upstander», *Greater Good* 3 (otoño-invierno 2006-2007): 10-13.

36. M. T Ghiselin, *The Economy of Nature and the Evolution of Sex* (University of California Press, 1974), 247, citado en H. Gintis *et al.*, «Explaining Altruistic Behavior in Humans», *Evolution and Human Behavior* 24 (2003): 153-172.

37. C. D. Batson *et al.*, «Five Studies Testing Two New Egoistic Alternatives to the Empathy-Altruism Hypothesis», *Journal of Personality and Social Psychology* 55 (1988): 52-77.

38. C. Lamm *et al.*, «The Neural Substrate of Human Empathy: Effects of Perspective-taking and Cognitive Appraisal», *Journal of Cognitive Neuroscience* 19 (2007): 42-58.

39. C. D. Batson *et al.*, «Perspective Taking: Imagining How Another Feels versus Imagining How You Would Feel», *Personality and Social Personality Bulletin* 23 (1997): 751-758.

40. R. B. Cialdini *et al.*, «Reinterpreting the Empathy-Altruism Relationship: When One into One Equals Oneness», *Journal of Personality and Social Psychology* 73, no. 93 (1997): 481-494.

Capítulo 8

1. M. Spencer, «Rapoport at Ninety», *Connections* 24, no. 3 (2002): 104-107.

2. El más conocido es R. Axelrod, *The Evolution of Cooperation* (Basic Books, 1984).

3. A. M. Colman y L. Browning, «Evolution of Cooperative Turn-taking», *Evolutionary Ecology Research* 11(2009): 949-963.

4. H. Gintis *et al.*, «Explaining Altruistic Behavior in Humans», *Evolution and Human Behavior* 24 (2003): 153-172.

5. J. Henrich *et al.*, «Overview and Synthesis», en *Foundations of Human Sociality*, ed. J. Henrich *et al.* (Oxford University Press, 2004), citado en R. Wilkinson y Kate Pickett, *The Spirit Level: Why More Equal Societies Almost Always Do Better* (Allen Lane/Penguin, 2009), 199.

6. *Ibid.*

7. J. Henrich *et al.*, «Cooperation, Reciprocity and Punishment in Fifteen Small scale Societies», *American Economic Review* 91(2001): 73-78.

8.   S. Brosnan y B. M. De Waal, «Animal Behaviour: Fair Refusal by Capuchin Monkeys», *Nature* 428 (2004): 140.

9.   S. Markey, «Monkeys Show Sense of Fairness, Study Says», *National Geographic News*, 17 de septiembre de 2003, http://news.nationalgeographic.com/ news/2003/09/09 17_0309 1 7_monkeyfairness.html.

10.   Véase también K. Jensen, «Chimpanzees Are Rational Maximizers in an Ultimatum Game», *Science* 318, no. 5847 (2007): 107-109.

11.   E. Tricomi *et al*, «Neural Evidence for Inequality-averse Social Preferences», *Nature* 463 (2010): 1089-1091.

12.   E. Fehr *et al.*, «Reciprocity as a Contract Enforcement Device: Experimental Evidence», *Econometrica* 65 (1997): 437-459.

13.   T. Baumgartner, «Oxytocin Shapes the Neural Circuitry of Trust and Trust Adaptation in Humans», *Neuron* 58 (2008): 639-650.

14.   C. Eisenegger *et al.*, «Prejudice and Truth about the Effect of Testosterone on Human Bargaining Behaviour», *Nature* 463 (2010): 356-359.

15.   Entrevista con E. Fehr, 15 de febrero de 2010.

16.   E. Fehr y K. M. Schmidt, «A Theory of Fairness, Competition and Cooperation», *Quarterly Journal of Economics*, 114 (1999): 817-868.

17.   T Singer *et al.*, «Empathic Neural Responses Are Modulated by the Perceived Fairness of Others», *Nature* 439 (2006): 466-469.

18.   R. Wilkinson y Kate Pickett, *The Spirit Level.*

19.   *Ibid.*

20.   R. McCarthy y G. Kiser, «Number of U. S. Millionaires Soared in 2009: Spectrem Group», Huffington Post, 9 de mayo de 2010.

21.   Stephen Wright, «Fat Cats in Terror After Anti-capitalists Attack Fred the Shred's Home», Daily Mail online, 26 de marzo de 2009. http://www.dailymail.co.uk/ news/article- 1164691 /Fat .html#ixzzl 8xks0rmr.

22.   R. Putnam *et al.*, «The Social Capital Community Benchmark Survey», http:// www.hks.harvard.edu/saguaro/communitysurveyfresults_pr.html.

23.   Eric Uslaner, *The Moral Foundations of Trust* (Cambridge University Press, 2002).

24.   J. Lanzetta y Basil Englis, «Expectations of Cooperation and Competition and Their Effects on Observers' Vicarious Emotional Responses», *Journal of Personality and Social Psychology* 56, no. 4 (1989): 543-554.

25. Estoy en deuda con E. L. Doctorow, que usó esta frase en una revisión de J. Johnson, *Bad Connections* (Pocket, 1979).

Capítulo 9

1. Neelesh Misra, «Stone Age Cultures Survive Tsunami Waves», Associated Press, 4 de enero de 2005.

2. A. Gislén, «Superior Underwater Vision in a Human Population of Sea Gypsies», *Current Biology* 13, no. 10 (2003): 833-836.

3. «The Sea Gypsies», *60 Minutes*, 20 de marzo de 2005.

4. Amelia Gentleman, «Smile Please», *The Guardian*, 19 de octubre de 2004.

5. Richard Nisbett, *The Geography of Thought: How Asians and Westerners See Things Differently and Why* (Free Press, 2003).

6. *Ibid.*, 50.

7. D. Monro, ed., *Individualism and Holism: Studies in Confucian and Taoist Values* (Center for Chinese Studies, University of Michigan, Ann Arbor, 1985), 1-34, citado en R. Nisbett y T. Masuda, «Culture and Point of View», *Proceedings of the National Academy of Sciences of the United States of America* 100, no. 19 (2003): 11163-11170.

8. D. L. Fixico, *The American Indian Mind in a Linear World* (Routledge, 2003), 3.

9. G. V. Goddard, «Development of Epileptic Seizures through Brain Stimulation at Low Intensity», *Nature* 214 (1967): 1020.

10. R. M. Post, «Transduction of Psychosocial Stress into the Neurobiology of Recurrent Affective Disorder», *American Journal of Psychiatry* 149 (1992): 999-1010; J. Ormel *et al.*, «Vulnerability before, during, and after a Major Depressive Episode: A 3-Wave Population-Based Study», *Archives of General Psychiatry* 61 (2004): 990-996; K. P. Bailey, «Electrophysiological Kindling and Behavioral Sensitization as Models for Bipolar Illness: Implications for Nursing Practice», *Journal of the American Psychiatric Nurses Association* 5(1999): 62-66.

11. Nisbett y Masuda, «Culture and Point of View».

12. T. Masuda y R. E. Nisbett, «Attending Holistically vs. Analytically: Comparing the Context Sensitivity of Japanese and Americans», *Journal of Personality and Social Psychology* 81(2001): 922-934.

13. Nisbett y Masuda, «Culture and Point of View».

14. H. F. Chua *et al.*, «Cultural Variation in Eye Movements during Scene Perception», *Proceedings of the National Academy of Science of the United States of America* 102, no. 35 (2005): 12629-12633.

15. Daniel J. Simons, psicólogo de la universidad de Illinois en Urbana-Champaign, fue el primero en crear este estudio, que Brown amplificó. Véase J. Simons y D. T. Levin, «Failure to Detect Changes to People During a Real-world Interaction», *Psychonomic Bulletin and Review* 5 (1998): 644-649. Derren Brown Person Swap, disponible online como «Mind Control», S0IE02, «Trick of the Mind», S03E04.

16. T. Grandin, *Animals in Translation* (Scribner, 2005).

17. www.aquaticsintl.com/2004/nov/o411_rm.html.

18. A. Mack e I. Rock, «Inattentional Blindness: An Overview», *Current Directions in Psychological Science* 12, no. 5 (2003): 180-184.

19. I. Baruch *et al.*, «Latent Inhibition and 'Psychotic Proneness' in Normal Subjects», *Personality and Individual Differences* 9 (1988): 777-783.

20. S. Carson, «Decreased Latent Inhibition Is Associated with Increased Creative Achievement in High-Functioning Individuals», *Journal of Personality and Social Psychology* 85, No. 3 (2003): 499-506.

21. A. Gislén *et al.*, «Visual Training Improves Underwater Vision in Children», *Vision Research* 46, no. 20 (2006): 3443-3450.

22. W. H. Goodenough y S. D. Thomas, «Traditional Navigation in the Western Pacific: A Search for Pattern», *Expedition* 29, no. 3 (1987): 3-14.

23. Grandin, *Animals in Translation*.

24. *Ibid.*

25. A. W. Snyder *et al.*, «Savant-like Skills Exposed in Normal People by Suppressing the Left Fronto-temporal Lobe», *Journal of Integrative Neuroscience* 2, no. 2 (2003): 149-158.

26. J. Panksepp, «The Anatomy of Emotions», en *Emotion: Theory, Research and Experience, Vol. 3: Biological Foundations of Emotions*, ed. R. Plutchik (Academic Press, 1986), 91-124.

27. *Ibid.*

28. G. E. Swan y D. Carmelli, «Curiosity and Mortality In Aging Adults: A 5-Year Follow-Up of the Western Collaborative Group Study», *Psychology and Aging* 11 (1996): 449-453.

29. W. Woodward, «New Surprises in Very Old Places: Civil War Nurse Leaders and Longevity», *Nursing Forum* 26, no. 1(1991): 9-16.

30. J. Panksepp, «The Neurobiology of Emotions: Of Animal Brains and Human Feelings», en *Handbook of Psychophysiology*, ed. T. Manstead y H. Wagner (John Wiley & Sons, 1989), 5-26.

31. B. R. Dunn *et al.*, «Concentration and Mindfulness Meditations: Unique Forms of Consciousness?», *Applied Psychophysiology and Biofeedback* 24, no. 3 (1999): 147-165.

32. D. Brown *et al.*, «Visual Sensitivity and Mindfulness Meditation», *Perceptual and Motor Skills* 58, no. 3 (1984): 727-733, 775-784.

33. A. Lutz *et al.*, «Attention Regulation and Monitoring in Meditation», *Trends in Cognitive Science* 12, no. 4 (2008): 163-169.

34. H. A. Slagter *et al.*, «Mental Training Affects Distribution of Limited Brain Resources», *PLoS Biology* 5, no. 6 (2007): e138.

35. Lutz *et al.*, «Attention Regulation».

36. J. Reiman, «The Impact of Meditative Attentional Training on Measures of Select Attentional Parameters and on Measures of Client-Perceived Counsellor Empathy»,*Dissertation Abstracts International* 46, no. 6A (1985): 1569. Véase también S. Donovan *et al.*, *The Physical and Psychological Effects of Meditation*, capítulo 3 (Institute of Noetic Sciences, 1997).

37. Para esta y otras citas de Don Beck, entrevista con Beck, 19 de octubre de 2010.

38. M. Gerzon, *Global Citizens* (Harvard Business School Press, 2006), 180.

39. *Ibid.*

40. *Ibid.*, 33.

Capítulo 10

1. Para esta y todas las citas e información sobre Orland Bishop, entrevistas, 16 de abril y 16 de octubre de 2010.

2. M. Buber, *I and Thou* (Continuum, 2004).

3. S. D. Cousins, «Culture and self-perception in Japan and the United States», *Journal of Personality and Social Psychology* 56 (1989): 124-131; C. Kanagawa *et al.*, «Who Am I?' The Cultural Psychology of the Conceptual 'Self», *Personality and Social Psychology Bulletin* 27 (2001): 90-103, citado en R.E. Nisbett

y T Masuda, «Culture and Point of View», *Proceedings of the National Academy of Sciences of the United States of America* 100, no. 19 (2003): 11163-11170.

4. H. Kim y H. R. Markus, «Deviance or uniqueness, harmony or conformity?: A cultural analysis», *Journal of Personality and Social Psychology* 77 (1999): 785-800, citado en R. E. Nisbett y T. Masuda, «Culture and Point of View».

5. M. McPherson *et al.*, «Birds of a Feather: Homophily in Social Networks», *Annual Review of Sociology* 27 (2001): 415-444.

6. S. G. Barsade y D. E. Gibson, «Group Emotion: A View from Top and Bottom», *Research on Managing Groups and Teams* 1(1998): 81-102.

7. D. Bohm *et al.*, «Dialogue: A Proposal», disponible online en www.muc.de/-heuvel/ dialogue/dialogue_proposal.html.

8. *Ibid.*

9. *Ibid.*

10. «Public Conversations Project, 'Talking with the Enemy'», *Boston Globe*, 28 de enero de 2001.

11. Entrevista con James O'Dea, 9 de octubre de 2010.

12. A. Dillard, «Living Like Weasels», en *Teaching a Stone to Talk* (Harper Colophon, 1982), 13-14.

13. T Lewis *et al.*, *A General Theory of Love* (First Vintage, 2000), 63-64.

14. J. Grinberg-Zylberbaum *et al.*, «The Einstein-Podolsky-Rosen Paradox in the Brain: The Transferred Potential», *Physics Essays* 7, no; 4 (1994): 422-428.

15. Rollin McCraty *et al.*, «The Electricity of Touch: Detection and Measurement of Cardiac Energy Exchange between People», en *Brain and Values: Is a Biological Science of Values Possible?*, ed. Karl H. Pribram (Lawrence Erlbaum Associates, 1998), 359-379.

16. R J. Davidson y W. Irwin, «The Functional Neuroanatomy of Emotion and Affective Style», *Trends in Cognitive Sciences* 3 (1999): 11-21.

17. A. Lutz *et al.*, «Regulation of the Neural Circuitry of Emotion by Compassion Meditation: Effects of Meditative Expertise», *PLoS ONE* 3, no. 3 (2008): e1897, online.

18. A. B. Newberg y J. Iversen, «The Neural Basis of the Complex Mental Task of Meditation: Neurotransmitter and Neurochemical Considerations», *Medical Hypotheses* 61, no. 2 (2003): 282-291.

19. G. Müller-Fahrenholz, *The Art of Forgiveness: Theological Reflections on Healing and Reconciliation* (WCC Publication, 1997).

20. *Ibid.*

21. G. Müller-Fahrenholz, «On Shame and Hurt in the Life of Nations: A German Perspective», *Irish Quarterly Review* 78 (1989): 127-135, citado en J. Thompson, «On Forgiveness and Social Healing», mesa redonda sobre el papel del perdón en *Social Healing, Harvard Divinity School*, 31 de octubre de 2005. Disponible online en www.humiliationstudies.org/documents/Thompson-Forgiveness.pdf.

22. J. Thompson, «On Forgiveness and Social Healing».

23. *Ibid.*

24. *Ibid.*; y entrevista con O'Dea, op cit.

25. *Ibid.*

26. G. Müller-Fahrenholz, *The Art of Forgiveness.*

27. Para cualquier evidencia sobre *El experimento de la intención*, por favor consulta www.theintentionexperiment.com.

28. A. Seeger, *Why Suyá Sing* (University of Illinois Press, 2004).

29. A. Bellos, *Here's Looking at Euclid. A Surprising Excursion Through the Astonishing World of Math* (Free Press, 2010).

Capítulo 11

1. Richard Szymanski, *Can Changing Neighborhood Traffic Circulation Patterns Reduce Crime and Improve Personal Safety? A Quantitative Analysis of One Neighborhood's Efforts*, tesis doctoral no publicada, Florida Atlantic University, Department of City and Regional Planning, 1994. El autor es ex capitan del Departamento de Policía de Fort Lauderdale.

2. D. Diamond, «Behind Closed Gates», *USA Today*, 1997, 1: 1-3, citado en E. J. Drew y J. M. McGuigan, «Prevention of Crime: An Overview of Gated Communities and Neighborhood Watch», International Foundation for Protection Officers, online: www.ifpo.org/articlebank/gatedcommunity

3. U.S. Department of Justice, Bureau of Justice Statistics, *National Crime Victimization Survey*, 1993, citado en E. J. Blakely y M. G. Snyder, «Separate Places: Crime and Security in Gated Communities», en *Reducing Crime through Real Estate Development and Management*, ed. M. Fleson y R. B. Peiser (Urban Land Institute, 1998), 53-70.

4. G. S. Rudoff, «Cell Phones Reduce Major Urban Crimes», *American City and County* 111 (1996): 19-20, narrado en Drew y McGuigan, «Prevention of Crime».

5. Edward J. Blakely y Mary Gail Snyder, *Fortress America: Gated Communities in the United States* (Brookings Institution, 1999).

6. R. D. Putnam, «E Pluribus Unum: Diversity and Community in the Twenty-first Century: The 2006 johan Skytte Prize Lecture», *Scandinavian Political Studies* 30, no. 2 (2007): 137-174.

7. M. Sherif *et al.*, *The Robbers Cave Experiment: Intergroup Conflict and Cooperation*, 1954 (University of Oklahoma Institute of Group Relations, 1961).

8. G. W. Allport, *The Nature of Prejudice* (Perseus Books, 1954); T. F. Pettigrew, «Intergroup Contact Theory», *Annual Review of Psychology* 49 (1998): 65-85.

9. D. Bramel, «The Strange Career of the Contact Hypothesis», en *The Psychology of Ethnic and Cultural Conflict*, ed. Y. T Lee, C. McCauley, F. Moghaddam y S. Worchel (Praeger, 2004), 49-69.

10. T. F. Pettigrew y L R. Tropp, «A Meta-analytic Test of Intergroup Contact Theory», *Journal of Personality and Social Psychology* 90, no. 5 (2006): 751-783.

11. Entrevista con Don Beck, 19 de octubre de 2010.

12. R. I. Sutton, «Boss Luis Urzúa and the Trapped Miners in Chile: A Classic Case of Leadership, Performance, and Humanity», *Psychology Today*, 6 de septiembre de 2010; J. Webber y J. P. Rathbone, «Man in the News: Luis Urzúa», *Financial Times*, Londres, 15 de octubre de 2010; Nick Kanas, «Notes for the Underground», New York Times OpEd, 29 de agosto de 2010, online.

13. U. Lindenberger *et al.*, «Brains Swinging in Concert: Cortical Phase Synchroni zation while Playing Guitar», *BMC Neuroscience* 10 (2009): 22.

14. E. A. Cohen *et al.*, «Rowers' High: Behavioural Synchrony is Correlated with Elevated Thresholds», Biology Letters 6 (2010): 106-108.

15. «Tailholt Residents Build Community Center», *Cherokee News Path*, 10 de marzo de 2005, online.

16. D. Agent, «Tailholt Community Reaps Rewards of Gadugi», *Cherokee Phoenix*, Tahlequah, Oklahoma, marzo de 2006.

17. Entrevista con Yoko Masashiro a través del traductor Fukiko Kai, 26 de mayo de 2010.

18. S. Wolfand y J. G. Bruhn, *ThePower of Clan*.

19. Entrevista con Nour Hakki, 20 de abril de 2010.

20. J. C. Deschamps y W. Doise, «Crossed Category Memberships in Intergroup Relations», en H. Tajfel (ed.), *Differentiation Between Social Groups* (Cambridge University Press, 1978), 141-158.

21. J. Jetten *et al*, «The Social Cure?», *Scientific American Mind*, septiembre/octubre de 2009.

22. H. Tajfel, «Experiments in Intergroup Discrimination», *Scientific American* 223 (1970): 96-102.

23. R. D. Putnam y David E. Campbell, *American Grace: How Religion Divides and Unites Us* (Simon & Schuster, 2010).

Capítulo 12

1. Se ha cambiado la identidad de «Marie».

2. H. Gintis *et al.*, «Explaining Altruistic Behavior in Humans», *Evolution and Human Behavior* 24 (2003), 153-172.

3. N. Christakis, correspondencia a través del correo electrónico con la autora, 19 de febrero de 2010.

4. J. Fowler y N. Christakis, «Cooperative Behavior Cascades in Human Social Networks», *Proceedings of the National Academy of Sciences of the United States of America* 107, no. 12 (2010): 5334-5338.

5. J. S. Lewis, «Dear to My Heart», discurso grabado en la BBC el 15 de abril de 1957.

6. www.hotdogonastick.com.

7. Robert D. Putnam y Lewis M. Feldstein, *Better Together: Restoring the American Community* (Simon & Schuster, 2003).

BIBLIOGRAFÍA

Abbott, A. «Testosterone Link to Aggression May Be All in the Mindd», *Nature News*, 8 de diciembre de 2009, online.

«After You: How Taking Turns Is Hardwired into Our Evolution», *Mail Online*, 9 de julio de 2009.

Agent, D. «Tailholt Community Reaps Rewards of Gadugi», *Cherokee Phoenix* (Tahlequah, Oklahoma), marzo de 2006.

Allahverdiyev, A. R., *et al.* «Possible Space Weather Influence on Functional Activity of the Human Brain». Presentación en el Space Weather Workshop: Looking towards a European Space Weather Programme, Noordwijk, Países Bajos, 17-19 de diciembre de 2001.

Alleyne, R. «Britain's 'Me Culture' Making Us Depressed», *Telegraph*, 6 de noviembre de 2009.

Allport, G. W. *The Nature of Prejudice*. Perseus Books, 1954.

Alonso, Y. «Geophysical Variables and Behavior: LXXII. Barometric Pressure, Lunar Cycle, and traffic Accidents», *Perceptual and Motor Skills* 77, no. 2 (1993): 371-376.

Alves, D. W, *et al.* «Effect of Lunar Cycle on Temporal Variation in Cardiopulmonary Arrest in Seven Emergency Departments During 11 Years», *European Journal of Emergency Medicine* 10, no. 3 (2003): 225-228.

Arai, J., *et al.* «Transgenerational Rescue of a Genetic Defect in Long-Term Potentiation and Memory Formation by Juvenile Enrichment», *Journal of Neuroscience* 29, no. 5 (2009): 1496-1502.

Aranda, M. P., «Relationship Between Religious Involvement and Psychological Well Being: A Social Justice Perspective», *Health and Social Work* 33, no. 1 (2008): 9-21.

Aspelrneyer, M. y A. Zeilinger, «A Quantum Renaissance», physicsworld.com, 1 de julio de 2008.

_____ Associated Press, «Ancient Tribe Survives Tsunami», 6 de enero de 2005.

_____ «Ancient Tribes Touched by Tsunami», 14 de enero de 2005.

_____ «Fate of Indigenous Tribes Unknown», 4 de enero de 2005.

_____ «Sea Gypsies' Tsunami Rebuild Curse», 14 de enero de 2005.

_____ «The Authentic Expression of My Voice», vídeo, Global Oneness Project, 27 de septiembre de 2006.

Babayev, E., «Some Results of Investigations on the Space Weather Influence on Functioning of Several Engineering-Technical and Communication Systems and Human Health», *Astronomical and Astrophysical Transactions* 22, no. 6 (2003): 861-867.

Baevsky R. M., *et al.*, «Meta-analyzed Heart Rate Variability, Exposure to Geomagnetic Storms, and the Risk of Ischemic Heart Disease», *Scripta Medica* (Brno) 70, nos. 4-5 (1997): 201-206.

Bailey, K. P., «Electrophysiological Kindling and Behavioral Sensitization as Models for Bipolar Illness: Implications for Nursing Practice», *Journal of the American Psychiatric Nurses Association* 5 (1999): 62-66.

Bair, C. C., «The Heart Field Effect: Synchronization of Healer-Subject Heart Rates in Energy 'Therapy'», *Advances in Body-Mind Medicine* 23, no. 4 (2008-9): 10-19.

Barber, N., *Kindness in a Cruel World: The Evolution of Altruism*, Prometheus Books, 2004.

_____ «Barrio De Paz», vídeo. Global Oneness Project, 1 de febrero de 2007.

Barsade, S. G., «The Ripple Effect: Emotional Contagion and Its Influence on Group Behavior», *Administrative Science Quarterly* 47 (2002): 644-675.

Barsade, S. G. y D. E. Gibson, «Group Emotion: A View from Top and Bottom», *Research on Managing Groups and Teams* 1(1998): 81-102.

BIBLIOGRAFÍA

Barsade, Sigal G. y Gibson, Donald E., «Why Does Affect Matter in Organizations?», Academy of Management Perspectives, febrero de 2007, 36-59.

Barsade, Sigal G., *et al.*, «The Affective Revolution in Organizational Behavior: The Emergence of a Paradigm», en J. Greenberg, ed., *Organizational Behavior: The State of the Science*, 3-52, Erlbaum Associates, 2003.

Baruch, I., *et al.*, «Latent Inhibition and 'Psychotic Proneness' in Normal Subjects», *Personality and Individual Differences* 9 (1988): 777-783.

Batson, C. D., «How Social an Animal? The Human Capacity for Caring», *American Psychologist* 45, no. 3 (1990): 336-346.

Batson, C. Daniel y Nadia Ahmad, «Four Motives for Community Involvement», *Journal of Social Issues* 58, no. 3 (2002): 429-445.

Batson, C. D., *et al.*, «Empathic Joy and the Empathy-Altruism Hypothesis», *Journal of Personality and Social Psychology* 61, no. 3 (1991): 413-426.

_____«Five Studies Testing Two New Egoistic Alternatives to the Empathy-Altruism Hypothesis», Journal of Personality and Social Psychology 5(1988): 52-77.

_____«Is Empathic Emotion a Source of Altruistic Motivation?», Journal of Personality and Social Psychology 40, no. 2 (1981): 290-302.

_____«Negative-State Relief and the Empathy-Altruism Hypothesis», *Journal of Personality and Social Psychology* 56 (1989): 922-933.

_____«Perspective Taking: Imagining How Another Feels versus Imagining How You Would Feel», *Personality and Social Personality Bulletin* 23 (1997): 751-758.

Batty, David, «Dog Adopts Tiger Triplets», *Guardian*, 18 de mayo de 2007, online.

Baumgartner, T., «Oxytocin Shapes the Neural Circuitiy of Trust and Trust Adaptation in Humans», *Neuron* 58 (2008): 639-650.

Beardsley, «In Focus: Evolution Evolving», *Scientific American*, septiembre de 1997, 15-16.

Beauregard, Mario y Denyse O'Leary, *The Spiritual Brain: A Neuroscientist's Case for the Existence of the Soul*. HarperOne, 2007.

Beck, Don, «Six Games to Glory: A Winning Strategy for the 1995 South African Springbok Team», manuscrito inédito, 1995.

_____ «World Cup Offers Insight into Rugby», *Dallas Morning News*, 16 de marzo de 1995.

_____ «World Cup Team New Symbol of Unity in South Africa», *Dallas Morning News*, 8 de junio de 1995.

Beck, Don Edward y Christopher C. Cowan, *Spiral Dynamics: Mastering Values, Leadership, and Change.* Blackwell, 2006.

Becker, Robert O., *The Body Electric: Electromagnetism and the Foundation of Life,* Quill, 1985.

_____ «Bees and Ants 'Operate in Teams»,* BBC News,* 23 de marzo de 2009.

Bellos, A., *Here's Looking at Euclid: A Surprising Excursion Through the Astonishing World of Math,* Free Press, 2010.

Berk, M., *et al.*, «Do Ambient Electromagnetic Fields Affect Behavior? A Demonstration of the Relationship Between Geomagnetic Storm Activity and Suicide», *Bioelectromagnetics* 27 (2006): 151-155.

Berkman, Lisa F. y S. L. Syme., «Social Networks, Host Resistance, and Mortality: A Nine-Year Follow-up Study of Alameda County Residents», *American Journal of Epidemiology* 109, no. 2 (1979): 186-204.

Bernhard, H., *et al.*, «Parochial Altruism in Humans», *Nature* 442 (2006): 912-915.

Bhattacharjee, C., *et al.*, «Do Animals Bite More During a Full Moon? Retrospective Observational Analysis», *British Medical Journal* 321, no. 7376 (2000): 1559-1561.

Bishop, Orland, «Keynote Address», Connectivity, São Paulo, Brazil, 16-22 de julio de 2006, online.

Blakely, Edward J. y Mary Gail Snyder, *Fortress America: Gated Communities in the United States,* Brookings Institution, 1999.

Blakely, E. J. y M. G. Snyder, «Separate Places: Crime and Security in Gated Communities», en M. Fleson y R. B., Peiser, eds., *Reducing Crime Through Real Estate Development and Management,* 53-70, Urban Land Institute, 1998.

Blakeslee, S., «A Pregnant Mother's Diet May Turn the Genes Around», *New York Times,* 7 de octubre de 2003, online.

Block-Lerner, J., *et al.*, «The Case of Mindfulness-Based Approaches in the Cultivation of Empathy: Does Nonjudgmental, Present-Moment Awareness Increase Capacity for Perspective-Taking and Empathic Concern?», *Journal of Marital and Family Therapy* 33, no. 4 (2007): 501-516.

Boden-Albala, B., *et al.*, «Social Isolation and Outcomes Post Stroke», *Neurology* 64, no. 11 (2005): 1888-1892.

Bohm, D. *et al.*, «Dialogue: A Proposal», www.muc.de/heuvel/dialogue/dialogue_proposal.html.

Borris, Eileen R., «The Healing Power of Forgiveness», Occasional Paper No 10, Institute for Multi-Track Diplomacy (Washington, D.C.), octubre de 2003.

Bramel, D., «The Strange Career of the Contact Hypothesis.», en Y. T Lee *et al.*, eds., *The Psychology of Ethnic and Cultural Conflict*, 49-69, 2004.

Brooks, David, «They Had It Made», *Op-ed. New York Times*, 12 de mayo de 2009, online.

Brosnan, S. y B. M. De Waal, «Animal Behaviour: Fair Refusal by Capuchin Monkeys», *Nature* 428 (2004): 140.

Brown, D., *et al.*, «Visual Sensitivity and Mindfulness Meditation», *Perceptual and Motor Skills* 58, no. 3 (1984): 727-733, 775-784.

Broz, Svetlana, «Courage under Fire», *Greater Good* 3 (200677), online.

Bruhn, J. G. y S. Wolf, «Studies Reporting 'Low Rates' of Ischemic Heart Disease: A Critical Review», *American Journal of Public Health* 60, no. 8 (1970): 1477-1495.

Bruhn, J. G., *et al.*, «Social Aspects of Coronary Heart Disease in Two Adjacent, Ethnically Different Communities», *American Journal of Public Health* 56, no. 9 (1966): 1493-1506.

Buber, Martin, *I and Thou*, Continuum, 2004.

Buchenau, J., «Global Darwin: Multicultural Mergers», *Nature* 462, no. 19 (2009): 284-285.

Buettner, Dan, *The Blue Zones: Lessons for Living Longer from the People Who've Lived the Longest*, National Geographic Society, 2008.

Bureau, Y. y M. Persinger, «Decreased Latencies for Limbic Seizures Induced in Rats by Lithium-Pilocarpine Occur when Daily Average Geomagnetic Activity Exceeds 20 Nanotesla», *Neuroscience Letters* 192 (1995): 142-144.

Cairns, J., «The Origin of Mutants», Nature 335 (1988): 142-145.

Campbell, Joseph, *The Hero with a Thousand Faces*, Princeton University Press, 2004.

Carison, Emily, «How Do Mothers Process Emotion About Their Own Babies?», *Wisconsin Week*, 27 de febrero de 2004, online.

Carson, S., «Decreased Latent Inhibition Is Associated with Increased Creative Achievement in High-Functioning Individuals», *Journal of Pensonality and Social Psychology* 85, no. 3 (2003): 499-506.

Catmur, C., *et al.*, «Sensorimotor Learning Configures the Human Mirror System», *Current Biology* 17 (2007): 1527-1531.

Cavendish, C., «The Big Society Is About Bowling Together», *London Times*, 23 de septiembre de 2010, online.

_____ «The Cell: Unraveling the Double Helix and the Secret of Life», *Time*, 19 de abril de 1971, online.

Chapman, S. y S. Morrell, «Barking Mad? Another Lunatic Hypothesis Bites the Dust», *British Medical Journal* 321, no. 7376 (2000): 1561-1563.

Chiao, J. Y. y K. D. Blizinsky, «Culture-Gene Coevolution of Individualism—Collectivism and the Serotonin Transporter Gene», *Proceedings of the Royal Society B: Biological Sciences* 277, no. 1681 (2010): 529-537.

_____ «Child Abuse May 'Mark' Genes in Brains of Suicide Victims», *Science Daily*, 7 de mayo de 2008.

Chiltern Pierce, J., *Magical Child*, Bantam Books, 1980.

Christakis, N. y J. Fowler., *Connected. The Amazing Power of Social Networks and How They Shape Our Lives*, Harper Press, 2010.

Christakis, N. A., *et al.*, «The Spread of Obesity in a Large Social Network over 32 Years», *New England Journal of Medicine* 357 (2007): 370-379.

Christian, L. M., *et al.*, «Stress and Wound Healing», *Neuroimmunomodulation* 13 (2006): 337-346.

Chua, H. F., *et al.*, «Cultural Variation in Eye Movements During Scene Perception», *Proceedings of the National Academy of Science of the United States of America* 102, no. 35 (2005): 12629-12633.

Church, R. M., «Emotional Reactions of Rats to the Pain of Others», *Journal of Comparative Physiological Psychology* 52 (1959): 132-134.

Cialdini, R. B., *et al.*, «Empathy-Based Helping: Is It Selflessly or Selfishly Motivated?», *Journal of Personality and Social Psychology* 52, no. 4 (1987): 749-758.

_____ «Reinterpreting the Empathy-Altruism Relationship: When One into One Equals Oneness», *Journal of Personality and Social Psychology* 73, no. 93 (1997): 481-494.

Clark, A. y C. Senik, «Who Compares to Whom? The Anatomy of Income Comparisons in Europe», IZA Discussion Papers 4414, Institute for the Study of Labor (Bonn, Alemania), 2009.

Climent, C. E. y R. Plutchik, «Lunar Madness: An Empirical Study», *Comprehensive Psychiatry* 18, no. 4 (1977): 369-374.

Cloud, John, «Why Your DNA Isn't Your Destiny», *Time*, 6 de enero de 2010, on-line.

Cohen, E. A., *et al.*, «Rowers' High: Behavioural Synchrony Is Correlated with Elevated Thresholds», *Biology Letters* 6 (2010): 106-108.

Cohen, S. y F. A. Popp, «Biophoton Emission of the Human Body», *Journal of Photochemistry and Photobiology* 40 (1997): 187-189.

Cohen, S., *et al.*, «Social Integration and Health: The Case of the Common Cold», *Journal of Social Structure* 1, no. 3 (2000): 1-7.

_____«Social Ties and Susceptibility to the Common Cold», *Journal of the American Medical Association* 277, no. 24 (1997): 1940-1944.

Cohen-Mansfield, J., *et al.*, «Full Moon: Does It Influence Agitated Nursing Home Residents?», *Journal of Clinical Psychology* 45, no. 4 (1989): 611-614.

Colman, A. M., «Love Is Not Enough: Other-Regarding Preferences Cannot Explain Payoff Dominance in Game Theory», *Behavioral and Brain Sciences* 30, no. 1 (2007): 22-23.

Colman, A. M. y L. Browning, «Evolution of Cooperative Turn-Taking», *Evolutionary Ecology Research* 11(2009): 949-963.

Condon, W. S., «Method of Micro-analysis of Sound Films of Behavior», *Behavior Research Methods, Instruments and Computers* 2, no. 2 (1970): 51-54.

Condon, W. S. y L. W. Sander. "Neonate Movement Is Synchronised with Adult Speech: Interactional Participation and Language Acquisition." *Science* 183 (1974): 99-101.

_____«Synchrony Demonstrated Between Movements of the Neonate and Adult Speech», *Child Development* 45 (1974): 456-462.

Cornélissen, Germaine, *et al.*, «Chronomes, Time Structures, for Chronobioengineering for 'a Full Life», *Biomedical Instrumentation and Technology* 33, no. 2 (1999): 152-187.

_____«From Various Kinds of Heart Rate Variability to Chronocardiology», *American Journal of Cardiology* 66 (1990): 863-868.

_____«Is a Birth-Month-Dependence of Human Longevity Influenced by Half-Yearly Changes in Geomagnetics?», *Proceedings of the XXV Annual Seminar, "Physics of Auroral Phenomena," Apatity* [7b] (2002): 161-165.

_____ «Non-photic Solar Associations of Heart Rate Variability and Myocardial Infarction», *Journal of Atmospheric and Solar- Terrestrial Physics* 64 (2002): 707-720.

Crisp, R. J. y M. J. Farr, «Moderation of Intergroup Memory Bias via Crossed Categorization», *Current Research in Social Psychology* 9, no. 9 (2004), online.

Dalai Lama y Howard C. Cutler, *The Art of Happiness in a Troubled World.* Hodder y Stoughton, 2009.

Daley, M., *et al.*, «Relative Status and Well-being: Evidence from U.S. Suicide Deaths», *Federal Reserve Bank of San Francisco Working Paper Series*, No. 2007-2012 (2008).

Damasio, Antonio R., *Descartes' Error: Emotion, Reason, and the Human Brain.* Grosset/Purnam, 1994.

Darwin, Charles, *The Origin of Species*, Wordsworth Editions, 1998.

Davidson, R. J. y W. Irwin, «The Funcrional Neuroanatomy of Emotion and Affective Style», *Trends in Cognitive Sciences* 3 (1999): 11-21.

Dawkins, R., *The Selfish Gene*, Oxford University Press, 1989.

Day, E., «Why Reality TV Works», *Observer*, 21 de noviembre de 2010, 18-24.

De Quervain, D. J. F., *et al.*, «The Neural Basis of Altruistic Punishment», *Science* 305 (2004): 1254-1257.

De Waal, Frans, *The Age of Empathy: Nature's Lessons for a Kinder Society*, Harmony Books, 2009.

_____ «The Evolution of Empathy», *Greater Good*, otoño/invierno de 2005, 2006, 6-9.

_____ «Putting the Altruism Back into Altruism: The Evolution of Empathy», *Annual Review of Psychology* 59 (2008): 279-300.

Del Giudice, Marco, *et al.*, «Programmed to Learn? The Ontogeny of Mirror Neurons», *Developmental Science* 12 (2009): 350-363.

Delavallade, A., «Research on Moon's Effect Could Illuminate Behavior», *Business Review* (Albany), 23 de junio de 1997, online.

Deschamps, J. C. y W. Doise, «Crossed Category Memberships in Intergroup Relations», en H. Tajfel, ed., *Differentiation Between Social Groups*, 141-158, Cambridge University Press, 1978.

Detillion, C. E., *et al.*, «Social Facilitation of Wound Healing», *Psychoneuroendocrinology* 29, no. 8 (2004): 1004-1011.

Di Pellegrino, G., *et al.*, «Understanding Motor Events: A Neurophysiological Study», *Experimental Brain Research* 91(1992): 176-180.

Ditzen, B., *et al.*, «Effects of Different Kinds of Couple Interaction on Cortisol and Heart Rate Responses to Stress in Women», *Psychoneuroendocrinology* 32, no. 5 (2007): 565-574.

_____ «Do Animals Think Like Autistic Savants?», *ScienceDaily*, 20 de febrero de 2008.

Donovan, S., *et al.*, *The Physical and Psychological Effects of Meditation*, capítulo 3, Institute of Noetic Sciences, 1997.

Doolan, Robert, «Helpful Animals», *Creation* 17, no. 3 (1995): 10-14.

Drew, E. J. y J. M. McGuigan, «Prevention of Crime: An Overview of Gated Communities and Neighborhood Watch», International Foundation for Protection Officers, www.ifpo.org/articiebank/gatedcommunity.html.

Drexler, Madeleine, «Where DNA Meets Daily Life», *Harvard Public Health Review*, Fall 2010, 4-9.

Dugatkin, Lee Alan, *The Altruism Equation: Seven Scientists Search for the Origins of Goodness*. Princeton University Press, 2006.

_____ *Cooperation Among Animals: An Evolutionary Perspective*. Oxford University Press, 1997.

Dumé, Bell, «Entanglement Heats Up», physicsworld.com, 23 de febrero de 2006.

Dunn, B. R., *et al.*, «Concentration and Mindfulness Meditations: Unique Forms of Consciousness?», *Applied Psychophysiology and Biofeedback* 24, no. 3 (1999): 147-165.

Eisenegger, C., *et al.*, «Prejudice and Truth About the Effect of Testosterone on Human Bargaining Behaviour», *Nature* 463 (2010): 356-359.

Elshakry, M., "Global Darwin: Eastern Enchantment», *Nature* 461, no. 2 (2009): 1200-1201.

_____ «Emory Brain Imaging Studies Reveal Biological Basis for Human Cooperation», *ScienceDaily*, 18 de julio de 2002, online.

Engardio, Joel P., «Charity Begins @ Home», *San Francisco Weekly News*, 5 de enero de 2000, online.

_____ «Evolution Guides Cooperative Turn-Taking, Game Theory-Based Computer Simulations Show», *ScienceDaily*, 9 de julio de 2009.

_____ «Exercise and Company: Fitter with Friends», *Economist*, 17 de septiembre de 2009.

Fehr, E, «The Effect of Neuropeptides on Human Trust and Altruism: A Neuroeconomic Perspective», en D. Pfaffet al., eds., *Hormones and Social Behavior*, 47-56. Springer-Verlag, 2008.

Fehr, E. y U. Fischbacher, «The Nature of Human Altruism», *Nature* 425 (2003): 785-791.

Fehr, E. y K. M. Schmidt, «A Theory of Fairness, Competition and Cooperation», *Quarterly Journal of Economics* 114 (1999): 817-868.

Fehr, E., *et al.*, «Reciprocity as a Contract Enforcement Device: Experimental Evidence», *Econometrica* 65 (1997): 437-459.

Finch, J., «Humble MD Who Is Never Knowingly Underpaid», *Guardian*, 7 de marzo de 2008.

_____ «First Direct Recording Made of Mirror Neurons in Human Brain», *ScienceDaily*, 13 de abril de 2010.

Fischbacher, U., *et al.*, «Fairness, Errors and the Power of Competition», *Journal of Economic Behavior and Organization* 72 (2009): 527-545.

Fischer, A., *et al.*, «Recovery of Learning and Memory Is Associated with Chromatin Remodelling», *Nature* 447 (10 de mayo de 2007): 178-182.

Fixico, Donald L., *The American Indian Mind in a Linear World: American Indian Studies and Traditional Knowledge*. Routledge, 2003.

Fogassi, L., *et al.*, «Parietal Lobe: From Action Organization to Intention Understanding», *Science* 308 (2005): 662-667.

Forte, M. y J. X. Mitrovica, «A Resonance in the Earth's Obliquity and Precession over the Past 20 Myr Driven-by-Mantle Convection», *Nature* 390 (1997): 676-680.

Fowler, J. H. y N. A. Christakis, «Cooperative Behavior Cascades in Human Social Networks», *Proceedings of the National Academy of Sciences of the United States of America*, 8 de marzo de 2010, www.pnas.org/cgi/doi/10.1073/pnas.091 3149107.

Fowler, J. H. y N. A. Christakis, «Dynamic Spread of Happiness in a Large Social Network: Longitudinal Analysis over 20 Years in the Framingham Heart Study», *British Medical Journal* 337 (2008): a2338.

Fraser, A., *et al.*, «Association of Maternal Weight Gain in Pregnancy with Offspring Obesity and Metabolic and Vascular Traits in Childhood», *Circulation* 121 (2010): 2557-2564.

Freedman, J., «White Paper: Emotional Contagion», *Sixseconds*, 14 de abril de 2007, online.

Friedman, H., *et al.*, «Geomagnetic Parameters and Psychiatric Hospital Admissions», *Nature* 200 (1963): 626-628.

Fromm, E., *The Anatomy of Human Destructiveness*. Fawcett Books, 1973.

Gallese, V., «The 'Shared Manifoid' Hypothesis: From Mirror Neurons to Empathy», *Journal of Consciousness Studies* 8 (2001): 3350.

Gallese, V., *et al.*, «Action Recognition in the Premotor Cortex», *Brain* 119, no. 2 (1996): 593-609.

_____«Intentional Attunement: Mirror Neurons and the Neural Underpinnings of Interpersonal Relations», *Journal of the American Psychoanalytic Society* 55, no. 1(2007): 131-175.

_____«The Mirror Matching System: A Shared Manifold for Intersubjectivity», *Behavioral and Brain Sciences* 25, no. 1(2002): 35-36.

_____«A Unifying View of the Basis of Social Cognition», *Trends in Cognitive Sciences* 8, no. 9 (2004): 396-403.

Gardner, A. y A. Grafen, «Capturing the Superorganism: A Formal Theory of Group Adaptation», *Journal of Evolutionary Biology* 22, no. 4 (2009): 659-671.

Gazzola, V., *et al.*, «The Anthropomorphic Brain: The Mirror Neuron System Responds to Human and Robotic Actions», *NeuroImage* 35 (2007): 1674-1684.

_____«Aplasics Born Without Hands Mirror the Goal of Hand Actions with Their Feet», *Current Biology* 17 (2007): 1235-1240.

_____«Empathy and the Somatotopic Auditory Mirror System in Humans», *Current Biology* 16 (2006): 1824-1829.

Gentleman, G., «Smile Please», *Guardian*, 19 de octubre de 2004, online.

Gershon, David. *Social Change* 2.0: *A Blueprint for Reinventing Our World*. High Point, 2009.

Gerzon, M., *Global Citizens*. Harvard Business School Press, 2006.

_____*Leading Through Conflict: How Successful Leaders Transform Differences into Opportunities*. Harvard Business School Press, 2006.

Gibson, L., «Mirrored Emotion», *University of Chicago Magazine* 98, no. 4 (2006), online.

Gintis, H., *et al.*, «Explaining Altruistic Behavior in Humans», *Evolution and Human Behavior* 24 (2003): 153-172.

Gislén, A., «Superior Underwater Vision in a Human Population of Sea Gypsies», *Current Biology* 13 (2003): 833-836.

Gislén, A., *et al.*, «Visual Training Improves Underwater Vision in Children», *Vision Research* 46, no. 20 (2006): 3443-3450.

Gladwell, Malcolm, *The Outliers: The Story of Success*, Penguin, 2009.

_____*The Tipping Point: How Little Things Can Make a Big Difference* Little, Brown, 2002.

Gnevyshev, M. N., «Essential Features of the 11-Year Solar Cycle», *Solar Physics* 51 (1977): 175-182.

Goddard, G. V., «Development of Epileptic Seizures Through Brain Stimulation at Low Intensity», *Nature* 214 (1967): 1020.

Goodenough, W., «Navigation in the Western Carolines: A Traditional Science», en Laura Nadar, ed., *Naked Science: Anthropological Inquiry into Boundaries, Power, and Knowledge*. Routledge, 1996.

Goodenough, W. H. y Stephen D. Thomas, «Traditional Navigation in the Western Pacific: A Search for Pattern», *Expedition* 29, no. 3 (1987): 3-14.

Gøtzsche, P. C., *et al.*, «Ghost Authorship in Industry Randomised Trials», *PLoS Medicine* 4, no. 1(2007): e19.

Gould, Stephen Jay, *The Richness of Life*, Vintage Books, 2007.

Gramling, R., *et al.*, «Hormone Replacement Therapy, Family History and Incident Invasive Breast Cancer Among Postmenopausal Women in the Women's Health Initiative», *Epidemiology* 20 (2009): 752-756.

Grandin, T., *Animals in Translation*, Scribner, 2005.

Greene, J., *et al.*, «An fMRI Investigation of Emotional Engagement in Moral Judgment», *Science* 293, no. 5537 (2001): 2105-2108.

Grinberg-Zylberbaum, J., *et al.*, «The Einstein-Podolsky Paradox in the Brain: The Transferred Potential», *Physics Essays* 7, no. 4 (1994): 422-428.

Gurfinkel, I., *et al.*, «Assessment of the Effect of a Geomagnetic Storm on the Frequency of Appearance of Acute Cardiovascular Pathology», *Biofizika* 43, no. 4 (1998): 654-658.

Gutierrez-Garcia, J. M. y F. Tusell, «Suicides and the Lunar Cycle», *Psychological Reports* 80, no. 1 (1997): 243-250.

Haisch, B., A. Rueda y H. E. Puthoff, «Advances in the Proposed Electromagnetic Zero-Point Field Theory of Inertia», comunicación presentada en AIAA 98-3143, Advances ASME/SAE/ASEE Joint Propulsion Conference and Exhibit, Cleveland, Ohio, 13-15 de julio de 1998.

_____«Inertia as a Zero-Point-Field Lorentz Force», *Physical Review A* 49, no. 2 (1994): 678-694.

_____«Physics of the Zero-Point Field: Implications for Inertia, Gravitation and Mass», *Speculations in Science and Technology* 20 (1997): 99-114.

Halberg, F., «Chronomics of Autism and Suicide», *Biomedicine and Pharmacotherapy* 59 (2005): S100-108.

_____«Historical Encounters Between Geophysics and Biomedicine Leading to the Cornélissen-Series and Chronoastrobiology», en W. Schröder, ed., *Long- and Short-Term Variability in Sun's History and Global Change*, 272, Science Edition [2465] 2000.

Halberg, F., *et al.*, «Cross-Spectrally Coherent about 10.5- and 21-Year Biological and Physical Cycles, Magnetic Storms and Myocardial Infarctions», *Neuroendocrinology Letters* 21(2000): 233-258.

_____«Cycles Tipping the Scale Between Death and Survival (='Life')», *Progress of Theoretical Physics*, suppl. 173 (2008): 153-181.

_____«Subtraction and Addition of Heliomagnetics and Human Violence:Time Course of Transyears in Terrorism Mimics Their Cosmos», presentación en el primer International Workshop, Physiology of Adaptation and Quality of Life: Problems of Traditional Medicine and Innovation, People's Friendship University of Russia, Moscú, 14-16 de mayo de 2008.

Hall, Barry G., «Adaptive Evolution That Requires Multiple Spontaneous Mutations, 1. Mutations Involving an Insertion Sequence», *Genetics* 120 (1988): 887-897.

Hall, E. T., *Beyond Culture*. Anchor Books, 1989.

Halpern, David, *Social Capital,* Polity Press, 2005.

Han, S., *et al.*, «Empathic Neural Responses to Others' Pain Are Modulated by Emotional Contexts», *Human Brain Mapping* 30 (2009): 3227-3237.

Haslam, S. A. y S. D. Reicher, «The Psychology of Tyranny», *Scientific American Mind* 16, no. 3 (2005): 44-51.

Hatfield, E., *et al.*, *Emotional Contagion.* Cambridge University Press, 1994.

_____«Primitive Emotional Contagion: Recent Research», en J. Decety y W. Ickes, eds., *The Social Neuroscience of Empathy.* MIT Press, 2011.

Hawton, A., «The Impact of Social Isolation on the Health Status and Health-Related Quality of Life of Older People», *Quality of Life Research,* July 2010. Online. DOI: 10.1007/si 11136-010-9717-2.25.

He, J., «Body Mass and Blood Pressure in a Lean Population in Southwestern China», *American Journal of Epidemiology* 139, no. 4 (1994): 380-389.

_____«Dietary Macronutrients and Blood Pressure in Southwestern China», *Journal of Hypertension* 13, no. 11(1995): 1267-1274.

_____«Effect of Migration and Related Environmental Changes on Serum Lipid Levels in Southwestern Chinese Men», *American Journal of Epidemiology* 144, no. 9 (1996): 839-848.

Heinkel-Wolfe, Peggy, «The Story Behind 'Invictus': Man Aided Team Now on Screen», *Denton Record-Chronicle* (Denton, Texas), 24 de diciembre de 2009.

Henrich, J., *et al.*, «Cooperation, Reciprocity and Punishment in Fifteen Small-Scale Societies», *American Economic Review* 91(2001): 73-78.

Hewstone, Miles, «Mixed Communities: How 'Intergroup Contact' Can Promote Cohesion and Integration», presentación en la Housing and Community Cohesion Conference, Londres, 15 de marzo de 2007.

Hochschild, A., «The Chauffeur's Dilemma», *Greater Good,* otoño/invierno de 2005-2006, 10-12.

Holt-Lunstad, J., *et al.*, «Social Relationships and Mortality Risk: A Meta-analytic Review», *PLoS Medicine* 7, no. 7(2010): e1000316.

Houston, Jean, *Jump Time: Shaping Your Future in a World of Radical Change.* Sentient Publications, 2004.

_____«How Chimps Deal with Death: Studies Offer Rare Glimpses», *ScienceDaily,* 27 de abril de 2010.

Hubbard, Barbara Marx, *Conscious Evolution: Awakening the Power of Our Social Potential,* New World Library, 1998.

_____«Human-like Altruism Shown in Chimpanzees», *ScienceDaily,* 25 de junio de 2007.

Hutton, W., «Fairness, Not Capitalism, Is the Issue», *Guardian*, 26 de febrero de 2010, online.

Iacoboni, M., *et al.*, «Grasping the Intentions of Others with One's Own Mirror Neuron System», *PLoS Biology* 3, no. 3 (2005): e79.

Institute of Noetic Sciences. *The 2007 Shift Report: Evidence of a World Transforming*. IONS Press, 2007.

_____The 2008 Shift Report: Changing the Story of Our Future. IONS Press, 2008.

Ispas, Alexa, «Psyched Out by Numbers: Altruism and the Dangers of Methodolatry», EJOP (*Europe's Journal of Psychology*), 17 de agosto de 2007, online.

Ivanoff, J., «Sea Gypsies of Myanmar», *National Geographic*, abril de 2005, online.

Jabbi, M., *et al.*, «Empathy for Positive and Negative Emotions in the Gustatory Cortex», *Chemistry and Biology* 34, no. 4 (2007): 1744-1753.

Jacques, V., *et al.*, «Experimental Realization of Wheeler's Delayed-Choice Gedanken experiment», *Science* 315, no 5814 (2007): 966-968.

Jensen, K., «Chimpanzees Are Rational Maximizers in an Ultimatum Game», *Science* 318, no. 5847 (2007): 107-109.

Jetten, J., *et al.*, «The Social Cure?», *Scientific American Mind*, septiembre/octubre de 2009.

Jirtie, R. L., «Epigenome: The Program for Human Health and Disease», *Epigenomics* 1, no. 1(2009): 13-16.

Jirtie, Randy L. y Jennifer R. Weidman, «Imprinted and More Equal», *American Scientist*, marzo/abril de 2007, 143-149.

Johnson, Sharon, «Healing Power of Community», *Oregon Mail Tribune*, 3 de marzo de 2009.

Jones, P. K. y S.L. Jones, «Lunar Association with Suicide», *Suicide and Life-Threatening Behavior* 7, no. 1(1977): 31-39.

Kaati, G., *et al.*, «Transgenerational Response to Nutrition, Early Life Circumstances and Longevity», *European Journal of Human Genetics* 15 (2007): 784-790.

Kanas, Nick, «Notes for the Underground», *Op-ed. New York Times*, 29 de agosto de 2010.

Kaplan, G. A., *et al.*, «Social Connections and Mortality from All Causes and from Cardiovascular Disease: Prospective Evidence from Eastern Finland», *American Journal of Epidemiology* 128 (1988): 370-380.

Kawachi, I., *et al.*, «Social Capital, Income Inequality, and Mortality», *American Journal of Public Health* 87, no. 9 (1997): 1491-1498.

Kelly, J. R. y S. G. Barsade, «Mood and Emotions in Small Groups and Work Teams», *Organizational Behavior and Human Decision Processes* 86, no. 1 (2001): 99-130.

Keltner, Dacher, *Born to Be Good: The Science of a Meaningful Life*. Norton, 2009.

_____«The Compassionate Instinct», *Greater Good* 1 (2004): 6-9.

Keysers, C. y L. Fadiga, «The Mirror Neuron System: New Frontiers», *Social Neuroscience* 3, nos. 3-4 (2008): 193-198.

Keysers, C. y V. Gazzola, «Towards a Unifying Neural Theory of Social Cognition», en *Progress in Brain Research*, ed. S. Anders *et al.*, 156: 379-401. Elsevier, 2006.

Keysers, C., *et al.*, «Audiovisual Mirror Neurons and Action Recognition», *Experimental Brain Research* 153 (2003): 628-636.

_____«A Touching Sight: SII/VV Activation During the Observation and Experience of Touch», *Neuron* 42 (2004): 335-346.

Kiecolt-Glaser, J. K., *et al.*, «Hostile Marital Interactions, Proinflammatory Cytokine Production, and Wound Healing», *Archives of General Psychiatry* 62, no. 12 (2005): 1377-1384.

_____«Marital Stress: Immunologic, Neuroendocrine, and Autonomic Correlates», *Annals of the New York Academy of Sciences* 840 (1998): 656-663.

_____«Negative Behavior During Marital Conflict Is Associated with Immunological Down-Regulation», *Psychosomatic Medicine* 55 (1993): 395-409.

Kittenis, M., *et al.*, «Distant Psychophysiological Interaction Effects Between Related and Unrelated Participants», *Proceedings of the Parapsychological Association Convention*, 2004, 67-76, citado en D. Radin, *EntangledMinds*, 138-139. Paraview, 2006.

Klag, M. J., «The Contribution of Urinary Cations to the Blood Pressure Differences Associated with Migration», *American Journal of Epidemiology* 142, no. 3 (1995): 295-303.

Knight, Will, «Brain Scans Reveal Men's Pleasure in Revenge», *New Scientist*, 18 de enero de 2006, online.

Kollerstrom, N. y B. Steffert, «Sex Difference in Response to Stress by Lunar Month: A Pilot Study of Four Years' Crisis-Call Frequency», *BMC Psychiatry* 3 (2003): 20.

Kollewe, J. y Z. Wood, «John Lewis Staff to Share £151m in Bonuses», *Guardian*, 11 de marzo de 2010, online.

Koski, S. E. y E. H. M. Sterchk, «Post-conflict Third-Party Affiliation in Chimpanzees: 'What's in It for the Third Party?'», *American Journal of Primatology* 71, no. 5 (2009): 409-418, online.

Kowinski, W. S., «Pioneers of the Heart», *North Coast Journal* (Humboldt, California), 24 de abril de 2003, online.

Krakovsky, M., «When Feelings Go to Work», *Wharton Alumni Magazine*, primavera de 2006, 24-26.

Krivelyova, A. y C. Robotti, «Playing the Field: Geomagnetic Storms and the Stock Market», *Federal Reserve Bank of Atlanta Working Paper* 2003-5b, octubre de 2003.

Lamm, C., *et al.*, «The Neural Substrate of Human Empathy: Effects of Perspective Taking and Cognitive Appraisal», *Journal of Cognitive Neuroscience* 19 (2007): 42-58.

Langergraber, K. E., *et al.*, «The Limited Impact of Kinship on Cooperation in Wild Chimpanzees», *Proceedings of the National Academy of Sciences of the United States of America* 104 (2007): 7786-7790.

Lanzetta, J. T. y B. G. Englis, «Expectations of Cooperation and Competition and Their Effects on Observers' Vicarious Emotional Responses», *Journal of Personality and Social Psychology* 56, no. 4(1989): 543-554.

LaughLin, Robert B., *A Different Universe: Reinventing Physics from the Bottom Down*. Basic Books, 2005.

Lewis, Thomas, *et al.*, *A General Theory of Love*. Vintage, 2000.

Lieber, A., «Human Aggression and the Lunar Synodic Cycle», *Journal of Clinical Psychiatry* 39, no. 5 (1978): 385-392.

Lieber, A. y C. R. Sherin, «Homicides and the Lunar Cycle: Toward a Theory of Lunar Influence on Human Behavior», *American Journal of Psychiatry* 129 (1972): 69-74.

Lindenberger, U., *et al.*, «Brains Swinging in Concert: Cortical Phase Synchronization while Playing Guitar», *BMC Neuroscience* 10 (2009): 22.

Lipton, Bruce., *The Biology of Belief: Unleashing the Power of Consciousness, Matter, and Miracles*, Hay House, 2008.

Lipton, Bruce H. y Steve Bhaerman, *Spontaneous Evolution: Our Positive Future (and a Way to Get There from Here)*, Hay House, 2009.

_____«Loneliness Can Be Contagious», *ScienceDaily*, 2 de diciembre de 2009, online.

Long, T., *et al.*, «Relationship of Daily Geomagnetic Activity to the Occurrence of Temporal Lobe Seizures in an Epilepsy Monitoring Unit», comunicación presentada en la American Epilepsy Society, de mayo de 1996. Resumen publicado en *Epilepsia*, 36(S4) (1996): 94.

Lumey, L. H., «Decreased Birthweights in Infants After Maternal In Utero Exposure to the Dutch Famine of 1944-1945», *Paediatric and Perinatal Epidemiology* 6, no. 2 (1992): 240-253.

Luscombe, B., «Do We Need $75,000 a Year to Be Happy?», *Time*, 6 de septiembre de 2010.

Lutz, A., *et al.*, «Attention Regulation and Monitoring in Meditation», *Trends in Cognitive Science* 12, no. 4 (2008): 163-169.

_____«Regulation of the Neural Circuitry of Emotion by Compassion Meditation: Effects of Meditative Expertise», *PLoS One* 3, no. 3 (2008): el 897, online.

Mack, A. y I. Rock, «Inattentional Blindness: An Overview», *Current Directions in Psychological Science* 12, no. 5 (2003): 180-184.

Manning, R., *et al.*, «The Kitty Genovese Murder and the Social Psychology of Helping: The Parable of the 38 Witnesses», *American Psychologist* 62 (2007): 555-562.

Markey, Sean, «Monkeys Show Sense of Fairness, Study Says», *National Geographic News*, 17 de septiembre de 2003.

Marmot, Michael G. y S. Leonard Syme, «Acculturation and Coronary Heart Disease in Japanese-Americans», *American Journal of Epidemiology* 104, no. 3 (1976): 225-247.

Marsh, Jason, «The Making of an Upstander», *Greater Good* 3 (2006-2007), online.

Masson, Jeffrey y Susan McCarthy, *When Elephants Weep: The Emotional Lives of Animals*. Vintage, 1994.

Masuda, T. y R. E. Nisbett, «Attending Holistically vs. Analytically: Comparing the Context Sensitivity of Japanese and Americans», *Journal of Personality and Social Psychology* 81(2001): 922-934.

Mathew, V. M., *et al.*, «Attempted Suicide and the Lunar Cycle», pt. 1. *Psychological Reports* 68, no. 3 (1991): 927-930.

McCarthy, R. y G. Kiser, «Number of U.S. Millionaires Soared in 2009», *Huffington Post*, 9 de mayo de 2010.

McConnachie, J., «The Political Gene: How Darwin's Ideas Changed Politics. By Dennis Sewell», *Sunday Times* (Londres), 8 de noviembre de 2009, online.

McCrat Rollin, *et al.*, «The Electricity of Touch: Detection and Measurement of Cardiac Energy Exchange Between People», en Karl H. Pribram, ed., *Brain and Values: Is a Biological Science of Values Possible?*, 359-379. Lawrence Erlbaum, 1998.

McGowan, P. O., *et al.*, «Diet and the Epigenetic (Re)programming of Phenotypic Differences in Behavior», *Brain Research* 1237 (2008): 12-24.

_____«Promoter-Wide Hypermethylation of the Ribosomal RNA Gene Promoter in the Suicide Brain», *PLoS One* 3, no. 5 (2008): e2085.

McMinn, D., «The Sun, the Moon, and the Number 56», *TSAA Newsletter* (Technical Securities Analysts Association of San Francisco), abril de 1996, online.

McPherson, M., *et al.*, «Birds of a Feather: Homophily in Social Networks», *Annual Review of Sociology* 27 (2001): 415-444.

McTaggart, Lynne, *The Field: The Quest for the Secret Force of the Universe.* Harper-Collins, 2002. *El campo*, ed. Sirio, Málaga, España.

_____*The Intention Experiment: Using Your Thoughts to Change Your Life and the World.* Free Press, 2007. *El experimento de la intención*, ed. Sirio, Málaga, España.

Meaney, M. J. y M. Szyf, «Environmental Programming of Stress Responses Through DNA Methylation: Life at the Interface Between a Dynamic Environment and a Fixed Genome», *Dialogues in Clinical Neuroscience* 7, no. 2 (2005): 103-123.

_____«Memory Restored in Mice Through Enriched Environment: New Hope for Alzheimer's», *ScienceDaily*, 30 de abril de 2007.

Meredith, C., «Tit for Tat», *The Slab* (Australian Broadcasting Corporation), 1998, online.

Michon, A. y M. Persinger, «Experimental Simulation of the Effects of Increased Geomagnetic Activity upon Nocturnal Seizures in Epileptic Rats», *Neuroscience Letters* 224 (1997): 53-56.

Mikulecky, M., «Lunisolar Tidal Waves, Geomagnetic Activity and Epilepsy in the Light of Mukivariate Coherence», *Brazilian Journal of Medical and Biological Research* 29 (1996): 1069-1072.

Mill, J., *et al.*, «Epigenomic Profiling Reveals DNA-Methylation Changes Associated with Major Psychosis», *American Journal of Human Genetics* 82, no. 3 (2008): 696-711.

Mills, Kelly, «Bringing the 'Social' to Epidemiology: S. Leonard Syme, Ph.D», *Public Health Magazine*, University of California en Berkeley, primavera de 2006: 22-23.

Misra, N., «Stone Age Cultures Survive Tsunami Waves», Associated Press, 4 de enero de 2005, online.

Mizun, Y. G. y P. G. Mizun, *Space andHealth.* Znanie, 1984.

Moil, J., *et al.*, «Human Fronto-Mesolimbic Networks Guide Decisions about Charitable Donation», *Proceedings of the National Academy of Sciences of the United States of America* 103 (2006): 15623-15628.

Monroe, Kristen Renwick, *The Heart of Altruism: Perceptions of a Common Humanity*, Princeton University Press, 1996.

Mott, M., «Did Animals Sense Tsunami Was Coming?», *National Geographic News*, 4 de enero de 2005, online.

Moyer, M. W., «You're Happy, I'm Happy», *Scientific American Mind*, septiembre/octubre de 2010, 13.

Müller-Fahrenholz, Geiko, *The Art of Forgiveness: Theological Reflections on Healing and Reconciliation*. WCC Publications, 1997.

Murphy, M., et al., *The Physiological and Psychological Effects of Meditation: A Review of Contemporary Research, with a Comprehensive Bibliography*, 1931-1996, Institute of Noetic Sciences, 1997.

Myers Lowe, R., «Combating Childhood Obesity May Start in the Womb», Reuters, 14 de mayo de 2010, online.

Naish, John, *Enough: Breaking Free from the World of Excess*. Hodder and Stoughton, 2009.

Nakamura, K. y M. Hiramatsu, «Ultra-Weak Photon Emission from Human Hand: Influence of Temperature and Oxygen Concentration on Emission», *Journal of Photochemisty and Photobiology* B: Biology 80, no. 2 (2005): 156-160.

Neal, R. D. y M. Colledge, «The Effect of the Full Moon on General Practice Consultation Rates», *Family Practice* 17, no. 6 (2000): 472-474.

Neumann, R. y F. Strack, «Mood Contagion: The Automatic Transfer of Mood Between Persons», *Journal of Personality and Social Psychology* 79 (2000): 211-223.

Neumann, R., et al., «The Influence of Mood on the Intensity of Emotional Responses: Disentangling Feeling and Knowing», *Cognition and Emotion* 15, no. 6 (2001): 725-747.

_____«The New 'Epigenetics': Poor Nutrition in the Womb Causes Permanent Genetic Changes in Offspring», *ScienceDaily*, 14 de abril de 2009.

Newberg, A., «Cerebral Blood Flow During Meditative Prayer: Preliminary Findings and Methodological Issues», *Perceptual and Motor Skills* 97 (2003): 625-630.

Newberg, A. B. y J. Iversen, «The Neural Basis of the Complex Mental Task of Meditation: Neurotransmitter and Neurochemical Considerations», *Medical Hypotheses* 6l, no. 2 (2003): 282-291.

Newman, M. E. J., «The Structure and Function of Complex Networks», *SIAM Review* (Society for Industrial and Applied Mathematics) 45 (2003): 167-256.

Nicolson, S., «Child Vampire Hunters Sparked Comic Crackdown», *BBC News*, 22 de marzo de 2010, online.

Nisbett, Richard E., *The Geography of Thought: How Asians and Westerners Think Differently - and Why*, Nicholas Brealey, 2009.

Nisbett, R. y T. Masuda, «Culture and Point of View», *Proceedings of the National Academy of Sciences of the United States of America* 100, no. 19 (2003): 11163-11170.

Nitsche, M., «Are the Stabilizing and Destabilizing Influences of the Planetary Gravitational Field on the Structural Formation of Biological Patterns Real?», conferencia en la 10th Conference on Synergetics and Complexity Research, Self-Organization in Psychology, Psychiatry and Social Sciences, Bayana, Alemania, 6-8 de junio de 2002.

Nitschke, J. B., *et al.*, «Orbitofrontal Cortex Tracks Positive Mood in Mothers Viewing Pictures of Their Newborn Infants», *NeuroImage* 21, no. 2 (2004): 583-592.

Oatley, K., «A Feeling for Fiction», *Greater Good*, otoño/invierno de 2005-2006, 12-15.

O'Connell, S. M., «Empathy in Chimpanzees: Evidence for Theory of Mind?», *Primates* 36, no. 3 (1995): 397-410.

O'Connor R.P. y M.A. Persinger, «Geophysical Variables and Behavior LXXXII: A Strong Association Between Sudden Infant Death Syndrome (SIDS) and Increments of Global Geomagnetic Activity. Possible Support for the Melatonin Hypothesis», *Perceptual and Motor Skills* 84 (1997): 395-402.

O'Dea, James, *Creative Stress: A Path for Evolving Souls Living Through Personal and Planetary Upheaval*, publicado por el propio autor, 2010.

Oderda, G. M. y W. Klein-Schwartz, «Lunar Cycle and Poison Center Calls», Journal of Toxicology and Clinical Toxicology 20, no. 5 (1983): 487-495.

Oliner, S., *Do unto Others: Extraordinary Acts of Ordinary People*. Westview Press, 2003.

Oraevskii, N., *et al.*, «Medico-Biological Effect of Natural Electromagnetic Variations», *Biofizika* 43, no. 5(1998): 844-848.

_____«An Influence of Geomagnetic Activity on the Functional Status of the Body», *Biofizika* 43, no. 5(1998): 819-826.

Ormel, Johan, *et al.*, «Vulnerability Before, During, and After a Major Depressive Episode: A 3-Wave Population-Based Study», *Archives of General Psychiatry* 61 (2004): 990-996.

Ou, J. N., *et al.*, «Histone Deacetylase Inhibitor Trichostatin A Induces Global and Gene-Specific DNA Demethylation in Human Cancer Cdl Lines», *Biochemical Pharmacology* 73, no. 9 (2007): 1297-1307.

Page, L. B., *et al.*, «Antecedents of Cardiovascular Disease in Six Solomon Island Societies», *Circulation* 49 (1974): 1132-1146.

Panksepp, J., «The Anatomy of Emotions», en R. Plutchik, ed., *Emotion: Theory, Research and Experience*, vol. 3: *Biological Foundations of Emotions*, 91-124. Academic Press, 1986.

_____«The Neurobiology of Emotions: Of Animal Brains and Human Feelings», en T. Manstead y H. Wagner, eds., *Handbook of Psychophysiology*, 5-26. Wiley, 1989.

Park, Alice, «Study: Money Isn't Everything—But Status Is!», *Time*, 23 de marzo de 2010, online.

Pembrey, M. E., *et al.*, «Sex-Specific, Male-Line Transgenerational Responses in Humans», *European Journal of Human Genetics* 14 (2006): 159-166.

Persinger, M., «Sudden Unexpected Death in Epileptics Following Sudden, Intense, Increases in Geomagnetic Activity: Prevalence of Effect and Potential Mechanisms», *International Journal of Biometeorology* 38 (1995): 180-187.

Petro, M., *et al.*, «An Influence of Changes of Magnetic Field of the Earth on the Functional State of Humans in the Conditions of Space Mission», comunicación presentada en el International Symposium Computer Electro-Cardiograph on Boundary of Centuries, Moscow, 27-30 de abril de 1999.

Pettigrew, T. E., «Intergroup Contact Theory», *Annual Review of Psychology* 49 (1998): 65-85.

Pettigrew, T. F. y L R. Tropp, «A Meta-analytic Test of Intergroup Contact Theory», *Journal of Personality and Social Psychology* 90, no. 5 (2006): 751-783.

Phillips, N. J., *et al.*, «Absence of Pupil Response to Blur-Driven Accommodation», *Vision Research* 32, no. 9 (1992): 1775-1779.

Pichon, S., *et al.*, «Emotional Modulation of Visual and Motor Areas by Dynamic Body Expressions of Anger», *Social Neuroscience* 3, nos. 3-4 (2008): 199-212.

Piliavin, M., «Good Samaritanism: An Underground Phenomenon?», *Journal of Personality and Social Psychology* 13, no. 4 (1969): 289-299.

Pitzke, M., «The World As We Know It Is Going Down», *Spiegel*, 18 de septiembre de 2008, online.

Popp, E. A., *et al.*, «Mechanism of Interaction Between Electromagnetic Fields and Living Organisms», *Science in China* (Series C), 43, no. 5(2000): 507-518.

Post, R. M., «Transduction of Psychosocial Stress into the Neurobiology of Recu-rrent Affective Disorder», *American Journal of Psychiatry* 149 (1992): 999-1010.

Post, S. G., «Altruism, Happiness and Health: It's Good to Be Good», *International Journal of Behavioral Medicine* 12, no. 2 (2005): 66-77.

Potter, M. y J. Davey, «M&S Profit Rise Lags Rivais», Reuters, 2 de mayo de 2010, online.

Pray, Leslie A., «Epigenetics: Genome, Meet Your Environment», *Scientist* 18, no. 13 (2004): 14-20.

Preston, S. D. y F. B. M. de Waal, «Empathy: Its Ultimate and Proximate Bases», *Behavioral and Brain Sciences* 25 (2002): 1-72.

Preston, S. D., *et al.*, «The Neural Substrates of Cognitive Empathy», *Social Neuros-cience* 2, nos. 3-4 (2007): 254-275.

_____«Public Conversations Project, 'Tailing with the Enemy'», *Boston Globe*, 28 de enero de 2001.

Pugh, S. D., «Service with a Smile: Emotional Contagion in the Service Encounter», *Academy of Management Journal* 44, no. 5 (2001): 1018-1027.

Pusey, J., «Global Darwin: Revolutionary Road», *Nature* 462, no. 12 (2009): 162-163.

Puthoff, H. E., «Ground State of Hydrogen as a Zero-Point-Fluctuation-Determi-ned State», *Physical Review* D 35(1987): 3266.

Putnam, Robert D., *Bowling Alone: The Collapse and Revival of American Commu-nity*, Simon & Schuster, 2000.

_____«E Pluribus Unum: Diversity and Community in the Twenty-First Century: —The 2006 Johan Skytte Prize Lecture», *Scandinavian Political Studies* 30, no. 2 (2007): 137-174.

_____«Social Capital: Measurement and Consequences», *ISUMA: Canadian jour-nal of Policy Research* 2, no. 1(2001): 41-51.

Putnam, R. D. y David E. Campbell, *American Grace: How Religion Divides and Unites Us*. Simon & Schuster, 2010.

Putnam, Robert D. y Lewis M. Feldstein, *Better Together: Restoring the American Community*. Simon & Schuster, 2003.

Putnam, Robert, *et al.*, «The Social Capital Community Benchmark Survey», www. hks.harvard.edu/saguaro/communitysurvey/resultspr.html.

Radin, D. I., «Event-Related EEG Correlations Between Isolated Human Subjects», *Journal of Alternative and Complementary Medicine* 10 (2004): 315-324.

Radin, D. I. y M. J. Schlitz, «Gut Feelings, Intuition and Emotions: An Exploratory Study», *Journal of Alternative and Complementary Medicine* 11, no. 5 (2005): 85-91.

Ramkissoon, Anton, «Karma Kitchen in Northwest D.C. Serves Trust and Generosity», *Washington Post*, 6 de mayo de 2010, online.

Rand, Ayn, *The Fountainhead*, Signet, 1996.

Raps, Avi, *et al.*, «Geophysical Variables and Behavior: LXIX. Solar Activity and Admission of Psychiatric Inpatients», *Perceptual and Motor Skills* 74 (1992): 449.

Rasenberger, J., «Nightmare on Austin Street», *American Heritage*, 5 de octubre de 2006, online.

Reed, D., *et al.*, «Social Networks and Coronary Heart Disease Among Japanese Men in Hawaii», *American Journal of Epidemiology* 117 (1983): 384-396.

Reiman, J., «The Impact of Meditative Attentional Training on Measures of Select Attentional Parameters and on Measures of Client-Perceived Counsellor Empathy», *Dissertation Abstracts International* 46, no. 6A (1985): 1569.

_____«Relationships Improve Your Odds of Survival by 50 Percent, Research Finds», *ScienceDaily*, 27 de julio de 2010.

Rettner, R., «Brain's 'Fairness' Spot Found», *LiveScience*, 24 de febrero de 2010, online.

Rice, G. E. y P. Gainer, «Altruism' in the Albino Rat», *Journal of Comparative and Physiological Psychology* 55 (1962): 123-125.

Rifkin, Jeremy, *The Empathic Civilization: The Race to Global Consciousness in a World in Crisis*. Polity, 2009.

Riley, Naomi Schaefer, «Getting to Know You», *Wall Street Journal*, 15 de mayo de 2009.

Rilling, J., *et al.*, «A Neural Basis for Social Cooperation», *Neuron* 35, no. 2 (2002): 395-405.

Rimé, Bernard y E. Zech, «The Social Sharing of Emotions; Interpersonal and Collective Dimensions», *Boletin de Psicologia* 70 (2001): 97-108.

Rimé, Bernard, *et al.*, «Beyond the Emotional Event: Six Studies on the Social Sharing of Emotion», *Cognition and Emotion* 5, nos. 5-6 (1991): 435-465.

Rizzolatti, G. y L. Craighero, «Mirror Neuron: A Neurological Approach to Empathy», en Jean-Pierre Changeux *et al.*, eds., *Neurobiology of Human Values*, 108-123. Springer-Verlag, 2005.

_____«The Mirror Neuron System», *Annual Review of Neuroscience* 27 (2004): 169-192.

Rizzolatti, G. y Corrado Sinigaglia, *Mirrors in The Brain: How Our Minds Share Actions and Emotions*. Oxford University Press, 2008.

Rosenblum, B. y E Kuttner, «The Observer in the Quantum Experiment», *Foundations of Physics* 32, no. 8 (2002): 1273-1293.

Rossouw, Jacques E., *et al.*, «Risks and Benefits of Estrogen Plus Progestin in Healthy Postmenopausal Women: Principal Results from the Women's Health Initiative Randomized Controlled Trial», *Journal of The American Medical Association*, 288 (2002): 321-333.

Ruby, P. y J. Decety, «How Would You Feel versus How Do You Think She Would Feel?», *Journal of Cognitive Neuroscience* 16, no. 6 (2004): 988-999.

Russell, C. T, *et al.*, «The Permanent and Induced Magnetic Dipole Moment of the Moon», *Proceedings of the Fifth Lunar Conference* 3 (1974): 2747-2760.

Sample, I., «Working in a Team Increases Human Pain Threshold», *Guardian*, 16 de septiembre de 2009.

Sanders, J. V., «I Am the Son of Sam», *Fortean Times* (London), agosto de 2002, online.

Saul, John Ralston, *The Collapse of Globalism*, Atlantic Books, 2005.

_____«Sawubona», vídeo, Global Oneness Project, 27 de septiembre de 2006.

Scanlan, J. M., *et al.*, «CD4 and CD8 Counts Are Associated with Interactions of Gender and Psychosocial Stress», *Psychosomatic Medicine* 60, no. 5 (1998): 644-653.

Schedlowski, M., *et al.*, «Psychophysiological, Neuroendocrine and Cellular Immune Reactions under Psychological Stress», *Neuropsychobiology* 28 (1993): 87-90.

Scherwitz, L., *et al.*, «Self-Involvement and Coronary Heart Disease Incidence in the Multiple Risk Factor Intervention Trial», *Psychosomatic Medicine* 48 (1986): 187-199.

Scheving, L. E. y E Halberg, *Chronobiology: Principies and Applications to Shifts in Schedules*. Kluwer Academic, 1981.

Schulte-Rüther, M., *et al.*, «Mirror Neuron and Theory of Mind Mechanisms Involved in Face-to-Face Interactions: A Functional Magnetic Resonance Imaging Approach to Empathy», *Journal of Cognitive Neuroscience* 19, no. 8 (2007): 1354-1372.

_____«The Sea Gypsies», *60 Minutes*, 20 de marzo de 2005.

Search for Common Ground. «Cooperative Problem-Solving: A Guide for Turning Conflicts into Agreements», 2003, online.

Sephton, S. E., *et al.*, «Diurnal Cortisol Rhythm as a Predictor of Breast Cancer Survival», *Journal of the National Cancer Institute* 92, no. 2 (2000): 994-1000.

Sewell, Dennis, «Charles Darwin and the Children of the Evolution», *London Times*, 8 de noviembre de 2009.

Shankleman, M., «Income Envy 'Makes You Ill'», *BBC News*, 20 de abril de 2009.

Shapiro, J. A., «Bacteria Are Small but Not Stupid: Cognition, Natural Genetic Engineering and Socio-Bacteriology Studies in History and Philosophy of Science», part C: *Studies in History and Philosophy of Biological and Biomedical Sciences* 38, no. 4 (2007): 807-819.

_____«Mobile DNA and Evolution in the 21st Century», *Mobil DNA* 1 (2010): 4.

_____«Revisiting the Central Dogma in the 21st Century», *Annals of The New York Academy of Sciences* 1178 (2009): 6-28.

_____«A 21st Century View of Evolution», *Journal of Biological Physics* 28 (2002): 1-20.

Shenk, Joshua Wolf, «What Makes Us Happy?», Atlantic, junio de 2009.

Shepherd, S. V., *et al.*, «Latency of Social-Cued Attention Signals in Macaque Area LIP», comunicación presentada en Neuroscience 2007, el 37ª encuentro anual de la Society for Neuroscience, San Diego, 2007.

Sherif, M., *et al.*, *The Robbers Cave Experiment: Intergroup Conflict and Cooperation, 1954*. University of Oklahoma Institute of Group Relations, 1961.

Sigmund, K. y C. Hauert, «Altruism», *Current Biology* 12, no. 8 (2002): R270-2.

Simons, D. J. y C. F. Chabris, «Gorillas in Our Midst: Sustained Inattentional Blindness for Dynamic Events», *Perception* 28 (1999): 1059-1074.

Simons, D. J. y D. T Levin, «Failure to Detect Changes to People During a Real World Interaction», *Psychonomic Bulletin and Review* 5(1998): 644-649.

Singer, T. y E. Fehr, «The Neuroeconomics of Mind Reading and Empathy», *American Economic Review* 95, no. 2 (2005): 340-345.

Singer, T., *et al.*, «Empathic Neural Responses Are Modulated by the Perceived Fairness of Others», *Nature* 439 (2006): 466-469.

_____«Empathy for Pain Involves the Affective but Not Sensory Components of Pain», *Science* 303, no. 5661 (2004): 1157-1162.

Sitar, J., «The Causality of Lunar Changes on Cardiovascular Mortality», *Casopis Lekaru Ceskych* 129 (1990): 1425-1430.

Slagter, H. A., *et al.*, «Mental Training Affects Distribution of Limited Brain Resources», *PLoS Biology* 5, no. 6 (2007): e138.

Smolin, Lee, *The Trouble with Physics*. Penguin, 2006.

EL VÍNCULO

Snyder, A. W, *et al.*, «Savant-Like Skills Exposed in Normal People by Suppressing the Left Fronto-Temporal Lobe», *Journal of Integrative Neuroscience* 2, no. 2 (2003): 149-158.

_____«Social Isolation Worsens Cancer, Mouse Study Suggests», *ScienceDaily*, 29 de septiembre de 2009.

Spiegel, D. y S. E. Sephton, «Psychoneuroimmune and Endocrine Pathways in Cancer: Effects of Stress and Support», *Seminars in Clinical Neuropsychiatry* 6, no. 4 (2001): 252-265.

Stafford, N., «Laughter: It's Catching», *Nature News*, 12 de diciembre de 2006, online.

Standish, L., *et al.*, «Electroencephalographic Evidence of Correlated Event-Related Signals Between the Brains of Spatially and Sensory Isolated Human Subjects», *Journal of Alternative and Complementary Medicine* 10, no. 2 (2004): 307-314.

Starbuck, S., *et al.*, «Is Motivation Influenced by Geomagnetic Activity?», *Biomedicine And Pharmacotherapy* 56 (2002): 289s97s.

Staub, E. y J. Vollhardt, «Altruism Born of Suffering: The Roots of Caring and Helping After Victimization and Other Trauma», *American Journal of Orthopsychiatry* 78, no. 3 (2008): 267-280.

Stenhouse, D., «Tales of the Gorbals Vampire», *Sunday Times* (London), 28 de marzo de 2010.

Steptoe, A. y Ana V. Diez Roux, «Happiness, Health, and Social Networks», editorial, *British Medical Journal* 339 (2009): a2781.

Sterelny, Kim, *Dawkins vs. Gould Survival of the Fittest*, Icon Books, 2007.

Stern, S., «How to Respond when the Truth Hurts», *Financial Times*, 25 de marzo de 2010, online.

Stoilova, I. y T Zdravev, «Influence of the Geomagnetic Activity on the Human Functional Systems», *Journal of the Balkan Geophysical Society* 3, no. 4 (2000): 73-76.

Stoupel, E., «Relationship Between Suicide and Myocardial Infarction with Regard to Changing Physical Environmental Conditions», *International Journal of Biometeorology* 38, no. 4 (1994): 199-203.

Stoupel, E., *et al.*, «Clinical Cosmobiology: The Lithuanian Study, 1990-1992», *International Journal of Biometerology* 38 (1995): 204-208.

_____«Suicide-Homicide Temporal Interrelationship, Links with Other Fatalities and Environmental Physical Activity», *Crisis* 26 (2005): 85-89.

_____«The Subway Samaritan», *Time*, 19 de enero de 1970.

Sutton, R. I., «Boss Luis Urzúa and the Trapped Miners in Chile: A Classic Case of Leadership, Performance, and Humanity», *Psychology Today*, 6 de septiembre de 2010.

Swan, G. E. y D. Carmelli, «Curiosity and Mortality in Aging Adults: A 5-Year Follow-Up of the Western Collaborative Group Study», *Psychology and Aging* 11 (1996): 449-453.

Syme, S. L., «Historical Perspective: The Social Determinants of Disease—Some Roots of the Movement», *Epidemiological Perspectives and Innovations*, 2 (2005): 2.

Syme, S. L., *et al.*, «Cultural Mobility and the Occurrence of Coronary Heart Disease», *Journal of Health and Human Behavior* 6 (1965): 178-189.

_____«Epidemiologic Studies of Coronary Heart Disease and Stroke in Japanese Men Living in Japan, Hawaii and California: Introduction», *American Journal of Epidemiology* 102, no. 6 (1975): 477-480.

_____«Some Social and Cultural Factors Associated with the Occurrence of Coronary Heart Disease», *Journal of Chronic Diseases* 17 (1964): 277-289.

Szyf, M., «The Role of DNA Hypermethylation in Cancer and Cancer Therapy», *Current Oncology* 15, no. 2 (2008): 72-75.

Szyf, M., *et al.*, «DNA Demethylation and Cancer: Therapeutic Implications», *Cáncer Letters* 211, no. 2 (2004): 133-143.

_____«DNA Methylation and Breast Cancer», *Biochemical Pharmacology* 68, no. 6(2004): 1187-1197.

Szymanski, Richard, «Can Changing Neighborhood Traffic Circulation Patterns Reduce Crime and Improve Personal Safety? A Quantitative Analysis of One Neighborhood's Efforts», tesis doctoral inédita, Florida Atlantic University, Department of City and Regional Planning, 1994.

_____«Tailholt Residents Build Community Center», Cherokee News Path, 10 de marzo de 2005, online.

Tajfel, H., «Experiments in Intergroup Discrimination», *Scientific American* 223 (1970): 96-102.

_____«Teenagers Hit by Soap Opera Virus», Reuters. 19 de marzo de 2006.

Templer D. y D. Veleber, «The Moon and Madness: A Comprehensive Perspective», *Journal of Clinical Psychology* 36, no 4 (1980): 865-868.

Thioux, M., *et al.*, «Action Understanding: How, What and Why», *Current Biology* 18, no. 10 (2008): 431-434.

Thomas, C. B. y D. C. Ross, «Precursors of Hypertension and Coronary Disease Among Healthy Medical Students: Discriminant Function Analysis V. Family Attitudes», *Johns Hopkins Medical Journal* 123 (1968): 283-296.

Thompson, J. (presentador), «On Forgiveness and Social Healing», mesa redonda sobre el Role of Forgiveness in Social Healing, Harvard Divinity School, 31 de octubre de 2005, online en www.humiliationstudies.org/documents/lJhompsonForgiveness.pdf

Tierney, Ruth, «The Search for Happiness», *Sunday Times* (London), 20 de diciembre de 2009, online.

Todes, D., «Global Darwin: Contempt for Competition», *Nature* 462, no. 5 (2009): 36-37.

Tremmel, P. Y., «Culture of 'We' Buffers Genetic Tendency to Depression», *Northwestern University News*, 27 de octubre de 2009.

Tricomi, E., *et al.*, «Neural Evidence for Inequality-Averse Social Preferences», *Nature* 463 (2010): 1089-1091.

Tucker, Chris, «New Maps of Hope: Breaking Out of the Trap of Race», *D Magazine* (Dallas), octubre de 1991.

_____«Tuning in to Genius», *BBC News*, 7 de octubre de 1999.

University of Leicester, «Research Shows Tat 'Invisible Hand" Guides Evolution of Cooperative Turn-Taking», Press release. *Science News*, 8 de julio de 2009.

Uvnas-Moberg, K. y M. Petersson, «Oxytocin, A Mediator of Anti-stress», Zeitschrifi füir Psychosomatische Medizin und Psychotherapie 51, no. 1 (2005): 57-80.

Van de Gaag, C., *et al.*, «Facial Expressions: What the Mirror Neuron System Can and Cannot Tell Us», *Social Neuroscience* 2, nos. 3-4 (2007): 179-222.

Van Stambrouck, Paul, «Getting Radical in California—1990s Style», charityfocus. org.

Vanderwal, T., «Everyone Around You Acting Strange Maybe It's a Full Moon», *Olympian* (Olympia, Washington), 15 de septiembre de 2003.

Vedral, V., «A Better Than Perfect Match», *Nature* 439 (2006): 397.

_____«Quantifying Entanglement in Macroscopic Systems», *Nature* 453 (2009): 1004-1007.

_____«Where Does Life Come From?», *Straits Times*, 31 de enero de 2009, 8.

Vormbrock, J. K. y J. M. Grossberg, «Cardiovascular Effects of Human—Pet Dog Interactions», *Journal of Behavioral Medicine* 11(1988): 509-517.

Wade, Dorothy, «So What Do You Have to Do to Find Happiness?», *Sunday Times* (Londres), 2 de octubre de 2005, online.

BIBLIOGRAFÍA

Waller, J., «Dancing Death», *BBC News*, 12 de septiembre de 2008, online.

Warneken, F. y M. Tomasello, «Altruistic Helping in Human Infants and Young Chimpanzees», *Science* 311(2006): 1301-1303.

Warneken, F., *et al.*, «Spontaneous Altruism by Chimpanzees and Young Children», *PLoS Biology* 5, no. 7 (2007): 1414-1420.

Warren, J. E., *et al.*, «Positive Emotions Preferentially Engage an Auditory-Motor Mirror System», *Journal of Neuroscience* 26, no. 50 (2006): 13067-13075.

Waterland, R. A. y R. L. Jirtle, «Transposable Elements: Targets for Early Nutritional Effects on Epigenetic Gene Regulation», *Molecular Cell Biology* 23 (2003): 5293-5300.

Waterland, R. A., *et al.*, «Methyl Donor Supplementation Prevents Transgenerational Amplification of Obesity», *International Journal of Obesity* 32, no. 9 (2008): 1373-1379.

Wechkin, J. H., *et al.*, «Altruistic Behavior in Rhesus Monkeys», *American Journal of Psychiatry* 121 (1964): 584-585.

Weaver, I. C., *et al.*, «Epigenetic Programming by Maternal Behavior», *Nature Neuroscience* 7, no. 8 (2004): 847-854.

_____«Maternal Care Effects on the Hippocampal Transcriptome and Anxiety Behaviors in the Offspring That Are Reversible in Adulthood», *Proceedings of the National Academy of Sciences of the United States of America* 103, no. 9 (2006): 3480-3485.

_____«Reversal of Maternal Programming of Stress Responses in Adult Offspring Through Methyl Supplementation: Altering Epigenetic Marking Later in Life», *Journal of Neuroscience* 25, no. 47(2005): 11045-11054.

Webber, J. y J. P. Rathbone, «Man in the News: Luis Urzúa», *Financial Times* (Londres), 15 de octubre de 2010.

Weinberg, Steven, «What Is an Elementary Particle?», *Beam Line: A Periodical of Particle Physics* 27 (primavera de 1997): 17-21.

Wessely, S., «Protean Nature of Mass Sociogenic Illness», *British Journal of Psychiatry* 180 (2002): 300-306.

_____«What Is a Scab?», *BBC News*, 4 de marzo de 2004.

Wicker, B., *et al.*, «Both of Us Disgusted in My Insula: The Common Neural Basis of Seeing and Feeling Disgust», *Neuron* 40 (2003): 655-664.

Wilkinson, R. y Kate Pickett, *The Spirit Level: Why More Equal Societies Almost Always Do Better*, Allen Lane/Penguin, 2009.

Williams, J. B., *et al.*, «A Model of Gene-Environment Interactions Reveals Altered Mammary Gland Gene Expression and Increased Tumor Growth Following Social Isolation», *Cancer Prevention Research* 2 (2009): 850.

Williams, P. y M. West, «EEG Responses to Photic Stimulation in Persons Experienced at Meditation», *Electroencephalography and Clinical Neurophysiology* 39, no. 5(1975): 519-522.

Wright, S., «Fat Cats in Terror After Anti-Capitalists Attack Fred the Shred's Home», *London Daily Mail Online*, 26 de marzo de 2009.

Wolf, S. y J. G. Bruhn, *The Power of Clan*, traducción, 1993.

Wolf, S., *et al.*, «Roseto Revisited: Further Data on the Incidence of Myocardial Infarction in Roseto and Neighboring Pennsylvania Communities», *Transactions of the American Clinical and Climatological Association* 85(1973): 100-108.

_____«Roseto, Pennsylvania 25 Years Later—Highlights of a Medical and Sociological Survey», *Transactions of the American Clinical and Climatological Association* 100 (1989): 57-67.

Wolff G., *et al.*, «Maternal Epigenetics and Methyl Supplements Affect Agouti Gene Expression in Avy/a Mice», *FASEB Journal* 12 (August 1998): 949-957.

Woodward, W., «New Surprises in Very Old Places: Civil War Nurse Leaders and Longevity», *Nursing Forum* 26, no. 1 (1991): 9-16.

Yamamoto, M., *et al.*, «An Experiment on Remote Action against Man in Sense Shielding Condition», *Journal of the International Society of Life Information Sciences* 14, no. 1 (1996): 97-99.

Zimbardo, P. G., *The Lucifer Effect: Understanding How Good People Turn Evil*, Random House, 2007.

ÍNDICE

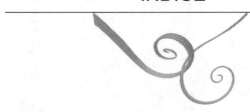